W0089353

Kohlhammer

Grundwissen Soziale Arbeit

Herausgegeben von Rudolf Bieker

Band 4

Dorothee Frings

Sozialrecht für die Soziale Arbeit

Verlag W. Kohlhammer

Alle Rechte vorbehalten
© 2011 W. Kohlhammer GmbH Stuttgart
Umschlag: Gestaltungskonzept Peter Horlacher
Gesamtherstellung:
W. Kohlhammer Druckerei GmbH + Co. KG Stuttgart

ISBN 978-3-17-021094-3

Vorwort zur Reihe

Mit dem so genannten „Bologna-Prozess" galt es neu auszutarieren, welches Wissen Studierende der Sozialen Arbeit benötigen, um trotz erheblich verkürzter Ausbildungszeiten auch weiterhin „berufliche Handlungsfähigkeit" zu erlangen. Die Ergebnisse dieses nicht ganz schmerzfreien Abstimmungs- und Anpassungsprozesses lassen sich heute allerorten in volumigen Handbüchern nachlesen, in denen die neu entwickelten Module detailliert nach Lernzielen, Lehrinhalten, Lehrmethoden und Prüfungsformen beschrieben sind. Eine diskursive Selbstvergewisserung dieses Ausmaßes und dieser Präzision hat es vor Bologna allenfalls im Ausnahmefall gegeben.

Für Studierende bedeutet die Beschränkung der akademischen Grundausbildung auf sechs Semester, eine annähernd gleich große Stofffülle in deutlich verringerter Lernzeit bewältigen zu müssen. Die Erwartungen an das selbständige Lernen und Vertiefen des Stoffs in den eigenen vier Wänden sind deshalb deutlich gestiegen. Bologna hat das eigene Arbeitszimmer als Lernort gewissermaßen rekultiviert.

Die Idee zu der Reihe, in der das vorliegende Buch erscheint, ist vor dem Hintergrund dieser bildungspolitisch veränderten Rahmenbedingungen entstanden. Die nach und nach erscheinenden Bände sollen in kompakter Form nicht nur unabdingbares Grundwissen für das Studium der Sozialen Arbeit bereitstellen, sondern sich durch ihre Leserfreundlichkeit auch für das Selbststudium Studierender besonders eignen. Die Autor/innen der Reihe verpflichten sich diesem Ziel auf unterschiedliche Weise: durch die lernzielorientierte Begründung der ausgewählten Inhalte, durch die Begrenzung der Stoffmenge auf ein überschaubares Volumen, durch die Verständlichkeit ihrer Sprache, durch Anschaulichkeit und gezielte Theorie-Praxis-Verknüpfungen, nicht zuletzt aber auch durch lese(r)-freundliche Gestaltungselemente wie Schaubilder, Unterlegungen und andere Elemente.

Als Herausgeber der Reihe möchte ich Sie als lernende und lehrende Leser/-innen ausdrücklich zur Meinungsäußerung ermuntern: Gibt es Anregungen, die wir bei der Vorbereitung weiterer Bände berücksichtigen sollten? Waren die Ausführungen gut verständlich? Haben Sie das Buch mit Freude und Gewinn gelesen? Gemeinsam mit den Autor/innen der Bände antworte ich Ihnen gerne (Rudolf.Bieker@netcologne.de).

Prof. Dr. Rudolf Bieker, Köln

Zu diesem Buch

Sozialrecht ist Grundlage und Handwerkszeug für die Soziale Arbeit.

Sozialarbeiterinnen erbringen persönliche Hilfen überwiegend zur Erfüllung sozialrechtlicher Leistungsansprüche und benötigen daher Kenntnisse des Sozialrechts als Kriterium für ihr richtiges und zulässiges Handeln.

Gleichzeitig ist jede klientenorientierte Soziale Arbeit darauf gerichtet, verfügbare Ressourcen bestmöglich nutzbar zu machen. Neben den Kompetenzen jedes einzelnen Menschen und seinen sozialen Bezügen gehören Ansprüche auf Sozialleistungen als finanzielle Ressourcen zu den wichtigen Ressourcen von Menschen in prekären Lebenslagen. Diese zu erschließen, gehört zu den Basisaufgaben Sozialer Arbeit. Sozialrechtsberatung wird den Fachkräften der Sozialen Arbeit zunehmend in allen Arbeitsfeldern abverlangt, weil die Bedingungen und Verschränkungen der verschiedenen Sozialleistungen für den Bürger nicht mehr durchschaubar sind und von den Behörden oft nicht genug Informationen und Unterstützungen zu erhalten sind. Für die Einschaltung von Rechtsanwälten gibt es im Bereich des Sozialrechts erst ab dem Widerspruchsverfahren öffentliche Hilfen (Beratungshilfe).

Dieses Lehrbuch vermittelt einen Überblick über die Bereiche des Sozialrechts, die in der Sozialen Arbeit eine besondere Rolle spielen, erhebt aber nicht den Anspruch auf eine vollständige Darstellung des Sozialrechts. Ein besonderer Schwerpunkt wird auf den Zugang zu den Leistungen gelegt sowie auf die Rechte und Pflichten der Bürger gegenüber den Sozialleistungsbehörden. Deshalb wird das Verfahrensrecht dem materiellen Sozialrecht vorangestellt; die anschließende Darstellung der einzelnen Sozialleistungen kann so immer wieder auf die allgemeinen Regelungen und Verfahrensvorschriften Bezug nehmen.

Im Übrigen folgt die Darstellung der Aufteilung der Leistungen in die vier Bereiche Vorsorge, Entschädigung, Förderung und Grundsicherung. Einzelne Leistungsgesetze werden dabei sehr knapp behandelt (z. B. Rentenversicherung) oder auch übergangen (Kriegsopferfürsorge), weil sie im Berufsalltag der Sozialen Arbeit nur eine geringe Rolle spielen. Andere Bereiche (Pflegeversicherung, Grundsicherung nach SGB II, Familienleistungen) werden detaillierter und auch in ihren Bezügen zu anderen Rechtsgebieten dargestellt, da die Kenntnis dieser Leistungen zum unverzichtbaren Handwerkszeug jeder Sozialarbeiterin gehört.

Die Hilfen für Menschen mit Behinderung werden in einem gesonderten Kapitel unabhängig von der Zuordnung zu den verschiedenen Bereichen des Sozialrechts behandelt, weil in diesem Bereich die Anspruchsgrundlagen nicht aus dem Hilfebedarf allein ermittelt werden können, sondern die Ursachen der Behinderung und die Rangfolge der verpflichteten Leistungsträger mit zu beachten sind. Was also in den Sozialgesetzen verstreut und fragmentiert geregelt ist, soll in der Darstellung für die Praxis zusammengeführt werden.

Nicht behandelt wird der Bereich des Kinder- und Jugendhilferechts nach SGB VIII; ihm widmet sich zusammen mit dem Familienrecht ein eigener Band des „Grundwissens Soziale Arbeit".

Bewusst versteht sich dieser Band nicht als reines Wissenskompendium, sondern auch als ein Methodenbuch. Sozialarbeiterinnen können sich die Technik der Prüfung eines Leistungsanspruchs aneignen und diese Technik an verschiedenen Beispielen einüben. Eine sichere Methodenkompetenz in der Anwendung von Rechtsnormen kann nur erreicht werden, wenn stets auch die angegebenen Gesetzestexte herangezogen werden und ihr genauer Wortlaut studiert wird. Angesichts der schnellen Veränderungen im Sozialrecht empfiehlt sich die Überprüfung insbesondere der konkreten Euro-Beträge an Hand der aktuellen Gesetzesfassung (http://www.gesetze-im-internet.de).

Die Geschlechterformen werden in diesem Band in unsystematischem Wechsel verwendet; das andere Geschlecht ist immer mitgemeint. Auch wird der Begriff des „Bürgers" nicht im Sinne von Staatsbürger, sondern im Sinne des Menschen als Gegenüber einer Behörde oder Institution verwendet; er umfasst also sowohl deutsche wie nichtdeutsche Staatsangehörige.

Inhalt

1 GRUNDLAGEN DES SOZIALRECHTS

Was Sie in diesem Kapitel lernen können

Das erste Kapitel zeigt, wie sich das Sozialrecht in das Verfassungsrecht (Grundgesetz), in die Rechtsordnung der Bundesrepublik Deutschland und in die Regelungen der Europäischen Union einordnet. Es skizziert den Inhalt und die Aufteilung des Sozialrechts und erläutert, wie man prüfen kann, ob und welche sozialrechtlichen Ansprüche vorliegen. Auch die Besonderheiten der Leistungserbringung durch freie Träger und die Grundstrukturen ihrer Finanzierung werden in einem kurzen Überblick dargestellt.

1.1 Der Begriff des Sozialrechts

Soziale Rechte dienen in einem Gemeinwesen dem Ausgleich oder der Abmilderung eines Machtgefälles, das sich aus der unterschiedlichen Stellung der Personen am Markt ergibt, so zwischen Arbeitgebern und Arbeitnehmern, Vermietern und Mietern, Warenproduzenten und Verbrauchern. Der staatliche Auftrag ist darauf gerichtet, durch den Ausgleich der sozialen Gegensätze den gesellschaftlichen Fortschritt und Zusammenhalt zu gewährleisten und zugleich die Würde jedes einzelnen Menschen zu schützen, der sich – aus welchen Gründen auch immer – auf dem Boden der Bundesrepublik Deutschland aufhält.

Unterschieden wird zwischen

- dem Sozialrecht im weiten oder im materiellen Sinn, welches alle Regelungen umfasst, die dem Ausgleich des Machtgefälles dienen, und damit auch die Regelungen des Zivilrechts, wie Arbeitsschutz, Mieterschutz und Verbraucherschutz;
- dem Sozialrecht im formalen Sinne, welches ausschließlich öffentlich-rechtliche Regelungen enthält, die Ausdruck der staatlichen Verantwortung für den Ausgleich sozialer Gegensätze sind. Es stellt ein System von Leistungsansprüchen zur Verfügung, welches den einzelnen Bürger von Lebensrisiken entlastet, die er aus eigenen Kräften nicht bewältigen kann, und ihm die Teilhabe am Leben in der Gemeinschaft ermöglicht.

Im vorliegenden Buch soll es ausschließlich um das Sozialrecht im formalen Sinn gehen.

1.2 Sozialschutz als Grundrecht

Als individuelle Grundrechte gelten in einem modernen Staat zunächst die Bürgerrechte, die dem Einzelnen die Freiheit seiner Handlungen und seines Privatlebens, einschließlich des Eigentumsschutzes, garantieren. Davon unterschieden werden die sozialen Grundrechte (z. B. Recht auf Arbeit, auf Wohnung, auf Bildung und auf Gesundheit), die oft als zweite Dimension der Menschenrechte bezeichnet werden.

Die Entwicklung der Grund- und Menschenrechte ist eng verbunden mit dem Übergang vom Feudalismus zur kapitalistischen Warengesellschaft im 18. Jahrhundert. Diese grundlegende ökonomische Umgestaltung wäre ohne die garantierten Freiheitsrechte des Einzelnen nicht denkbar gewesen. Erst der Schutz des Eigentums, die Kapitalbildung, das Recht auf Freizügigkeit, die Mobilität des Unternehmers mit seinen Produktionsstätten und die Handlungsfreiheit der Bürger ermöglichen die Entwicklung eines Marktes, der nicht durch die Obrigkeit gesteuert wurde.

Gleichzeitig zeigte sich schnell, dass die Arbeiter in der Industrieproduktion vollständig davon abhängig waren, ihre Arbeitskraft verkaufen zu können, und ohne Besitz oder Recht auf Land dem ständigen Risiko der Verarmung ausgesetzt waren. So drängten sie während der Französischen Revolution erstmals auf die Formulierung expliziter sozialer Grundrechte. In der französischen Verfassung von 1793 (Jakobinerverfassung) hieß es beispielsweise in Art. 21:

„Die öffentliche Unterstützung der Bedürftigen ist eine heilige Verpflichtung. Die Gesellschaft unternimmt den Unterhalt der ins Unglück geratenen Bürger, sei es nun, dass sie ihnen Arbeit gibt oder denjenigen, welche arbeitsunfähig sind, die Mittel ihres Unterhalts zusichert."

Diese Verfassung ist nie in Kraft getreten. Die Frage nach der sozialen Verantwortung des Staates aber beschäftigt seit der Französischen Revolution Staatsrechtler und Philosophen. Wichtige theoretische Grundlagen für ein Sozialstaatsmodell finden sich bei dem deutschen Philosophen Georg Wilhelm Friedrich *Hegel* (1770–1831), der nach Antworten auf die extreme Ungleichverteilung des Eigentums in der kapitalistischen Gesellschaft sucht. Die Freiheit des Eigentums und des Warenverkehrs sollen dabei nicht beschnitten werden, allein der „sittliche" (im Sinne von gerechte) Staat soll durch vielerlei Maßnahmen, die möglichst diskret und ohne Störungen der Wirtschaftsabläufe auszuführen sind, auf soziale Problemlagen reagieren. Hegel zeichnet das Schreckgespenst des „Pöbels", der aufständischen Massen, als konsequente Folge der Eigentumsverteilung und der Verelendung der Arbeiter im Zusammenhang mit der industriellen Produktionsweise. Die private Wohltätigkeit lehnt er als unzureichend ab, zumal der Staat sich über die Gewährung von Armenhilfe auch die Disziplinierungsgewalt sichert (Hegel 1821, § 238 ff.).

In diesen frühen Überlegungen zum Sozialstaat finden sich bereits alle wesentlichen Elemente des heutigen liberalen Sozialstaatskonzepts, d.h. so wenig wie möglich Eingriffe in die freie Marktwirtschaft bei gleichzeitiger Ausrichtung der staatlichen Armutspolitik auf die Absicherung eines Existenzminimums und auf staatlich organisierte Arbeitsbeschaffung und Beschäftigungsmaßnahmen, die sowohl der Rückkehr in Arbeit als auch der Disziplinierung durch Arbeit dienen.

In praktische Politik umgesetzt wurde die Sozialstaatsidee in Deutschland Ende des 19. Jahrhunderts. Kaiser Wilhelm I proklamierte in seiner *Kaiserlichen Botschaft vom 17. November 1881* die politische Notwendigkeit, soziale Konflikte nicht ausschließlich durch Repressionen (die Sozialdemokraten waren drei Jahre zuvor verboten worden) einzudämmen, sondern den inneren Frieden im Lande auch durch ein Unterstützungssystem „zur Heilung der sozialen Schäden" zu wahren. Geboren war die Idee vor allem aus der Angst vor „englischen Verhältnissen", da in der damaligen Zeit die „Trade Unions" (Gewerkschaften) in England gewaltigen Einfluss unter den Arbeitern erlangten und die Massenstreiks und Aufstände das gesamte Wirtschaftsgefüge zu bedrohen schienen. Auf der Grundlage der Kaiserlichen Botschaft führte Reichskanzler *Otto von Bismarck* das System der Sozialversicherungen ein. Arbeitgeber und Arbeitnehmer zahlten jeweils zur Hälfte Beiträge in eine staatliche Versicherung ein, die Ende des 19. Jahrhunderts zunächst das Risiko von Arbeitsunfällen, Krankheit und Armut im Alter absicherte. Ende der 1920er Jahre kam die Arbeitslosenversicherung hinzu und erst in den 1990er Jahren die Pflegeversicherung. Das Konzept der Sozialversicherung verband den Gedanken der Selbsthilfe, die mangels Ressourcen der Beschäftigten ohne Hilfe von außen kein funktionierendes System ergeben konnte, mit dem Verursacherprinzip, durch welches die Produzenten, die sich die Arbeitskraft der Beschäftigten zu Nutze machten, an den Kosten der sozialen Risiken zur Hälfte beteiligt wurden. Das Geniale dieser Idee lag in der öffentlichen Absicherung typischer Lebensrisiken bei gleichzeitiger Entlastung des Staates von sozialen Kosten.

Das System der Sozialversicherungen ist bis heute in seinen damals geschaffenen Strukturen erhalten geblieben und bildet in Deutschland das Grundgerüst der gesamten sozialen Vorsorge.

Während die Systeme eines funktionierenden Sozialstaats entwickelt wurden, traten die sozialen Grundrechte als garantierte Bürger- und Menschenrechte gegenüber den Freiheitsrechten für lange Zeit in den Hintergrund. Auch nach dem Ende des Nationalsozialismus konnten sich die Mütter und Väter der Verfassung der Bundesrepublik Deutschland nicht zur Aufnahme von sozialen Rechten in den Grundrechtskatalog durchringen und legten das gesamte Gewicht auf die dem Einzelnen verbürgte und durchsetzbare Garantie von Freiheitsrechten. Lediglich die Staatszielbestimmung in Art. 20 Abs. 1 GG verpflichtet die öffentliche Hand auf das Konzept des Sozialstaates.

Was dies jedoch umfasst, war und ist bis heute umstritten. Eine grobe Einteilung lässt drei verschiedene Sozialstaatstheorien erkennen:

a) Das Sozialstaatsprinzip der Verfassung erteilt dem Gesetzgeber einen Auftrag, dem Bürger ein soziales Sicherungssystem zur Verfügung zu stellen. Die Gestaltung dieses Systems liegt allein in der Hand des demokratisch gewählten Gesetzgebers (der Parlamente). Die Verfassung verpflichtet weder zu bestimmten

Leistungen noch zu einem bestimmten Schutzniveau (Bachof, VVDStRL 12 (1954), S. 39, 43).

b) Das Sozialstaatsprinzip erhält seinen Wesensgehalt erst durch die enge Verzahnung mit der Verpflichtung allen staatlichen Handelns auf die Menschenwürde (Art. 1 Abs. 1 GG), den Gleichheitsgrundsatz (Art. 3 Abs. 1 GG) und die übrigen Freiheitsrechte. Nach diesem Ansatz werden die sozialen Grundrechte als notwendige Voraussetzung für die Verwirklichung der Freiheitsrechte gesehen (Böckenförde 1991, S. 146, 149) und der Sozialstaat dieser Verwirklichung verpflichtet (Freiheitsfunktionalität des Sozialstaats, siehe Heinig 2008, S. 222).

c) Das Sozialstaatsprinzip verpflichtet den Gesetzgeber zu einer „Befähigungsgerechtigkeit". Unter Bezugnahme auf den Capability Approach von Amartya Sen soll es in der Verantwortung des Staates liegen, möglichst optimale Bedingungen für den Einzelnen zu schaffen, um entsprechend seinen Fähigkeiten ein gutes Leben führen zu können (Nussbaum 2007, S. 159 f.).

Die Rechtsprechung des Bundesverfassungsgerichts ist den Weg des *freiheitsfunktionalen Sozialstaatsverständnisses* (b) gegangen und hat damit den Mangel an eigenständigen sozialen Grundrechten in der Verfassung kompensiert. Der berühmte Verfassungsrechtler Günter Dürig formuliert in einer Kommentierung aus dem Jahr 1958:

> *„die Menschenwürde als solche ist auch getroffen, wenn der Mensch gezwungen ist, ökonomisch unter Lebensbedingungen zu existieren, die ihn zum Objekt erniedrigen"* (Dürig 1958, Art. 1 I Rn. 43).

Das freiheitsfunktionale Verständnis des Sozialstaats grenzt sich einerseits ab gegen ein ordnungsrechtlich motiviertes „staatsfunktionales" Verständnis von sozialer Sicherheit und andererseits von einem paternalistischen Wohlfahrtsstaat, der den Bürger auf eine „gute Lebensführung" verpflichtet.

Die Konsequenz aus der engen Anbindung des Sozialstaatsprinzip an die Grundrechte und insbesondere an die Menschenwürde war zunächst die Ausstattung des Einzelnen mit Rechtsansprüchen auf Sozialleistungen, durch die der Mensch vom dankbar empfangenden Untertan zum eigenverantwortlich handelnden Bürger wird (BVerwG v. 24. 6. 1954 – V C 78.54). Deutlichster Ausdruck der gestärkten Rechtsposition des Einzelnen gegenüber dem Staat war 1962 die Ersetzung des vom Almosenprinzip geprägten Fürsorgerechts durch das Bundessozialhilfegesetz (BSHG) mit individuellen Rechtsansprüchen auf Geldleistungen. Ein verfassungsrechtlich gesicherter Anspruch auf ein bestimmtes Niveau sozialer Absicherung war damit noch nicht verbunden. Erst zu einem sehr viel späteren Zeitpunkt sollte sich in der Rechtsprechung des Bundesverfassungsgerichts der Anspruch des Einzelnen auf eine der Menschenwürde entsprechende finanzielle Existenzsicherung entwickeln (BVerfG v. 29. 05. 1990 – 1 BvL 20/84; BVerfG v. 9. 2. 2010 – 1 BvL 1/09). In der letzten, sog. *Hartz IV-Entscheidung* stellt das BVerfG fest:

> *„Art. 1 Abs. 1 GG erklärt die Würde des Menschen für unantastbar und verpflichtet alle staatliche Gewalt, sie zu achten und zu schützen (vgl.*

BVerfGE 1, 97 <104>; 115, 118 <152>). Als Grundrecht ist die Norm nicht nur Abwehrrecht gegen Eingriffe des Staates. Der Staat muss die Menschenwürde auch positiv schützen (vgl. BVerfGE 107, 275 <284>; 109, 279 <310>). Wenn einem Menschen die zur Gewährleistung eines menschenwürdigen Daseins notwendigen materiellen Mittel fehlen, weil er sie weder aus seiner Erwerbstätigkeit noch aus eigenem Vermögen noch durch Zuwendungen Dritter erhalten kann, ist der Staat im Rahmen seines Auftrages zum Schutz der Menschenwürde und in Ausfüllung seines sozialstaatlichen Gestaltungsauftrages verpflichtet, dafür Sorge zu tragen, dass die materiellen Voraussetzungen dafür dem Hilfebedürftigen zur Verfügung stehen. Dieser objektiven Verpflichtung aus Art. 1 Abs. 1 GG korrespondiert ein Leistungsanspruch des Grundrechtsträgers, da das Grundrecht die Würde jedes individuellen Menschen schützt (vgl. BVerfGE 87, 209 <228>) und sie in solchen Notlagen nur durch materielle Unterstützung gesichert werden kann." (BVerfG v. 9.2.2010 – 1 BvL 1/09)

Die Leistungen müssen aber keine vollständige gesellschaftliche Inklusion umfassen, vielmehr genügt es, wenn über das *physische Existenzminimum* hinaus ein *Mindestmaß sozialer Teilhabe* gewährleistet wird (BVerfG v. 9.2.2010 – 1 BvL 1/09).

> **Aus der Menschenwürde nach Art. 1 Abs. 1 GG und der Bindung des Staates an das Sozialstaatsprinzip leitet sich ein Anspruch auf Sicherung eines menschenwürdigen Existenzminimums und auf ein Mindestmaß an gesellschaftlicher Teilhabe ab (soziale Sicherheit).**

Neben der Menschenwürde bildet der Gleichheitssatz (Art. 3 Abs. 1 GG) den zweiten zentralen Maßstab für die Gestaltung des Sozialstaats. Die Gewährung von Sozialleistungen muss sich stets an gerechten Verteilungsgrundsätzen orientieren. Alle Unterscheidungen bei der Zuweisung von Hilfen benötigen sachgerechte Kriterien. Bestimmte Gruppen dürfen nur dann anders behandelt werden als andere Gruppen, wenn die Unterschiede in ihren Lebenslagen so gewichtig sind, dass sich – gemessen an den Zielen des Sozialgesetzes – die Benachteiligung oder Bevorzugung daraus rechtfertigen lässt. So werden etwa bestimmte Leistungen in Abhängigkeit von den Einkommensverhältnissen erbracht (z.B. Wohngeld, Ausbildungsförderung), weil die Gesetze der Zielsetzung folgen, die Auswirkungen geringer finanzieller Ressourcen auf die Teilhabe am Leben in der Gesellschaft auszugleichen oder zu mindern. Der Gleichheitssatz beinhaltet nicht nur das Gebot, *Gleiches gleich* zu behandeln, sondern ebenso die Verpflichtung, *Ungleiches ungleich* zu behandeln. Der Anspruch auf Gleichbehandlung steht also dem Solidaritätsprinzip nicht entgegen, welches u.a. dazu führt, dass gesetzlich Krankenversicherte alle denselben Leistungsumfang erhalten (abgesehen vom Krankengeld), obwohl sie Beiträge in ganz unterschiedlicher Höhe zahlen.

Beispiele:
Die Arbeitgeberbeiträge und die eigenen Beiträge von Anton zur Gesetzlichen Krankenversicherung belaufen sich auf ca. 600 € monatlich. Sein ganzes Leben wird er jedoch relativ gesund bleiben und Leistungen nur in Höhe von durchschnittlich 500 € im Jahr in Anspruch nehmen. Kalle ist dagegen als Geringverdiener nur mit dem Mindestbeitrag von ca. 170 € versichert. Er wird jedoch auf Grund von chronischen und akuten Erkrankungen durchschnittlich Leistungen im Umfang von 5000 € im Jahr benötigen. Hier wird nicht auf eine Kongruenz zwischen Beitrag und Leistung abgestellt, sondern auf der Grundlage des Solidaritätsprinzips werden die Beiträge nach dem Erwerbseinkommen festgelegt und bei den Leistungen auf das aus medizinischer Sicht Erforderliche abgestellt.

Mia und Marlene verfügen über das exakt gleiche Nettoeinkommen. Mia erhält Wohngeld, Marlene nicht. Mia hat drei Kinder, Marlene hat keine Kinder. Die Lebenslage ist unterschiedlich, deshalb werden die Hilfen in unterschiedlichem Umfang gewährt.

Das Bundesverfassungsgericht hat immer wieder Sozialgesetze für verfassungswidrig erklärt, weil bestimmte Gruppen zu Unrecht ungleich oder aber auch zu Unrecht gleich behandelt wurden.

Beispiele:
Der Ausschluss von Ausländern, die längerfristig in Deutschland bleiben und am Arbeitsmarkt teilnehmen, von den Familienleistungen kann nicht allein aus der fehlenden deutschen Staatsangehörigkeit gerechtfertigt werden, wenn die Lebensbedingungen der Familien mit denen deutscher Familien vergleichbar sind (BVerfG v. 6. 7. 2004 – 1 BvR 2515/95; aktuell zum Elterngeld siehe den Vorlagebeschluss des BSG v. 30. 9. 2010 – B 10 EG 9/09 R).

Die Festsetzung des Beitragssatzes in der Pflegeversicherung in gleicher Höhe für Versicherte mit und ohne Kinder ist verfassungswidrig. Der Gleichheitssatz *gebietet* die Ungleichbehandlung, weil die Erziehung von Kindern einen Beitrag zum Generationenvertrag darstellt (BVerfG v. 3. 4. 2001 – 1 BvR 1629/94).

Es bestehen noch weitere Regelungen im Sozialrecht, bei denen die Unterscheidungskriterien verfassungsrechtlich zweifelhaft sind, z. B.:

- Ende des Anspruchs auf Unterhaltsvorschuss nach sechs Jahren oder mit Vollendung des zwölften Lebensjahres;
- um fast 40 % reduzierte Leistungen (§ 3 AsylbLG) für in Deutschland geborene Kinder von ausländischen Flüchtlingen im Vergleich zu deutschen oder sonstigen ausländischen Kindern (anhängig bei BVerfG – 1 BvL 10/10);
- härtere Sanktionen im SGB II für Leistungsbezieher unter 25 Jahren als für solche über 25 Jahren.

Aus dem Gleichheitssatz nach Art. 3 Abs. 1 GG leitet sich die Verpflichtung des Staates und der individuelle Anspruch des Bürgers auf eine gerechte Gestaltung des Sozialrechts ab (soziale Gerechtigkeit).

Da die Verfassung keine expliziten sozialen Grundrechte enthält, bleiben dem Gesetzgeber bei der Gestaltung der sozialen Sicherungssysteme weitgehende Freiheiten, solange ein menschenwürdiges Dasein für alle gewährleistet ist. Allerdings muss sich der Gesetzgeber bei der Ausgestaltung des Sozialrechts am *Grundsatz der Verhältnismäßigkeit* messen lassen. Danach muss bei Eingriffen in die Rechte des Bürgers unter verschiedenen Maßnahmen, mit denen ein bestimmtes staatliches Ziel erreicht werden kann, immer der mildeste Eingriff gewählt werden; es besteht ein *Übermaßverbot*. Geht es aber um die Gestaltung von Leistungen, so wird der Gesetzgeber auf ein Mindestmaß an sozialem Schutz verpflichtet; es besteht ein *Untermaßverbot* (BVerfG v. 28.05.1993 – 2 BvF 2/90). Nur in seltenen Fällen kann aber unmittelbar aus der Verfassung ein Anspruch auf eine bestimmte Leistung abgeleitet werden.

Während die sozialen Grundrechte in Deutschland nur auf dem Umweg über die Freiheitsrechte (insbesondere des Schutzes der Menschenwürde) eine begrenzte Geltung beanspruchen können, wurden sie auf internationaler Ebene zum festen Menschenrechtsbestand. Der Einstieg erfolgte durch die „Allgemeine Erklärung der Menschenrechte" der Vereinten Nationen von 1948, in der es in Art. 25 heißt:

> *„Jeder hat das Recht auf einen Lebensstandard, der seine und seiner Familie Gesundheit und Wohl gewährleistet, einschließlich Nahrung, Kleidung, Wohnung, ärztliche Versorgung und notwendige soziale Leistungen, sowie das Recht auf Sicherheit im Falle von Arbeitslosigkeit, Krankheit, Invalidität oder Verwitwung, im Alter sowie bei anderweitigem Verlust seiner Unterhaltsmittel durch unverschuldete Umstände."*

Eine weitere Ausgestaltung und Konkretisierung erhielten die sozialen Grundrechte im „Internationalen Pakt über wirtschaftliche, soziale und kulturelle Rechte" der Vereinten Nationen von 1966, der in Deutschland als Gesetz gilt (Bundesgesetzblatt 1973 II, Seite 1569). Der Pakt enthält ein Recht auf Arbeit, auf Arbeitsschutz, auf einen angemessenen Lebensstandard, Wohnen, Gesundheit und Bildung. In Art. 7 wird z.B. das Recht auf ein Arbeitsentgelt anerkannt, welches Arbeitnehmern einen angemessenen Lebensstandard für sich selbst und ihre Familien sichert.

In Deutschland gibt es durch die Ausweitung von Niedriglohn- und Leiharbeit bereits ca. 350000 Arbeitnehmer, die zusätzlich zu einer Ganztagsbeschäftigung Leistungen nach SGB II in Anspruch nehmen müssen (Dietz/Müller/Trappmann, IAB-Kurzbericht 2/2009). Sie können ihre Rechte aus dem Pakt aber nicht vor einem deutschen Gericht einklagen, weil in ihm nur die Verpflichtungen der Staaten festgehalten sind, nicht aber Rechtsansprüche des einzelnen Bürgers.

Bereits 1946 wurde die International Labour Organisation (ILO), die 1919 zum Schutz der sozialen Rechte der Arbeiter gegründet worden war, als erste Sonderorganisation der Vereinten Nationen anerkannt. Deutschland ist Mitglied dieser Organisation und hat alle sog. Kernarbeitsnormen ratifiziert, die sich u.a. auf das Diskriminierungsverbot, die Vereinigungsfreiheit und das Verbot von Kinder- und Zwangsarbeit beziehen.

Seit Ende 2009 ist auch die Grundrechte-Charta der Europäischen Union (GRC) in Kraft getreten und gilt für die Bereiche, in denen die EU die Kompetenz zur Rechtssetzung hat. Im Unterschied zur Europäischen Menschenrechtskonvention werden in der Charta auch soziale Grundrechte gewährleistet (Art. 27–38). Viele der Rechte auf Sozialleistungen sind jedoch sehr allgemein gehalten und oft auch mit dem Zusatz versehen: *„nach Maßgabe des Unionsrechts und der einzelstaatlichen Rechtsvorschriften und Gepflogenheiten"*. Trotz dieser Einschränkungen wird für die Zukunft mit Entscheidungen des Europäischen Gerichtshofs auf der Grundlage dieser Regelungen zu rechnen sein.

1.3 Struktur des Sozialrechts

Nicht alle rechtlichen Regelungen, die dem Ausgleich sozialer Unterschiede und Belastungen dienen (soziales Recht), sind zugleich auch *Sozialrecht* im formellen Sinne. Hierunter fallen nur die Gesetze, die im Sozialgesetzbuch zusammengefasst werden. Überwiegend handelt es sich dabei um Leistungsansprüche gegenüber öffentlichen Trägern, dazu gehören aber auch Eingriffsrechte, wie etwa die Inobhutnahme in § 42 SGB VIII, und die Regelungen über die Zusammenarbeit zwischen öffentlichen Leistungsträgern und privaten Leistungserbringern in den verschiedenen Sozialgesetzen.

Das Sozialrecht lässt sich wie folgt in das deutsche Rechtssystem einordnen:

1. Das Sozialrecht gehört zum *öffentlichen Recht* (im Unterschied zum Privatrecht).
2. Das Sozialrecht ist Teil des *Verwaltungsrechts*.
3. Das Sozialrecht ist überwiegend im Sozialgesetzbuch geregelt. Die Entschädigungsleistungen, ein Teil der Ausbildungsbeihilfen, die Familienleistungen und das Wohngeld sind allerdings nicht im SGB, sondern in gesonderten Einzelgesetzen (z. B. BAföG) beschrieben. In § 68 SGB I wird jedoch bestimmt, dass diese Einzelgesetze als besondere Teile des SGB gelten. Die Bereiche, die dem Sozialrecht zugeordnet werden, sind in §§ 18 bis 29 SGB I aufgeführt.

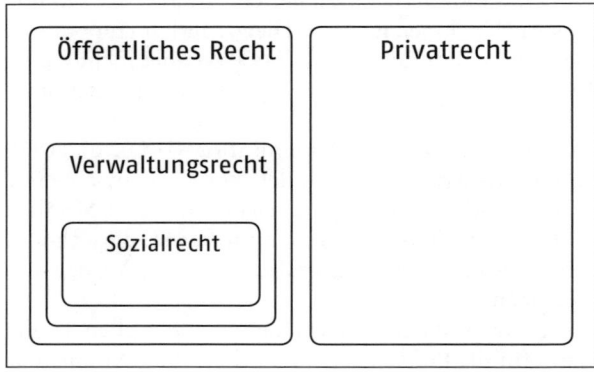

Abb. 1: Einordnung des Sozialrechts in die deutsche Rechtsordnung

Das Sozialrecht lässt sich in verschiedene Bereiche aufteilen; die neuere Sozialrechtslehre (so etwa Eichenhofer, 2010, S. 8 f.) verwendet dafür überwiegend folgende Kategorien:

Vorsorge	Entschädigung	Förderung und soziale Hilfen
Die fünf Sozialversicherungen: Rentenversicherung Unfallversicherung Krankenversicherung Arbeitslosenversicherung und Arbeitsförderung Pflegeversicherung	Kriegsopfer Opfer von vorsätzlichen Straftaten Impfschäden und andere	Jugendhilfe Ausbildungsbeihilfen Familienleistungen Wohngeld Grundsicherungsleistungen

Hinweis: Das Kindergeld findet sich für die Regelfälle im Einkommensteuergesetz (EStG). Für alle steuerpflichtigen Personen ist es als negative Einkommensteuer ausgestaltet (siehe zu den Details S. 161). Nur ersatzweise, wenn keine steuerpflichtigen Elternteile in Deutschland leben, wird auf das sozialrechtliche Bundeskindergeldgesetz (BKGG) zurückgegriffen.

Übersicht über die Sozialgesetze

SGB I	Allgemeine Vorschriften für alle Sozialrechtsbereiche
SGB II	Grundsicherung für Arbeitssuchende (bzw. für Erwerbsfähige und ihre Familienangehörigen)
SGB III	Arbeitslosenversicherung und Arbeitsmarktintegration
SGB IV	Gemeinsame Vorschriften über die Sozialversicherung
SGB V	Gesetzliche Krankenversicherung
SGB VI	Gesetzliche Rentenversicherung
SGB VII	Gesetzliche Unfallversicherung
SGB VIII	Kinder- und Jugendhilfe
SGB IX	Rehabilitation und Teilhabe behinderter Menschen
SGB X	Sozialverwaltungsverfahren und Datenschutz
SGB XI	Gesetzliche Pflegeversicherung
SGB XII	Sozialhilfe
MuSchG	Mutterschutzgesetz
BVG	Bundesversorgungsgesetz (Kriegsopfer)
OEG	Opferentschädigungsgesetz (bei Straftaten mit Körperschäden)
IfSG	Infektionsschutzgesetz
SchKG	Gesetz zur Vermeidung und Bewältigung von Schwangerschaftskonflikten
ProstG	Prostitutionsgesetz (u. a. Sozialversicherung)
AdVermiG	Adoptionsvermittlungsgesetz
BAföG	Bundesausbildungsförderungsgesetz für Schüler und Studierende
JFDG	Jugendfreiwilligendienstgesetz
BEEG	Bundeselterngeld- und Elternzeitgesetz

BKGG	Bundeskindergeldgesetz (gilt nur für den Kinderzuschlag und für Kinder ohne Eltern im Bundesgebiet)
UhVorschG	Unterhaltsvorschussgesetz
WGG	Wohngeldgesetz
AsylbLG	Asylbewerberleistungsgesetz (Asylbewerber, Geduldete und bestimmte humanitäre Aufenthalte)
SGG	Sozialgerichtsgesetz
VwGO	Verwaltungsgerichtsordnung
BerHG	Beratungshilfegesetz

1.4 Europäisches Sozialrecht

Der Europäischen Union wird durch den Vertrag über die Arbeitsweise der Europäischen Union (AEUV), in Kraft seit Dezember 2009, erstmals ein klares Mandat für die Rechtssetzung im Bereich des Sozialrechts zugewiesen. Ein Eingriff in die recht unterschiedlichen, teilweise historisch gewachsenen sozialen Sicherungssysteme der Mitgliedstaaten ist damit aber nicht beabsichtigt.

Gleichzeitig setzt die Europäische Union zahlreiche gezielte Steuerungsmechanismen ein, um die soziale Absicherung der Bürger in der Union weiterzuentwickeln und auch zu vereinheitlichen. Zum einen geschieht dies durch die „offene Methode der Koordinierung im Bereich Sozialschutz und soziale Eingliederung". Koordiniert wird durch nationale Strategieberichte und den Austausch von Praxisbeispielen untereinander. Als weiteres Steuerungsinstrument wird der Europäische Sozialfonds eingesetzt, um gezielt für jeden Staat unterschiedliche Fördermaßnahmen gegen Arbeitslosigkeit und Einkommensarmut zu finanzieren und die konzeptionelle Entwicklung im sozialen Bereich zu unterstützen.

Einen weiteren wichtigen Bereich des Europäischen Sozialrechts bildet das Koordinationssystem zwischen den einzelnen Mitgliedsstaaten (VO 883/2004). Die Koordinationsregelungen haben Vorrang vor den Regelungen des § 30 SGB I, nach der in Deutschland der Anspruch auf Sozialleistungen in der Regel an den gewöhnlichen Aufenthalt oder Wohnsitz im Inland gebunden ist. So können etwa Gesundheitsleistungen in jedem anderen Mitgliedstaat in Anspruch genommen werden, soweit sie während eines Aufenthalts in diesem Staat erforderlich werden (Europäische Krankenversicherungskarte). Auch werden Rentenansprüche aus verschiedenen Staaten zusammengerechnet und das Arbeitslosengeld kann in einem anderen Mitgliedstaat bezogen werden (siehe S. 134). Steuerfinanzierte Leistungen wie das Kindergeld oder das Elterngeld können von den deutschen Leistungsträgern bezogen werden, wenn zwar der Wohnsitz in einem anderen Mitgliedstaat liegt, die Beschäftigung aber in Deutschland ausgeübt wird. Soweit allerdings im Wohnsitzstaat vergleichbare Leistungen gewährt werden, werden diese von den deutschen Leistungsträgern bis zur Höhe der hiesigen Leistungen aufgestockt.

Beispiel:
Agniezka lebt mit ihrem Kind in Polen und bezieht Kindergeld in Höhe von 15 €.
Der Vater des Kindes lebt und arbeitet in Deutschland. Die Familienkasse zahlt
ihm auf Antrag ein Kindergeld von 169 € (184 € abzüglich 15 €).

Im Bereich der Koordination von Leistungen gibt es noch viele weitere Regelungen
für Menschen, die in einem Bezug zu mehr als einem EU-Staat stehen, sie gelten
grundsätzlich auch für Angehörige von Drittstaaten, die innerhalb der EU wandern.
Nicht alle Sozialleistungen können jedoch beliebig auf dem Gebiet der Europäischen Union in Anspruch genommen werden, so lassen sich Ansprüche auf
Sachleistungen bislang nicht in einen anderen EU-Staat exportieren.

Beispiel:
Die pflegebedürftige Rentnerin Else möchte ihren Lebensabend in Spanien ver-
bringen. Sie kann von der deutschen Pflegeversicherung Pflegegeld bekommen,
nicht aber Leistungen bei Unterbringung in einer stationären Pflegeeinrichtung,
weil diese nach deutschem Recht nicht an die pflegebedürftige Person selbst
gezahlt werden können, sondern nur unmittelbar an die Pflegeeinrichtung und
zwar nur an eine Einrichtung in Deutschland (EuGH v. 16.7.09; siehe auch Kommission gegen BRD).

1.5 Sozialleistungsansprüche

Das Sozialrecht regelt individuelle Rechtsansprüche auf Sozialleistungen in Form
von Geld-, Sach- oder Dienstleistungen (§ 11 SGB I). Geschuldet werden diese Leistungen von öffentlichen Leistungsträgern (also von Bund, Ländern oder
Kommunen).

1.5.1 Vorbehalt des Gesetzes

Soziale Arbeit ist ohne die Sozialgesetze als Handlungsgrundlage nicht denkbar,
da keine soziale Leistung und damit auch keine Betreuungs-, Beratungs- oder
Erziehungstätigkeit ohne eine gesetzliche Grundlage erbracht werden darf. Das
gilt in gleicher Weise auch für jede Verpflichtung, die den Bürgern im Zusam-
menhang mit einer sozialen Leistung auferlegt werden soll. In der Sprache der
Juristen wird dies der *Vorbehalt des Gesetzes* (§ 31 SGB I) genannt. Die strikte
Bindung aller sozialen Leistungen und Pflichten an eine gesetzliche Anspruchsgrundlage ergibt sich vor allem aus dem Gleichheitsgrundsatz (Art. 3 Abs. 1
GG), aber auch aus dem Grundsatz der Menschenwürde (Art. 1 Abs. 1 GG).
Würde es den Sozialleistungsträgern frei gestellt, wann, wem und in welchem
Umfang sie Leistungen gewähren könnten, ergäben sich Unterschiede, die nicht
mit den verschiedenen Lebenslagen der Betroffenen zusammenhingen, sondern
mit den Einstellungen und Wertungen der einzelnen Mitarbeiter der Leistungs-

träger. Zugleich gerieten die Antragsteller in die Rolle der Bittsteller und würden damit zum *Objekt staatlichen Handelns*.

Hinzu kommt die Verpflichtung der öffentlichen Hand zum wirtschaftlichen Umgang sowohl mit Steuermitteln als auch mit den eingezahlten Sozialversicherungsbeiträgen. Es dürfen keine Gelder ausgegeben werden, ohne dass eine klare gesetzliche Zahlungsverpflichtung oder -ermächtigung besteht.

1.5.2 Prüfung von Sozialleistungsansprüchen

Aus dem Vorbehalt des Gesetzes folgt, dass Sozialleistungsansprüche stets ausgehend von einer Anspruchsgrundlage im Gesetz geprüft werden müssen.

Was ist eine Anspruchsgrundlage?

Anspruchsgrundlagen sind Regelungen im Gesetz (ein Paragraph, ein Absatz des Paragraphen oder auch nur ein Satz in einem Absatz des Paragraphen), aus denen sich ein Recht für den einzelnen Bürger ergibt (subjektiv-öffentliches Recht).

> *Beispiele hierfür:*
> „Jeder hat Anspruch auf Beratung ..." (§ 14 SGB I)
> „Arbeitnehmer haben Anspruch auf Arbeitslosengeld ..." (§ 117 Abs. 1 SGB III)
> „Auf Sozialhilfe besteht ein Anspruch, soweit ..." (§ 17 Abs. 1 Satz 1 SGB XII)

Zur Unterscheidung:
Viele Paragraphen der Gesetzbücher enthalten keine Anspruchsgrundlagen, sondern Definitionen oder Handlungspflichten oder -ermächtigungen der Leistungsträger.

> *Beispiele für Definitionen:*
> „Der notwendige Lebensunterhalt umfasst ..." (§ 27 Abs. 1 Satz 1 SGB XII)
> „Pflegebedürftig im Sinne dieses Gesetzes sind Personen, die ..." (§ 14 Abs. 1 Satz 1 SGB XI)

> *Beispiele für Handlungspflichten oder -ermächtigungen:*
> „Die Leistungsträger ... sind verpflichtet, im Rahmen ihrer Zuständigkeit die Bevölkerung über die Rechte und Pflichten nach diesem Gesetzbuch aufzuklären." (§ 13 SGB I)
> „Die Krankenkassen können Modellvorhaben ... durchführen ..." (§ 63 SGB V)

Anspruchsgrundlagen bestehen stets aus einem Teil, in dem die Voraussetzungen für die Leistung enthalten sind (*Tatbestand*), und einem Teil, in dem die Leistung bezeichnet wird, auf die ein Anspruch besteht (*Rechtsfolge*).

> *Beispiel § 19 SGB XII*
> *Tatbestand*
>
> ... Personen ...
>
> *Rechtsfolge*
> Hilfe zum Lebensunterhalt ist ...

... zu leisten, ...

... die ihren notwendigen Lebensunterhalt nicht oder nicht ausreichend aus eigenen Kräften oder Mitteln [...] beschaffen können.

Wie wird ein sozialrechtlicher „Fall" bearbeitet?

Die Bearbeitung eines sozialrechtlichen „Falls" beginnt stets mit der Anspruchsgrundlage. Um sich ihr Auffinden zu erleichtern und zugleich den Sachverhalt nach den Beteiligten und den Ansprüchen zu ordnen, werden gern die *vier Ws* verwendet:

Wer?　Hier gilt es zu klären, wer einen Anspruch geltend machen kann. Auch Kinder können Ansprüche haben, sie werden nur von ihren Eltern als gesetzliche Vertreter geltend gemacht. *Achtung:* Sozialrechtliche Handlungsfähigkeit ab 15 Jahren (siehe S. 49)!

Von wem?　Hier gilt es, einen möglichen öffentlichen Leistungsträger zu ermitteln. *Achtung:* Sozialrechtsansprüche richten sich immer gegen öffentliche – nie gegen private – Träger.

Was?　Hier sollte ein möglicher Anspruch so genau bezeichnet werden, wie es der Bearbeiterin möglich ist, z.B. Arbeitslosengeld oder Elterngeld. Bestehen noch keine ausreichenden Anhaltspunkte, so kann auch einfach „Geld" oder „Betreuung" genannt werden.

Woraus?　Hier folgt nun die Anspruchsgrundlage. Zumeist ergibt sich aus dem „Von wem?" das Gesetzbuch, welches gerade diesem Leistungsträger zugeordnet ist, z.B. Krankenversicherung = SGB V oder Sozialamt = SGB XII.

Die so aufgefundene Anspruchsgrundlage wird nun als Grundlage einer Hypothese („A könnte einen Anspruch gegen B aus § XY haben") verwendet, die in vier Schritten überprüft wird.

1. Liegen die *Voraussetzungen (Tatbestand)* vor, die in der Anspruchsgrundlage genannt sind oder sich aus ihr ergeben? Es kommt darauf an, den Gesetzestext genau sprachlich zu zerlegen, um die einzelnen Voraussetzungen prüfen zu können. Unbestimmte Rechtsbegriffe in der Anspruchsnorm werden häufig in den nachfolgenden Paragraphen definiert oder erläutert, manchmal muss auch auf die allgemeinen Regelungen im SGB I zurückgegriffen werden.

   Liegt nur *eine* Voraussetzung nicht vor, ist der Anspruch ausgeschlossen, die Hypothese muss negativ beantwortet werden.

   In der Praxis der Sozialen Arbeit lassen sich nicht immer zu allen Voraussetzungen sofort sichere Feststellungen treffen, nach der Prüfung sollte jedoch klar sein, was noch zu tun ist, um den Anspruch zu klären.

2. Enthält das Gesetz bestimmte *Ausschlussklauseln,* die Personen von der Leistung ausnehmen, obwohl die Voraussetzungen erfüllt sind?

3. Ist der Leistungsanspruch *aus sonstigen Gründen entfallen,* z.B. weil er mit einem Rückzahlungsanspruch des Leistungsträgers aufgerechnet wurde (§ 51 SGB I), weil die Leistung – etwa wegen Steuerschulden – gepfändet wurde

($ 53 SGB I) oder weil sie an eine andere Person ausgezahlt wurde – etwa bei Verletzung der Unterhaltspflicht ($ 48 SGB I)?

4. Anschließend muss bei Sozialleistungen meist noch der *Umfang (Höhe und Dauer)* des Anspruchs ermittelt werden.

Nach dieser Prüfung lässt sich abschließend feststellen, ob und in welcher Höhe ein Leistungsanspruch besteht.

Bearbeitungsbeispiel:

Antonia, allein erziehend, kann wegen der Erkrankung ihrer Tochter Luise fünf Tage nicht zur Arbeit gehen. Es handelt sich um die erste Erkrankung der Tochter im Jahr 2011. Ihr Arbeitgeber hat ihr mitgeteilt, dass er ihr Fehlen akzeptiert, aber für diese Zeit kein Arbeitsentgelt zahlen wird.

Hat Antonia einen Anspruch auf eine Ersatzleistung für diesen Einkommensverlust?

Wer?   Antonia, es geht um ihr Geld, nicht um eine Leistung für das Kind.

Von wem? Da es sich um einen Einkommensausfall im Zusammenhang mit einer Krankheit handelt, liegt es nahe, sich an die Gesetzliche Krankenversicherung (GKV) zu wenden.

Was?   Antonia möchte eine Entgeltersatzleistung. Im Recht der GKV wird diese Leistung als Krankengeld bezeichnet.

Woraus? Sie beginnen Ihre Suche nun mit dem Inhaltsverzeichnis des SGB V (zuständig für Leistungen der GKV). Leistungsansprüche können sich kaum bei den „Allgemeinen Vorschriften" und auch nicht bei „Versicherter Personenkreis" finden. Richtig sind Sie im dritten Kapitel „Leistungen der Krankenversicherung". Hier müssen Sie nun die Entgeltersatzleistung = Krankengeld suchen. Diese finden Sie im zweiten Titel ab §44 SGB V. Bereits im Inhaltsverzeichnis entdecken Sie § 45 „Krankengeld bei Erkrankung des Kindes". Bevor Sie dies unter „Woraus" notieren, ist an Hand des Textes zu prüfen, ob es sich tatsächlich um eine Anspruchsgrundlage handelt. Die Regelung beginnt in Abs. 1 mit „Versicherte haben Anspruch auf Krankengeld, wenn ..." Sie erkennen als Rechtsfolge einen *Anspruch* und – eingeleitet durch das „Wenn" – die *Voraussetzungen*.

Hypothese: Antonia könnte gegen die GKV einen Anspruch auf Krankengeld aus §45 SGB V haben.

1. Voraussetzungen prüfen

Aus der Anspruchsgrundlage §45 SGB V ergeben sich für das Kinderkrankengeld folgende Voraussetzungen:

a) Versicherte [Hier sind *gesetzlich* Versicherte gemeint. Antonia ist in der AOK versichert.]

b) Kind krank. Für die Definition des Begriffs „Kind" verweist §45 Abs. 1 Satz 2 SGB V auf §10 Abs. 4 SGB V (auch Stiefkinder, Enkel, Pflegekinder). [Luise ist das leibliche Kind von Antonia und Luise hat eine Bronchitis.]

c) Erforderlich zur Beaufsichtigung, Betreuung oder Pflege, der Arbeit fernzubleiben. [Luise kann mit hohem Fieber und Schmerzen nicht alleine zu Hause bleiben.]

d) Nach ärztlichem Zeugnis. [Antonia hat sich von ihrem Kinderarzt ein Attest schreiben lassen: „Luise ist an einer Bronchitis erkrankt. Die ständige Anwesenheit einer Betreuungsperson ist bis zum ... erforderlich".]

e) Kind versichert [Hier ist gemeint: *gesetzlich* versichert. Luise ist bei ihrer Mutter familienversichert nach § 10 SGB V. Sie könnte auch über ihren Vater in einer anderen GKV versichert sein. Ist sie allerdings privat versichert, so wird diese Voraussetzung nicht erfüllt und es besteht kein Anspruch.]

f) Kind unter zwölf Jahre. [Luise ist acht Jahre alt. Auch bei schweren Erkrankungen kann kein Krankengeld gezahlt werden, wenn das Kind zwölf Jahre alt oder älter ist, es sei denn, es ist behindert.]

g) Keine andere im Haushalt lebende Person verfügbar. [Antonia ist allein erziehend, es wohnt keine Betreuungsperson im Haushalt. Nicht darlegen muss Antonia, dass sie keine Verwandten oder Freunde hat, die zur Betreuung ins Haus kommen könnten.]

2. Ausschlussklausel
In § 45 Abs. 2 SGB V wird der Anspruch für Alleinerziehende pro Kind auf 20 Tage im Kalenderjahr begrenzt. Antonia wäre also vom Anspruch ausgeschlossen, wenn sie diesen Anspruch schon verbraucht hätte. Da sie in 2011 erstmals von dem Anspruch Gebrauch macht, greift der Ausschluss nicht.

3. Der Leistungsanspruch ist aus sonstigen Gründen entfallen
Nach § 49 SGB V ruht der Anspruch, wenn für die Ausfallzeit andere Leistungen erbracht werden, z. B. Arbeitseinkommen. Der Arbeitgeber von Antonia ist aber gerade nicht bereit, das Arbeitsentgelt weiterzuzahlen. Der Sachverhalt bietet auch sonst keine Anhaltspunkte für einen Wegfall des Leistungsanspruchs.
Antonia hat einen Anspruch gegen die GKV auf Zahlung von Krankengeld aus § 45 SGB V.

4. Umfang des Leistungsanspruchs
Antonia hat für jedes Kalenderjahr einen Anspruch auf Kinderpflegekrankengeld von bis zu 20 Tagen (§ 45 Abs. 2 SGB V). Sie erhält das Krankengeld für fünf Tage, weil in dieser Zeit die Voraussetzungen erfüllt sind und die Höchstdauer nicht überschritten wird. Das Krankengeld wird in Höhe von 70 % ihres Bruttoeinkommens bis zur Beitragsbemessungsgrenze (für 2011: 3712,50 €), höchstens aber 90 % ihres Nettoeinkommens gezahlt (§ 47 Abs. 1 SGB V).

1.5.3 Handlungsspielräume der Sozialleistungsträger (Ermessen)

Die Sozialgesetze enthalten überwiegend verbindliche Rechtsansprüche auf die Leistungen (§ 38 SGB I). Es finden sich jedoch auch Anspruchsgrundlagen, die als Rechtsfolge „nur" einen Ermessensanspruch vorsehen. Dadurch wird den

Leistungsträgern ein *Entscheidungsspielraum* eröffnet, durch den sie unter sorgfältiger Abwägung aller Interessen eine eigene Entscheidung über die Zuweisung der Leistung treffen können.

Neben der freien Ermessensentscheidung findet sich auch das sog. *gebundene Ermessen*, bei dem die Regelentscheidung vorgegeben ist, für Ausnahmesituationen jedoch die Tür für eine abweichende Entscheidung geöffnet wird. Eine Ausnahmesituation ist dadurch gekennzeichnet, dass sie deutlich von der Lage abweicht, die der Gesetzgeber im Auge hatte. Eine Ausnahmesituation kann sich auch aus der Verpflichtung des Sozialleistungsträgers ergeben, nicht gegen das Grundgesetz oder Europarecht zu verstoßen.

Rechtsfolgenbestimmungen

Bezeichnung	Typische Formulierungen	Beispiele
Gebundene Rechtsfolge	*„ist zu leisten", „hat/ haben Anspruch"*	§ 61 Abs. 1 SGB XII: „Personen, die ..., ist Hilfe zur Pflege zu leisten." § 117 Abs. 1 SGB III: „Arbeitnehmer haben Anspruch auf Arbeitslosengeld ..."
Freies Ermessen	*„kann"*	§ 53 Abs. 1 Satz 2 SGB XII: „Personen mit ... können Leistungen der Eingliederungshilfe erhalten ..." § 40 Abs. 4 SGB XI: „Die Pflegekassen können subsidiär finanzielle Zuschüsse ... gewähren, ..."
Gebundenes Ermessen	*„soll"*	§ 11 Abs. 5 Satz 2 SGB XII: „Angemessene Kosten ... sollen übernommen werden, ..." § 41 Abs. 5 SGB VIII: „Einem jungen Volljährigen soll Hilfe ... gewährt werden, ..."

Soweit dem öffentlichen Träger ein Ermessensspielraum eröffnet wird, hat der Bürger einen Anspruch auf eine ermessensfehlerfreie Entscheidung (§ 39 SGB I). Die Ausübung des Ermessens verlangt eine genaue Prüfung aller Umstände des Einzelfalls und eine Abwägung aller relevanten Interessen und Rechtspositionen des Bürgers gegen die öffentlichen Interessen und Rechtspositionen Dritter.

Eine Entscheidung kann vor allem an folgenden Ermessensfehlern kranken:

- *Ermessensunterschreitung:* Es erfolgt keine Abwägung, obwohl eine Ermessensprüfung vorgeschrieben ist.

    Beispiel:
    Einem Antragsteller mit einem festgestellten Grad der Behinderung von 40 % wird der Antrag auf Eingliederungshilfe nach § 53 SGB XII mit der Begründung abgelehnt, er sei nicht schwerbehindert. Das Sozialamt hat sich nur darauf berufen, dass in diesen Fällen kein Rechtsanspruch auf eine Leistung besteht, aber keine Abwägung im Rahmen des Ermessens nach § 53 Abs. 1 Satz 2 SGB XII vorgenommen.

- *Ermessensüberschreitung:* Es wird eine Rechtsfolge gewählt, die von der Ermessensnorm nicht gedeckt ist.

Beispiel:
Einer Sozialhilfeempfängerin wird für die Kosten im Zusammenhang mit der Hochzeit ihrer Tochter nach §37 SGB XII eine Beihilfe statt einem Darlehen gewährt, weil auf Grund der Umstände ein Ausnahmefall vorläge. Das Sozialamt hat die Regelung falsch ausgelegt, eine Beihilfe darf es nicht bewilligen. Das „soll" bezieht sich nur auf die Gewährung eines Darlehens.

- *Ermessensfehlgebrauch:*
  - *Mangelnde Aufklärung des Sachverhalts,*
    z. B. wird bei einer Entscheidung über einen Antrag auf Eingliederungshilfe nur festgestellt, dass keine Schwerbehinderung vorliegt, nicht aber geprüft, welcher Grad der Behinderung festgestellt wurde. Die Schwere der Behinderung kann aber für die Abwägung der individuellen gegen die öffentlichen Interessen bedeutsam sein.
  - *Unsachliche Gesichtspunkte,*
    z. B. wird eine Leistung mit der Begründung abgelehnt, das vorgesehene Budget des Leistungsträgers sei ausgeschöpft. Mit diesem Argument würde bei gleichem Sachverhalt einigen Personen die Leistung gewährt und anderen ohne sachliche Rechtfertigung nicht.
  - *Fehlende Berücksichtigung der persönlichen Verhältnisse,*
    z. B. wird die Übernahme von Mietschulden abgelehnt, weil sie selbst verschuldet sei, ohne zu berücksichtigen, dass zwei Kleinkinder im Haushalt leben.
  - *Verstoß gegen höherrangiges Recht,*
    z. B. wird eine Weiterbildungsmaßnahme von der Arbeitsagentur abgelehnt, weil die Antragstellerin bereits 46 Jahre alt sei. Hier liegt ein Verstoß nicht nur gegen das Verbot der Altersdiskriminierung nach §19a SGB IV vor, sondern auch gegen Art. 21 Abs. 1 Europäische Grundrechtscharta (die als Teil des Vertragsrechts der EU in Deutschland als höherrangiges Recht zu berücksichtigen ist).

Ermessensentscheidungen sind stets auch an den Grundrechten zu messen und dürfen vor allem nicht gegen die Menschenwürde, den Schutz von Ehe und Familie, das Kindeswohl und den Gleichheitssatz verstoßen.

In bestimmten Fällen kann das Ermessen auch *auf Null reduziert* sein, wenn jede denkbare andere Entscheidung einen Ermessensfehler, insbesondere einen Verstoß gegen Grund- oder Menschenrechte beinhalten würde.

Beispiel:
Franca musste sich mit ihren beiden Kindern in ein Frauenhaus begeben. Sie ist mittellos und beantragt Leistungen nach SGB II und zugleich die Auszahlung eines sofortigen Vorschusses nach §40 Abs. 1 Nr. 1a SGB II i.V.m. §328 SGB III. Diese Regelung ermöglicht eine vorläufige Leistungsgewährung nach Ermessen, wenn der Anspruch auf die Leistung wahrscheinlich besteht. Da Franca auf eine Sofortleistung angewiesen ist, um Nahrung für sich und die Kinder zu kaufen, würde

eine Ablehnung der vorläufigen Leistung zu einer Verletzung der Menschenwürde (Art. 1 Abs. 1 GG) und zu einer Gefahr für das Kindeswohl (Art. 6 Abs. 2 und Abs. 4 GG), eventuell sogar für die körperliche Unversehrtheit (Art. 2 Abs. 2 GG) führen. Es bleibt kein Spielraum für eine andere Entscheidung; das Ermessen ist auf Null reduziert.

Ein Ermessensfehler führt zu einer rechtswidrigen Entscheidung, die der Bürger mit Rechtsmitteln angreifen kann. Damit ein Ermessensfehler tatsächlich aufgedeckt werden kann, müssen aus einer schriftlichen Entscheidung (zumindest, wenn diese den Bürger belastet) die Gründe hervorgehen, auf denen die Entscheidung beruht ($\S$ 35 Abs. 1 Satz 2 SGB X). Bei einer mündlichen Entscheidung kann der Bürger unverzüglich eine schriftlich begründete Ausfertigung verlangen ($\S$ 33 Abs. 2 Satz 2 SGB X).

1.6 Das Verhältnis zwischen öffentlichen und freien Trägern bei der Erbringung von Sozialleistungen

Obwohl allein die öffentliche Hand in der gesetzlichen Leistungsverpflichtung steht, werden die sozialen Dienstleistungen überwiegend nicht von öffentlichen, sondern von freien Trägern erbracht. Die Einbindung der freien Träger in die sozialstaatliche öffentliche Verantwortung umschreibt das Bundesverfassungsgericht in einer Grundsatzentscheidung von 1967 wie folgt:

„Wenn Art. 20 Abs. 1 GG ausspricht, dass die Bundesrepublik ein sozialer Bundesstaat ist, so folgt daraus nur, dass der Staat die Pflicht hat, für einen Ausgleich der sozialen Gegensätze und damit für eine gerechte Sozialordnung zu sorgen; dieses Ziel wird er in erster Linie im Wege der Gesetzgebung zu erreichen suchen. Keineswegs folgt aus dem Sozialstaatsprinzip, dass der Gesetzgeber für die Verwirklichung dieses Ziels nur behördliche Maßnahmen vorsehen darf. Art. 20 Abs. 1 GG bestimmt nur das „Was", das Ziel, die gerechte Sozialordnung; er lässt aber für das „Wie", d.h. für die Erreichung des Ziels, alle Wege offen. Deshalb steht es dem Gesetzgeber frei, zur Erreichung des Ziels auch die Mithilfe privater Wohlfahrtsorganisationen vorzusehen." (BVerfG v. 18.7.1967 – 2 BvF 3/62)

Die öffentlichen Träger, die aus den einzelnen Sozialgesetzen zur Leistung verpflichtet sind, tragen die Gesamtverantwortung für ein ausreichendes Angebot an Leistungen nach Quantität und Qualität, um den gesetzlichen Auftrag zu erfüllen. Auch die Planungsverantwortung ist davon umfasst ($\S$ 17 Abs. 1 SGB I und für den Bereich der Jugendhilfe $\S\S$ 79, 80 SGB VIII).

Erbracht werden kann die Leistung allerdings sowohl von öffentlichen als auch von privaten Trägern. Das öffentliche Fördersystem muss dabei die Pluralität der

Träger und der Inhalte, Methoden und Arbeitsformen ermöglichen, unterstützen und gewährleisten (BVerwG v. 21. 1. 2010 – 5 CN 1.09). Nur wenn verschieden-artige Leistungsangebote vorhanden sind, kann das Wunsch- und Wahlrecht der Berechtigten auch realisiert werden (allgemein: § 33 Satz 2 SGB I; Regelungen in den einzelnen Sozialgesetzen: § 9 SGB XII, § 5 SGB VIII, § 7 Satz 2 Nr. 1 SGB III; 33 SGB V, § 9 SGB IX, § 2 Satz 2 SGB XI).

1.6.1 Subsidiaritätsprinzip

Für den Bereich der Jugend- und Wohlfahrtspflege wird den frei gemeinnützigen Trägern ein begrenzter Vorrang vor den öffentlichen Trägern eingeräumt. Für die Jugendhilfe findet sich diese Regelung in § 4 Abs. 2 SGB VIII, für die Sozialhilfe in § 5 Abs. 4 SGB XII und für die Arbeitsmarktintegration von Leistungsberech-tigten nach SGB II in § 17 Abs. 1 Satz 1 SGB II.

Es gilt das Prinzip:

Neue Dienste darf der kommunale öffentliche Träger nur schaffen, wenn die frei gemeinnützigen Träger nicht in der Lage sind, ein geeignetes und ausreichen-des Angebot zu machen.

Bereits bestehende Dienste darf der öffentliche Träger fortführen (BVerfG v. 18. 7. 1967 – 2 BvF 3-8/62). Der Grund für diese Begrenzung des Subsidiaritäts-prinzips liegt allein in finanziellen Erwägungen. Das BVerfG wollte die Kommu-nen vor Ausgaben bewahren, die mit einem Wechsel der Einrichtung verbunden sein könnten.

Beispiel:

In der Stadt B gibt es noch keine Schuldnerberatungsstelle. Die Diakonie bietet an, eine solche einzurichten. Sie hat ein Konzept vorgelegt und will drei Fach-kräfte beschäftigen.

Der Stadtrat beschließt, lieber eine eigene kommunale Beratungsstelle ein-zurichten, weil so kommunale Bedienstete beschäftigt werden können, deren Stellen abgebaut werden sollen.

Kann sich die Diakonie gegen diese Entscheidung wehren?

Es handelt sich bei der Diakonie um einen Wohlfahrtsverband und damit um einen frei gemeinnützigen Träger. Sie hat ein Angebot vorgelegt, um einen So-zialdienst auf kommunaler Ebene zu schaffen. Die Kommune ist verpflichtet, im Rahmen ihrer Gesamtverantwortung die Möglichkeit einer Schuldnerberatung zu gewährleisten (ergibt sich aus § 11 Abs. 5 SGB XII). Da die Aufgabe von einem frei gemeinnützigen Träger übernommen werden kann, soll die Kommune keine eigenen Dienste schaffen. Für den Bereich der Sozialhilfe wird dies ausdrücklich in § 5 Abs. 4 und § 75 Abs. 2 SGB XII geregelt.

Hat die Kommune bereits selbst eine Schuldnerberatung eingerichtet (weil kein Angebot der freien Wohlfahrtspflege zu erhalten war), so darf sie ihre Einrichtung fortführen, auch wenn später ein frei gemeinnütziger Träger bereit ist, selbst eine Beratungsstelle einzurichten.

Da derzeit noch keine Schuldnerberatung der Kommune besteht, kann die Dia-konie verlangen, dass die Stadt die Einrichtung einer Schuldnerberatung unterlässt und ihre eigene Einrichtung von der Stadt finanziell gefördert wird. Erforderlichenfalls kann die Diakonie Klage beim Sozialgericht erheben.

Die Förderung eines freien Trägers kann auch neben dem Angebot des öffentlichen Trägers erforderlich werden, wenn ein nicht abgedeckter Bedarf besteht. Im Bereich der Jugendhilfe haben die freien Träger einen Rechtsanspruch auf die Prüfung ihrer Angebote unter Berücksichtigung des Gleichheitssatzes nach Art. 3 Abs. 1 GG. Der öffentliche Träger kann aber im Rahmen seiner Planungsverantwortung bestimmte Prioritäten setzen, die in einem Gesamtkonzept nach sachgerechten Kriterien festgelegt sein müssen (BVerwG v. 17.7.2009 – 5 C 25/08).

Subsidiaritätsprinzip

Das Prinzip stammt aus der katholischen Soziallehre, findet seine Wurzel aber in der Antike, und ist auch in der calvinistischen Gegenbewegung gegen die zentralistische Struktur der katholischen Kirche zu finden.

Ausgedrückt wird ein gesellschaftliches Prinzip, welches der Selbstbestimmung und Selbstverantwortung des Einzelnen, aber auch der selbst organisierten solidarischen Unterstützung größtmögliche Entfaltungsspielräume in einem Staatswesen einräumt.

Eine (öffentliche) Aufgabe soll vorrangig von der unteren Ebene bzw. kleineren Einheit wahrgenommen werden.

Zugleich verpflichtet dieses Prinzip die höheren Instanzen zur Unterstützung der unteren Instanzen, wenn diese ein soziales Problem nicht aus eigener Kraft zu lösen vermögen.

Der Begriff findet sich auch an anderen Stellen des Sozialrechts. Wichtig ist er für das Verhältnis der EU zu den einzelnen Mitgliedstaaten. Die EU darf nur tätig werden, wenn die Maßnahmen der Mitgliedstaaten nicht ausreichen und wenn die politischen Ziele besser auf der Gemeinschaftsebene erreicht werden können.

1.6.2 Trägerautonomie

Schon die oben beschriebene Gestaltung der Beziehungen zwischen den öffentlichen und den frei gemeinnützigen Trägern zeigt, dass zwischen beiden ein Verhältnis besteht, welches nicht als eine „Leistung im Auftrag" beschrieben werden kann.

Wichtige Grundlage für die Gestaltung sozialer Dienstleistungen in Deutschland ist das Recht auf Selbstbestimmung der freien Träger als Leistungserbringer, auch dann, wenn ihre Tätigkeit durch den öffentlichen Leistungsträger finanziert wird. Die *Trägerautonomie* wird von der Verfassung geschützt. Art. 19 Abs. 3 GG garantiert die Grundrechte nicht nur den einzelnen Menschen, sondern auch Vereinigungen und allen Formen von Zusammenschlüssen von Personen. Das wichtigste Grundrecht für die freien Träger ist das Recht aus Art. 2 Abs. 1 GG, eigenständig über ihre Handlungen zu entscheiden. Weitere konkrete Grundrechte sind die Meinungsfreiheit, Religionsfreiheit, Berufsfreiheit und der Schutz des Eigentums. Für die kirchlichen Wohlfahrtsverbände ist das Recht auf Selbstbestimmung zusätzlich durch Art. 140 GG i.V.m. Art. 137 Abs. 3 und 5 Weimarer Reichsverfassung geschützt.

Das Verhältnis von Staat und Religion ist in Deutschland durch eine historisch gewachsene Ausformung geprägt, die einen Zwischenweg zwischen dem Staatskirchenmodell und dem Laizismus (rigorose Trennung zwischen Kirche und Staat) wählt. Den Religionsgemeinschaften wird eine verfassungsrechtlich garantierte Sonderstellung eingeräumt, die ihnen innerhalb der Schranken der geltenden Gesetze das Recht gewährt, ihre Angelegenheiten ohne staatliche Einmischung selbständig zu regeln. Das Grundgesetz hat das erstmals in der preußischen Verfassung von 1848 (Art. 12) festgelegte und durch alle weiteren Verfassungen übernommene Kirchenprivileg unmittelbar aus der Weimarer Verfassung übernommen (Art. 140 i.V.m. Art. 137 Abs. 3 WRV). Das Selbstbestimmungsrecht erfasst nicht nur die Religionsgesellschaften selbst, sondern auch alle ihnen zugeordneten Einrichtungen unabhängig von der Rechtsform, wenn sie sich nach ihrem religiösen Selbstverständnis dazu berufen fühlen, ein Stück des Auftrags der Kirche in dieser Welt zu übernehmen, oder Vereinigungen, die sich die gemeinsame Pflege einer Religion oder Weltanschauung zur Aufgabe machen. Damit werden auch die christlichen Wohlfahrtsverbände erfasst.

Auch wenn frei gemeinnützige Träger öffentliche Aufgaben, z.B. zur Erfüllung von Leistungsansprüchen des Bürgers auf Hilfen in sozialen Notlagen oder im Rahmen der Erziehungshilfe, übernehmen, werden sie nicht zum Teil der Sozialverwaltung oder deren Erfüllungsgehilfen.

> *„Die staatliche Zuwendung ist nämlich kein Akt der Beleihung. Die Verbände der freien Wohlfahrtspflege bleiben gerade hierbei Erfüller staatsunabhängiger, von ihnen selbst definierter Aufgaben."* (BVerfG v. 17.10.2007 – 2 BvR 1095/059)

Als allgemeine Regelung für alle Sozialleistungen legt § 17 Abs. 3 Satz 2 SGB I fest, dass die frei gemeinnützigen Träger einen Anspruch auf die selbst bestimmte Durchführung ihrer Aufgaben haben und damit nicht den Weisungen der öffentlichen Träger unterliegen. Das Recht des öffentlichen Trägers auf Kontrolle einer Institution, die mit öffentlichen Aufgaben beauftragt wurde (§ 97 SGB X), findet auf frei gemeinnützige Träger ausdrücklich keine Anwendung (§ 17 Abs. 3 Satz 4 SGB I, für den Bereich der Jugendhilfe § 4 Abs. 1 Satz 2 SGB VIII und für die Sozialhilfe § 5 Abs. 2 Satz 2 SGB XII).

Um die sachgerechte Erfüllung der Aufgaben zu gewährleisten, für die der öffentliche Träger die Gesamtverantwortung trägt, dürfen vertraglich bestimmte Anforderungen festgelegt werden. Verlangt werden können Dokumentationen zum Leistungsumfang und Nachweise über die Verwendung von finanziellen Zuwendungen. Bei kirchlichen Trägern gehört dazu eventuell auch die Gewährleistung des Zugangs zu der Leistung für alle Leistungsberechtigten unabhängig von Konfession und Glaubensrichtung.

Eine besonders strittige Frage ist der Austausch von Daten zwischen dem freien und dem öffentlichen Träger. Die Weitergabe von Daten der Klienten ist nur zulässig, wenn dies in einer Rechtsvorschrift präzise und zweckbezogen bestimmt wird (BVerfG v. 23.2.2007 – 1 BvR 2368/06). Vorschriften zu Meldepflichten freier Träger gegenüber den öffentlichen Trägern finden sich z.B. in § 61 SGB II oder § 8a SGB VIII. Auch darf der öffentliche Träger kein Recht auf Akteneinsicht, auf Zutritt zu den Räumen der Einrichtung oder ein Weisungsrecht im Einzelfall vertraglich vereinbaren.

In der Praxis werden von den Jugend- und Sozialhilfeträgern allerdings oft umfangreiche Dokumentationen und Berichte, auch unter Preisgabe personenbezogener Daten, erwartet. Die Wohlfahrtsverbände und sonstigen gemeinnützigen Träger müssen ihr Recht und das ihrer Klienten auf Selbstbestimmung immer wieder gegen diese Erwartungen verteidigen und dürfen sich keine vertraglichen Vereinbarungen aufdrängen lassen, die ihren eigenen Rechten und denen ihrer Klientinnen zuwiderlaufen.

1.6.3 Sozialrechtliches Dreiecksverhältnis

Die Gesamtverantwortung der öffentlichen Träger einerseits und das Selbstbestimmungsrecht der freien Träger andererseits und als dritte Rechtsposition die Leistungsansprüche des Bürgers gegenüber den öffentlichen Trägern bewirken eine Dreiecksbeziehung, die als *sozialrechtliches Dreiecksverhältnis* bezeichnet wird.

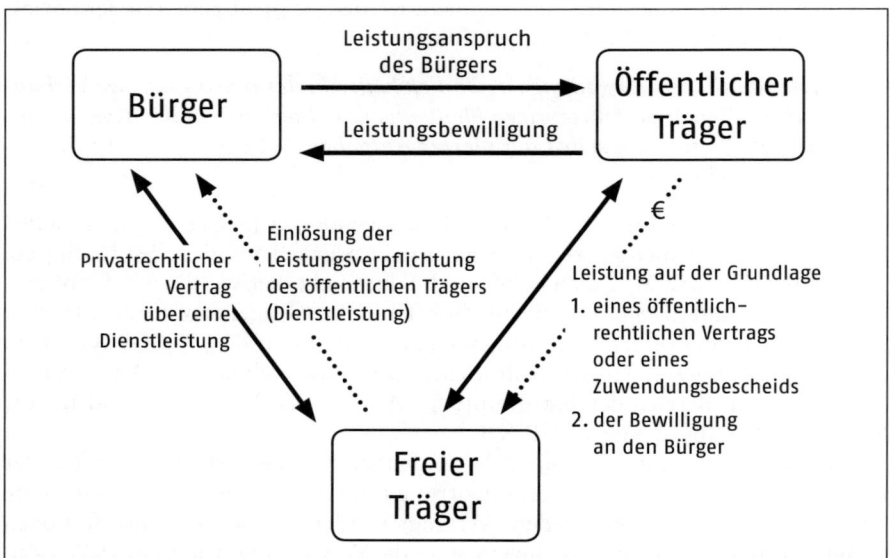

Abb. 2: Sozialrechtliches Dreiecksverhältnis

Der Leistungsanspruch des Bürgers wird vom öffentlichen Träger bewilligt, aber bei einem freien Träger als Leistungserbringer eingelöst. Der freie Träger erhält für diese Inanspruchnahme Geld vom öffentlichen Träger (in der Regel als Leistungsentgelt; dazu weiter unten).

Das Verhältnis der öffentlichen zu den freien Trägern wird über sog. Dienstleistungskonzessionen oder Lizenzverträge gestaltet, die den freien Trägern zunächst nur das Recht einräumen, eine bestimmte Leistung, die in einem der Sozialgesetze vorgesehen ist, zu erbringen. Erst wenn eine konkrete Leistung gegenüber dem Bürger – auf der Grundlage einer Bewilligung durch den öffentlichen Träger – erbracht wurde, entsteht ein Leistungsanspruch des freien Trägers gegenüber dem öffentlichen Träger.

Beispiel:
Kalle wendet sich nach seiner Haftentlassung auf Empfehlung der Sozialarbeiterin in der Justizvollzugsanstalt an den Sozialdienst katholischer Männer (SKM), der eine Einrichtung für wohnungslose Männer betreibt.

Im *Vordergrund* wird nur folgender Vorgang sichtbar: Die Sozialarbeiterin bittet Kalle ins Haus, lässt sich seine Dokumente zeigen, erläutert ihm die Hausordnung, lässt ihn ein Zimmer beziehen und händigt ihm den Schlüssel aus. Ein Papier muss Kalle dann auch noch unterschreiben.

Welcher rechtliche Vorgang hat sich hier abgespielt?
Kalle stellt beim Sozialamt der Kommune einen Antrag auf Hilfe zur Überwindung besonderer sozialer Schwierigkeiten nach § 67 SGB XII – das war das Papier, welches er unterschrieben hat und das vom SKM an das Sozialamt weitergeleitet wird.

Dem Antrag wird stattgegeben. Kalle erhält aber keine finanzielle Leistung. Die Leistung wird dadurch erbracht, dass gegenüber dem SKM eine Kostenübernahme zugesagt wird.

Kalle schließt mit dem SKM einen privatrechtlichen Vertrag über die Unterbringung und die sozialpädagogische Hilfeleistung. Das kann auch mündlich bei der Schlüsselübergabe und durch die Erläuterung der Hausordnung erfolgen. Dieser Vertrag enthält keine Zahlungsverpflichtung für Kalle. Die Gegenleistung von Kalle wird ersetzt durch die Kostenübernahme des Sozialamts.

Die Kenntnis dieser Rechtsstruktur ist für jede Fachkraft der Sozialen Arbeit außerordentlich wichtig, denn es ergeben sich folgende praktische Konsequenzen:

- Der freie Träger bekommt nur Geld für seine Arbeit, wenn er gültige Vereinbarungen, z. B. nach § 75 Abs. 2 SGB XII (Entgeltfinanzierung), mit dem öffentlichen Träger abgeschlossen hat und auch die regelmäßige Erneuerung (jährlich) im Auge behält.
- Der Antrag auf Kostenübernahme muss sofort bei Beginn der sozialen Dienstleistung gestellt werden, weil oftmals keine Leistungen für die Vergangenheit erbracht werden.
- Zwischen dem freien Träger und den Klienten besteht ein vollwertiger privatrechtlicher Vertrag, auch wenn diese selbst keine Gegenleistung erbringen. Die

Klienten haben also einen Anspruch aus diesem Vertrag auf ordnungsgemäße Leistungserbringung. Werden etwa vereinbarte Betreuungsleistungen nicht oder unvollständig erbracht, so kann der Bürger den Vertrag mit dem freien Träger kündigen und seinen Leistungsanspruch erneut gegenüber dem öffentlichen Träger geltend machen. Kommt jemand in der Einrichtung zu Schaden, z.B. weil ein Geländer nicht richtig gesichert ist oder im Garten spitze Metallteile herumliegen, so haftet der freie Träger aus dem Vertrag für diesen Schaden, egal welcher Mitarbeiter oder Praktikant ihn verursacht hat (§ 278 BGB). Das gilt auch für einen Schaden, der durch eine falsche Beratung oder die unzulässige Weitergabe von personenbezogenen Daten verursacht wird.

Praxistipp

Vergewissern Sie sich – auch wenn Sie nur ein Praktikum absolvieren –, ob der freie Träger eine Berufshaftpflichtversicherung abgeschlossen hat, in die Sie einbezogen sind.

- Möchte der Klient in eine andere Leistung wechseln, z.B. eine ambulante Betreuung in einer anderen Wohnung, so kann der freie Träger über die Möglichkeiten einer solchen Hilfe beraten, die Entscheidung, ob eine solche Leistung gewährt wird, liegt aber allein beim öffentlichen Träger. Wichtig ist dabei, ob der Antrag, den die Mitarbeiterin für den Klienten aufsetzt, so gut begründet ist, dass der Mitarbeiter des öffentlichen Trägers zu der Überzeugung gelangt, dass die Leistung das vom Gesetz vorgegebene Ziel erreicht (z.B.: Überwindung seiner sozialen Schwierigkeiten, § 67 SGB XII).

Praxistipp

Bei der Begründung von Anträgen auf Sozialleistungen sollte immer der Gesetzestext der Anspruchsgrundlage (siehe S. 24) studiert werden, um auf die Zweckrichtung der Sozialleistung – wie sie im Gesetz formuliert ist – Bezug zu nehmen.

Die Erbringung von Leistungen im sozialrechtlichen Dreiecksverhältnis kann auch in Form der Zuwendung erfolgen. Dann brauchen die Bürger keinen eigenen Antrag an den öffentlichen Leistungsträger zu stellen. Der frei gemeinnützige Träger erbringt die Leistung aus eigenem Antrieb und auf der Grundlage einer privatrechtlichen Vereinbarung mit den Klienten. Er erhält Zuwendungen des öffentlichen Trägers. Hierüber erfolgt ein Leistungsbescheid oder eine Zuwendungsvereinbarung (öffentlich-rechtlicher Vertrag). Für den Bürger wird durch die Leistung des freien Trägers sein Leistungsanspruch gegenüber dem öffentlichen Träger erfüllt.

1.6.4 Auftrag und Vergabeverfahren

Zunehmend werden Beziehungen zwischen öffentlichen Trägern und freien Trägern auch als Auftragsverhältnis gestaltet, auf welches das Vergaberecht anzuwenden ist (siehe z.B. § 46 Abs. 4 SGB III). Schon seit längerer Zeit arbeitet die Arbeitsverwaltung mit dieser Finanzierungsform bei der Einbindung von frei gemeinnützigen und zunehmend auch gewerblichen Trägern im Bereich der Beschäftigungsförderung und Qualifizierung.

Beim Vergabeverfahren wird ein Auftrag öffentlich ausgeschrieben oder es wird öffentlich zu einer Interessenbekundung aufgefordert. Von den eingehenden Angeboten muss nach Aussonderung der Angebote, die die gestellten Kriterien nicht erfüllen, das günstigste Angebot ausgewählt werden. Um die Qualität der sozialen Dienstleistungen nicht unter einen Mindeststandard absinken zu lassen, muss sehr genau darauf geachtet werden, dass die Anforderungen an Fachkräfte und gesetzliche Vorgaben eingehalten werden. Eklatant zu niedrige Angebote müssen vom Verfahren ausgeschlossen werden, auch kann die Bezahlung der Mitarbeiterinnen nach Tarif- oder Mindestlohn als Vergabekriterium berücksichtigt werden. Die Einhaltung der Tarifbestimmungen stellt grundsätzlich keinen Widerspruch zu einer wirtschaftlichen Leistungserbringung dar (für den Pflegebereich, BSG v. 29.1.2009 – B 3 P 7/08 R). Die Ausschreibungen müssen für gemeinnützige und gewerbliche Träger gleichermaßen offen stehen, ebenso für Angebote aus anderen EU-Staaten.

Auch die Jobcenter sind zunehmend gesetzlich verpflichtet, die freien Träger durch Auftragsvergabe nach dem Vergaberecht einzubinden, weil die meisten Instrumente der Arbeitsmarktintegration aus dem SGB III stammen und hier das Vergabeverfahren vorgeschrieben ist. In den Bereichen der Jugend- und Sozialhilfe wird ebenfalls versucht, die Leistungsverantwortung durch Auftragsvergabe an freie Träger weiterzugeben. Die Verwaltungsgerichte haben dieses Vorgehen jedoch meist beanstandet, insbesondere weil dem Bürger keine Wahlmöglichkeit mehr verbleibt und weil damit in das Berufsrecht der übrigen freien Träger eingegriffen wird (OVG Hamburg, Sozialrecht aktuell 2005, S. 77).

Im Bereich der Pflegeversicherung kommt eine Auftragsvergabe nicht in Betracht, weil durch die Pflegeversicherung nur Zuschüsse zu den Leistungen gezahlt werden. Der Bürger findet also einen freien Markt von Anbietern, die jedoch stets über die entsprechenden Vereinbarungen mit den Pflegeversicherungen und auch den Sozialhilfeträgern verfügen müssen, damit der erforderliche Qualitätsstandard gewahrt bleibt (siehe S. 122).

1.7 Finanzierung der freien Träger

1.7.1 Freie Wohlfahrtspflege

Die freie Wohlfahrtspflege finanziert einen Teil ihrer Kosten aus

- Kirchensteuereinnahmen,
- Spenden,
- Stiftungsgeldern, vor allem für Projektförderungen,
- Sozialsponsoring,
- Eigenbeiträge der Klientinnen,
- Vermächtnisse und Erbeinsetzungen,
- von Strafgerichten verhängte Auflagen bei Bewährungsstrafen und Verfahrenseinstellungen.

Im Verhältnis zu den Gesamtkosten sind die selbst aufgebrachten Anteile jedoch sehr gering.

Der „Löwenanteil" der Finanzierung Sozialer Arbeit stammt aus den öffentlichen Haushalten, da Bund, Länder und Kommunen den verfassungsrechtlichen Auftrag haben, sozialen Ausgrenzungen entgegenzuwirken und die gesetzlich garantierten Hilfen zur Verfügung zu stellen.

Die Verpflichtung der öffentlichen Träger zur Finanzierung der Arbeit der freien Wohlfahrtspflege ergibt sich aus vielen verschiedenen, aber doch vergleichbaren Regelungen in den einzelnen Sozialgesetzbüchern.

Die Finanzierung kann in zwei grundsätzlich unterschiedlichen Formen erfolgen:

1. Die Zuwendungsfinanzierung (auch Subventionsfinanzierung)

Der öffentliche Träger stellt dem freien Träger einen bestimmten Geldbetrag zur Verfügung, den dieser möglichst sinnvoll und effektiv zur Erfüllung der gestellten Aufgabe einsetzen soll. Diese Art der Finanzierung ist nur gegenüber frei gemeinnützigen Trägern zulässig, es handelt sich um eine Förderung, aus der kein Gewinn abgeschöpft werden darf. Sie ist auch nur dort zulässig, wo das Gesetz die Finanzierung durch Entgelte nicht verbindlich festschreibt.

Die gesetzliche Verpflichtung, frei gemeinnützige Träger zu fördern, ergibt sich z. B. für die Jugendhilfe aus §§ 74, 79 Abs. 2 Satz 2 SGB VIII, für die Sozialhilfe aus § 5 Abs. 3 SGB XII. Für den Bereich der Rehabilitation besteht eine gesetzliche Grundlage für die Förderung von Einrichtungen (§ 19 Abs. 5 SGB IX), aber keine gesetzliche Verpflichtung. Das bedeutet natürlich nicht, dass Einrichtungen für Menschen mit Behinderungen nicht von den öffentlichen Leistungsträgern finanziert werden, im Regelfall ist hierfür jedoch die Entgeltfinanzierung (siehe unten) vorgesehen.

Vor allem niederschwellige Angebote (Beratungsstellen, offene Jugendeinrichtungen, Seniorentreffs, Treffpunkte für Wohnungslose oder Suchtkranke, Streetwork) und konkrete Projekte (Mädchengruppe, Medienprojekte, Präventionsprojekte in Schulen) werden durch Zuwendungen finanziert. Nur sehr selten wird eine Vollfinanzierung übernommen. Es finden sich verschiedene Ausgestaltungen der Zuwendung, dazu einige

Beispiele:
Festbetragsfinanzierung einer Einrichtung
Eine Beratungsstelle für Migrantinnen erhält von der Kommune eine Förderung in Höhe von 60 000 € im Jahr. Dieses Geld wird für die Miete und Sachkosten eingesetzt. Die Stellen der Mitarbeiterinnen werden aus anderen Mitteln finanziert (eine Stelle vom Land für die Arbeit mit Opfern von Menschenhandel, anderthalb Stellen im Rahmen eines von der EU finanzierten Bildungsprojekts, zwei Stellen von einer Stiftung für ein Mädchenprojekt).

Anteilsfinanzierung einer Einrichtung
Ein Bundesland gewährt den Schuldnerberatungsstellen eine Förderung von 50 % der Kosten unter der Voraussetzung, dass die Kommune ebenfalls 50 % der Kosten übernimmt. Über die Zuwendung wird ein öffentlich-rechtlicher Vertrag zwischen der Einrichtung oder dem Träger und dem öffentlichen Geldgeber geschlossen.

Anteilsfinanzierung eines Projektes
Der Europäische Sozialfonds fördert auf Antrag Projekte zur Arbeitsmarktintegration besonders benachteiligter Gruppen am Arbeitsmarkt. Von den in einem Kostenplan dargelegten und bewilligten Ausgaben werden 80 % übernommen, den Rest muss die Einrichtung auf andere Weise, entweder durch weitere Förderungen oder durch Spenden, einbringen.

2. Die Entgeltfinanzierung

Die Entgeltfinanzierung beruht auf dem Prinzip der Bezahlung einer erbrachten Dienstleistung. Abgerechnet wird auf der Basis von Tagessätzen oder Fachleistungsstunden. Diese Art der Finanzierung ist in fast allen Bereichen der Sozialen Arbeit für stationäre und teilstationäre Einrichtungen zwingend gesetzlich vorgeschrieben. Eine Ausnahme bilden die Kindertagesstätten, weil auf diese Weise bei den kirchlichen Einrichtungen die traditionell relativ hohen, aus Kirchensteuern finanzierten Eigenanteile erhalten werden konnten.

Die Kostensätze werden für ein Jahr im Voraus (prospektives Entgelt) festgelegt und sind so zu berechnen, dass die gesamten Kosten der erbrachten Leistung abgedeckt sind.

Der öffentliche Träger ist nur zur Leistung verpflichtet, wenn zuvor Verträge (öffentlich-rechtliche) zwischen der Einrichtung oder dem Träger und dem örtlich zuständigen Leistungsträger geschlossen wurden.

Der öffentliche Leistungsträger prüft, ob die Einrichtung geeignet ist, die Leistung zu erbringen.

Eine Einrichtung ist *geeignet*, wenn sie

1. *leistungsfähig* ist: Es muss der Nachweis erbracht werden, dass die Leistung fachgerecht erbracht werden kann (Fachpersonal, Räumlichkeiten, Konzeption).

2. *wirtschaftlich* arbeitet: Es muss der bestmögliche Erfolg mit dem geringst möglichen Aufwand erreicht werden. Es geht hier nicht um die niedrigsten Kosten, sondern um das Verhältnis zwischen Einsatz und Ergebnis.

3. *sparsam* arbeitet: Die Ausgabe öffentlicher Mittel muss auf den unbedingt notwendigen Umfang beschränkt werden. Hier geht es darum, so wenig Geld wie möglich auszugeben, allerdings auch nicht weniger, als für die sachgerechte Leistungserbringung erforderlich.

Die vorgeschriebenen *Verträge* beziehen sich auf die drei Bereiche

- *Leistungsbeschreibung:* Adressaten, Fachpersonal, Räume, Fachkonzepte, Kooperationen;
- *Qualitätssicherungsvereinbarung:* Je nach Bereich werden interne Strukturen zur Qualitätsprüfung und -entwicklung gefordert oder auch externe Kontrollen oder Zertifizierungen durch anerkannte Zertifizierungsinstitute;
- *Entgeltvereinbarung:* Auf der Grundlage der erwarteten Ausgaben und einer Belegungsquote ermittelter Tages- oder Stundensatz. Die Belegungsquote ist für die wirtschaftliche Tragfähigkeit einer Einrichtung entscheidend. Liegt sie zu hoch, so können die Leerstände nicht aus den Tages- oder Stundensätzen kompensiert werden, liegt sie zu niedrig, besteht das Risiko, dass dem öffentlichen Träger das Entgelt zu hoch ist und er versucht, andere Einrichtungen vorzuziehen.

Die Regelungen zu diesen Verträgen sind in den verschiedenen Sozialgesetzbüchern unterschiedlich ausgestaltet, in der Grundkonstruktion aber ähnlich.

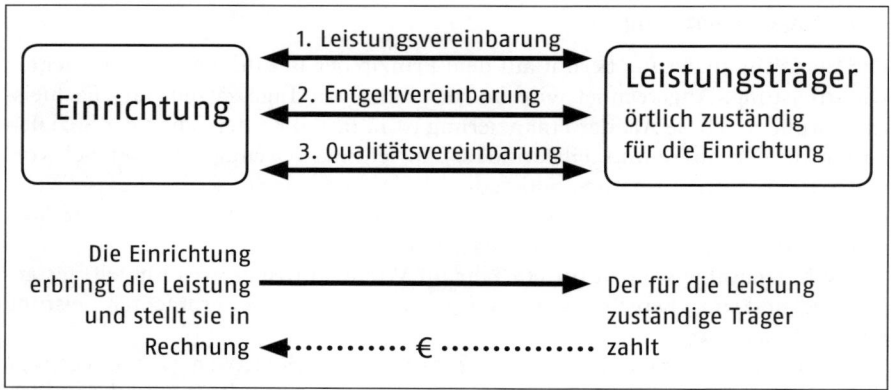

Abb. 3: Entgeltfinanzierung

Beispiel:
Das Frauenhaus in Stuttgart (in Baden-Württemberg eine Leistung nach § 67 SGB XII) schließt mit dem Kommunalverband Jugend und Soziales Baden-Württemberg als dem zuständigen öffentlichen Leistungsträger (§ 97 Abs. 3 Nr. 3 SGB XII) die Vereinbarungen über die Leistung, die Qualitätssicherung und über einen Tagessatz von 124 €.

Im März 2011 nimmt das Frauenhaus eine Frau aus Nürnberg auf, weil in Nürnberg keine freien Plätze mehr vorhanden sind. Die Frau bleibt zehn Tage in der Einrichtung und das Frauenhaus stellt der Sozialhilfeverwaltung Mittelfranken eine Rechnung über 1240 € aus. Da die Frau bislang in Bayern gelebt hat, ist nach § 98 Abs. 5 SGB XII die Sozialhilfeverwaltung Mittelfranken als überörtlicher Träger für die Stadt Nürnberg zuständig.

Um die zweckentsprechende Verwendung der Mittel zu überprüfen, müssen die Einrichtungen die Nachweise entsprechend den haushaltsrechtlichen Vorschriften erbringen und einen Sachbericht vorlegen. Die Überprüfung umfasst nicht die Dokumentation jeder einzelnen erbrachten Leistung. Den Rechnungshöfen soll es hingegen gestattet sein, Einsicht in alle Akten zu nehmen, selbst wenn dadurch nach § 203 StGB geschützte Daten offenbart werden (siehe auch S. 93).

1.7.2 Gewerbliche Träger

Die Entgeltfinanzierung ist nicht auf Träger der freien Wohlfahrtspflege begrenzt, sondern kann auch von gewerblichen Trägern in Anspruch genommen werden. Nach einigen Sozialgesetzen haben sie einen Anspruch auf Abschluss von Verträgen, nach anderen zumindest einen Anspruch auf Prüfung der Bedarfssituation.

Auch für sie besteht aus dem Vertrag mit den Klienten eine Nebenpflicht zum Schutz der persönlichen Daten. Bei gewerblichen Trägern beschäftigte Sozialarbeiterinnen sind selbstverständlich auch an das Verbot des Geheimnisverrats (§ 203 StGB, siehe auch S. 93) gebunden.

Gewerbliche Träger stehen oft im Ruf, auf ein Gewinnstreben ausgerichtet zu sein, welches mit den ethischen Grundsätzen der Sozialen Arbeit nicht vereinbar sei. In der Realität der Sozialen Arbeit finden sich allerdings so unterschiedliche Ansätze und Motive für die Tätigkeit der gewerblichen Träger, dass ihnen keineswegs grundsätzlich ein geringeres Engagement oder ein fehlendes soziales Interesse unterstellt werden kann. Neben Konzernen, die Pflegeeinrichtungen in großem Umfang betreiben, finden sich auch soziale Dienste mit innovativen Konzepten, die oftmals auf Einzelinitiativen von Sozialarbeiterinnen zurückgehen, die aus Unzufriedenheit mit einer örtlichen Angebotssituation einen eigenen Dienst gegründet haben. Die Gemeinnützigkeit ist immer noch überwiegend an die Vereinsstruktur gebunden, die wegen ihres schwerfälligen Apparats und der problematischen Haftungssituation für kleine Einrichtung zu viele Nachteile aufweist.

Problematisch entwickelt sich allerdings die Bezahlung der Fachkräfte der Sozialen Arbeit. Immer mehr Einrichtungen sind nicht mehr tarifvertraglich gebunden und zahlen erheblich unter den (bereits niedrigen) Tariflöhnen des öffentlichen Dienstes. Nachdem bereits für Pflegekräfte und für die Fachkräfte im Weiterbildungsbereich ein Mindestlohn eingeführt wurde, ist die Forderung nach einem Mindestlohn für Sozialarbeiterinnen und Sozialarbeiter ein wichtiges berufspolitisches Zukunftsthema.

📖 *Zum Weiterlesen*

Papenheim, Heinz-Gert/Baltes, Joachim (2010): Verwaltungsrecht für die Soziale Praxis. Frechen: Verlag Recht für die Soziale Praxis, S. 1–22, 119–151.

Kokemoor, Axel (2010): Sozialrecht. 3. Aufl. Köln u. a.: Carl Heymanns Verlag, S. 1–15.

Waltermann, Raimund (2009): Sozialrecht. Heidelberg: Verlag C. F. Müller, S. 1–50.

Falterbaum, Johannes (2007): Rechtliche Grundlagen Sozialer Arbeit. 2. Aufl. Stuttgart: Verlag Kohlhammer, S. 136–151.

🖥 *Gut zu wissen – gut zu merken*

Die Diskussion um *verbürgte soziale Rechte* beschäftigt die Verfassungs- und Menschenrechtsdiskussion bereits seit der Französischen Revolution.

Der Beginn einer staatlichen Sozialpolitik in Deutschland lässt sich auf das Jahr 1881 datieren. Die *Kaiserliche Botschaft* vom 17. November legte die Grundlage für das *Bismarcksche Sozialversicherungssystem*, welches bis heute in seiner Grundstruktur unverändert geblieben ist.

Trotz der hohen Bedeutung der sozialen Sicherungs- und Ausgleichssysteme haben soziale Grundrechte keinen Eingang in die deutsche Verfassung gefunden.

Das Grundgesetz ist an *Freiheitsrechten* orientiert, soziale Rechte genießen jedoch den Schutz der Verfassung, wenn sie notwendige Vorbedingung sind, um ein selbst bestimmtes Leben in Würde zu führen.

Unabdingbare Voraussetzung des mit Handlungskompetenz und Würde ausgestatteten Menschen sind *Rechtsansprüche* gegen den Staat. Die Verweisung in die Bittstellerposition ist daher unzulässig. Aus dem Anspruch auf den *Schutz der Menschenwürde (Art. 1 Abs. 1 GG)* ist deshalb der Anspruch auf das finanzielle Existenzminimum und ein Mindestmaß an sozialer Teilhabe abzuleiten.

Aus dem *Gleichheitssatz (Art. 3 Abs. 3 GG)* leitet sich der Anspruch auf eine Zuteilung sozialer Leistungen nach gerechten Kriterien (*soziale Gerechtigkeit*) ab.

Die Gestaltung des Sozialsystems liegt aber weitgehend in der Hand des Gesetzgebers, solange die beiden Grundprinzipien nicht angetastet werden und von dem *Gestaltungsauftrag* in ausreichendem Maß Gebrauch gemacht wird (Untermaßverbot).

Das Sozialrecht gliedert sich in die drei Bereiche: *Vorsorge, Entschädigung* sowie *Förderung und soziale Hilfen*.

Sozialleistungen dürfen nur auf der Grundlage eines Gesetzes erbracht werden (*Vorbehalt des Gesetzes*).

Ein Anspruch setzt eine *Anspruchsgrundlage* voraus. Diese gliedert sich stets in den Tatbestand (= die Voraussetzungen) und die Rechtsfolge. Die Rechtsfolge kann nur eintreten, wenn alle Voraussetzungen vorliegen.

Die Rechtsfolge kann die Verwaltung zu einer festgelegten Handlung verpflichten („ist zu leisten") oder ihr ein *Ermessen* einräumen („kann geleistet werden"). Neben dem freien Ermessen („kann"), welches lediglich fehlerfrei ausgeübt werden muss, findet sich auch das gebundene Ermessen („soll geleistet werden"). Hier wird die Rechtsfolge für den Regelfall vorgegeben, Abweichungen sind nur zulässig, wenn ein Ausnahmefall (deutliches Abweichen von der Situation, die der Gesetzgeber im Auge hatte) vorliegt.

Der öffentliche Leistungsträger gewährleistet die Rechtsansprüche des Bürgers. Soziale Dienstleistungen werden jedoch überwiegend nicht vom Leistungsträger selbst, sondern von *freien Trägern* erbracht. Den frei gemeinnützigen Trägern kommt sogar eine begrenzte *Vorrangstellung* zu. Der öffentliche Träger darf eigene Dienste nur schaffen, wenn die Aufgabe nicht von einem freien Träger übernommen wird (*Subsidiaritätsprinzip*). Bestehende Dienste dürfen fortgeführt werden.

Die frei gemeinnützigen Träger bestimmen über die Ausgestaltung der sozialen Dienstleistungen selbst und unterliegen nicht den Anweisungen des öffentlichen Trägers (*Trägerautonomie*). Die sachgerechte Mittelverwendung darf hingegen überprüft werden.

Aus diesem Verhältnis zwischen den öffentlichen und den freien Trägern ergibt sich das *sozialrechtliche Dreiecksverhältnis*: Der freie Träger verpflichtet sich gegenüber dem Bürger zu einer Leistung, erhält die Gegenleistung jedoch vom öffentlichen Träger. Der Rechtsgrund für die Leistung des öffentlichen Trägers ist der gesetzliche Anspruch des Bürgers, der durch eine Leistung an den freien Träger erfüllt wird. Aus der Perspektive des freien Trägers ist der Bürger der Auftraggeber, nicht aber der öffentliche Träger.

In einigen Bereichen, insbesondere in der Arbeitsförderung, wird der freie Träger durch den öffentlichen Träger mit einer Leistungserbringung *beauftragt*. In diesen Fällen müssen die Regeln des *Vergabeverfahrens* eingehalten werden, um nicht einzelne freie Träger unzulässig zu bevorzugen.

Die Finanzierung der freien Träger kann im Wege der *Zuwendung* (nur frei gemeinnützige) oder der *Entgeltfinanzierung* erfolgen.

Bei der *Zuwendungsfinanzierung* wird den freien Trägern ein bestimmter Betrag zur Verfügung gestellt, um damit eine Aufgabe bestmöglich wahrzunehmen.

Bei der *Entgeltfinanzierung* wird die erbrachte Leistung bezogen auf die individuellen Klienten und auf Fachleistungsstunden oder Tagessätze abgerechnet. Grundlage für die Abrechnung sind im Vorfeld abgeschlossene Vereinbarungen.

Die Entgeltfinanzierung ermöglicht auch die Finanzierung *gewerblicher Träger*.

2 DAS SOZIALVERWALTUNGSVERFAHREN

Was Sie in diesem Kapitel lernen können

Das folgende Kapitel soll Sie mit den Grundlagen des Sozialverwaltungsverfahrens vertraut machen. Verfahrensrecht erscheint auf den ersten Blick besonders uninteressant und spröde, in der Praxis aber zeigt sich, dass es nicht allein darauf ankommt, Recht zu haben, sondern auch darauf, dieses Recht durchsetzen zu können. Was nutzt es etwa, wenn Sie einer Mutter, die kein Geld hat, um ihre Kinder zu versorgen, zwar sagen können, dass sie einen Anspruch auf Arbeitslosengeld II hat, nicht aber, wie sie eine schnelle Auszahlung des Geldes durchsetzen kann.

Die Regelungen für das Sozialverwaltungsverfahren finden sich im SGB X, ergänzt werden sie durch die allgemeinen Regelungen des SGB I. Diese beiden Gesetzbücher gelten für das gesamte Sozialrecht, einschließlich der Sozialgesetze, die nicht im SGB enthalten sind (§ 68 SGB I).

Die Ausgestaltung des Sozialverwaltungsverfahrens soll den Bürgern den Zugang zu Sozialleistungen erleichtern und sie in der Durchsetzung ihrer Rechte unterstützen. Die Regelungen sollen so bürgerfreundlich gestaltet sein, dass sie für jeden auch ohne Rechtsbeistand handhabbar sind. Das Sozialrecht selbst ist jedoch immer komplizierter und unsystematischer geworden und verlangt daher nach Lotsen für die Leistungsberechtigten. Überwiegend müssen die Sozialen Dienste diese Aufgabe übernehmen, da die Schwelle zur Einschaltung eines Rechtsanwaltes für viele Bürger zu hoch liegt und die Fülle der Probleme von der Anwaltschaft nicht bewältigt werden kann.

Um die Bedeutung der einzelnen Regelungen besser einordnen zu können, werden sie im Folgenden entlang der zeitlichen Abfolge eines typischen Sozialverwaltungsverfahrens dargestellt.

2.1 Der Antrag

2.1.1 Form

Für die meisten Sozialleistungen ist ein Antrag zwingend erforderlich.

Eine Ausnahme besteht für die Sozialhilfe. Nach § 18 Abs. 1 SGB XII genügt es, wenn dem Sozialamt ein bestehender Bedarf bekannt wird.

Die Anträge sind an keine *Form* gebunden (§ 9 SGB X), sie können schriftlich, durch ein Fax oder ein E-Mail oder auch mündlich direkt beim Leistungsträger gestellt werden. Grundsätzlich ist auch eine telefonische Antragstellung denkbar, es sollte hierbei aber sichergestellt werden, dass der Antrag von der Mitarbeiterin des Leistungsträgers schriftlich aufgenommen wird.

Vom eigentlichen Antrag zu unterscheiden sind Angaben der Antragsteller, für die der Träger Formblätter zur Erleichterung der Verwaltungstätigkeit vorsehen kann (siehe Mitwirkungspflichten S. 60). Der Antrag selbst bleibt dennoch formfrei.

Beispiel:

Anton beendet zum 31. 8. 2010 sein Studium der sozialen Arbeit. Ab September 2010 zahlen seine Eltern keinen Unterhalt mehr für ihn. Am 1. 9. 2010 sucht er persönlich das für ihn zuständige Jobcenter auf. Am Eingangstresen werden ihm Antragsformulare ausgehändigt und er erhält einen Termin zur persönlichen Vorsprache am 15. September. Zu diesem Termin soll er die ausgefüllten Antragsformulare mitbringen. Anton verfährt entsprechend.

Der Antrag wurde am 1. 9. 2010 gestellt und ab diesem Zeitpunkt hat Anton Anspruch auf Leistungen, der Zeitpunkt der Einreichung der Formblätter ist für die Zeit der Bewilligung unerheblich.

2.1.2 Zuständigkeit

Welcher Leistungsträger für welche Leistung *sachlich* zuständig ist, ergibt sich aus §§ 18–29 SGB I.

Achtung: §§ 18–29 SGB I enthalten keine Anspruchsgrundlagen, sondern benennen nur die Sozialleistungen und ihre Leistungsträger.

Für die Sozialversicherungen ergibt sich die Zuständigkeit aus der Mitgliedschaft in einer dieser Sozialversicherungen, dies kann eine bundeseinheitliche Behörde (Bundesagentur für Arbeit) oder Versicherung (Deutsche Rentenversicherung) sein, ein nach Bereichen aufgeteilter Versicherungsträger (Unfallversicherung) oder eine frei gewählte Kasse (Krankenversicherung, Pflegeversicherung). Für die sonstigen Sozialleistungen wird der zuständige Leistungsträger in den jeweils zugeordneten Sozialgesetzen festgelegt oder durch Landesrecht bestimmt.

Die *örtliche* Zuständigkeit richtet sich meist nach dem Wohnsitz oder dem gewöhnlichen Aufenthalt. Hierzu finden sich in den einzelnen Sozialgesetzen jedoch auch abweichende (z. B. §§ 86–88 SGB VIII, § 98 SGB XII) oder ergänzende (§§ 36 Satz 3, 36a SGB II) Regelungen.

In einigen Bereichen des Sozialrechts ist die Zuständigkeit zusätzlich zwischen einem kommunalen und einem überörtlichen Leistungsträger auf Landesebene aufgeteilt (*instanzielle* Zuständigkeit). So liegt etwa die Zuständigkeit für Werkstätten für behinderte Menschen in den meisten Bundesländern nicht in der Hand der örtlichen Sozialämter, sondern bei einem überörtlichen Sozialhilfeträger (Landessozialamt, Landschaftsverband), weil die Bedarfsplanung und räumliche Verteilung überregional besser organisiert werden kann.

Überblick über die zuständigen Leistungsträger (nur nach Bundesrecht)

Gesetz	Sachliche Zuständigkeit	Örtliche Zuständigkeit	Instanzielle Zuständigkeit
SGB II	Jobcenter oder kommunaler Träger	Gewöhnlicher Aufenthalt, ersatzweise tatsächlicher Aufenthalt ($\S\,36$ SGB II)	
SGB III	Bundesagentur für Arbeit	Arbeitsagentur am Ort des Wohnsitzes, verschiedene Ausnahmen ($\S\,327$ SGB III)	
SGB V	Frei gewählte gesetzliche Krankenversicherung		
SGB VI	Deutsche Rentenversicherung Bund, die Regionalträger, Deutsche Rentenversicherung Knappschaft-Bahn-See ($\S\,127$ SGB VI)		
SGB VII	Gewerbliche Berufsgenossenschaften ($\S\,121$ SGB VII), Landwirtschaftliche Berufsgenossenschaften ($\S\,122$ SGB VII), Unfallversicherungsträger der öffentlichen Hand ($\S\S\,125\,\mathrm{ff.}$ SGB VII)	Sitz des Unternehmens, bei dem der Anspruchsteller beschäftigt ist	
SGB VIII	Jugendamt	Gewöhnlicher Aufenthalt der Eltern, zahlreiche Sonderregelungen ($\S\S\,86{-}88$ SGB VIII)	Kommunales Jugendamt; Leistungen Landesjugendamt/Landschaftsverband: Aufsicht, Unterstützung, Beratung
SGB IX –Schwerbehindertenrecht	Integrationsamt, Bundesagentur für Arbeit	Sitz des Unternehmens, bei dem der Anspruchsteller beschäftigt ist; Ort des Wohnsitzes	

Gesetz	Sachliche Zuständigkeit	Örtliche Zuständigkeit	Instanzielle Zuständigkeit
SGB XI	Frei gewählte Pflegeversicherung, meist identisch mit der Krankenversicherung		
SGB XII	Sozialamt	Tatsächlicher Aufenthalt, Sonderregelungen (§§98, 99 SGB XII)	Aufgabenverteilung bestimmt sich nach Landesrecht (§97 SGB XII)
BaföG	Ämter für Ausbildungsförderung nach Landesrecht (§40 BAföG)	Hochschule, Ort der Ausbildungsstätte oder Wohnsitz der Eltern (§ 45 BAföG)	
Altersteilzeitgesetz (AtZ)	Bundesagentur für Arbeit	Arbeitsagentur am Ort des Wohnsitzes	
Schwangeren- und Familienhilfegesetz (SFHG)	Krankenversicherungen		
Bundesversorgungsgesetz (BVG)	Versorgungsämter, Kommunen, Hauptfürsorgestellen	Richtet sich nach Landesrecht	
Opferentschädigungsgesetz (OEG)	Versorgungsämter, Kommunen, Hauptfürsorgestellen	Richtet sich nach Landesrecht	
Strafrechtliches Rehabilitationsgesetz (StrReaG) Verwaltungsrechtliches Rehabilitationsgesetz (VwRehaG)	Versorgungsämter, Kommunen, Hauptfürsorgestellen	Richtet sich nach Landesrecht	
Soldatenversorgungsgesetz (SVG) Zivildienstgesetz (ZDG)	Versorgungsämter, Kommunen, Hauptfürsorgestellen	Richtet sich nach Landesrecht	
Infektionsschutzgesetz (IfSG)	Richtet sich nach Landesrecht, oft Gesundheitsamt	Richtet sich nach Landesrecht	
Bundeskindergeldgesetz (BKGG) §62 EStG (Kindergeld)	Familienkasse der Bundesagentur für Arbeit	Agentur für Arbeit am Ort des Wohnsitzes	

Gesetz	Sachliche Zuständigkeit	Örtliche Zuständigkeit	Instanzielle Zuständigkeit
Bundeselterngeld- und Elternzeitgesetz (BEEG)	Richtet sich nach Landesrecht (§ 12 BEEG)	Ort des Wohnsitzes	
Wohngeldgesetz (WoGG)	Richtet sich nach Landesrecht (§ 23 Abs. 1 WoGG)	Ort des Wohnsitzes	

2.1.3 Inhalt

Ein Antrag kann gerichtet sein auf

- eine Geldleistung, z. B. eine Rente, Krankengeld, Wohngeld oder Arbeitslosengeld II;
- eine Dienstleistung, z. B. Berufsberatung durch die Arbeitsagentur, Behandlung durch einen Arzt, Betreuung durch eine Schuldnerberatung oder Einrichtung einer flexiblen Erziehungshilfe;
- eine Sachleistung, z. B. Einrichtungsgegenstände für die Ersteinrichtung einer Wohnung, einen Rollstuhl oder auch einen Fahrschein für die Fahrt zum Sozialleistungsträger.

In einigen Sozialgesetzen wird auch dann von einer Sachleistung gesprochen, wenn die Dienstleistung eines Dritten vom öffentlichen Träger an diesen direkt bezahlt wird und eine Geldauszahlung an die Berechtigten nicht zulässig ist. So spricht § 36 SGB XI von einem Anspruch auf Pflegesachleistung, wobei es um die begrenzte Kostenübernahme gegenüber einem zugelassenen Pflegedienst geht, der von den Berechtigten beauftragt wurde. Der Begriff Sachleistung dient in diesen Fällen ausschließlich der Abgrenzung zur Geldleistung.

2.1.4 Handlungsfähigkeit (§ 36 SGB I)

Um einen Antrag selbst im eigenen Namen stellen zu können, genügt es nicht, ein Recht nach dem Gesetz zu haben, es muss auch eine persönliche Berechtigung bestehen, gegenüber der Behörde Rechtshandlungen vorzunehmen. So kann z. B. ein fünfjähriges Kind ein eigenes Recht auf eine Hinterbliebenenrente haben, einen Antrag auf diese Rente kann das Kind aber nicht selbst stellen, es muss sich dabei durch einen Elternteil oder einen gerichtlich bestellten Vormund vertreten lassen. Die uneingeschränkte Geschäftsfähigkeit im Rechtsverkehr besteht nach §§ 104 ff. BGB erst mit der Volljährigkeit, d. h. ab dem 18. Geburtstag.

Für den Bereich des Sozialrechts enthält § 36 SGB I eine Sonderregelung. Junge Menschen können *ab dem 15. Geburtstag* Anträge auf Sozialleistungen stellen und Sozialleistungen entgegennehmen. Die Handlungsfähigkeit erstreckt sich nicht auf das Recht, auf Leistungen zu verzichten, Darlehen entgegenzunehmen oder Verträge abzuschließen.

Das Antragsrecht des gesetzlichen Vertreters besteht daneben weiter. Vertretungsberechtigt sind die Eltern, der allein sorgeberechtigten Elternteil, ein Vormund (§§ 1773, 1791c BGB) oder ein Ergänzungspfleger (§ 1909 BGB). Um Kollisionen zu vermeiden, regelt § 36 Abs. 1 SGB I, dass der Leistungsträger den gesetzlichen Vertreter von der Antragstellung Minderjähriger unterrichten *soll.* Die Handlungsfähigkeit des jungen Menschen kann dann durch schriftliche Erklärung z.B. der Eltern eingeschränkt werden. Der Gesetzgeber hat die Unterrichtungspflicht bewusst als „Soll"-Regelung gestaltet. Stellt ein Jugendlicher einen Antrag auf Sozialleistungen, so muss der Sozialleistungsträger prüfen, ob er ausnahmsweise von der Unterrichtung der Eltern absieht, weil sonst das Wohl des Jugendlichen gefährdet oder eine familiäre Krisensituation ausgelöst werden könnte. Das BVerfG hat zur Verpflichtung von Behörden, Eltern über alle Angaben ihrer Kinder zu informieren, grundsätzlich ausgeführt:

> *„Es ist jedoch nicht zu verkennen, dass in besonders gelagerten Fällen eine Information der Eltern zu Reaktionen führen kann, die im Interesse des Kindeswohls nicht zu verantworten sind. ... Die mit einem derartigen, durch das Kindeswohl gebotenen Vorgehen verbundene Einschränkung des elterlichen Informationsrechts ist mit Art. 6 Abs. 2 Satz 1 GG vereinbar, denn der treuhänderische Charakter des elterlichen Erziehungsrechts bindet dieses an das Kindeswohl und enthält in sich keine Befugnisse, welche dieses gefährden oder vereiteln ..."* (BVerfG v. 9.2.1982 – BvR 845/79).

Die sozialrechtliche Handlungsfähigkeit ist auch hilfreich, wenn sozial benachteiligte junge Menschen nicht von ihren Eltern bei der Durchsetzung ihrer sozialen Ansprüche unterstützt werden. Sie benötigen dann die Hilfe von Sozialberatungsstellen, Mitarbeitern des allgemeinen Sozialdienstes und der freien Jugendhilfe.

Beispiel:
Lena, 16 Jahre alt, ist mit Zustimmung des Jobcenters aus ihrem Elternhaus ausgezogen, weil sie dort häufig Gewalt ausgesetzt war. Die Eltern machen ihr gegenüber zwar nicht von ihrem Aufenthaltsbestimmungsrecht Gebrauch, unterstützen Lena aber auch nicht. Lena kann nun ihre Angelegenheiten gegenüber dem Jobcenter alleine regeln. Dies erleichtert die Kommunikation mit dem Leistungsträger und verhindert zugleich eine weitere Eskalation der Konflikte mit ihren Eltern.
  Zusätzlich soll für Lena ein Erziehungsbeistand nach § 30 SGB VIII eingerichtet werden. In diesem Falle kann Lena den Antrag auf die Leistung nicht selber stellen, weil die Hilfen zur Erziehung nach §§ 27 ff. SGB VIII als Leistungen gegenüber den Erziehungsberechtigten ausgestaltet sind und deshalb nur von diesen beantragt werden können. Ausreichend ist es allerdings, wenn die Eltern der Einrichtung des Erziehungsbeistands mündlich zustimmen.

Die Handlungsfähigkeit ist nicht auf das eigentliche Stellen eines Antrags beschränkt, sondern erstreckt sich auf die gesamte Verfolgung eines Leistungsanspruches (Krahmer 2008, SGB I, § 36 Rn. 8). Hierfür können Verhandlungen mit dem Leistungsträger geführt und gegen einen Leistungsbescheid Widerspruch eingelegt werden. Die Jugendlichen können ihre Anliegen auch selbst im Klagewege vor den Sozial- und Verwaltungsgerichten verfolgen (§ 71 Abs. 2 S. 1 SGG, § 62 Abs. 1 Nr. 2 VwGO).

Durch die Handlungsfähigkeit werden den Jugendlichen auch Mitwirkungspflichten (siehe S. 60) auferlegt. Im Hinblick auf das jugendliche Alter haben die Leistungsträger eine besondere Fürsorgepflicht und müssen die Jugendlichen sorgfältig über ihre Pflichten beraten und sie bei der Erfüllung unterstützen. Soweit es um ärztliche Untersuchungen oder Heilbehandlungen im Raum der Mitwirkungspflicht geht, kommt es auf die tatsächliche Einsichtsfähigkeit des jungen Menschen an. Ist diese zweifelhaft, muss vor der Durchführung der gesetzliche Vertreter zustimmen.

2.1.5 Entgegennahme und Weiterleitung (§ 16 SGB I, § 20 Abs. 3 SGB X)

Anträge auf Sozialleistungen müssen von den zuständigen Leistungsträgern grundsätzlich entgegengenommen werden. Die Annahme darf nicht deshalb verweigert werden, weil der Leistungsträger den Antrag in der Sache für unzulässig oder unbegründet hält (§ 20 Abs. 3 SGB X).

In der Praxis kommt es immer wieder vor, dass Leistungsträger Personen, die einen Antrag stellen wollen, wegschicken, weil sie nach ihrer Auffassung keinen Anspruch haben. Es empfiehlt sich, den Antrag formlos niederzuschreiben und die Entgegennahme des Schriftstücks zu verlangen.

Anträge müssen auch dann entgegengenommen werden, wenn sie bei einem anderen Sozialleistungsträger (nicht aber bei einer anderen Verwaltungsbehörde) oder bei der Gemeinde gestellt werden (§ 16 Abs. 2 SGB I). Von Personen, die sich im Ausland aufhalten, können die Anträge auch bei der konsularischen Vertretung der Bundesrepublik Deutschland im Ausland gestellt werden.

Die unzuständigen Stellen sind verpflichtet, die Anträge unverzüglich an die zuständigen Leistungsträger weiterzuleiten. Wenn eine Leistung erst ab dem Zeitpunkt der Antragstellung gewährt wird, gilt der Antrag bereits an dem Tag als gestellt, an dem er beim unzuständigen Leistungsträger eingereicht wurde (§ 16 Abs. 2 SGB I).

> Damit erweist sich die häufig anzutreffende Abweisung von Antragstellern, weil ein anderer Sozialleistungsträger zuständig sei, als rechtswidrig.

Die Leistungsträger sind auch verpflichtet, anlässlich einer Antragstellung auf zweckmäßige und vollständige Anträge hinzuwirken (§ 16 Abs. 3 SGB I). Es kommt nicht auf die Bezeichnung als Antrag an, sondern darauf, welches Anliegen des Bürgers aus seinem Vortrag erkennbar wird.

Beispiel:
Wladimir wird aus dem Krankenhaus entlassen und bezieht zum ersten Mal in seinem Leben eine eigene Wohnung. Er wird voraussichtlich noch längere Zeit nicht arbeitsfähig sein und stellt daher einen Leistungsantrag beim Sozialamt. Für die Einrichtung seiner Wohnung beantragt er ein Bett, einen Schrank und einen Stuhl. Die Sachbearbeiterin sollte mit Wladimir besprechen, ob die übrigen Gegenstände, wie etwa eine Matratze, ein Tisch, eine Kücheneinrichtung und ein Fernseher bereits vorhanden sind, oder ob der Antrag auf eine vollständige Wohnungseinrichtung gerichtet sein soll.

2.1.6 Amtssprache (§ 19 SGB I)

Auch im sozialgerichtlichen Verfahren gilt der Grundsatz: „die Amtssprache ist deutsch". Das bedeutet nicht, dass Anträge und Eingaben in einer anderen Sprache ignoriert werden dürfen. Die Fürsorgepflicht verpflichtet die Leistungsträger zunächst zu prüfen, ob eine Übersetzung durch Mitarbeiter im eigenen Hause möglich ist (§ 19 Abs. 2 Satz 1, letzter Halbsatz SGB X). Gelingt dies nicht, so wird die Antragstellerin bzw. die Urheberin einer Mitteilung aufgefordert, eine Übersetzung vorzulegen (§ 19 Abs. 2 SGB X). Hierfür wird eine Frist gesetzt, in der Regel sind zwei Wochen angemessen. Wird keine Übersetzung vorgelegt, so kann der Leistungsträger die Übersetzung selbst beschaffen und dem Antragsteller in Rechnung stellen (§ 19 Abs. 2 Satz 3 SGB X). Wenn durch den Antrag oder die Eingabe eine Frist gewahrt wurde, so gilt das Schreiben als an dem Tag eingegangen, an dem es in fremder Sprache der Behörde vorgelegt wurde, soweit die Übersetzung innerhalb der gesetzten Frist eingereicht wird (§ 19 Abs. 4 SGB X).

Hörbehinderten ist ein Gebärdendolmetscher oder eine sonstige Kommunikationshilfe auf Kosten des Leistungsträgers zur Verfügung zu stellen (§ 17 Abs. 2 SGB I, § 19 Abs. 2 Satz 2 SGB X).

Unionsbürger können nach Art. 76 Abs. 7 VO 883/2004 ihre Anträge und Eingaben in der Amtssprache ihres Herkunftsstaates einreichen oder vorbringen. Das gilt auf Grund eines Abkommens zwischen der EU und der Türkei auch für Personen türkischer Staatsangehörigkeit (EuGH, Urteil v. 4. 5. 1999 – C-262/96 – *Sürül*). Als erster Sozialleistungsträger hat die BA mit Dienstanweisung vom 20. 10. 2008 (POE 6 – 1236/II-5020/9033) ihre Dienststellen angewiesen, Dolmetscherkosten für Unionsbürger und Angehörige der Abkommensstaaten zu übernehmen, wenn eine Übersetzung weder durch Hilfe von Angehörigen (Kinder sind generell ungeeignet) noch durch eigene Mitarbeiter oder soziale Verbände erfolgen kann.

2.1.7 Stellvertretung und Beistände (§ 13 SGB X)

Wer an einem Sozialverwaltungsverfahren beteiligt ist, kann sich durch einen Stellvertreter vertreten und durch einen Beistand unterstützen lassen.

Ein *Stellvertreter* muss von den Beteiligten bevollmächtigt sein. Eine Vollmacht kann schriftlich oder mündlich erteilt werden, der Leistungsträger kann den Nachweis dieser Vollmacht verlangen. Hierzu wird entweder eine persönliche Erklärung gegenüber dem Leistungsträger abgegeben oder eine schriftliche Vollmacht ausgestellt.

Bei Ehegatten und Verwandten in gerader Linie ist der Nachweis einer schriftlichen Vollmacht in der Regel nicht erforderlich (Begründung zu § 13 SGB X, BT-Drs. 8/2034, S. 31).

Eine Stellvertreterin muss volljährig sein und darf nicht in der Geschäftsfähigkeit beeinträchtigt sein. Es genügt nicht, dass sie nach § 36 SGB I sozialrechtlich handlungsfähig ist (von Wulffen 2008, SGB X, § 13 Rn. 5).

Auch Formblätter müssen nicht persönlich unterzeichnet werden, die Erklärung kann auch durch einen Stellvertreter abgegeben werden. Ausgenommen von der Stellvertretung sind lediglich höchstpersönliche Handlungen, wie etwa die persönliche Anhörung nach § 21 Abs. 1 Nr. 2 SGB X oder das persönliche Erscheinen als Mitwirkungspflicht nach § 61 SGB I.

Möchte eine Klientin von einer Sozialarbeiterin vertreten werden, so kann z. B. folgende Vollmacht aufgenommen werden:

Vollmacht

Frau Özdemir, Mitarbeiterin der Schwangerschaftsberatungsstelle des Diakonischen Werks Stuttgart, ist bevollmächtigt, in meinem Namen alle Verfahrenshandlungen gegenüber dem Sozialamt Stuttgart vorzunehmen.

Stuttgart, den 1. 12. 2010

Agathe Novak, geboren am 3. 4. 1960, wohnhaft in Stuttgart

Die Bevollmächtigung setzt voraus, dass der Vollmachtgeber (die Person, die sich vertreten lässt) in der Lage ist, einen freien Willen zu betätigen. Auf die Geschäftsfähigkeit kommt es nicht an, auch Minderjährige können sich vertreten lassen. Sie müssen aber mindestens 15 Jahre alt sein (siehe § 36 SGB I), damit die Bevollmächtigte Verfahrenshandlungen für sie vornehmen kann.

In der Praxis kann die Vertretung z. B. von demenzkranken Menschen zu einem Problem werden, wenn diese nicht mehr über die erforderliche Einsichtsfähigkeit verfügen, um eine Vollmacht erteilen zu können. In diesen Fällen erwirkt der Leistungsträger beim Familiengericht die Bestellung eines amtlichen Vertreters (z. B. Rechtsanwältin, Berufsbetreuer) nach § 15 Abs. 1 Nr. 4 Abs. 2 SGB X. Bereits gestellte Anträge oder vorgenommene Handlungen werden durch Genehmigung des Vertreters nachträglich wirksam. Möglich ist auch die Bestellung eines Betreuers durch das Betreuungsgericht nach § 1896 BGB. Auch eine geschäftsunfähige Person oder ein Dritter kann sich an das Gericht wenden, welches dann von Amts wegen tätig wird. Eine Vollmacht, die noch im geschäftsfähigen Zustand erteilt wurde, erlischt nur, wenn sie widerrufen wird oder wenn der Vollmachtgeber verstirbt.

Im Unterschied zum Stellvertreter wird ein *Beistand* (§ 13 Abs. 4 SGB X) nicht *statt* einer Person, sondern *unterstützend* neben ihr tätig. Jeder Beteiligte hat die Möglichkeit, zu Terminen beim Sozialleistungsträger eine Person seines Vertrauens mitzubringen. Nur in zwei Fällen darf eine Vertrauensperson von der Anwesenheit bei einer Besprechung ausgeschlossen werden:

- es liegt eine unzulässige Rechtsdienstleistung vor (nur bei Rechtsvertretungen gegen Bezahlung) oder
- der Beistand ist aus persönlichen Gründen ungeeignet. Von dieser Zurückweisungsmöglichkeit darf nur sehr zurückhaltend Gebrauch gemacht werden, wenn ein Beistand etwa wegen einer geistigen Behinderung oder mangelnder Sprachkenntnisse das Anliegen nicht verständlich machen kann. Es dürfen dabei aber kein rechtlicher Sachverstand oder spezielle Kenntnisse des Verfahrens verlangt werden. Ein unbequemer Beistand ist kein ungeeigneter Beistand.

Da der Beistand neben den Beteiligten auftritt, kann es leicht zu voneinander abweichenden Darstellungen des Sachverhalts oder des Anliegens kommen. Für diesen Fall hat der Gesetzgeber geregelt, dass alles, was der Beistand vorträgt, als vom Beteiligten selbst eingebracht gilt, wenn dieser nicht unverzüglich widerspricht (§ 13 Abs. 4 S. 2 SGB X).

Rechtsdienstleistungsgesetz

Im Gegensatz zu dem 2008 außer Kraft getretenen Rechtsberatungsgesetz erlaubt das Rechtsdienstleistungsgesetz die Rechtsberatung und die außergerichtliche Vertretung von Klienten, wenn sie von Wohlfahrtsverbänden, anerkannten Trägern der freien Jugendhilfe, Behindertenverbänden, Schuldnerberatungsstellen, Verbraucherverbänden und öffentlichen Stellen im Rahmen ihres Aufgabenbereichs vorgenommen werden (§ 8 RDG).

Hierbei soll zum Schutz der Klienten eine juristisch qualifizierte Person beteiligt werden (§ 7 Abs. 2 RDG). Dies kann eine Rechtsanwältin, ein Verbandsjurist, eine Richterin oder ein Rechtslehrer sein. Ihre Aufgabe ist die Anleitung, Schulung und Hilfestellung im Einzelfall; eine Anwesenheit während der Beratung ist nicht erforderlich.

Die Vertretung von Klienten ist gegenüber Behörden und Privatpersonen möglich, nicht jedoch in gerichtlichen Verfahren.

Beraterinnen sollten aber ihre eigenen Grenzen kennen; für Schäden, die sich aus einer falschen Beratung ergeben, können sie haftbar gemacht werden.

(siehe auch: Naake, NDV 2008, S. 450ff.)

Nicht immer ist die Vertretung von Klienten durch Sozialarbeiterinnen ratsam. Dringend zu empfehlen ist eine anwaltliche Vertretung bei unübersichtlichen und rechtlich unklaren Fallgestaltungen. Nach Möglichkeit sollten Rechtsanwälte mit spezifischen Sozialrechtskenntnissen beauftragt werden (zur Beratung und Prozesskostenhilfe siehe S. 77ff.).

Von der eigentlichen Stellvertretung abzugrenzen ist die Empfangsbevollmächtigung nach § 14 SGB X. Sie bezieht sich ausschließlich auf das Recht zur Entgegennahme von Schriftstücken der Leistungsträger, wenn kein eigener Wohnsitz besteht. Sozialdienste können durch Übernahme der Empfangsbevollmächtigung die Erreichbarkeit ihrer Klienten und die Möglichkeit der Kommunikation mit den Leistungsträgern herstellen. Personen ohne festen Wohnsitz dürfen bei einer Antragstellung nicht einfach abgewiesen werden, ihnen muss eine Frist zum Nachweis der Empfangsbevollmächtigung eingeräumt werden (§ 14 SGB X).

2.2 Informationspflichten der Leistungsträger

Das Sozialstaatsprinzip verpflichtet jeden Mitarbeiter eines Sozialleistungsträgers, den Bürger dabei zu unterstützen, seine Ansprüche zu verwirklichen (§ 2 Abs. 2 SGB I). Insbesondere ist es unzulässig, bestimmte Vergünstigungen nur zu gewähren, wenn der Bürger ausdrücklich nach ihnen verlangt (Papenheim/ Baltes 2010, S. 174).

Das SGB I regelt die Informationspflichten der Sozialleistungsträger für alle Bereiche des Sozialrechts:

§13 SGB I Aufklärung	§14 SGB I Beratung	§15 SGB I Auskunft
Information im Rahmen der eigenen Zuständigkeit	Information im Rahmen der eigenen Zuständigkeit	Wegweiser zu allen Sozialleistungen
Gegenüber der Allgemeinheit	Gegenüber dem einzelnen Bürger	Gegenüber dem einzelnen Bürger
Kein Individualanspruch	Individualanspruch	Individualanspruch

2.2.1 Aufklärung (§ 13 SGB I)

Alle Sozialleistungsträger sind verpflichtet, die Allgemeinheit über die Rechte und Pflichten zu informieren, die sich aus den Gesetzen ergeben, für deren Ausführung sie zuständig sind. Zur Aufklärung gehören die Rundschreiben der Sozialversicherungsträger an ihre Mitglieder, Broschüren, Pressemitteilungen und Informationen auf den Homepages der Leistungsträger.

Sozialarbeiterinnen können sich durch diese Informationen schnell einen ersten Überblick über bestehende Leistungsansprüche und gesetzliche Neuerungen verschaffen. Insbesondere die Bundes- und Landesministerien sowie die Bundesagentur für Arbeit und die Rentenversicherung Bund stellen zahlreiche Informationsbroschüren mit verständlichen Darstellungen der wichtigsten gesetzlichen Regelungen zur Verfügung. Meist können sie auch im Internet heruntergeladen werden.

Ein Individualanspruch auf Aufklärung besteht nicht; die einzelnen Leistungsträger können also nicht zu bestimmten Informationsmaßnahmen verpflichtet werden (BSG vom 27.7.2004 – B 7 SF 1/03 R).

Dagegen bieten die *Informationsfreiheitsgesetze* des Bundes und der Länder die Möglichkeit, Informationen vom Leistungträger zu verlangen, ohne dass eine eigene Betroffenheit vorliegt. Das Informationsfreiheitsgesetz des Bundes (IFG) gewährt einen individuellen Anspruch auf den Zugang zu den amtlichen Informationen aller Bundesbehörden. Auch besteht eine Verpflichtung zur Veröffentlichung von Informationen, an denen ein Interesse der Allgemeinheit besteht (www.justiz.de/bund).

Vergleichbare Gesetze, die Landesbehörden und Gemeindebehörden zur Offenlegung von Informationen verpflichten, bestehen derzeit in Brandenburg, Berlin, Bremen, Hamburg, Mecklenburg und Vorpommern, Nordrhein-Westfalen, dem Saarland und Schleswig Holstein (www.justiz.de/land).

Beispiel:
Gerda beantragt nach einem Wohnungsbrand beim Jobcenter eine Wohnungs-erstausstattung (§ 24 Abs. 3 Nr. 1 SGB II). Die Mitarbeiterin des Jobcenters verfügt über eine Liste aller Gegenstände, die im Rahmen der Wohnungserstausstattung bewilligt werden können (interne Dienstanweisung). Gerda hätte gerne diese Liste als Orientierung für ihren Antrag. Die Mitarbeitern ist jedoch von ihrem Dienstvorgesetzten angewiesen, sie nicht herauszugeben. Es sollen nur die Gegenstände bewilligt werden, die der Kunde von sich aus fordert.

Gerda kann die Liste jedoch unter Berufung auf das IFG verlangen, weil das Jobcenter als Mischverwaltung zwischen Bund und Kommunen an dieses Gesetz gebunden ist. Auch die örtliche Beratungsstelle für Arbeitslose kann die Liste verlangen, um ihre Klienten besser über ihre Ansprüche aufklären zu können.

2.2.2 Beratung (§ 14 SGB I)

Die Sozialleistungsbehörden sind im Rahmen ihrer Zuständigkeit verpflichtet, jeden umfassend zu beraten, wenn

- sie zu Angelegenheiten gefragt werden, für die sie nach dem Gesetz zuständig sind (BSG v. 17. 8. 2000 – B 13 RJ 87/98 R), oder
- im Zusammenhang mit einer konkreten Sachbearbeitung ersichtlich ein Interesse der Betroffenen an einer Information oder Beratung besteht, um ein Anliegen sachgerecht vertreten zu können (BSG v. 8. 2. 2007 – B 7a AL 22/06 R).

Die Verpflichtung zur Beratung erstreckt sich auf tatsächliche Umstände, die der Behörde, nicht aber dem Bürger bekannt sind, auf die Rechtslage und die Verwaltungspraxis. Auch muss auf zweckmäßige Verhaltensweisen oder nahe liegende Gestaltungsmöglichkeiten hingewiesen werden.

Es besteht aber keine Verpflichtung der Leistungsträger, auf Ansprüche gegenüber anderen Trägern hinzuweisen (BSG 30. 03. 2004 – B 4 RA 36/02 R), es sei denn, zwischen den beiden Leistungsträgern bestünde eine Funktionseinheit, wie z. B. zwischen der Arbeitsagentur und dem Jobcenter. Auch kann keine Beratung über Bereiche außerhalb des Sozialrechts verlangt werden (BSG v. 24. 7. 2003 – B 4 RA 13/03 R). So muss etwa die Mitarbeiterin des Sozialamtes nicht darauf hinweisen, dass die Inanspruchnahme von Leistungen für einen Ausländer Auswirkungen auf sein Aufenthaltsrecht haben kann. Findet sich dagegen im Gesetzestext eine Verweisung auf ein anderes Sozialgesetz, so erstreckt sich die Beratungspflicht auch auf diese gesetzliche Regelung.

Die Leistungsträger können sich nicht durch die Aushändigung oder Zusendung von Merkblättern von ihrer umfassenden Beratungspflicht entlasten. Wer Leistungen beantragen möchte, muss die Möglichkeit erhalten, sich persönlich beraten zu lassen, und bei besonders schwierigen Rechtsfragen auch eine schriftliche Antwort auf seine Fragen erhalten.

Die tatsächliche Situation entspricht nicht dieser Idealvorstellung des Gesetzgebers. Besonders bei den Arbeitsagenturen und den Jobcentern ist es kaum möglich, eine telefonische oder mündliche Beratung außerhalb einer Vorladung zu erhalten. Auch die Mitarbeiterinnen der frei zugänglichen Eingangszone sind für Beratungsaufgaben nicht ausreichend qualifiziert (Herbe, info also 2008, S. 204 f.).

Durch falsche Beratung kann den Betroffenen ein Schaden entstehen.

Beispiel:
Mirjam bezieht Arbeitslosengeld II und teilt dem für sie zuständigen Jobcenter mit, dass sie im vierten Monat schwanger ist. Die Mitarbeiterin des Jobcenters ist nun verpflichtet, ohne weiteren Antrag den Mehrbedarfszuschlag nach § 21 SGB II zu bewilligen. Zugleich muss sie Mirjam darauf hinweisen, dass ihr Leistungen nach § 24 Abs. 3 SGB II anlässlich der Schwangerschaft und der Geburt des Kindes zustehen (siehe S. 206). Für den Erhalt dieser Leistungen ist ein gesonderter Antrag erforderlich. Die Mitarbeiterin verstößt gegen die Beratungspflicht nach § 14 SGB I, wenn der Hinweis unterbleibt, obwohl erkennbar ist, dass Mirjam einen Antrag auf Schwangerschaftsbekleidung aus Unkenntnis nicht gestellt hat.

Um diesen Schaden auf möglichst einfache Weise auszugleichen, hat die Rechtsprechung der Sozialgerichte das Institut des *„Sozialrechtlichen Herstellungsanspruches"* geschaffen. Es handelt sich um eine Schadensersatzregelung, die sich nicht ausdrücklich im Sozialgesetzbuch findet, sondern die aus § 14 SGB I abgeleitet wird. Durch diesen Anspruch wird der Betroffene so gestellt, wie er stehen würde, wenn er richtig beraten worden wäre. Wurde etwa ein Antrag nicht gestellt, weil ein Mitarbeiter des Sozialleistungsträgers angab, für die Leistung fehle es an einer Voraussetzung, so wird der Antrag nachträglich fingiert und die Leistung ab dem Zeitpunkt gewährt, zu dem normalerweise mit der Stellung des Antrags hätte gerechnet werden können, wenn eine richtige Beratung erfolgt wäre. Wurde auf eine Leistung verzichtet, so wird dieser Verzicht für die Vergangenheit widerrufen und die Leistung in vollem Umfang erbracht.

Beispiel:
Marlene bleibt nach dem Tod ihres Ehemannes (am 14. 12. 2010) mit zwei Kleinkindern allein und ohne Einkommen zurück. Es bestehen keine Ansprüche auf Witwen- oder Waisenrente. Sie beantragt als gesetzliche Vertreterin der Kinder am 7. 2. 2011 beim Jugendamt Unterhaltsvorschuss (siehe S. 172). Sie wird von der Mitarbeiterin der Unterhaltsvorschusskasse an das Jobcenter verwiesen, dort

könne sie die erforderlichen Leistungen einfacher und schneller erhalten. Auf Marlenes Antrag beim Jobcenter ergeht am 20.3.2011 ein Ablehnungsbescheid, weil Marlene über ein Vermögen von 60000 € verfügt. Am 24.3.2011 stellt sie erneut einen Antrag auf Unterhaltsvorschuss und verweist darauf, dass sie bereits am 7.2.2011 einen Antrag stellen wollte, durch einen Beratungsfehler der Mitarbeiterin aber davon abgehalten wurde. Ein Beratungsfehler lag deshalb vor, weil der Unterhaltsvorschuss Vorrang vor den Leistungen des Jobcenters hat und es sich um einen Anspruch der Kinder handelt, auf den das Vermögen der Mutter nicht anzurechnen ist. Marlenes Antrag muss nun so behandelt werden, als hätte sie ihn bereits am 7.2.2011 gestellt. So kann der Unterhaltsvorschuss ab dem 1. Januar 2011 bewilligt werden (§ 4 UhVorschG).

2.2.3 Auskunft (§ 15 SGB I)

Die Verpflichtung zur Auskunft nach § 15 SGB I hat eine *Wegweiserfunktion*. Jeder Sozialleistungsträger muss auf Nachfrage den Weg zum zuständigen Sozialleistungsträger weisen.

Beispiel:
Wendet sich die Mutter an das Sozialamt, weil bei ihrem Kind in der Schule ein Sprachfehler festgestellt wurde, so muss sie darüber informiert werden, dass in diesem Falle die Krankenversicherung zuständig ist und sie sich dort weitere Informationen einholen kann.

Die Auskunftspflichten der Sozialleistungsträger können auch delegiert werden; so wurden in einigen Kommunen Bürgerbüros eingerichtet, die auf die Wegweisung durch den Dschungel der Sozialleistungen spezialisiert sind und damit die Mitarbeiter der Sozialleistungsträger entlasten.

2.3 Prüfung des Antrags

2.3.1 Amtsermittlungsgrundsatz (§§ 20–23 SGB X)

Alle Sozialleistungsträger sind verpflichtet, den Sachverhalt eigenständig aufzuklären, der für eine Entscheidung bedeutsam ist. Stellt eine Beteiligte einen Antrag, in dem wichtige Informationen nicht genannt sind, so darf dieser Antrag nicht deshalb abgelehnt werden. Der Leistungsträger muss den Sachverhalt durch Nachfragen oder eigene Ermittlungen vollständig aufklären.

Beispiel:
Marion ist mit 25 Jahren aus dem Haushalt ihrer Eltern ausgezogen. Sie beantragt beim Jobcenter für die Einrichtung ihrer ersten eigenen Wohnung ein Bett,

einen Schrank, einen Tisch und zwei Stühle. Die Außendienstmitarbeiterin des Jobcenters stellt bei einer Besichtigung fest, dass Marion weitere Einrichtungsgegenstände fehlen, Küchenschränke, Regale, Vorhänge und auch ein Fernseher. Das Jobcenter wird Marions Antrag als Antrag auf Bewilligung einer Wohnungsersteinrichtung nach § 23 Abs. 3 SGB II werten und in ihrer Entscheidung über den gestellten Antrag hinausgehen.

Wie der Leistungsträger die relevanten Tatsachen ermittelt, bestimmt er nach pflichtgemäßem Ermessen (siehe S. 27 ff.). Er kann Auskünfte einholen, die Beteiligten anhören, Zeugen vernehmen, Sachverständigengutachten einholen, Urkunden und Akten herbeiziehen und Augenscheinseinnahmen durchführen.

Eingeschränkt wird dieses Ermessen durch die Regelungen über den Schutz der Sozialdaten (siehe § 37 SGB I). Bedeutsam ist hierbei vor allem der Grundsatz, dass personenbezogene Daten vorrangig beim Betroffenen selbst einzuholen sind (§ 67a Abs. 2 SGB X). Die Datenerhebung muss sich auf die Umstände beschränken, die für die Entscheidung tatsächlich erheblich sind (§ 67a Abs. 1 SGB X). Bei Privatpersonen oder Stellen, die am Verfahren nicht beteiligt sind, dürfen Daten nur dann eingeholt werden, wenn dies gesetzlich erlaubt ist. Gesetzliche Verpflichtungen für Dritte zur Auskunftserteilung gegenüber dem Sozialleistungsträger bestehen u. a.:

- für Unterhaltspflichtige und ihre Ehegatten gegenüber dem Sozialamt zu Einkommens- und Vermögensverhältnissen nach § 117 SGB XII und gegenüber dem Jugendamt nach § 97a SGB VIII;
- für Arbeitgeber gegenüber der Arbeitsagentur nach §§ 312 ff. SGB III und nach § 57 SGB II gegenüber dem Jobcenter;
- für Maßnahmeträger gegenüber der Arbeitsagentur nach § 261 Abs. 5 SGB III und gegenüber dem Jobcenter nach § 61 SGB II.

Die Datenweitergabe zwischen verschiedenen Sozialleistungsträgern ist unter den erleichterten Voraussetzungen des § 69 Abs. 1 SGB X möglich (siehe S. 91).

Freie Träger sind zu Auskünften gegenüber den Leistungsträgern nicht verpflichtet, soweit keine entsprechende gesetzliche oder vertragliche Regelung besteht. In den meisten Fällen sind sie zu Auskünften auch nicht berechtigt, weil sie damit entweder gegen vertragliche Verpflichtungen gegenüber ihren Klienten verstoßen oder aber fremde Geheimnisse verraten würden (§ 203 StGB, siehe auch S. 93).

2.3.2 Fürsorgepflichten

Aus dem sozialrechtlichen Grundsatz der Bürgernähe (Nichtförmlichkeit des Verfahrens nach § 9 SGB X) wird eine allgemeine Fürsorgepflicht oder auch „behördliche Betreuungspflicht" (Meyer, SGb 1985, S. 57 ff.) abgeleitet. Eine ausdrückliche Regelung findet sich im SGB hierzu nicht, dafür aber verschiedene Einzelnormen, die typische Betreuungspflichten der Sozialleistungsträger verdeutlichen. So etwa die Verpflichtung, auf eine umfassende, zügige und zeitgemäße Erbringung der Sozialleistungen hinzuwirken (§ 17 Abs. 1 SGB I) und auch für die Beteiligten günstige Umstände zu berücksichtigen (§ 20 Abs. 2 SGB X), die Beratungspflichten (§§ 14, 15 SGB I) oder die Hilfen bei der Antragstellung (§§ 16 Abs. 3 SGB I, 20 Abs. 2 SGB X).

Die Fürsorgepflichten sind Ausdruck der verfassungsrechtlichen Stellung des Menschen im Staat und gegenüber allen Verwaltungsorganen. Aus der Menschenwürde nach Art. 1 Abs. 1 GG und dem allgemeinen Persönlichkeitsrecht nach Art. 2 Abs. 1 GG folgt, dass der Mensch *nicht zum Objekt staatlichen Handelns* gemacht werden darf. Die Leistungsträger haben stets darauf zu achten, dass die vorhandene Machtasymmetrie zum einzelnen Bürger nicht ausgenutzt wird, sondern eine Begegnung *auf Augenhöhe* angestrebt wird.

2.3.3 Mitwirkungspflichten (§§ 60–64 SGB I)

Korrespondierend zu den Betreuungs- und Unterstützungspflichten auf Seiten der Leistungsträger sind die Anspruchsteller verpflichtet, nach Kräften bei der Aufklärung des Sachverhaltes mitzuwirken. In §§ 60–64 SGB I wird diese Verpflichtung konkretisiert:

- Es müssen alle leistungserheblichen Tatsachen angegeben werden.
- Wenn Auskünfte eines Dritten erforderlich sind, muss der Auskunftserteilung zugestimmt werden (§ 60 Abs. 1 Nr. 1 SGB I).
- Während eines laufenden Verfahrens oder eines laufenden Leistungsbezugs müssen alle Änderungen mitgeteilt werden, die für die Leistung erheblich sind (§ 60 Abs. 1 Nr. 2 SGB I).
- Wenn Beweismittel vorhanden sind, die für die Entscheidung erheblich sind, müssen diese benannt oder vorgelegt werden, z. B. Zeugen, Dokumente, Krankenunterlagen (§ 60 Abs. 1 Nr. 3 SGB I).
- Soweit für die Aufklärung erforderlich, müssen die Beteiligten auf Aufforderung auch persönlich beim Leistungsträger erscheinen (§ 61 SGB I).
- Erforderlichenfalls sind ärztliche und psychologische Untersuchungen zu dulden, z. B. bei Rentenanträgen oder Anträgen auf Pflegeleistungen (§ 62 SGB I).
- Heilbehandlungen einschließlich Operationen muss im Zusammenhang mit Leistungen wegen Krankheit oder Behinderung in bestimmten Fällen zugestimmt werden (§ 63 SGB I).
- An Leistungen der Arbeitsmarktintegration muss teilnehmen, wer Leistungen im Zusammenhang mit Arbeitslosigkeit oder Minderung der Erwerbsfähigkeit beantragt und erhält (§ 64 SGB I).

Diese Mitwirkungspflichten können dem Bürger erhebliche Eingriffe in seine private Sphäre auferlegen; der Gesetzgeber nennt aber in § 65 SGB I auch die Grenzen der Mitwirkungspflicht.

- Die Mitwirkung muss in einem angemessenen Verhältnis zu der beantragten Sozialleistung stehen (§ 65 Abs. 1 Nr. 1 SGB I).

Beispiel:

Nicht angemessen wäre es, von einer Mutter, die Leistungen in einem Frauenhaus in Anspruch nimmt, die Zustimmung zur Befragung ihrer minderjährigen Kinder zu den Gewalttätigkeiten des Ehemanns und Vaters zu verlangen.

- Eine Mitwirkung darf nicht verlangt werden, wenn sie den Betroffenen aus einem wichtigen Grund nicht zugemutet werden kann (§ 65 Abs. 1 Nr. 2 SGB I).

Beispiel:

Der Mutter oder dem Vater eines vierjährigen Kindes kann nicht zugemutet werden, an einer Umschulungsmaßnahme an einem weit entfernten Ort teilzunehmen, die zu einer mehrmonatigen Trennung von ihrem Kind führen würde.

- Eine Mitwirkung darf nicht verlangt werden, wenn sich der Leistungsträger die erforderlichen Kenntnisse mit geringem Aufwand selbst beschaffen kann (§ 65 Abs. 1 Nr. 3 SGB I).

Beispiel:

Werden für einen Antrag auf Erwerbsunfähigkeitsrente die Krankenunterlagen von verschiedenen Ärzten und Krankenhäusern benötigt, so ist es für den Rentenversicherungsträger deutlich einfacher, mit Zustimmung der Betroffenen die Unterlagen an den verschiedenen Stellen abzufragen als die Vorlage dieser Unterlagen durch die Betroffene selbst zu verlangen.

- Einer besonders genauen Verhältnismäßigkeitsprüfung bedarf es, wenn Behandlungen oder Untersuchungen verlangt werden (§ 65 Abs. 2 SGB I). So dürfen Eingriffe, die einen Gesundheitsschaden oder erhebliche Schmerzen verursachen können, abgelehnt werden. Ultraschalluntersuchungen und auch Röntgenaufnahmen unter Einhaltung moderner Strahlenschutzmaßnahmen sind in der Regel zumutbar, nicht dagegen chirurgische Eingriffe, Magen- und Darmspiegelungen. Grundsätzlich können keine Maßnahmen verlangt werden, die medizinisch umstritten sind.
- Die Duldung eines Hausbesuchs gehört zu den rechtlich besonders umstrittenen Mitwirkungspflichten. Ausdrücklich ist sie im SGB I nicht vorgesehen, deshalb wird es teilweise als unzulässig gewertet, vom Bürger die Zustimmung zum Betreten seiner durch Art. 13 GG geschützten Wohnung zu verlangen (Winkler, info also 2005, S. 251 ff.). Überwiegend wird die Zustimmung zum Hausbesuch als Teil der Mitwirkungspflichten gesehen, allerdings nur, wenn der Leistungsträger im Einzelfall genau begründen kann, welche Tatsachen festgestellt werden sollen und den Betroffenen hierüber auch vorher informiert (LSG Hessen v. 30. 1. 2006 – L 7 AS 1/06 ER).

Beispiele:

Durch einen Hausbesuch lässt sich feststellen, ob eine Person in einer Haushaltsgemeinschaft lebt. Nicht feststellen lässt sich in der Regel, ob eine eheliche oder partnerschaftsähnliche Gemeinschaft besteht. Diese ergibt sich aus der Frage, ob zwei Personen füreinander einstehen wollen, nicht aber aus der Anordnung von Möbeln und Gegenständen.

Soweit Leistungen zu Ersteinrichtung einer Wohnung oder bei Geburt eines Kindes beantragt werden, lässt sich durch einen Hausbesuch feststellen, ob die beantragten Gegenstände bereits vorhanden sind.

Die Durchführung von Hausbesuchen „zur Verhinderung von Sozialmissbrauch", ohne dass konkrete Tatsachen überprüft werden sollen, ist unzulässig (Papenheim/Baltes, 2010, S. 264 f.).

2.3.4 Akteneinsicht (§ 25 SGB X)

Während eines laufenden Sozialverwaltungsverfahrens ist jedem Beteiligten nach § 25 SGB X Einsicht in die Akten zu gewähren. Dieses Recht kann von den Beteiligten selbst oder von ihren Bevollmächtigten geltend gemacht werden. Die Akten müssen hierbei grundsätzlich beim Leistungsträger selbst eingesehen werden, allerdings dürfen jederzeit Kopien angefertigt werden. Die Beteiligten können auch verlangen, dass ihnen Kopien übersandt werden, müssen dann allerdings die Auslagen erstatten (§ 25 Abs. 5 SGB X).

In drei Fällen wird das Recht auf Akteneinsicht eingeschränkt:

- Enthält die Akte Angaben über gesundheitliche Verhältnisse des Betroffenen, so kann die Behörde den Inhalt durch einen Arzt vermitteln lassen. Sie muss von dieser Möglichkeit Gebrauch machen, wenn die Gefahr besteht, dass den Beteiligten durch die Einsicht ein unverhältnismäßiger Nachteil, vor allen Dingen ein Gesundheitsschaden entstehen könnte. Bei der vermittelten Akteneinsicht dürfen aber Inhalte nicht unterdrückt oder verfälscht werden; das Selbstbestimmungsrecht des Menschen verbietet es dem öffentlichen Träger, darüber zu entscheiden, welche Informationen über die eigene Person zugänglich gemacht werden.
- Akteninhalte, die zu einer Beeinträchtigung der Entwicklung und Entfaltung der Persönlichkeit des Betroffenen führen können, dürfen statt durch Akteneinsicht durch eine Vermittlung eines besonders geschulten Mitarbeiters des Leistungsträgers erfolgen. Von dieser Regelung darf nur sehr zurückhaltend und in erster Linie bei Minderjährigen Gebrauch gemacht werden.
- Das Recht auf Akteneinsicht endet dort, wo die Rechte Dritter betroffen sind. Hierbei sind insbesondere die gesetzlichen Geheimhaltungsvorschriften (§ 35 SGB I, §§ 67 ff. SGB X, §§ 61 ff. SGB VIII) zu beachten.

Beispiel:
Ein 14-jähriges Mädchen wendet sich an das Jugendamt und bittet um Hilfe, da sie zuhause von ihrem Vater geschlagen wird. Nachdem die Eltern von Dritten erfahren haben, dass ihre Tochter sich an das Jugendamt gewandt hat, verlangen sie Einsicht in die Jugendamtsakte. Die Einsicht in das Gesprächsprotokoll mit der Jugendlichen darf verweigert werden, weil auch einer Minderjährigen das Recht auf Datenschutz zusteht. Zudem regelt § 8 Abs. 3 SGB VIII ausdrücklich das Recht

auf Beratung von Kindern und Jugendlichen in Not- und Krisensituationen ohne Information der Personensorgeberechtigten. In diesem Zusammenhang gemachte Angaben fallen unter den besonderen Datenschutz des § 65 SGB VIII.

2.3.5 Anhörungspflicht (§ 24 SGB X)

Ein wichtiges Grundrecht in allen Verfahren gegen die öffentliche Verwaltung ist der Anspruch auf rechtliches Gehör nach Art. 19 Abs. 4 GG. Eine besondere Ausformung dieses Rechts bildet die Verpflichtung aller Sozialleistungsträger, die Beteiligten anzuhören, wenn sie beabsichtigten, einen Verwaltungsakt zu Ungunsten der Betroffenen zu erlassen (§ 24 SGB X).

Beispiele:
Das Jobcenter beabsichtigt, einem Alg-II-Bezieher die Leistungen zu kürzen, weil er zu einem Termin nicht erschienen ist.

Das Sozialamt stellt fest, dass durch ein eigenes Versehen die Leistung zu hoch festgesetzt wurde und will nun einen Rückzahlungsbescheid erlassen (für die rechtliche Bewertung siehe: Rücknahme rechtswidriger Verwaltungsakte S. 84 ff.).

Die Pflegeversicherung beabsichtigt, einen Antrag auf Pflegegeld abzulehnen, weil der medizinische Dienst festgestellt hat, dass der Pflegebedarf nicht den Mindestumfang für die Pflegestufe I erreicht.

Die Anhörung soll Gelegenheit bieten, die Entscheidung der Verwaltung zu beeinflussen, und Überraschungsentscheidungen vermeiden. So könnte etwa ein triftiger Grund für das Nichterscheinen zu einem Termin angegeben werden, ein ergänzendes ärztliches Attest vorgelegt werden oder auch – gegebenenfalls durch einen Rechtsanwalt – erläutert werden, welche rechtlichen Bedenken gegen die beabsichtigte Entscheidung des Leistungsträgers bestehen.

Allerdings ist eine Anhörung nicht immer erforderlich; verzichtbar ist sie insbesondere, wenn der Leistungsträger die Angaben der Betroffenen ohne Abweichung seiner Entscheidung zugrunde legt, wenn eine Sozialleistung auf Grund eines höheren Einkommens vermindert wird oder wenn nur in Höhe eines Betrages bis zu 70 € aufgerechnet oder verrechnet wird (§ 24 Abs. 2 SGB X).

Ein fehlendes Anhörungsverfahren macht einen erlassenen Verwaltungsakt nicht rechtswidrig, es kann in der Regel noch im Widerspruchsverfahren nachgeholt werden.

2.4 Entscheidung/Verwaltungsakt

Entscheidungen eines öffentlichen Trägers, die auf dem Gebiet des öffentlichen Rechts ergehen und eine unmittelbare Wirkung für einen einzelnen Bürger haben, werden als Verwaltungsakt bezeichnet (§ 31 SGB X).

Merkmale des Verwaltungsaktes (VA):

1. Die Entscheidung wird von einem öffentlichen Träger getroffen. Das kann ein kommunales Amt, eine Bundesbehörde oder eine Sozialversicherung sein; niemals aber ein freier Träger oder eine Privatperson.
2. Die Entscheidung wird auf dem Gebiet des öffentlichen Rechts getroffen, hier also auf der Grundlage eines Sozialgesetzes. Die Entscheidung eines Sozialamts, neue Stühle für die Wartezone zu kaufen, kann also kein Verwaltungsakt sein.
3. Es muss sich um eine Entscheidung im Einzelfall handeln. Deshalb ist die Feststellung erforderlich, wer konkret von der Entscheidung betroffen ist. Das können auch mehrere Personen, eine Familie oder eben alle diejenigen sein, die einen Bescheid erhalten. Wenn aber der Leiter der Bundesagentur für Arbeit entscheidet, dass Bildungsgutscheine nicht mehr an Personen ab 58 Jahren vergeben werden dürfen, so handelt es sich um eine Dienstanweisung und nicht um eine Einzelfallentscheidung.
4. Die Entscheidung muss eine unmittelbare Wirkung nach außen haben. Erst wenn eine Entscheidung unmittelbar beim Bürger zu einer rechtlichen Wirkung führt, also zu einer Leistung oder auch einer Nichtleistung, hat sie auch eine Außenwirkung. Wird etwa auf den Antrag auf Pflegegeld ein medizinisches Gutachten eingeholt, so hat dieses Gutachten noch keine Außenwirkung, obwohl es möglicherweise entscheidend für die Leistungsgewährung ist. Erst wenn die Pflegeversicherung die Leistung bewilligt oder ablehnt, ergeht ein VA.

Der VA ist an keine Form gebunden. Auch die mündliche Äußerung eines Mitarbeiters eines Leistungsträgers „Das geht nicht!" stellt einen VA dar. Die schlichte Auszahlung einer beantragten Leistung stellt ebenfalls einen VA dar, wenn sich aus den Umständen ergibt, dass damit ein Antrag ganz oder zum Teil bewilligt werden soll.

Beispiel:
Mareike wird freitags morgens aus der Psychiatrie entlassen, sie verfügt weder über eine Bleibe noch über Geld. Sie meldet sich beim Sozialamt und bittet um Unterstützung. Die Mitarbeiterin zahlt ihr gegen Quittung 30 € aus und händigt ihr einen Berechtigungsschein für eine Wohnungslosenunterkunft aus.

Es handelt sich hier zwar um eine vorläufige Entscheidung, weil die endgültige Berechnung der Ansprüche noch erfolgen muss, dennoch aber um den vollwertigen VA eines öffentlichen Trägers auf dem Gebiet des Sozialrechts in einem Einzelfall mit unmittelbarer Außenwirkung. Nicht die Geldauszahlung ist der VA, sondern die dahinter stehende Entscheidung des Sozialamts, eine vorläufige Leistung zu gewähren.

Nur gegen einen Verwaltungsakt kann der Bürger förmliche Rechtsmittel einlegen, also Widerspruch oder Klage erheben (siehe S. 72 ff.).

2.5 Vorläufige Leistungen

Die Unterstützung von Klienten in einer Notlage wirft immer wieder die Frage auf: „Wie kann eine Leistung möglichst schnell erlangt werden?"

Das SGB I bietet drei Möglichkeiten, eine Leistung zu erbringen, bevor die Prüfung des Anspruchs abgeschlossen ist, einzelne Sozialgesetzbücher enthalten ergänzende Regelungen.

2.5.1 Vorschuss nach §42 SGB I

Eine Vorauszahlung ist zu erbringen, wenn feststeht, dass ein Anspruch auf eine Geldleistung besteht, die Berechnung der Höhe jedoch längere Zeit in Anspruch nehmen wird. Die Höhe des Vorschusses bestimmt der Leistungsträger nach Ermessen, die Obergrenze wird durch die Höhe des zu erwartenden Anspruchs gesetzt.

Wenn ein Vorschuss beantragt wird, so muss er spätestens einen Monat nach Ablauf des Monats, in dem der Antrag eingegangen ist, geleistet werden. Wird der Antrag etwa am 10. März gestellt, so muss der Vorschuss spätestens ab 1. Mai erbracht werden.

Ist die Geldleistung erforderlich, um den Lebensunterhalt zu sichern, so darf der Leistungsträger nicht auf die Monatsfrist verweisen. Der Vorschuss sollte auch in einer Höhe gewährt werden, die den Lebensunterhalt abdeckt, es sei denn, die zu erwartende Leistung bleibt unterhalb dieses Bedarfs.

Beispiel:
Egon hat sich einen komplizierten Bruch zugezogen. Er ist nun schon seit mehr als sechs Wochen krankgeschrieben. Sein Arbeitgeber zahlt keine Lohnfortzahlung (§3 Abs. 1 EntgFG) mehr, deshalb hat Egon Krankengeld bei seiner GKV beantragt. Da Egon durch Attest belegt arbeitsunfähig erkrankt ist, steht fest, dass ihm nach §44 Abs. 1 SGB V ein Anspruch auf Krankengeld zusteht. Weil Egon im letzten Jahr zweimal den Arbeitgeber gewechselt hat und auch bei seiner derzeitigen Stelle ein sehr unregelmäßiges Einkommen erzielt hat, gestaltet sich die Berechnung nach §47 SGB V schwierig, es fehlen auch noch einige Angaben des Arbeitgebers.

Egon hat mit dem Antrag auf Krankengeld klugerweise auch einen Antrag auf Vorschuss nach §42 SGB I gestellt. Den Antrag hat er wie folgt begründet:

„Ich habe immer nur mein Arbeitseinkommen für meinen Lebensunterhalt, die Miet- und Stromzahlungen etc. gehabt. Ein Sparbuch oder sonstige Rücklagen bestehen nicht. Auch von Angehörigen erhalte ich keine Unterstützung. Wenn das Krankengeld nicht umgehend ausgezahlt wird, kann ich weder meine Miete bezahlen noch Lebensmittel kaufen."

Die GKV wird bei diesem Sachverhalt sofort einen Vorschuss zahlen müssen. Das Gesetz verpflichtet sie, spätestens nach Ablauf des Monats, der auf den Antragsmonat folgt, zu zahlen. Durch das Wort „spätestens" erhält sie einen Ermessenspielraum. Da eine Notlage besteht, führt eine sachgerechte Ermessensausübung zu einer sofortigen Gewährung eines Vorschusses.

Für die *Ausbildungsförderung* besteht die Sondervorschrift des § 51 Abs. 2 BAföG, nach der ein Vorschuss von 360 € nach zehn Wochen, gerechnet ab der Antragstellung, zu leisten ist. Der Vorschuss wird nur bis zu vier Monate gewährt. Diese Regelung schließt die Anwendung des § 42 SGB I aus. Im Monat der Aufnahme einer Ausbildung können Leistungen nach SGB II als Darlehen erbracht werden (§§ 27 Abs. 4 Satz 2, 24 Abs. 4 SGB II). Für die Zwischenzeit bis zum Ablauf der zehnten Woche findet sich keine Regelung; es kann jedoch auf die Härtefallregelung nach § 27 Abs. 4 Satz 1 SGB II zurückgegriffen werden.

Weitere Sonderregelungen (§ 328 Abs. 1 Nr. 3 SGB III, § 40 Abs. 1 Nr. 1a SGB II) bestehen für die *Leistungen nach SGB III* (vor allem Arbeitslosengeld) und nach *SGB II* (Arbeitslosengeld II und Sozialgeld). Hier reicht es aus, dass ein Anspruch auf eine Geldleistung mit *hinreichender Wahrscheinlichkeit* besteht, die Entscheidung aber längere Zeit in Anspruch nehmen wird. Es gibt keinen Zeitraum, der allgemein bestimmbar wäre; *längere Zeit* wird immer dann in Anspruch genommen, wenn den Berechtigten ein Zuwarten auf die Entscheidung nicht zugemutet werden kann. Gerade bei Leistungen nach SGB II kann hierfür schon ein Zeitraum von wenigen Tagen zu lang sein. Wichtig ist auch, dass die Berechtigten die Verzögerung nicht durch ein schuldhaftes (vorsätzliches oder fahrlässiges) Verhalten verursacht haben dürfen.

2.5.2 Vorwegzahlung

Es gibt Situationen, die eine Vorleistung erfordern, obwohl noch nicht endgültig geklärt ist, ob überhaupt ein Leistungsanspruch besteht. Die Pflicht zur Vorwegzahlung wird teilweise aus der Verpflichtung zur zügigen Leistungserbringung nach § 17 Abs. 1 Satz 1 SGB I abgeleitet (BSG v. 28.6.1990 – 4 RA 57/89), teilweise auch aus der Vorschusspflicht nach § 42 Abs. 1 Satz 1 SGB I (BSG v. 29.4.1997 – 4 RA 46/96). Ein Bescheid über eine Vorwegzahlung muss dem Empfänger deutlich erklären, dass noch nicht feststeht, ob überhaupt ein Leistungsanspruch besteht, und er sich darauf einstellen muss, einen Teil oder auch die gesamte Leistung zurückzuzahlen.

2.5.3 Vorläufige Leistungen nach §43 SGB I

Die Regelung des § 43 SGB I bezieht sich nur auf Situationen, in den zwischen zwei oder mehr Leistungsträgern ungeklärt ist, wer für die Leistung zuständig ist. Solche Unklarheiten kommen in der Praxis relativ häufig vor.

Beispiele:
Ein Kind wird in der Klinik in Karlsruhe geboren. Die Mutter ist wohnhaft in Ettlingen. Die Mutter fühlt sich mit der Betreuung des Kindes überfordert und stimmt der Unterbringung in einer Pflegefamilie zu. Das Jugendamt Karlsruhe bringt das Kind in einer Familie in Weingarten unter. Weder das Jugendamt Weingarten noch Karlsruhe noch Ettlingen will die Kosten übernehmen.

Lyla ist als Asylbewerberin einer Einrichtung in Dortmund zugewiesen und erhält Leistungen nach dem Asylbewerberleistungsgesetz. Sie wird Opfer sexueller Übergriffe und findet Schutz in einem Frauenhaus in Bochum. Dortmund lehnt weitere Leistungen ab, da Lyla sich nicht mehr in ihrem Bezirk aufhält. Bochum lehnt die Leistung ebenfalls ab, da Lyla für das Asylverfahren dem Bezirk der Ausländerbehörde Dortmund zugewiesen ist.

Damit ein derartiger Zuständigkeitsstreit nicht auf dem Rücken der Betroffenen ausgetragen wird, kann der Leistungsträger, der zuerst angefragt wurde, die Leistung erbringen und sich die Kosten von dem tatsächlich zuständigen Träger erstatten lassen.

Eine Leistungspflicht besteht, wenn feststeht, dass überhaupt ein Leistungsanspruch gegeben ist, der Anspruch der Art nach von dem ersten Leistungsträger erbracht werden kann und die Berechtigten einen entsprechenden Antrag stellen.

Im Beispiel kann die Pflegefamilie die vorläufige Leistung vom Jugendamt Weingarten verlangen und Lyla vom Sozialamt in Bochum.

2.6 Wegfall des Anspruchs

Ein einmal entstandener Anspruch kann auf verschiedene Weise wieder entfallen.

2.6.1 Verjährung (§45 SGB I)

Ansprüche auf Sozialleistungen verjähren in *vier Jahren* nach Ablauf des Kalenderjahres, in dem sie entstanden sind. Das bedeutet, dass ein bestehender Anspruch nicht mehr geltend gemacht werden kann.

Beispiel:
Anita vollendete im Jahr 2005 das 65. Lebensjahr. Da sie zu diesem Zeitpunkt bereits eine Witwenrente erhielt und selbst niemals gearbeitet hatte, stellte sie keinen Rentenantrag. Erst im Juni 2011 erfährt sie, dass sie einen Rentenanspruch wegen der Erziehung von fünf Kindern hat. Grundsätzlich hat sie einen Anspruch auf die seit 2005 nicht gezahlten Rentenbeträge. Die Rente für das Jahr 2005 war jedoch mit Ablauf des Jahres 2009 verjährt, die Rente für 2006 verjährte 2010. Sie kann nur noch die ausstehende Rente ab dem Jahr 2007 erhalten.

Diese Verjährungsfristen gelten auch für Leistungen, die durch einen Fehler der Behörde nicht gezahlt wurden. Hätte Anita also 2005 einen Rentenantrag gestellt und dieser wäre rechtswidrig abgelehnt worden, wären die Ansprüche für 2005 und 2006 ebenso verjährt. Allerdings liegt es im Ermessen der Behörde, ob sie sich auf die Verjährung beruft. Dies könnte gegen Treu und Glauben verstoßen, wenn der Leistungsträger die Nichtzahlung selbst verschuldet hat (BSG v. 23.3.1972 – 5 RJ 63/70).

Von der Vier-Jahres-Frist werden Leistungen nicht erfasst, auf die zwar ein Anspruch bestanden hätte, die jedoch nicht beantragt wurden und auch nicht rückwirkend geltend gemacht werden können, wie z.B. Leistungen nach SGB II (§ 37 SGB II), Arbeitslosengeld (§ 117 SGB III), Elterngeld für einen Zeitraum, der länger als zwei Monate vor dem Monat der Antragstellung liegt (§ 7 Abs. 1 BEEG) oder Wohngeld (§ 25 Abs. 2 WoGG). Eine rückwirkende Leistung ist hier nicht möglich.

2.6.2 Aufrechnung und Verrechnung (§§ 51, 52 SGB I)

Hat der Leistungsträger einen Rückzahlungsanspruch wegen zu viel gezahlter Leistungen, so kann er diesen durch *Aufrechnung* mit laufenden Leistungen geltend machen (§ 51 SGB I).

Beispiel:
Anton erhielt auf der Grundlage einer vorläufigen Einkommensberechnung seines Vaters (Selbständiger) Ausbildungsförderung in Höhe von 500 € monatlich für den Zeitraum von September 2010 bis August 2011. Nach der Vorlage des Einkommenssteuerbescheids des Vaters ergibt sich nur ein Anspruch in Höhe von 420 € monatlich. In dieser Höhe werden auch die Leistungen für den Zeitraum von September 2011 bis August 2012 bewilligt. Das BAföG-Amt erklärt in dem Bescheid zugleich die Aufrechnung in Höhe von 80 € monatlich für den gesamten zweiten Bewilligungszeitraum (Auszahlung: 340 € monatlich). Auf diese Weise werden Antons Schulden ausgeglichen und das Amt erhält das Geld auf sichere Weise zurück.

Die Aufrechnung ist ausgeschlossen, wenn dadurch ein Leistungsanspruch nach SGB II oder SGB XII entstehen würde.

Deshalb finden sich im SGB II und SGB XII auch Sonderregelungen für die Aufrechnung. Sie ist nur zulässig, wenn die Zahlung einer zu hohen Leistung durch vorsätzlich oder grob fahrlässig unrichtige oder unvollständige Angaben veranlasst wurde. Die laufenden Leistungen nach SGB II können dann um bis zu 30 % des Regelbedarfes gekürzt werden (§ 43 SGB II) und die Sozialhilfe kann auf das nach den Bedingungen des Einzelfalls Unerlässliche reduziert werden, längstens jedoch für drei Jahre (§ 26 Abs. 2 und Abs. 4 SGB XII).

Die *Verrechnung* (§ 52 SGB I) ermöglicht es, auch die Ansprüche eines anderen Sozialleistungsträgers mit Ansprüchen des Leistungsberechtigten zu verrechnen.

Beispiel:
Doris, allein erziehend, muss für sich und ihre zwei Kinder Leistungen nach SGB II beim Jobcenter beantragen. Dort wird sie aufgefordert, auch einen Antrag auf Unterhaltsvorschuss beim Jugendamt zu stellen. Anschließend werden ihr die Leistungen nach SGB II ab dem 1. Mai 2011 ohne Berücksichtigung des Unterhaltsvorschusses bewilligt. Dieses Vorgehen ist korrekt, weil der Unterhaltsvorschuss als vorrangige Sozialleistung zwar anzurechnen ist, aber erst ab dem Zeitpunkt, ab dem Doris ihn tatsächlich erhält. Das Jugendamt bewilligt nun am 30. Juni 2011 den Unterhaltsvorschuss ab Mai 2011 (siehe §4 UhVorschG). Durch diese Bewilligung entsteht beim Jobcenter ein Rückzahlungsanspruch gegen die Kinder, gesetzlich vertreten durch Doris, in Höhe der Unterhaltsvorschussleistung. Das Jobcenter ermächtigt daher das Jugendamt (schon vor der Bewilligung möglich), den Nachzahlungsanspruch von Doris gegen das Jugendamt mit dem Rückzahlungsanspruch des Jobcenters zu verrechnen und das Geld an das Jobcenter auszuzahlen.

2.6.3 Auszahlung bei Verletzung der Unterhaltspflicht (§48 SGB I)

Wer als Ehegatte oder Kind gegen einen Empfänger von Sozialleistungen, die der Sicherung des Lebensunterhalts dienen (Renten, Krankengeld, Arbeitslosengeld), einen Unterhaltsanspruch hat, kann vom Leistungsträger die unmittelbare Auszahlung eines Teils der Sozialleistung verlangen, wenn der Empfänger der Leistung sich weigert, Unterhalt zu zahlen.
Voraussetzung für den Anspruch ist:

1. Es besteht ein Unterhaltsanspruch. Minderjährige Kinder und Ehegatten, die nicht dauerhaft getrennt leben, sind immer unterhaltsberechtigt, wenn sie nicht über ein ausreichendes Einkommen verfügen. Für volljährige Kinder und getrennte oder geschiedene Ehegatten bedarf es zusätzlich eines besonderen Grundes. Ob die Angehörigen im selben Haushalt leben, spielt keine Rolle.
2. Die Höhe der Sozialleistung reicht aus, um den Leistungsanspruch zumindest teilweise zu erfüllen. Hierfür ist vor allem auf die Selbstbehalte nach der Düsseldorfer Tabelle (derzeit z.B. 770 € für nicht erwerbstätige Elternteile gegenüber minderjährigen Kindern oder 1050 € gegenüber dem getrennt lebenden Ehegatten) abzustellen. Auf die Pfändungsfreigrenze kommt es nicht an.

Beispiel:
Konrad erhält Arbeitslosengeld in Höhe von 1900 €. Sein Sohn Sven möchte von ihm Unterhalt in Höhe von 300 € zur teilweisen Finanzierung seines Studiums. Konrad weigert sich, da das Geld gerade für ihn allein reiche. Sven kann sich nun an die Arbeitsagentur wenden und die Auszahlung von 300 € unmittelbar an sich beantragen. Günstig wäre es, wenn Sven einen BAföG-Bescheid vorlegen könnte, aus der sich die Verpflichtung des Vaters zur Unterhaltszahlung ergibt.
Antonia lebt zusammen mit ihren beiden Töchtern im Alter von 15 und 17 Jahren. Wegen einer psychischen Erkrankung erhält sie Krankengeld in Höhe von

1500 € monatlich. Seit einiger Zeit kann sie den Haushalt nicht mehr selbst versorgen, ist aber auch nicht bereit, den Töchtern Haushaltsgeld zu geben, damit diese einkaufen können. Die Töchter können sich nun an die Krankenkasse wenden, um einen angemessenen Teil des Krankengeldes unmittelbar an sich auszahlen zu lassen. Hier erweist sich der Wert der sozialrechtlichen Handlungsfähigkeit ab 15 Jahren (§ 11 Abs. 1 Nr. 2 SGB X i.V. m. § 36 SGB I), die es den Töchtern ermöglicht, eigene Anträge zu stellen, obwohl sie minderjährig sind. Widerspricht die Mutter allerdings dem Antrag der Töchter, bleibt nur die Einschaltung des Familiengerichts, um entweder das Sorgerecht einzuschränken (§ 1666 BGB) oder eine Betreuung (§ 1896 BGB) einzurichten.

Enthält eine Sozialleistung einen Anteil für die Versorgung von Kindern (z. B. erhalten Personen mit Kindern nach § 129 SGB III 67 % des Nettoeinkommens als Arbeitslosengeld statt 60 % für Kinderlose), so kann dieser Anteil auch dann vom Kind verlangt werden, wenn der Elternteil dadurch selbst nicht mehr genug zum Leben hat (BSG v. 8. 7. 2009 – B 11 AL 30/08 R).

Vor einer Entscheidung hat der Leistungsträger die Betroffenen nach § 24 SGB X anzuhören (siehe S. 63).

Die Regelung des § 48 SGB I ist nicht anzuwenden auf Leistungen nach SGB II oder SGB XII. Es handelt sich hier um Leistungen, die jedem Familienmitglied höchstpersönlich zustehen. Es wird lediglich zur Verfahrenserleichterung davon ausgegangen, dass Antragsteller beim Jobcenter die gesamte Bedarfsgemeinschaft vertreten (§ 38 SGB II). Für die Sozialhilfe besteht keine vergleichbare Regelung, weil ein Antrag nicht erforderlich ist, sondern es ausreicht, wenn das Sozialamt über die Notlage informiert wird. Es kann jederzeit erklärt werden, dass zukünftig keine Vertretung mehr durch das Familienmitglied erfolgen soll und die Leistung unmittelbar an die persönlich Berechtigten ausgezahlt werden soll. Verlangen Minderjährige (ab 15 Jahren) die Auszahlung an sich selbst, so können die Eltern dem widersprechen.

2.6.4 Pfändung (§§ 54, 55 SGB I)

Sozialleistungen können grundsätzlich ebenso gepfändet werden wie Arbeitseinkommen (§ 54 Abs. 4 SGB I). Ausnahmen bestehen für den Sockelbetrag des Elterngeldes (300 €), einen Teil des Mutterschaftsgeldes, das Wohngeld, Leistungen für Mehraufwendungen wegen gesundheitlicher Beeinträchtigungen und Leistungen für Kinder.

Praktisch bedeutsam ist die Kontopfändung. Seit 2010 besteht die Möglichkeit, ein sog. Pfändungsschutzkonto (P-Konto) einzurichten (§ 850k Abs. 7 ZPO). Dabei handelt es sich nicht um ein besonderes Konto; das laufende Girokonto kann als P-Konto geführt werden. Jede Person darf aber nur ein P-Konto führen. Deshalb erfolgt eine Mitteilung an die Schufa, die überprüft, ob bereits ein weiteres P-Konto angemeldet ist. Die Schufa darf keine negativen Bewertungen aus der Anmeldung eines P-Kontos ableiten. Auf diesem Konto sind alle Eingänge, unabhängig davon, ob es sich um Sozialleistungen, Arbeitseinkommen, Einnahmen von Selbständigen oder sonstige Zuwendungen handelt, bis zur Höhe des Pfändungsfreibetrags (derzeit 1028,89 € monatlich für eine Einzelperson) unpfändbar. Der Betrag erhöht sich für jede unterhaltsberechtigte Person, z.B. auf 1639,99 € bei zwei unterhaltsberechtigten Personen ohne eigenes Einkommen.

Einige Banken und Sparkassen verlangen zusätzliche monatliche Gebühren zwischen 5 und 20 €. Hier sollte ein Wechsel des Geldinstituts erwogen werden.

2.7 Rechtsmittel gegen einen Verwaltungsakt

2.7.1 Wirksamkeit des Verwaltungsaktes

Ein Grundmerkmal des Verwaltungsverfahrens ist die Verbindlichkeit des Verwaltungsaktes, unabhängig davon, ob er rechtlich richtig (rechtmäßig) oder falsch (rechtswidrig) ist. Einmal getroffene Verwaltungsentscheidungen bleiben solange wirksam, bis sie durch eine erneute Entscheidung geändert oder aufgehoben werden.

Ausnahme: Eine Entscheidung ist unwirksam (nichtig), wenn sie offensichtlich keinen Sinn ergibt. So etwa, wenn das Sozialamt Gregor Müller verpflichtet, Geld zurückzuzahlen, welches sein Nachbar Karl Müller erhalten hat; oder wenn der zehnjährigen Marlene Kindergeld für vier Kinder bewilligt wird.

Nichtige Verwaltungsakte sind selten. In Zweifelsfällen sollten VAs als wirksam behandelt werden, um keine Rechtsmittel zu versäumen.

Die Entscheidungen der Sozialleistungsträger können aber verschiedene Fehler enthalten:

- Es wurde von einem *unrichtigen Sachverhalt* ausgegangen; z.B. wird das beantragte Pflegegeld von der Pflegeversicherung abgelehnt, weil der Gutachter von einem zu geringen Pflegebedarf ausgegangen ist.
- Ein *unbestimmter Rechtsbegriff* wird falsch ausgelegt; z.B. das Jobcenter hält die Übernahme von Stromschulden nach § 22 Abs. 5 SGB II nicht für *gerechtfertigt*, weil die Familie mit zwei Kleinkindern in der Vergangenheit nicht sparsam gewirtschaftet hat. Gerechtfertigt ist eine Leistung nicht nur, wenn keiner der Beteiligten einen Fehler gemacht hat. Es müssen alle Rechtspositionen geprüft werden. Hier ist das Wohl der Kinder so bedeutsam, dass eine Zahlung der aufgelaufenen Stromschulden (als Darlehen) gerechtfertigt ist.
- Das *Ermessen* kann fehlerhaft ausgeübt worden sein (siehe S. 28).

Gegen wirksame, aber rechtswidrige Verwaltungsakte können sich die Bürger wehren. Dieses Recht bildet den Kern des Rechtsstaatsprinzips und ist in Art. 19 Abs. 4 GG verankert.

2.7.2 System der förmlichen Rechtsmittel gegen einen Verwaltungsakt

Sozialleistungsträger	Gericht
Widerspruch beim Sozialleistungsträger (innerhalb von einem Monat) Achtung: In einigen Bundesländern ist das Widerspruchsverfahren in Angelegenheiten, die dem Verwaltungsgericht zugewiesen sind (BAföG, Wohngeld), abgeschafft.	*Eilantrag beim Sozial- oder Verwaltungsgericht* (Zuständigkeiten siehe S. 78) Wenn das Recht durch das Abwarten des Widerspruchsverfahrens vereitelt würde und dies mit wesentlichen Nachteilen verbunden wäre (§86b Abs. 2 SGG).
Antrag auf Anordnung oder Wiederherstellung der aufschiebenden Wirkung des Widerspruchs Grundsätzlich wird die Wirkung eines Verwaltungsaktes ausgesetzt, wenn gegen ihn Widerspruch eingelegt wurde. Es gibt jedoch viele Regelungen, nach denen die Wirkung eines VAs auch während eines laufenden Widerspruchsverfahrens fortbesteht. Auch kann der VA selbst anordnen, dass er sofort vollziehbar ist, dann löst der Widerspruch ebenfalls keine aufschiebende Wirkung aus.	Auch das Gericht kann die aufschiebende Wirkung des Widerspruchs wiederherstellen oder anordnen (§86b Abs. 1 SGG).
Widerspruchsbescheid	
	Klage innerhalb von einem Monat nach Eingang des Widerspruchsbescheids beim Sozial- oder Verwaltungsgericht.
	Revision zum BSG nur möglich, wenn sie vom LSG oder als *Sprungrevision* mit Zustimmung des Gegners vom SG zugelassen wurde (§§160, 161 SGG). Zulassungsgrund ist vor allem die grundsätzliche Bedeutung. Die Berufung zum BVerwG muss vom OVG zugelassen werden (§132 VwGO).

2.7.3 Widerspruch

Der Widerspruch muss binnen eines Monats eingelegt werden (§ 84 Abs. 1 SGG). Die Frist läuft ab dem *Zugang* der Entscheidung. Eine schriftliche Entscheidung geht mit der Aushändigung zu. Da die persönliche Übergabe heute kaum noch erfolgt, werden Regelungen für den Postverkehr benötigt.

Ein Brief ist mit dem Einwurf in den Briefkasten des Empfängers zugegangen. Ob der Empfänger ihn herausnimmt oder nicht spielt keine Rolle.

Zur Erleichterung der Feststellung gilt ein mit normaler Post versandter Brief drei Tage nach der Aufgabe zur Post (Poststempel) als zugegangen. Ein Schreiben mit dem Poststempel vom 11. Januar 2011 gilt also als am 14. Januar 2011 zugegangen.

Praxistipp

Zur Feststellung des Fristablaufs kontrollieren Sie stets den Poststempel. Das Datum des Schreibens spielt keine Rolle. Es kommt schon einmal vor, dass ein Schreiben erst Tage oder Wochen, nachdem es verfasst wurde, zur Post gegeben wird. Ist kein Briefumschlag mehr vorhanden, kann das Zugangsdatum nur nach der Erinnerung ermittelt werden.

Wird ein Bescheid hingegen amtlich zugestellt (§ 63 SGG), so wird er persönlich ausgehändigt, entweder dem Empfänger oder einem erwachsenen Familienangehörigen oder Mitbewohner (§ 178 Abs. 1 Nr. 1 ZPO). Als Erwachsene gelten auch Jugendliche ab ca. 14 Jahre, wenn sie einen verantwortungsbewussten Eindruck erwecken. In Gemeinschaftseinrichtungen darf das Schreiben auch der Leiterin oder einem Vertreter ausgehändigt werden, nicht aber Mitbewohnern (§ 178 Abs. 1 Nr. 3 ZPO). Statt der Übergabe darf auch eine Benachrichtigung über die Hinterlegung der Zustellung beim Postamt im Briefkasten hinterlassen werden (§ 181 Abs. 1 ZPO) oder die Zustellung durch Einwurf in einen sicher dem Adressaten zuzuordnenden Briefkasten erfolgen (§ 180 ZPO).

Achtung: Die Frist beginnt am Tag der Hinterlegung der Zustellungsurkunde, nicht am Tag der Aushändigung. Dieser Tag wird auf dem Umschlag vermerkt. Das gilt auch, wenn das Schreiben nicht mehr an diesem oder dem darauf folgenden Tag abgeholt werden kann.

Die Frist läuft ab dem Tag, der auf den Tag des Zugangs oder der Zustellung folgt, und endet einen Monat später. Sie läuft erst um 24.00 Uhr des letzten Tages ab, nicht etwa mit Ende der Dienstzeit. Viele Behörden und Gerichte verfügen über einen sog. „fristwahrenden Briefkasten", der über eine automatische Klappe verfügt, die die Post, die vor 24.00 Uhr eingeworfen wurde, von der später eingeworfenen trennt. Gibt es eine solche Vorrichtung nicht, so muss die Behörde alle in der Nacht eingegangenen Schriftstücke zu Gunsten der Bürger als bis 24.00 Uhr eingeworfen behandeln.

Fällt das Fristende auf einen Samstag, Sonntag oder Feiertag, so gilt erst der darauf folgende Werktag als Fristende.

Beispiele:
Ein Schreiben des Sozialamts Köln trägt den Poststempel 2. Februar 2011. Es gilt als am Samstag, den 5. Februar 2011, zugegangen. Die Frist würde am 5. März enden. Es handelt sich um einen Samstag, daher endet die Frist am Montag, den 7. März. Dass Rosenmontag auf den 7. März fällt, spielt keine Rolle, es handelt sich auch in Köln nicht um einen amtlichen Feiertag.

Am Montag, den 6. Dezember 2010, wird Anton in München ein Bescheid der Arbeitsagentur Wiesbaden zugestellt. Die Frist endet am 6. Januar 2011. Das ist zwar in Bayern ein Feiertag, nicht aber in Hessen. Entscheidend ist, ob es sich um einen Feiertag am Sitz des öffentlichen Trägers handelt.

Die Monatsfrist gilt nur, wenn der Bescheid eine korrekte Rechtsmittelbelehrung (also vor allem den Hinweis, dass der Widerspruch binnen eines Monates bei der ausstellenden Behörde einzulegen ist) enthält. Andernfalls verlängert sich die Frist auf ein Jahr (§ 66 SGG, § 58 Abs. 2 VwGO). Einige Krankenkassen verschicken z.B. Schreiben, in denen sie nur erläutern, dass und warum eine Leistung nicht gewährt wird. Es handelt sich dabei um Bescheide (Verwaltungsakte), gegen die innerhalb eines Jahres Widerspruch eingelegt werden kann.

Der Widerspruch gegen einen VA muss schriftlich eingelegt werden oder direkt beim Leistungsträger vorgebracht und dort niedergeschrieben werden (§ 84 SGG).

An die Formulierungen werden keine besonderen Ansprüche gestellt. Der öffentliche Träger prüft, ob nach dem Inhalt gegen die Entscheidung vorgegangen werden soll.

So sind folgende Erklärungen als Widerspruch zu werten:

„Ich bin mit Ihrer Entscheidung nicht einverstanden und bleibe dabei, dass mir Arbeitslosengeld in voller Höhe zusteht."

„Sie schreiben mir, ich solle meinen Umzug in Eigenleistung durchführen. Wie, bitte, haben Sie sich das bei einer Frau von 75 Jahren mit Arthrose in allen Gelenken vorgestellt?"

Kein Widerspruch liegt bei folgendem Schreiben vor:

„Sie haben ja nun das beantragte Geld bewilligt. Warum aber musste ich darauf fünf Monate warten? Ich kann in keiner Weise akzeptieren, dass Sie mir die Schuld an der Verzögerung geben, weil ich angeblich meiner Mitwirkungspflicht nur zögerlich nachgekommen sei."

Es kommt immer wieder vor, dass Bescheide Aussagen enthalten, die entweder nicht zutreffen oder von den Empfängern anders bewertet werden. Gegen einzelne Begründungen kann aber kein Widerspruch eingelegt werden, sondern nur gegen das Ergebnis der Entscheidung.

Sozialarbeiter können ihre Klientinnen beim Abfassen eines Widerspruchs unterstützen oder sich bevollmächtigen lassen und den Widerspruch im Namen der Klienten einreichen.

Sie sollten darauf achten, dass ihre Sprache sachlich ist und die Begründungen in einem Zusammenhang mit den gesetzlichen Regelungen stehen.

Unangebracht sind Bettelbriefe ebenso wie Drohungen oder Beschimpfungen.

Beispiel:

An das Sozialamt der Stadt XY

Ihr Zeichen: GA20105678

Sehr geehrte Frau Schilling,

Frau Anneliese Sommer hat mich gebeten, in ihrem Namen gegen den Bescheid vom 10.11.2010, bei ihr eingegangen am 13.11.2010, *Widerspruch* einzulegen.

Die schriftliche Vollmacht finden Sie anliegend.

Begründung:

Frau Sommer hatte die Bewilligung von Grundsicherung nach §41 SGB XII beantragt, weil ihre Altersrente in Höhe von 610 € nicht ausreicht, um ihren Lebensunterhalt zu sichern.

Sie gehen in Ihrer Berechnung davon aus, dass der Bedarf von Frau Sommer sich aus dem Regelbedarf in Höhe von 364 € und 240 € Hauskosten zusammensetzt. Nicht berücksichtigt haben Sie allerdings, dass Frau Sommer altersbedingt (85 Jahre) nicht mehr in der Lage ist, ihre Wohnung zu reinigen und kleine Ausbesserungen selbst vorzunehmen. Die dafür erforderliche Hilfe kostet 120 € monatlich. Die Nachweise (ärztliches Attest, Quittungen) liegen Ihnen bereits vor. Es handelt sich dabei um einen laufenden, unabweislichen Bedarf, der zu einem deutlich erhöhten Gesamtbedarf führt.

Es wird gebeten, den Bedarf entsprechend neu zu berechnen.

Mit freundlichen Grüßen
Hanna Günter
Sozialarbeiterin

Es ist nachvollziehbar, dass eine Klientin, die alle Belege zusammengetragen hatte, um ihren Anspruch zu begründen, enttäuscht und vielleicht auch wütend ist, wenn sie einen Bescheid erhält, der auf ihr Anliegen gar nicht eingeht.

Dennoch findet sich nichts davon in dem Widerspruchsschreiben, weil die Sachbearbeiterin auf eine Schuldzuweisung hin nicht entgegenkommender reagieren wird. Die Begründung nennt keinen Paragraphen, die Sachbearbeiterin weiß aber sofort, dass die Verfasserin das Gesetz herangezogen hat, weil sie direkt auf die Formulierung „unabweisbar seiner Höhe nach erheblich von einem durchschnittlichen Bedarf abweicht" in § 28 Abs. 1 SGB XII Bezug nimmt.

Manche Bescheide sind für die Empfänger nicht nachvollziehbar, weil sie seltsame Zahlenkolonnen enthalten, deren Bedeutung unklar ist oder die nicht zuzuordnen sind, oder auch weil sie in einem Amtsdeutsch abgefasst sind, welches auch in Deutschland aufgewachsene Menschen nicht verstehen. In diesen Fällen kann ein Widerspruch auch damit begründet werden, dass nicht geprüft werden kann, ob die Berechnungen richtig sind oder die Erwägungen zutreffen. Es sollte dann zunächst um eine Erläuterung gebeten werden, um anschließend eventuell weiter zu begründen.

2.7.4 Aufschiebende Wirkung des Widerspruchs

Zu prüfen ist auch, ob durch die Einlegung des Widerspruchs auch die Vollziehung des Verwaltungsaktes gehemmt wird (aufschiebende Wirkung). Nach § 86a Abs. 1 SGG haben Widerspruch und Anfechtungsklage aufschiebende Wirkung. Das ist aber nur ein Grundsatz, von dem es so viele Ausnahmen gibt, dass der Grundsatz schon fast die Ausnahme ist. So hat der Widerspruch gegen Leistungskürzungen beim Arbeitslosengeld oder Alg II keine aufschiebende Wirkung.

Auch kann die Behörde die sofortige Vollziehung nach § 86a Abs. 2 Nr. 5 SGG anordnen.

Soll die Wirkung des Bescheids zunächst gestoppt werden, so kann mit dem Widerspruch auch ein Antrag nach § 86a Abs. 3 SGG auf Anordnung oder Wiederherstellung der aufschiebenden Wirkung verbunden werden. Die Begründung des Antrags soll nicht erläutern, warum der Bescheid falsch ist, sondern, warum die sofortige Vollziehung nicht angemessen ist.

Antrag auf aufschiebende Wirkung

Name, Anschrift

Sozialleistungsträger, Anschrift

Datum

Wiederherstellung der aufschiebenden Wirkung meines Widerspruchs

Ihr Bescheid vom ...

Ihr AZ: ...

Sehr geehrte Damen und Herren,

gegen den Bescheid vom ... habe ich heute (mit gleicher Post) Widerspruch eingelegt. Da dieser Widerspruch keine aufschiebende Wirkung hat, beantrage ich, die aufschiebende Wirkung meines Widerspruchs wiederherzustellen.

Begründung:

Sie haben meine Leistungen um 60 % gekürzt. Ich habe Ihnen in meinem Widerspruch erklärt, warum dies nach meiner Auffassung nicht den Vorgaben des Gesetzes entspricht. Ich bin Mutter von zwei Kindern, die ich alleine erziehe. Auch wenn die Kürzung nur mich selbst betrifft, werden die Kinder mit darunter leiden. Es entsteht für Sie ja kein Schaden, wenn Sie zunächst abwarten, wie mein Widerspruch bewertet wird. Wenn ich verliere, können Sie die Leistungen immer noch kürzen.

Mit freundlichen Grüßen
Name

Gibt die Behörde dem Antrag nicht statt, so kann eine gerichtliche Entscheidung im Eilverfahren beantragt werden (siehe S. 80).

2.7.5 Rechtsanwälte und Beratungshilfe

Mit der Einlegung eines Widerspruchs kann auch ein Rechtsanwalt beauftragt werden. Hierfür werden in der Regel 240 € zuzüglich Schreibauslagen und Mehrwertsteuer verlangt. Bei besonders schwierigen Angelegenheiten kann sich die Gebühr auf bis zu 520 € erhöhen (Vergütungsverzeichnis Nr. 2400 zur Rechtsanwaltsvergütungsverordnung).

Sind die Klienten mittellos, kann das Widerspruchsverfahren auch über Beratungshilfe abgerechnet werden. Die Regelungen finden sich im Beratungshilfegesetz. Mittellos ist, wer die Einkommensvoraussetzungen für die Prozesskostenhilfe ohne Ratenzahlung erfüllt (§ 1 Abs. 2 BerHG, siehe S. 79). Der Mandant hat eine Gebühr von 10 € an die Rechtsanwältin zu zahlen, diese erhält 70 € von der Staatskasse (Vergütungsverzeichnis Nr. 2500 und Nr. 2503 zur Rechtsanwaltsvergütungsverordnung). Angesichts dieser geringen Vergütung für oft komplizierte sozialrechtliche Fragen besteht das Risiko, dass Rechtsanwälte Beratungshilfe-Fälle nicht mit der erforderlichen Leidenschaft betreiben. Die sorgfältige Auswahl eines geeigneten Anwalts ist hier besonders wichtig.

Beratungshilfe wird von den Gerichtskassen gelegentlich mit der Begründung abgelehnt, die Einschaltung einer Rechtsanwältin sei nicht erforderlich, weil die Behörde selbst entsprechend beraten könne. Auch das BVerfG verweist den Bürger gegenüber den Sozialleistungsträgern jedenfalls für die erste Nachfrage auf den Beratungsanspruch nach § 14 SGB I (BVerfG v. 12.6.2007 – 1 BvR 1014/07). Diese Entscheidung ist vor allem in Hinblick auf den faktischen Beratungsnotstand bei vielen Sozialleistungsträgern kritisiert worden (Herbe, info also, 2008, S. 204 ff.). Wenn der Antrag allerdings abgelehnt wurde, darf der Bürger für das Widerspruchsverfahren nicht mehr an die Behörde selbst verwiesen werden. Er hat einen Rechtsanspruch auf Beratungshilfe. Das BVerfG führt hierzu aus:

„Es kann der Beschwerdeführerin nicht zugemutet werden, den Rat derselben Behörde in Anspruch zu nehmen, deren Entscheidung sie angreifen will ... Soll die ARGE zusätzlich zur Überprüfung auch noch Beratung und Formulierungshilfe beim Widerspruch gegen die eigene Verwaltungsentscheidung leisten, besteht die abstrakte Gefahr von Zirkelschlüssen und Interessenkonflikten. Da die beratungsbedürftige Beschwerdeführerin die verschiedenen Interessen nicht ausreichend durchschaut und zu weiterführenden Rechtsausführungen nicht in der Lage ist, wird sie befürchten, dass die Behörde an der einmal als zutreffend erachteten Entscheidung festhalten wird. Sie wird daher deren Rat misstrauen. Unabhängig von der Frage, ob dieses Misstrauen berechtigt ist, ist der behördliche Rat aus Sicht der Beschwerdeführerin daher nicht mehr geeignet, ihn zur Grundlage einer selbständigen und unabhängigen Wahrnehmung ihrer Verfahrensrechte im Widerspruchsverfahren zu machen.“ (BVerfG v. 11.5.2009 – 1 BvR 1517/08).

In *Bremen* und *Hamburg* wird keine Beratungshilfe gewährt, die Bürger werden stattdessen auf die öffentliche Rechtsberatung verwiesen. In Bremen nimmt die Arbeitnehmerkammer die Beratung wahr, in Hamburg erfolgt sie durch die öffentlichen Rechtsauskunfts- und Vergleichsstellen. In *Berlin* kann zwischen der anwaltlichen Beratungshilfe und der öffentlichen Rechtsberatung gewählt werden.

2.7.6 Gerichtliches Verfahren

Die gerichtliche Vertretung der Klienten darf von Sozialarbeitern in der Regel nicht übernommen werden (§ 73 SGG). Sie können aber vom Gericht als Beistände in der mündlichen Verhandlung zugelassen werden (§ 73 Abs. 7 SGG).

Das unverzichtbare Wissen über das gerichtliche Verfahren beschränkt sich daher für Sozialarbeiterinnen auf

1. einen groben Überblick über den Zugang zum gerichtlichen Rechtsschutz;
2. die Ansprüche auf Prozesskostenhilfe;
3. die Möglichkeiten eines schnellen gerichtlichen Rechtsschutzes für Menschen in Krisensituationen und Notlagen (Eilverfahren).

Zugang zu den Gerichten
Leider ist nicht das gesamte Sozialrecht der Sozialgerichtsbarkeit zugeordnet, einige Bereiche fallen weiterhin in die Zuständigkeit der Verwaltungsgerichte.

Sozialgerichte	Verwaltungsgerichte
Sozialversicherungen: SGB III, SGB V, SGB VI, SGB VII, SGB XI	Jugendhilfe: SGB VIII
Grundsicherungsleistungen: SGB II, SGB XII, AsylbLG	Unterhaltsvorschuss: UhVorschG
	Ausbildungsförderung: BAföG, Aufstiegs-fortbildungsförderungsgesetz
Elterngeld: BEEG	Wohngeld: WoGG
Opferentschädigung: OEG	Öffentlich-rechtliche Verträge
Feststellung des Grads der Behinderung: SGB IX	

Achtung: Kindergeldangelegenheiten nach § 62 EStG fallen in die Zuständigkeit der Finanzgerichte!
Zuständig ist sowohl bei den Sozial- als auch den Verwaltungsgerichten immer das Gericht erster Instanz, in dessen Bezirk sich der Wohnort der Klägerin befindet. Der Sitz des Sozialleistungsträgers ist unerheblich.

Die Verfahren vor den Sozialgerichten sind für die Bürger kostenfrei. Eine anwaltliche Vertretung ist nur vor dem Bundessozialgericht erforderlich.

Dagegen ist das Verfahren vor den Verwaltungsgerichten immer kostenpflichtig. Der Streitwert richtet sich nach dem Interesse der Angelegenheit für die Prozessparteien. Häufig wird ein Auffangstreitwert von 5000 € angesetzt. Die Gebühr beträgt dann 121 €. Mit Einreichung der Klage werden drei Gebühren, also 363 € fällig. Je nach Verlauf des Verfahrens kann ein Teil, oder, wenn die Behörde die Gerichtskosten zu tragen hat, auch alles zurückerstattet werden. Eilverfahren werden erst nach Abschluss des Verfahrens abgerechnet, die Kosten sind deutlich geringer.

Prozesskostenhilfe (§§ 114–124 ZPO)
Bei geringem Einkommen kann für ein Klageverfahren Prozesskostenhilfe (PKH) bei Gericht beantragt werden.
Prozesskostenhilfe wird nur gewährt, wenn

- die Klage Aussicht auf Erfolg hat und
- die klagende Partei bedürftig ist.

Über die Erfolgsaussichten entscheidet das Gericht, welches auch die Klage selbst entscheiden wird. Das Risiko einer Ablehnung ist hoch, da das Gericht im Rahmen der Entscheidung über die PKH schon eine vorläufige Bewertung des Klagebegehrens vornimmt. Die Anforderungen dürfen aber nicht überspannt werden; wenn zunächst weitere Ermittlungen erfolgen oder Gutachten eingeholt werden sollen, hat die Klage aus der Anfangsperspektive heraus Aussicht auf Erfolg (BVerfG v. 20.6.06 – 1 BvR 2673/05). Wird ein PKH-Antrag mangels Erfolgsaussichten abgelehnt, kann gegen den Beschluss des Sozialgerichts Beschwerde beim Landessozialgericht eingelegt werden, wenn der Mindeststreitwert von 750 € erreicht wird (§ 172 Abs. 3 SGG).

Die Einkommensgrenze für PKH berechnet sich grob nach folgendem Schema (§115 ZPO):

Monatliches Nettoeinkommen (Sonderzahlungen sind auf die Monate umzulegen) + monatliches Nettoeinkommen des Ehegatten,
abzüglich:

- 400 € für die prozessführende Partei,
- 400 € für den Ehegatten,
- 320 € für jede weitere erwachsene unterhaltsberechtigte Person (vermindert um eigenes Einkommen), für Kinder den jeweiligen Regelbedarf + 10%,
- 174 € Zuschlag bei Erwerbstätigkeit,
- Kosten für Unterkunft und Heizung,
- weiter besondere Belastungen, z.B. Tilgung von Darlehen für selbst genutztes Wohneigentum.

Vorhandenes Vermögen muss eingesetzt werden, wenn dies zumutbar möglich ist, also nicht das selbst genutzte Wohneigentum oder Geschäftskapital, welches der Erzielung von Einkommen dient.

Verbleibt nach den Abzügen ein Einkommen von bis zu 15 €, so kann PKH ohne Rückzahlungsverpflichtung bewilligt werden, ansonsten wird Ratenzahlung gewährt. Die Raten sind nach der Höhe des Einkommens gestaffelt, z.B. 300 € monatlich bei einem anzurechnenden Einkommen von 750 €. Die Raten sind höchstens für einen Zeitraum von vier Jahren zu zahlen.
Für die schnelle Einschätzung in der Beratung hilft auch folgende Regel:
Ein PKH-Antrag lohnt sich immer, wenn Leistungen nach SGB II, SGB XII, AsylbLG, BAföG oder Berufsausbildungsbeihilfe bezogen werden oder bei Ein-

kommen ausschließlich aus Erwerbstätigkeit, wenn dieses nur 10–20 % über dem Bedarf nach SGB II oder SGB XII liegt.

Die PKH deckt die Gerichtskosten und die Kosten des eigenen Rechtsanwaltes ab, nicht die des Anwalts der Gegenpartei. Sozialleistungsträger lassen sich allerdings nur selten durch Rechtsanwältinnen vertreten, weil sie auf eigene Fachjuristen zurückgreifen können.

Praxistipp

Wird die Klage zusammen mit dem PKH-Antrag eingereicht, müssen die Anwaltskosten selbst getragen werden, wenn das Gericht den PKH-Antrag ablehnt.

Wem das Prozessrisiko zu hoch ist, der kann selbst einen Antrag auf PKH unter Beiordnung eines von ihm gewählten Rechtsanwalts beim Sozial- oder Verwaltungsgericht stellen. Wird nur ein PKH-Antrag gestellt, so entstehen auch beim Verwaltungsgericht keine Gerichtskosten. Wird dem Antrag stattgegeben, so gilt die dann eingereichte Klage als fristgerecht.

Der Antrag kann schriftlich per Post oder Fax gestellt werden. Die Kläger können sich aber auch an die Rechtsantragsstelle des Gerichts wenden. Dort wird eine Rechtspflegerin den Antrag nach den Wünschen der Kläger formgerecht aufnehmen.

Eilantrag (einstweilige Anordnung)
Befinden sich Menschen in einer existenziellen Notlage und führen Anträge und Verhandlungen mit den Leistungsträgern nicht weiter, so besteht bei den Sozialgerichten die Möglichkeit, eine schnelle Entscheidung ohne Kostenrisiko für die Betroffenen herbeizuführen.

Eine einstweilige Anordnung durch das Gericht darf nur ergehen, wenn folgende Voraussetzungen vorliegen:

- Ein *Anordnungsanspruch*
  Der Anspruch auf die Leistung muss mit ausreichender Wahrscheinlichkeit vorliegen. Die Voraussetzungen des Anspruchs müssen glaubhaft gemacht werden. Die Tatsachen müssen also so belegt oder vorgetragen werden, dass sie dem Gericht als wahrscheinlich erscheinen. Lässt sich mit den vorhandenen Unterlagen der Anspruch nicht lückenlos belegen, können Aussagen von Zeugen und den Anspruchstellern selbst als eidesstattliche Versicherungen eingereicht werden. Wie hoch die Wahrscheinlichkeit sein muss, dass die Antragsteller das spätere Verfahren gewinnen, hängt auch davon ab, wie existenziell wichtig der Anspruch für die Betroffenen ist. Sind rechtliche Fragen noch unklar und können sie erst in einem regulären Klageverfahren geklärt werden, so soll dies nicht zu Lasten der Betroffenen gehen.
- Ein *Anordnungsgrund*
  Ein Grund für die Anordnung besteht dann, wenn durch ein Abwarten der Entscheidung im regulären Verfahren für die Betroffenen wesentliche Nachteile entstehen oder die Gefahr besteht, dass ein Recht verloren geht oder seine

Durchsetzung erheblich erschwert wird. Hier ist vor allem darauf abzustellen, ob ohne eine Anordnung wesentliche Menschenrechte verletzt werden. Die Gerichte haben sich schützend und fördernd vor die Grundrechte des Einzelnen zu stellen und insbesondere mögliche Würdeverletzungen in die Rechtsfolgenerwägungen einzubeziehen (BVerfG v. 12.5.2005 – 1Bv 569/05). Bei einstweiligen Anordnungen, die auf eine Leistung gerichtet sind, muss also vor allem dargelegt werden, dass der Bedarf existenziell und unaufschiebbar ist und dass den Betroffenen keine andere Möglichkeit zur Verfügung steht, ihn zu decken.

Bei einstweiligen Anordnungen gegen behördliche Verfügungen (z.B. Anordnung einer medizinischen Untersuchung) muss glaubhaft gemacht werden, dass die Maßnahme zu einer nicht hinnehmbaren und nicht revidierbaren Rechtsverletzung führt.

Bei Anordnungen, die auf die Wiederherstellung der aufschiebenden Wirkung gerichtet sind, muss dargelegt werden, warum die Vollziehung z.B. die Aufrechnung laufender Leistungen mit einer Rückforderung oder die Leistungskürzung zu einer Rechtsbeeinträchtigung führt, die später nicht mehr reparabel ist.

Meist handelt es sich um Situationen, in denen kein Einkommen vorhanden ist und die Jobcenter oder Sozialämter nicht zu einer schnellen Auszahlung von Geld bereit sind. Eine bevorstehende Geburt kann Leistungen für das Kind oder die Kostenübernahme für die Entbindung besonders dringlich machen. Bei Erkrankungen, Behinderungen oder Pflegebedürftigkeit können Menschen auf eine schnelle Bereitstellung der Leistung angewiesen sein.

Durchführung eines gerichtlichen Eilverfahrens in der Praxis:

1. Zunächst muss ein Leistungsantrag verbunden mit einem Antrag auf Vorschussleistungen gestellt werden. Werden der Antrag abgewiesen, die Betroffenen weggeschickt oder eine längere Bearbeitungsdauer (wenn Lebensmittel benötigt werden, können schon wenige Tage zu lang sein) in Aussicht gestellt, so wird die Sozialarbeiterin zunächst auf ein Gespräch mit der Leiterin der Abteilung oder Dienststelle drängen. In vielen Fällen führt eine sachliche, klare Darstellung der Situation zum Erfolg.

2. Konnte keine Leistung erwirkt werden, so ist noch einmal gründlich zu prüfen, ob keine sonstigen Überbrückungsmöglichkeiten bestehen. Hierzu muss auch Erspartes verwendet werden oder ein Darlehen von Familienangehörigen oder Freunden in Anspruch genommen werden, wenn diese es anbieten. Niemand kann aber verpflichtet werden, sein soziales Umfeld anzubetteln.

3. Bei jedem Sozialgericht gibt es eine Stelle, die mündlich vorgebrachte Anliegen der Bürger als Anträge an das Gericht abfasst (Rechtsantragsstelle). Dieser Service wird kostenlos angeboten. Sozialarbeiter können die Klienten begleiten, wenn es erforderlich ist, um den Sachverhalt darzustellen. Die rechtliche Einordnung braucht nicht vorgetragen werden. Handelt es sich um eine besonders komplizierte Angelegenheit, so kann zugleich auch ein Antrag auf Prozess-

kostenhilfe gestellt werden, damit eine Rechtsanwältin beauftragt werden kann. Liegt allerdings erkennbar ein Fehler des Leistungsträgers vor, so kann die Beiordnung einer Rechtsanwältin das Verfahren auch verzögern.

Es gibt keine Vorgaben, in welcher Zeit das Gericht nun zu entscheiden hat. In besonders eiligen Fällen nimmt das Gericht auch direkt Kontakt mit den Leistungsträgern auf, um eine Lösung ohne eine Entscheidung zu bewirken.

2.7.7 Beschwerden und verwaltungsinterne Kontrolle

Neben den förmlichen Rechtsmitteln haben die Bürger auch die Möglichkeit, eine Überprüfung bei der Verwaltung oder sonstigen öffentlichen Institutionen anzufordern. Diese Eingaben sind an keine Frist und Form gebunden, eine Änderung der Entscheidung können sie nur selten herbeiführen. Deshalb ist sorgfältig darauf zu achten, dass die Fristen für die förmlichen Rechtsbehelfe (Widerspruch und Klage) parallel beachtet werden.

Gleichzeitig bieten nicht förmliche Beschwerden auch die Möglichkeit eines öffentlichen Drucks gegen Missstände in der Verwaltung. Sie können von jedem eingereicht werden, seien es Betroffene oder auch nur interessierte Bürger. Einrichtungen und Träger der Sozialen Arbeit können mit diesem Instrument auch ihren Auftrag zur politischen Lobbyarbeit für ihre Klienten erfüllen.

Folgende Möglichkeiten stehen zur Verfügung:

1. *Gegenvorstellung:* Hier wird die handelnde Behörde gebeten, die Entscheidung zu überdenken. Diese Möglichkeit kann vor allem genutzt werden, wenn gegen einen Bescheid kein Widerspruch möglich ist, sondern sofort Klage erhoben werden muss (z. B. BAföG in einigen Bundesländern). Auch wenn der Bescheid von einem Sachverhalt ausgeht, der leicht nachweisbar falsch ist, kann oft auf ein förmliches Rechtsmittel verzichtet werden.

   Beispiel:
   Die Leistung wird abgelehnt, weil Bruno die verlangten Unterlagen nicht eingereicht hat und damit seiner Mitwirkungspflicht nicht nachgekommen ist. Bruno hatte die Unterlagen jedoch in Begleitung einer Sozialarbeiterin persönlich im Amt bei einer zwischenzeitlich versetzten Sachbearbeiterin abgegeben. Die Sozialarbeiterin telefoniert mit dem neuen Sachbearbeiter, der daraufhin die Unterlagen wiederfindet und den Bescheid aufhebt.

2. *Fachaufsichtsbeschwerde:* Beschwerden bei der Behördenleitung oder übergeordneten Behörde (z. B. Kreis oder Stadt für das Sozialamt, Bundesagentur für Arbeit für die einzelnen Arbeitsagenturen) lohnen sich vor allem, wenn es um eine bestimmte Praxis oder die Untätigkeit der Behörde geht, z. B. bei überlangen Bearbeitungszeiten von Anträgen, bei schlechten hygienischen Zuständen einer Einrichtung, bei fehlenden Übernachtungsmöglichkeiten für Wohnungs-

lose. Derartige Beschwerden können auch durch Unterstützung der Medien verstärkt werden und das zivilgesellschaftliche Engagement fördern.

3. *Dienstaufsichtsbeschwerde:* Sie richtet sich gegen das Verhalten von einzelnen Mitarbeitern der Behörde und wird bei der Behördenleitung eingelegt. Sie kann vor allem eingesetzt werden, wenn Klienten unangemessen, diskriminierend oder beleidigend behandelt werden.

Beispiele:

„Lernen Sie erstmal gescheit deutsch, ehe Sie hier ankommen und Forderungen stellen!"; „Sie werfen ja die Kinder wie Karnickel!"; „Sie sind doch nur zu faul zum Arbeiten!"

Auch wenn oft kein zufrieden stellendes Ergebnis nach außen gelangt, können derartige Beschwerden einen wichtigen Einfluss auf den Kommunikationsstil einer Behörde haben. Auf jede Beschwerde muss der betroffene Mitarbeiter eine schriftliche Stellungnahme abgeben. Das wird als unangenehm empfunden und kann bereits eine Verhaltensänderung bewirken. Häufen sich die Dienstaufsichtsbeschwerden gegen bestimmte Mitarbeiter oder auch gegen eine bestimmte Dienststelle, so gibt dies Anlass zu einer internen Prüfung der Zustände.

4. *Petitionen:* Jeder Bürger kann sich schriftlich mit Eingaben gegen bestimmte Maßnahmen oder gesetzliche oder behördliche Regelungen an die Volksvertretungen wenden (Art. 17 GG). Beim Bundestag, bei den Landesparlamenten und bei den Kreisen und kreisfreien Städten bestehen Petitionsausschüsse, die sich mit den Bürgereingaben beschäftigen. Sie haben keine Entscheidungskompetenzen, können aber die Verwaltung oder die Parlamente kritisieren und die Änderung von Entscheidungen anregen.

Der Petitionsausschuss des Bundestags stellt die eingereichten Petitionen ins Netz, jeder hat die Möglichkeit, sich den Eingaben anzuschließen oder sie zu diskutieren: https://epetitionen.bundestag.de.

Für bestimmte Anliegen bestehen besondere Bundesbeauftragte oder Beschwerdestellen:

- Antidiskriminierungsstelle des Bundes,
- Beauftragter der Bundesregierung für die Belange behinderter Menschen,
- Beauftragte der Bundesregierung für Migration, Flüchtlinge und Integration,
- Beauftragte der Bundesregierung für die Belange der Patientinnen und Patienten,
- Bundesbeauftragter für Datenschutz und Informationsfreiheit,
- Datenschutzbeauftragte der Länder und der Kommunen,
- Gleichstellungsbeauftragte des Bundes, der Länder und der Kommunen,
- Beauftragte für Chancengleichheit für Frauen und Männer am Arbeitsmarkt bei den Arbeitsagenturen,
- Kinderschutzkommission des Bundestages.

2.8 Aufhebung bestandskräftiger Verwaltungsakte

Im Bereich des Sozialrechts können Verwaltungsakte, auch nachdem sie bestandskräftig geworden sind, noch verändert werden.

Im Folgenden werden die in der Praxis besonders relevanten Fallgestaltungen erläutert.

2.8.1 Rücknahme eines rechtswidrigen nicht begünstigenden Verwaltungsaktes (§ 44 SGB X)

Die Betroffenen stellen erst nach Ablauf der Widerspruchsfrist fest, dass ihnen eine Sozialleistung zu Unrecht nicht oder nicht vollständig gewährt wurde.

Wenn eine Rechtsnorm falsch ausgelegt oder ein falscher Sachverhalt zugrunde gelegt wurde, und aus diesem Grund eine Leistung nicht oder unzureichend erbracht oder Gebühren zu Unrecht erhoben wurden, besteht ein Anspruch auf Rücknahme des VA von Anfang an (§ 44 SGB X) und auf Nach- oder Rückzahlung der Leistung. Das gilt nicht, wenn Berechtigte selbst Angaben zum Sachverhalt wissentlich falsch oder unvollständig gemacht haben.

Die Leistungen werden aber höchstens für vier Jahre nachbezahlt (§ 44 Abs. 4 SGB X), gerechnet ab Beginn des Jahres, in dem der Antrag gestellt oder der VA aus eigener Initiative durch den Leistungsträger zurückgenommen wurde (entspricht der Verjährungsfrist).

Beispiel:
Marion geht nach der Geburt ihres zweiten Kindes in Elternzeit und erhält auf Antrag zwölf Monate lang Elterngeld in Höhe von 1100 €. Den Bescheid hat sie nie richtig gelesen und verstanden. Erst ein halbes Jahr nach Zugang des Bescheids zeigt sie ihn der Mitarbeiterin des Jugendamtes, bei der sie sich nach dem Anspruch auf Unterhaltsvorschuss erkundigen will. Die pfiffige Mitarbeiterin studiert den Bescheid und stellt fest, dass der Geschwisterzuschlag (§ 2 Abs. 4 BEEG) für das zweite Kind (zwei Jahre alt) nicht berücksichtigt wurde. Marion wurden monatlich 110 € zu wenig gezahlt. Nachdem feststeht, dass Marion alle erforderlichen Angaben gegenüber der zuständigen Stelle gemacht hatte, stellt sie einen Antrag auf Rücknahme des VA und rückwirkenden Erlass eines neuen VA, durch den die Leistung in voller Höhe bewilligt wird.

Besonderheiten bei der Rücknahme eines rechtswidrigen Bescheides, mit dem Leistungen der Grundsicherung (SGB II, SGB XII, AsylbLG) zu Unrecht nicht oder zu niedrig bewilligt wurden:
Im Bereich der Grundsicherung werden nur Leistungen für die Zukunft, nicht für die Vergangenheit erbracht. Dennoch hat das BSG anerkannt, dass dem Bürger auch hier ein Anspruch zusteht, zu Unrecht nicht bewilligte Leistungen nachfor-

dern zu können, allerdings nur, wenn für die Leistungen auch weiterhin ein Bedarf besteht (BSG v. 16. 10. 2007 – B /9b 8/06 R; BSG v. 29. 9. 2009 – B 8 SO 16/08 R). Wurde der fehlende Bedarf z. B. endgültig von einer dritten Person übernommen, kann keine Rückzahlung verlangt werden; wohl aber, wenn Dritte den Mangel mit einem Darlehen überbrückt haben. Auch besteht ein Bedarf weiter, wenn Leistungsberechtigte sich in ihrer Lebensführung soweit eingeschränkt haben, dass sie auf die Anschaffung wichtiger Gegenstände verzichtet haben, keine Rücklagen bilden konnten oder ihr Schonvermögen angreifen mussten.

Beispiel:
Das Jobcenter lehnt die Übernahme der vollen Miete von 400 € zu Unrecht ab und zahlt monatlich nur 300 €. Die Familie akzeptiert diese Entscheidung zunächst und erfährt erst nach einem Jahr, dass sie einen Anspruch auf die vollen Mietkosten hat. Den Fehlbetrag von 1200 € kompensiert sie, indem keine neuen Möbel angeschafft werden und das letzte Guthaben von 600 € auf dem Sparkonto aufgebraucht wird. In diesem Fall ist der Bedarf gegenwärtig noch nicht entfallen, weil durch die Nachzahlung erneut eine Rücklage von 600 € gebildet und einige Möbel ersetzt werden können, die zwischenzeitlich verschlissen wurden.

Seit Januar 2011 wird der Anspruch auf Rückzahlung durch eine Sonderregelung in § 40 Abs. 1 SGB II und 116a SGB XII auf ein Jahr begrenzt.

Bescheide von sonstigen Verwaltungsbehörden (z.B. Gebührenbescheid der Ausländerbehörde) können nach Ermessen zurückgenommen werden (§ 48 Abs. 1 VwVfG).

Anders verhält es sich bei Bescheiden der Finanzverwaltung (Kindergeld). Bestandskräftige Verwaltungsakte können nicht zurückgenommen werden, es sei denn, sie ergehen unter Vorbehalt. Deshalb muss beim Kindergeld besonders darauf geachtet werden, die Widerspruchsfristen einzuhalten.

2.8.2 Rücknahme eines rechtswidrigen begünstigenden Verwaltungsaktes (§ 45 SGB X)

Der Leistungsträger stellt nach Erlass des VA fest, dass Leistungen vollständig oder teilweise zu Unrecht bewilligt wurden. Der VA ist inhaltlich falsch und verschafft dem Bürger dadurch einen ungerechtfertigten Vorteil.

Hier kommt es zu einer Interessenkollision, weil der Leistungsträger die Beitragsgemeinschaft oder die Steuerzahler mit Ausgaben belastet hat, für die keine Rechtsgrundlage bestand, und diese zurückfordern möchte. Andererseits haben die Betroffenen ebenfalls ein Interesse daran, nicht mit enormen Rückzahlungen belastet zu werden.

Die differenzierte Regelung des § 45 SGB X versucht, diesem Konflikt gerecht zu werden.

Entscheidend für die Abwägung ist das *Vertrauen,* welches die Betroffenen in die Richtigkeit und Gültigkeit der Entscheidung des Leistungsträgers gesetzt haben.

1. Schritt: Konnte und durfte der Bürger dem Bescheid vertrauen?

Wer weiß, dass ein VA nicht richtig ist, kann kein Vertrauen haben. Wer selbst falsche Angaben macht oder wichtige Tatsachen wissentlich verschweigt, kann kein Vertrauen in den Bestand des VA haben. Häufig werden von den Leistungsträgern Formblätter für die Angaben der Antragsteller verwendet. Wenn sie Fragen nicht enthalten, die für die Bewilligung der Leistung bedeutsam sind, so kann der Träger nicht den Vorwurf unvollständiger Angaben erheben (BSG v. 7.7.1998 – B 5 RJ 58/97 R). Auf ausgehändigte Merkblätter kann sich der Träger nur berufen, wenn die Erläuterungen so verständlich sind, dass auch Personen, die mit Verwaltungstermini und juristischen Begriffen nicht vertraut sind, diese verstehen können (BSG v. 28.8.2007 – B 7/7a AL 56/06 R).

Auf Naivität oder Dummheit kann sich der Bürger nicht berufen. Wer mit seinen Angelegenheiten so unsorgfältig umgeht, dass er einen deutlich erkennbaren Fehler in einem Bescheid nicht bemerkt, kann keinen Vertrauensschutz für sich in Anspruch nehmen. Es besteht auch eine allgemeine Verpflichtung, einen Bescheid zu lesen und den Inhalt zur Kenntnis zu nehmen (BSG v. 8.2.2001 – B 11 AL 21/00 R). So vertritt das OVG Lüneburg (v. 31.3.2010 – 4 LC 281/08) die Auffassung, ein BAföG-Antragsteller, der die Einkommensunterlagen der getrennt lebenden Eltern vorgelegt hat und in dem daraufhin erlassenen Bescheid nur Angaben über das Einkommen des Vaters findet, hätte erkennen können, dass das Einkommen der Mutter versehentlich nicht berücksichtigt wurde. Ebenso kann eine Empfängerin von Alg II unschwer erkennen, wenn ein erzieltes Einkommen nicht berücksichtigt wurde. Sie braucht hingegen nicht zu wissen, wie sich die Freibeträge errechnen und darf deshalb auf den Bescheid vertrauen, wenn ein zu geringer Anteil des Einkommens als leistungsmindernd berücksichtigt wurde (SG Dortmund v. 22.07.2009 – S 28 AS 228/08).

2. Schritt: In welchem Umfang ist das Vertrauen des Bürgers auch unter Berücksichtigung des öffentlichen Interesses schutzwürdig?

Auch wenn die Betroffenen zu Recht auf die Gültigkeit des Bescheids vertrauen durften, werden sie nur geschützt, wenn die öffentlichen Interessen nicht überwiegen.

Für die Prüfung wird unterschieden:

• Die *Rücknahme für die Vergangenheit,* d.h. die Betroffenen müssen die zu Unrecht erlangten Leistungen zurückzahlen.

 Hier überwiegt das Schutzinteresse der Begünstigten, wenn sie die Leistung bereits verbraucht haben oder Vermögensdispositionen getroffen haben, die sie nur unter unzumutbaren Nachteilen wieder rückgängig machen können. Wer z.B. einfach mehr Geld für seinen Lebensunterhalt ausgegeben, sich eine Urlaubsreise geleistet oder ein Familienfest gefeiert hat, hat das Geld verbraucht. Wurde das Geld hingegen in Vermögenswerte, Immobilien, Antiquitäten etc. investiert, so ist der Wert noch vorhanden und kann entsprechend auch wieder in Geld verwandelt und zurückgezahlt werden. Allerdings könnte die Rückabwicklung zu unzumutbaren Nachteilen führen. Hat sich z.B. die Rentnerin auf der Grundlage einer Rentennachzahlung eine Eigentumswohnung gekauft (Anzahlung von 20 %), die sie selbst bewohnt und mühsam von ihrer laufenden Rente abzahlt, so könnte ihr die Verpflichtung zur Rückzahlung die Lebensgrundlage entziehen.

- Die *Rücknahme für die Zukunft*, d. h. ab der Rücknahme werden keine Leistungen mehr erbracht, auf die kein Anspruch besteht. Für die Zukunft überwiegt fast immer das öffentliche Interesse gegenüber dem Vertrauensschutz des Bürgers. Nur in ganz seltenen, eher hypothetischen Ausnahmefällen kann die Veränderung für Betroffene zu einer solch gravierenden Belastung führen, dass der rechtswidrige Zustand auch in Zukunft aufrechterhalten werden muss.

3. Schritt: Entscheidung über die Rückzahlung
Überwiegt das schutzwürdige Vertrauen, so darf keine Rücknahme des Bescheids für die Vergangenheit erfolgen. Es ist kein Ermessen eröffnet.

Besteht kein überwiegendes schutzwürdiges Vertrauen, so hat der Träger nach Ermessen zu entscheiden. In aller Regel kommt dem öffentlichen Interesse allerdings ein größeres Gewicht zu.

Für die Rückzahlung von Leistungen nach SGB III (§ 330 Abs. 2 SGB III) und nach SGB II (§ 40 SGB II) ist kein Ermessen eröffnet, wenn die Betroffenen wussten oder hätten erkennen können, dass die Leistung unberechtigt gezahlt wurde. Die Rücknahme des VA für die Vergangenheit ist zwingend und damit auch die Rückforderung der zu viel erbrachten Leistung.

2.8.3 Aufhebung eines Verwaltungsaktes mit Dauerwirkung bei Änderung der Verhältnisse (§ 48 SGB X)

Ein VA mit Dauerwirkung besteht immer dann, wenn mehrere Leistungen in zeitlichen Abständen erfolgen, also Renten, Krankengeld, Alg II und Grundsicherung nach §§ 41 ff. SGB XII. Während der Laufzeit des VA kann es zu Änderungen kommen. Zu unterscheiden sind:

- *Änderungen der tatsächlichen Verhältnisse*
Leistungsbezieher werden in den schriftlichen Bescheiden über laufende Leistungen in aller Regel darauf hingewiesen, dass sie verpflichtet sind, alle für die Leistung wesentlichen Veränderungen mitzuteilen. Dazu gehört vor allem zusätzliches Einkommen, Wegfall von Unterhaltspflichten, Zufluss von Vermögen, Änderungen des Wohnsitzes und der Familienverhältnisse. Werden Änderungen, die Einfluss auf die Leistungen haben, rechtzeitig mitgeteilt, so wird der VA aufgehoben und bei Bedarf für die Zukunft ein neuer erlassen.

Beispiel:
Erna bezieht Arbeitslosengeld und teilt der Arbeitsagentur mit, dass sie ab dem 1. Juni eine Nebentätigkeit mit einem Einkommen von 400 € aufnehmen wird. Daraufhin hebt die Arbeitsagentur den VA über das Arbeitslosengeld mit Wirkung

zum 31. Mai auf und erlässt einen neuen VA für die Zeit ab dem 1. Juni, in dem der Anspruch unter Berücksichtigung des anzurechnenden Einkommens errechnet wird.

Erfolgt die Mitteilung entgegen der Verpflichtung nicht, so wird der VA rückwirkend ab dem Zeitpunkt der Änderung der Verhältnisse aufgehoben und zu viel gezahlte Leistungen müssen zurückerstattet werden (§ 50 Abs. 1 SGB X).

Beispiel:
Ida bezieht Alg II. Sie nimmt ebenfalls einen 400-Euro-Job auf, teilt dies dem Jobcenter aber nicht mit, da sie denkt, Minijobs würden nicht angerechnet. Nach drei Monaten erfährt das Jobcenter durch den elektronischen Regelabgleich mit den Einzugsstellen der GKV von dem Einkommen. Der Bewilligungsbescheid wird rückwirkend aufgehoben und Erna muss die zu viel erbrachten Leistungen zurückzahlen.

Praxistipp
Arbeitseinkommen wird durch den Regelabgleich praktisch immer bekannt. Auch wenn Beschäftigte mit einem Einkommen bis 400 € keine Sozialabgaben zahlen, werden vom Arbeitgeber die Pauschalen abgeführt und so erfolgt auch die Registrierung bei den Einzugsstellen der GKV.
In der Regel wird neben der Rückforderung auch eine Strafanzeige gestellt, so dass es zu einer Verurteilung wegen Betrugs kommt. Sozialarbeiter sollten ihre Klienten ausdrücklich darauf hinweisen.

Auch wenn die Veränderung der Verhältnisse rechtzeitig mitgeteilt wurde, der Leistungsträger jedoch zunächst den Bescheid nicht aufgehoben hat, kann zu Ungunsten der Betroffenen eine rückwirkende Aufhebung erfolgen. In der Regel besteht kein Vertrauensschutz, weil bekannt ist, dass der Anspruch auf die Leistung nicht mehr oder nicht mehr in der Höhe bestand (§ 48 Abs. 1 Nr. 4 SGB X). In Ausnahmefällen, wenn der Wegfall des Leistungsanspruchs für den Bürger nicht erkennbar war, darf der Bescheid nur für die Zukunft aufgehoben werden.

Beispiel:
Dogan bezieht Alg II. Nach einem langen Prüfungsverfahren bei der Rentenversicherung erhält er einen Bescheid über die Bewilligung einer Rente wegen dauerhafter Erwerbsunfähigkeit in Höhe von 200 €. Er legt diesen Bescheid beim Jobcenter vor. Der Bescheid findet dort zunächst keine Beachtung und Dogan bezieht weiter Leistungen nach SGB II. Als der Fehler nach vier Monaten festgestellt wird, kommt die Prüfung durch die Rechtsabteilung zu dem richtigen Ergebnis, dass eine vollständige Aufhebung des Bescheids für die Zeit ab der Rentenbewilligung nicht zulässig ist.
Dogan hat zwar vier Monate lang die Leistungen nach SGB II rechtswidrig erhalten, weil er nicht mehr erwerbsfähig ist und damit die Leistungsvorausset-

zungen nach §§ 7 Abs. 1, 8 Abs. 1 SGB II nicht mehr erfüllt. Dogan war aber nicht bekannt, dass er bereits vor vier Monaten einen Antrag auf Grundsicherungsleistungen nach § 41 SGB XII hätte stellen müssen. Nachträglich können diese Leistungen nicht gewährt werden. Die Folge wäre, dass Dogan im Ergebnis ohne Verschulden für vier Monate Leistungen zurückzuerstatten hätte, auf die er für seinen Lebensunterhalt angewiesen war. Der Bescheid kann jedoch in Höhe von 170 € monatlich (200 € Rente abzüglich der Versicherungspauschale von 30 €) ab Beginn der Rentenzahlung zurückgenommen werden.

- *Änderung der rechtlichen Verhältnisse*
  Änderungen zu Ungunsten der Leistungsbezieher auf Grund einer Gesetzesänderung oder einer anderen Auslegung des Gesetzes durch ein oberes Gericht dürfen nur für die Zukunft vorgenommen werden.

  Dagegen sind Änderungen zu Gunsten der Leistungsbezieher stets ab der Gesetzesänderung oder dem Zeitpunkt der Gerichtsentscheidung zu berücksichtigen. Sie können auch zu einer Aufhebung für die Zeit vor der Gerichtsentscheidung führen, wenn das Gericht festgestellt hat, dass die fehlende Leistungsgewährung auch in diesem Zeitraum schon rechtswidrig war.

2.9 Transparenz und Datenschutz

Datenschutz ist Ausdruck des Rechts auf Selbstbestimmung jedes Menschen über die Informationen, die ihn betreffen. Das BVerfG hat in einer Grundsatzentscheidung festgestellt, dass das *Recht auf informationelle Selbstbestimmung* zum Grundbestand der verfassungsrechtlich geschützten Handlungsfreiheit des Menschen gehört:

> *„Mit dem Recht auf informationelle Selbstbestimmung wären eine Gesellschaftsordnung und eine diese ermöglichende Rechtsordnung nicht vereinbar, in der Bürger nicht mehr wissen können, wer was wann und bei welcher Gelegenheit über sie weiß. ... Dies würde nicht nur die individuellen Entfaltungschancen des Einzelnen beeinträchtigen, sondern auch das Gemeinwohl, weil Selbstbestimmung eine elementare Funktionsbedingung eines auf Handlungsfähigkeit und Mitwirkungsfähigkeit seiner Bürger begründeten freiheitlichen demokratischen Gemeinwesens ist ... Hieraus folgt: Freie Entfaltung der Persönlichkeit setzt unter den modernen Bedingungen der Datenverarbeitung den Schutz des Einzelnen gegen unbegrenzte Erhebung, Speicherung, Verwendung und Weitergabe seiner persönlichen Daten voraus."* (BVerfG v. 15. 12. 1983 – 1 BvR 209/83).

Es gehört daher zum professionellen Selbstverständnis Sozialer Arbeit, auf die Herstellung von Transparenz und die strikte Wahrung des Sozialgeheimnisses zu achten. Eine wirksame Unterstützung von Menschen in Not- und Krisensituationen ist ohne ein geschütztes Vertrauensverhältnis nicht möglich. Insbesondere psychosoziale Daten gehören zum unantastbaren Bereich privater Lebensführung und sind deshalb durch die Handlungsfreiheit nach Art. 2 Abs. 1 GG und das Gebot des Schutzes der Menschenwürde nach Art. 1 Abs. 1 GG besonders geschützt (BVerfG v. 24. 6. 1993 – 1 BvR 689/92).

2.9.1 Datenschutz bei den Sozialleistungsträgern

Die öffentlichen Leistungsträger unterliegen dem Sozialdatenschutz nach § 35 SGB I (Grundsatz) und §§ 67–78 SGB X.

Sozialdaten sind alle Einzelangaben über persönliche oder sachliche Verhältnisse einer bestimmten oder bestimmbaren natürlichen Person (§ 67 Abs. 1 SGB X).

Vom Datenschutz erfasst wird die Erhebung, Verarbeitung und Nutzung von Sozialdaten (§ 67 Abs. 5 bis Abs. 7 SGB X).

Zunächst gelten stets folgende Grundsätze:

1. Die Erhebung, Verarbeitung und Nutzung der Daten muss zulässig, d. h. erlaubt sein. Bereits die Sammlung von personenbezogenen Informationen (Erhebung der Daten) muss entweder auf einer *gesetzlichen Erlaubnis* beruhen (insbesondere §§ 68–77 SGB X) oder mit Einwilligung des Dateninhabers erfolgen. Auch die Nutzung, insbesondere die Weitergabe von Daten darf ohne schriftliche Einwilligung nur erfolgen, wenn eine ausdrückliche gesetzliche Grundlage besteht.

2. Die Daten müssen vorrangig *beim Betroffenen* erhoben werden (§ 67a Abs. 2 SGB X). Auskünfte von Dritten dürfen nur eingeholt werden, wenn eine gesetzliche Regelung dies erlaubt oder wenn der Betroffene eingewilligt hat. So dürfen z. B. keine Fragen zu den Einkommensverhältnissen von Geschwistern, Tanten, Onkeln etc. gestellt werden, weil sie weder unterhaltspflichtig noch auskunftspflichtig sind.

3. Es dürfen nur die Daten erhoben oder genutzt werden, die für die Durchführung der Aufgabe des Leistungsträgers *erforderlich* sind (§ 67a Abs. 1 SGB X). Untersagt ist insbesondere die Vorratsdatenerhebung, also die Abfrage von Informationen, die nur eventuell einmal bedeutsam werden könnten. Die in der Sozialen Arbeit immer noch verbreitete Haltung „Je mehr wir wissen, desto besser!" verbietet sich damit.

4. Die Betroffenen sind über die *Rechtsgrundlage* für die Erhebung *aufzuklären* (§ 67a Abs. 3 SGB X). Sind sie zur Auskunft nicht gesetzlich verpflichtet, so ist auf die Freiwilligkeit der Angaben hinzuweisen.

5. Werden Daten statt beim Betroffenen bei einem *freien Träger* oder einer *Privatperson* erhoben, so muss über die Rechtspflicht zur Auskunft oder die Freiwilligkeit der Angaben aufgeklärt werden (§ 67a Abs. 4 SGB X).

Die Einwilligung ist eine vorherige Zustimmung. Sie muss schriftlich erfolgen, und über den Zweck muss unterrichtet werden. Oft besteht die irrige Annahme, alle Datenschutzprobleme durch umfassende Einwilligungserklärungen der Klienten umgehen zu können. Eine Einwilligung darf jedoch nicht zu dem

Zweck eingeholt werden, die Regelungen des Datenschutzes zu umgehen (BGH v. 19.9.1985 – III ZR 213/83). Unwirksam sind daher vor allem Einwilligungen, die sich auf die Weitergabe von Daten beziehen, die noch nicht erhoben wurden, oder auf Personen oder Stellen beziehen, die nicht konkret benannt sind.

> *Beispiele für unwirksame Einwilligungen:*
> „Ich stimme der Einholung von Auskünften bei den mit den Hilfen zur Erziehung betrauten Trägern zu."
> „Ich bin damit einverstanden, dass meine Angelegenheiten im Team besprochen werden."
> „Ich entbinde alle mich gegenwärtig oder zukünftig behandelnden Ärzte und Therapeuten von der Schweigepflicht."

Die *Übermittlung* von Sozialdaten unterliegt besonderen Beschränkungen, weil sie ein Tor öffnet, durch welches die Daten in Bereiche gelangen, die für die Betroffenen nicht mehr überschaubar sind. Als Übermittlung gilt dabei bereits die Weitergabe innerhalb eines Leistungsträgers (§ 35 Abs. 1 Satz 2 SGB I).

Der Gesetzgeber hat hierbei zwei unterschiedlich hohe Schutzwände errichtet, die niedrigere betrifft die *Weitergabe an Sozialleistungsträger* und die in § 35 SGB I und § 69 Abs. 2–5 SGB X genannten, unmittelbar mit den öffentlichen Leistungsträgern verbundenen Stellen. Die Übermittlung von Daten ist in diesem Bereich nach § 69 Abs. 1 SGB X zulässig, wenn

1. sie dem Zweck dient, für den die Daten erhoben wurden, z.B. die Weitergabe vom unzuständigen an den zuständigen Träger (siehe § 16 Abs. 2 SGB I), die Weitergabe innerhalb des Trägers an den Dienstvorgesetzten zur Prüfung der getroffenen Entscheidung, die Weitergabe zum Zweck der Geldüberweisung.
2. sie einem anderen Zweck dient, der ebenfalls im Aufgabenbereich des Sozialleistungsträgers liegt, der die Daten erhoben hat, z.B. die Weitergabe der Personenstandsdaten von der Leistungsabteilung des Jobcenters an die Abteilung für Arbeitsmarktintegration, die Übermittlung der Daten des Sozialamts an die GKV (als Meldestelle für Arbeitgeber) zum Zweck der Überprüfung eines Leistungsmissbrauchs (siehe auch § 118 Abs. 1 Nr. 2 SGB XII).
3. sie einem Zweck des Leistungsträgers dient, welcher die Daten abfragt, z.B. Mitteilung des Jugendamtes an das Jobcenter über den Bezug von Unterhaltsvorschuss zum Zweck der Berechnung des Leistungsanspruchs nach SGB II, Mitteilung der Rentenversicherung über einen Rehabilitationsverlauf an die Arbeitsagentur zur Feststellung der gesundheitlichen Belastbarkeit.

Eine höhere Mauer wird für die Übermittlung von Daten *an sonstige Behörden, Polizei und Justiz sowie private Stellen* aufgebaut. Die einzelnen Erlaubnisse zur Datenweitergabe finden sich in § 68, §§ 70–75 SGB X. In diesen Regelungen ist auch genau festgelegt, welche Daten weitergegeben werden dürfen und von welchen Funktionsträgern innerhalb der Sozialleistungsträger. In Zweifelsfällen sollte die Entscheidung über die Datenübermittlung an die Behörden- oder Einrichtungsleiterin abgegeben werden.

Für die Rechtmäßigkeit der Datenweitergabe ist immer die Stelle verantwortlich, die die Auskunft erteilt. Die anfragende Stelle ist dann für die rechtmäßige Nutzung der weitergegebenen Daten zuständig.

Die besonderen Regelungen über den Datenschutz in den einzelnen Sozialgesetzbüchern haben Vorrang vor den allgemeinen Regelungen, z. B.:

- Jobcenter: §§ 50–52a SGB II,
- Bundesagentur für Arbeit: §§ 282, 283, 298, 403 SGB III,
- Krankenversicherung: §§ 284–305 SGB V,
- Rentenversicherung: §§ 147–152 SGB VI,
- Unfallversicherung: §§ 199–208 SGB VII,
- Pflegeversicherung: §§ 93–108 SGB XI,
- Kinder- und Jugendhilfe: §§ 8a und 61–68 SGB VIII,
- Sozialhilfe: §§ 117–120 SGB XII.

2.9.2 Datenschutz bei den freien Trägern

Die freien Träger unterliegen dem Datenschutz nach dem Bundesdatenschutzgesetz und den Landesdatenschutzgesetzen. Für Beschäftigte bei kirchlichen Trägern gelten auch die kirchlichen Datenschutzregelungen, die den öffentlich-rechtlichen Regelungen weitgehend angeglichen sind.

> Für Beschäftigte der evangelischen Kirche und der Diakonie gilt das Datenschutzgesetz der Evangelischen Kirche in Deutschland (DSG-EKD), siehe www.ekd.de, Themen, Recht, Datenschutz; für die Beschäftigten der katholischen Kirche und der Caritas gilt die Anordnung über den kirchlichen Datenschutz (KDO), siehe www.datenschutz-kirche.de.

Oftmals werden freie Träger im Rahmen von Zuwendungs- oder Leistungsvereinbarungen vom öffentlichen Träger auf die Datenschutzregelungen des SGB I und SGB X verpflichtet. Im Bereich der Jugendhilfe besteht für die öffentliche Träger ein Gebot, die Einhaltung des Datenschutzes beim freien Träger sicherzustellen (§§ 8a, 61 Abs. 3 SGB VIII).

Zum Schutz der persönlichen Daten der Klienten sind Einrichtungen auch durch den Beratungs- oder Betreuungsvertrag verpflichtet, den sie mit den Klienten eingehen. Dafür bedarf es keiner schriftlichen oder ausdrücklichen mündlichen Vereinbarung, der Vertrag kommt konkludent (durch schlüssiges Verhalten) zustande, sobald sich eine Sozialarbeiterin auf die Beratung oder Betreuung einlässt. Neben der Verpflichtung, die Betreuung ordnungsgemäß durchzuführen, umfasst der Vertrag auch die Nebenpflicht, das Selbstbestimmungsrecht und die personale Würde der Klienten zu achten (BVerfG v. 18. 11. 2004 – 1 BvR 2315/04). Bei Verletzungen dieses Rechts durch unbefugte Weitergabe von Daten haftet die Einrichtung oder der Träger nach §§ 276, 278 BGB wegen einer Vertragsverletzung. Die Mitarbeiterinnen haften persönlich wegen einer unerlaubten Handlung nach § 823 BGB.

Die Weitergabe von Daten an öffentliche Stellen oder an private Dritte erfordert eine schriftliche Einverständniserklärung. Ausnahmen bestehen nur, wenn es um die Verfolgung eigener Rechte der Organisation geht, ein Gesetz oder eine gerichtliche Anordnung es gebietet, oder wenn auch ein Geheimnisverrat zulässig wäre (siehe unten). Die Informationen, die weitergeleitet werden, sollen im Einzelnen bezeichnet werden.

Wenn im Zusammenhang mit der Beratung Schriftstücke für Behörden oder Privatpersonen angefertigt werden, die Informationen über Klientinnen enthalten, sollte nach Möglichkeit vor Versendung die Zustimmung der Klienten eingeholt werden, ihnen zumindest aber eine Kopie zur Verfügung gestellt werden.

2.9.3 Die strafrechtliche Schweigepflicht für Sozialarbeiter

Die wichtigste Datenschutzregelung für die Soziale Arbeit ist das *Verbot des Geheimnisverrats nach § 203 StGB*. Es gilt auch dann, wenn die Datenübermittlung nach den gesetzlichen oder kirchlichen Datenschutzregelungen zulässig wäre.

Das Verbot des Geheimnisverrats gilt für bestimmte Berufsgruppen, unabhängig von der Art ihres Anstellungsverhältnisses. In der Sozialen Arbeit sind Geheimnisträger:

- staatlich anerkannte Sozialarbeiter und Sozialpädagoginnen;
- anerkannte Psychologen;
- Mitarbeiterinnen von Schwangerschaftsberatungsstellen;
- Ehe-, Familien-, Erziehungs- oder Jugendberater sowie Berater für Suchtfragen, soweit die Beratungsstelle staatlich anerkannt ist;
- Mitarbeiter von öffentlichen Trägern unabhängig von ihrer Berufsausbildung, soweit sie Daten an private Dritte weitergeben;
- Hilfspersonen, z.B. Verwaltungsmitarbeiter, sowie zum Zwecke der Ausbildung Beschäftigte;
- Mitarbeiter der öffentlichen Jugendhilfe, für die nach § 65 SGB VIII vergleichbare Geheimhaltungspflichten bestehen.

Verboten ist es diesen Personen,

- ein fremdes Geheimnis,
- welches anvertraut oder sonst bekannt geworden ist,
- zu offenbaren.

Ein fremdes *Geheimnis* kann jede Information sein, die nicht bereits bekannt ist und die aus der Sicht der Betroffenen nicht bekannt werden soll. Informationen, die öffentlich zugänglichen Quellen entnommen werden können, stellen kein Geheimnis dar. Andererseits können aber auch Umstände, die aus der Sicht der Beraterin nicht geheimhaltungsbedürftig sind, für die Betroffenen ein Geheimnis sein. Unter den Begriff des Geheimnisses fallen z.B. das Aufsuchen einer Beratungsstelle oder Behörde, Angaben zur Lebensgeschichte, politische oder religiöse Anschauungen, Krankheiten, Konflikte, die Einrichtung der Wohnung etc.

Anvertraut ist ein Geheimnis, wenn es einem Berater in dieser Eigenschaft und im Vertrauen auf seine Verschwiegenheit mitgeteilt wurde. Es kommt dabei nicht darauf an, ob es in den Geschäfts- oder Diensträumen des Beraters erzählt wurde, oder ob der Berater sich im Dienst befand. Die Klientin, die ihre betreuende Sozialarbeiterin auf der Straße trifft und ihr bei dieser Gelegenheit von der Drogensucht ihres Sohnes erzählt, verlässt sich auch in dieser Situation auf ihre professionelle Verschwiegenheit. Die Geheimnisse können auch auf andere Weise im Zusammenhang mit der Berufsausübung bekannt werden. Die Mitarbeiterin der Beratungsstelle bemerkt z. B., dass ihr Klient alkoholisiert ist, oder stellt beim Hausbesuch fest, dass die Kinder nicht über Betten verfügen. Diese Eindrücke und Informationen unterliegen dem Verbot des Geheimnisverrats ebenso wie gezielte Informationen der Klienten.

Werden den Mitarbeitern einer Beratungsstelle aber Informationen zu dem Zweck gegeben, einen Leistungsantrag zu stellen oder zu begründen oder eine Stellungnahme zu verfassen, handelt es sich erkennbar nicht um Geheimnisse.

Offenbart wird ein Geheimnis durch Weitergabe an eine dritte Person oder dadurch, dass Informationen nicht vor fremdem Zugriff geschützt werden. Dritte Personen können Kollegen, Freunde und Verwandte sein, ebenso öffentliche oder private Stellen, auch die Polizei oder ein Gericht. Die anvertrauten Informationen dürfen nicht für andere zugänglich sein. Werden hierüber Notizen gefertigt, so sind sie getrennt von der Akte unter Verschluss zu halten bzw. auf dem Rechner so zu sichern, dass kein anderer Kollege auf diese Informationen zugreifen kann.

Der Einwand, gute soziale Arbeit benötige stets Reflexion, den Austausch mit Kolleginnen und Supervision, ist berechtigt. Oft lässt sich das Problem schon dadurch lösen, dass die überflüssige Nennung von Namen und Adressen unterbleibt. Schwierig wird es in kleinen Einrichtungen mit einer überschaubaren Zahl an Klientinnen. Nach Möglichkeit sollte die Fallsupervision hier im Verbund mit anderen Einrichtungen organisiert werden, so dass die Anonymisierung der Daten gewährleistet bleibt. Mit den Klienten sollte genau und klar abgesprochen werden, welche Fragen in die kollegiale Beratung getragen werden dürfen. Es wird das Vertrauensverhältnis stärken, wenn Klienten erkennen können, dass tatsächlich vor jeder Weitergabe von Informationen die Zustimmung eingeholt wird.

Die Schweigepflicht darf oder muss sogar gebrochen werden, wenn höherrangige Rechtsgüter auf dem Spiel stehen.

§ 8a SGB VIII verpflichtet die freien Träger, das Jugendamt zu informieren, wenn das *Kindeswohl* akut gefährdet ist und die Gefahr nicht durch eigene Maßnahmen abgewendet werden kann. Es sollte genau überlegt werden, welche Maßnahme tatsächlich erforderlich ist, um die Gefahr abzuwenden. Ältere Kinder können z. B. darüber aufgeklärt werden, dass sie das Recht haben, sich selbst ans Jugendamt zu wenden, um Schutz zu erhalten (§ 42 SGB VIII). Die Kinder können dann zum Jugendamt begleitet und unterstützt werden. In anderen Fällen ist zunächst abzuklären, ob die Familie zur Mitwirkung bereit ist. Fühlt sich das Kind in der Familie ernsthaft in Lebensgefahr, muss das Jugendamt sofort eingeschaltet werden, um die Inobhutnahme durchzuführen.

Erfahren Beraterinnen während ihrer Tätigkeit von *Straftaten*, so sind sie nur dann verpflichtet, die Polizei oder Staatsanwaltschaft zu informieren, wenn es sich um *geplante schwere Straftaten* nach § 138 StGB handelt.

> **Meldepflichtige, geplante Straftaten nach § 138 StGB**
>
> Angriffskrieg, Hochverrat, Landesverrat, Geld- oder Wertpapierfälschung, Mord, Totschlag, Völkermord, bestimmte Formen des Menschenhandels, Menschenraubs und der Geiselnahme, Raub und räuberische Erpressung, Brandstiftung, Herbeiführung von Unfällen im Bahn-, Schiffs- oder Straßenverkehr.

Sind sonstige Straftaten zu befürchten, so kann sich eine Mitteilungspflicht auch ergeben, wenn durch diese Straftaten Leib oder Leben einer dritten Person gefährdet werden könnten. Ein Verschweigen kann eine *unterlassene Hilfeleistung* darstellen. Auch könnte sich für den Sozialarbeiter persönlich ein rechtfertigender Notstand (§ 34 StGB) ergeben, weil die gesetzliche Schweigepflicht mit einem anderen Rechtsgut kollidiert, z.B. dem Recht auf Eigentum, wenn er von einem bevorstehenden Diebstahl oder Betrug erfährt. In manchen Fällen kann sich auch eine Garantenstellung der Sozialarbeiterin für eine bestimmte Person ergeben. Haben z.B. Mitarbeiterinnen eines Frauenhauses ein Kind in ihrer Obhut und müssen eine konkrete Gefährdung für Leib und Leben durch das Verhalten der Mutter befürchten, sind sie auf Grund der übernommenen Aufsicht verpflichtet, so zu handeln, dass die Gefahr abgewendet wird. Sie könnten sonst sogar wegen eines Körperverletzungs- oder Tötungsdelikts durch Unterlassen (§ 13 StGB) belangt werden.

> **Es gibt keine Meldepflicht für begangene Straftaten.**

Ein besonderes Problem bereitet die Schweigepflicht im *Konflikt zwischen Eltern- und Kinderrechten*. Grundsätzlich haben Eltern aus Art. 6 Abs. 2 GG ein Recht auf Information über die Daten ihres Kindes, sie können ihnen nicht mit Hinweis auf die Schweigepflicht verwehrt werden. Die Mutter kann von der Kindertagesstätte verlangen, Einsicht in alle über ihr Kind geführten Akten zu erhalten. Kommt es jedoch zu einem offenen Konflikt, so hat das Kindeswohl Vorrang (BVerfG v. 14.4.87 – 1 BvR 332/86). § 8 Abs. 3 SGB VIII ermöglicht ausdrücklich die Beratung des Kindes ohne Wissen der Eltern. Hieraus leitet sich das Recht ab, die Akteneinsicht abzulehnen. Strikt beachtet werden muss diese Regelung in Fällen von drohender Zwangsverheiratung oder einer sonstigen Bedrohung durch die Familie. Macht die junge Frau gegenüber dem Jugendamt Angaben über ihre Familie oder wird sie an einem sicheren Ort untergebracht, so kann die Verweigerung der Akteneinsicht gegenüber den Eltern lebenswichtig sein.

Für die Fachkräfte der Sozialen Arbeit besteht bis heute kein generelles *Zeugnisverweigerungsrecht* in Strafverfahren. Nur die Mitarbeiterinnen von anerkannten Schwangerschaftsberatungsstellen und Drogenberatungsstellen haben nach § 53 StPO ein Aussageverweigerungsrecht. Die Mitarbeiter öffentlicher Träger benötigen allerdings eine Aussagegenehmigung der Dienstvorgesetzten, die wiederum nur erteilt werden darf, wenn dadurch die Erfüllung öffentlicher Aufgaben nicht ernstlich gefährdet oder erschwert wird (§ 39 Beamtenrechtsrahmengesetz). Soweit nach den sozialrechtlichen Regelungen keine Übermittlungsbefugnis besteht, darf auch keine Aussagegenehmigung erteilt werden. Eine weitere Einschränkung der Zeugnispflicht kann sich aus dem Schutz des Privat- und Intimlebens der Opfer von Straftaten ergeben. Wenn Betreuerinnen der Opfer häuslicher Gewalt vor Gericht zur Aufklärung des Tatgeschehens beitragen sollen und damit das Vertrauensverhältnis zu ihren Klientinnen im Kernbereich verletzen würden, entwürdigt dies zugleich das Opfer, welches sich nur im Vertrauen auf die Verschwiegenheit der Beraterin offenbart hat. Der Bundesgerichtshof betont, der Grundsatz des sozialen Rechtsstaates gebiete es, die Würde des Opfers bei der Durchführung der Verhandlung zu waren und seine Belange zu schützen (BGH v. 11.1.2005 – 1 StR 498/04). Diese Entscheidung könnte dazu beitragen, die bislang schwierigsten Konflikte zu entschärfen.

📖 *Zum Weiterlesen*

Papenheim, Heinz-Gert/Baltes, Joachim (2010): Verwaltungsrecht für die Soziale Praxis. Frechen: Verlag Recht für die Soziale Praxis.
Kokemoor, Axel (2010): Sozialrecht. 3. Aufl. Köln u.a.: Carl Heymanns Verlag, S. 39–76, 257–252.
Waltermann, Raimund (2009): Sozialrecht. Heidelberg: Verlag C. F. Müller, S. 266–288.

📄 *Gut zu wissen – gut zu merken*

Das Sozialverwaltungsverfahren soll den Bürgern den Zugang zu den Sozialleistungen erleichtern und sie bei der Durchsetzung ihrer Ansprüche unterstützen. Deshalb enthalten das SGB I und das SGB X umfangreiche Rechte für die Leistungsberechtigten.

Ob ein Rechtsbereich dem *Sozialrecht* und welchem Leistungsträger er zuzuordnen ist, ergibt sich aus *§§ 18–29 SGB I*.

Handlungsfähig sind im Sozialrecht Personen ab dem 15. Geburtstag (§ 36 SGB I).

Anträge müssen auch von unzuständigen Sozialleistungsträgern und von Kommunalverwaltungen entgegengenommen und weitergeleitet werden (§ 16 Abs. 2 SGB I).

Die Leistungsträger müssen Personen ohne deutsche *Sprachkenntnisse* bei der Antragstellung unterstützen (§ 19 SGB X und Abkommensrecht).

Die Bürger können jederzeit eine andere Person (auch Sozialarbeiter) mit der *Vertretung* ihrer Interessen gegenüber einem Leistungsträger beauftragen (§ 13 Abs. 1 SGB X). Zu allen Besprechungen kann ein *Beistand* mitgebracht werden (§ 13 Abs. 4 SGB X).

Die Bürger haben einen Anspruch auf umfassende *Beratung* durch die zuständigen Leistungsträger (§ 14 SGB I).

Die Leistungsträger haben sich um die *Aufklärung des Sachverhalts* zu bemühen, auch wenn die Bürger nicht alle relevanten Tatsachen vorgetragen haben (§§ 20–23 SGB X).

Den Bürger trifft aber die Verpflichtung, seinen Beitrag zur vollständigen Aufklärung des Sachverhalts zu leisten (*Mitwirkungspflichten* §§ 60–64 SGB I).

Die Antragsteller haben ein Recht auf *Akteneinsicht* (§ 25 SGB X) und darauf, alle relevanten Entscheidungsgrundlagen des Leistungsträgers zu kennen (Informationsfreiheitsgesetze).

Wenn der Bürger existentiell auf eine Leistung angewiesen ist, hat er einen Anspruch auf *vorläufige Leistungen* (§§ 42, 43 SGB I).

Einmal entstandene Ansprüche können durch *Verjährung, Aufrechnung, Verrechnung, Auszahlung an einen Dritten oder Pfändung* wieder verloren gehen (§§ 45, 51, 52, 48, 54, 55 SGB I).

Verwaltungsakte (Bescheide) sind rechtswirksam, auch wenn sie rechtswidrig sind. Ihre Wirksamkeit kann durch einen *Widerspruch* und eine *Klage* aufgeschoben werden.

Für das Widerspruchsverfahren wird Personen mit einem geringen Einkommen *Beratungshilfe* nach dem BerHG durch eine Rechtsanwältin gewährt.

Für ein Klageverfahren kann *Prozesskostenhilfe* gewährt werden, die aber durch das Gericht nur bewilligt wird, wenn die Rechtsverfolgung Aussicht auf Erfolg hat (§§ 114–124 ZPO).

In besonders dringlichen, weil existenzgefährdenden Angelegenheiten kann ein *Eilantrag* beim Sozial- oder Verwaltungsgericht gestellt werden.

Das Anliegen kann von den Betroffenen persönlich bei der *Rechtsantragsstelle* des Gerichts vorgetragen werden.

Auch bereits bestandskräftige Bescheide müssen *nachträglich aufgehoben* werden, wenn sie dem Bürger eine Leistung zu Unrecht vorenthalten haben (§ 44 SGB X) oder wenn der Bürger eine Leistung erhalten hat, die ihm erkennbar nicht zustand. War der Fehler hingegen nicht erkennbar, so ist der Bürger zur Rückzahlung nicht verpflichtet, wenn er die Leistung bereits verbraucht hat (§ 45 SGB X).

Sozialarbeiterinnen sind bei ihrer Tätigkeit sowohl beim öffentlichen als auch beim freien Träger verpflichtet, alle *personenbezogenen Daten* besonders zu schützen. Bei der Erhebung und bei der Verwendung muss das Zweckbindungsprinzip eingehalten werden. Die Weitergabe darf nur erfolgen, wenn eine gesetzliche Grundlage dies ausdrücklich erlaubt oder wenn die Klienten ihre Einwilligung schriftlich erklärt haben.

Die Weitergabe von Informationen, die Sozialarbeitern *anvertraut* wurden, ist nach *§ 203 StGB* verboten und kann mit einer Freiheitsstrafe bis zu einem Jahr oder Geldstrafe bestraft werden. Ausnahmen von dem Verbot der Weitergabe bestehen, wenn höherrangige Rechtsgüter zu schützen sind, insbesondere bei Kindeswohlgefährdungen und sonstigen Gefahren für Leib, Leben, Freiheit oder Eigentum.

3 SOZIALVERSICHERUNGSLEISTUNGEN

Was Sie in diesem Kapitel lernen können

Obwohl die Sozialversicherungen nach dem Umfang der Leistungen den wichtigsten Bereich des Sozialrechts bilden, sind sie für die Soziale Arbeit nur teilweise relevant. Nur selten bieten diese Institutionen Arbeitsplätze für Sozialarbeiterinnen, weil Geldzahlungen und nicht Dienstleistungen im Mittelpunkt stehen. Bedeutsam sind aber Fragen des Zugangs zu Versicherungsleistungen als Ressource für die Klienten. Auch finden sich im Kontext von Gesundheitsleistungen eine Vielzahl von sozialpädagogischen Hilfen und Sozialberatungen. Zunehmend wird auch der Bereich der Arbeitsmarktintegration zu einem Arbeitsfeld für Sozialarbeiter. Sie erhalten daher einen Überblick über alle Sozialversicherungsleistungen mit Schwerpunkten auf der Pflegeversicherung und den Leistungen der Arbeitsverwaltung.

Die Sozialversicherungen bilden das Rückgrat des sozialen Sicherungssystems in Deutschland. Durch sie werden die klassischen Lebensrisiken

- Alter, Invalidität und Tod des Ehegatten oder Elternteils (Rentenversicherung, SGB VI),
- Arbeitsunfall und Berufskrankheit (Unfallversicherung, SGB VII),
- Krankheit und Behinderung (Krankenversicherung, SGB V),
- Arbeitslosigkeit (Arbeitslosenversicherung und Arbeitsmarktintegration, SGB III) und
- Pflegebedürftigkeit (Pflegeversicherung, SGB XI)

abgedeckt. Anknüpfungspunkt für alle Sozialversicherungen ist die Beschäftigung in einem Arbeitsverhältnis. Einige selbständige Tätigkeiten (Landwirte, Künstler) sind ebenfalls in den Sozialversicherungsschutz einbezogen. Auch eine freiwillige Versicherung ist in einigen – gesetzlich genau geregelten – Fällen möglich.

In der Regel entsteht die Mitgliedschaft in den Sozialversicherungen nicht durch eine Beitrittserklärung, sondern auf Grund einer gesetzlichen Vorschrift. So kann es geschehen, dass Menschen versichert sind, ohne etwas davon zu wissen, z.B. sind Schwarzarbeiterinnen unfallversichert, nicht erwerbstätige Eltern für eine begrenzte Zeit rentenversichert oder aus dem Ausland zugezogene Deutsche oder ihre Familienangehörigen krankenversichert, auch wenn sie darüber keine Unterlagen haben.

Für alle Sozialversicherungen gilt das Prinzip der solidarischen Gemeinschaft der Versicherten. Die Höhe der Beiträge wird nicht nach der Höhe des Risikos bestimmt (wie in einer privaten Versicherung), sondern nach der Höhe des Einkommens. Die Finanzierung erfolgt im Umlageverfahren, d.h. die Beiträge der

Versicherten werden nicht angespart, sondern direkt für die Leistungen verausgabt. So werden die heutigen Renten aus den Beiträgen der Beschäftigten gezahlt, die ihrerseits ihre Renten aus den Beiträgen der zukünftigen Beschäftigten erhalten. So bleibt die Finanzierung der Leistungen unabhängig von der Entwicklung am Kapitalmarkt, wirtschaftet aber auch „von der Hand in den Mund" (Eichenhofer, 2010, S. 32 f.).

Die Beiträge sind nicht allein von den Versicherten aufzubringen, sondern zu einem bestimmten Anteil auch von den Arbeitgebern.

Die Sozialversicherungen sind öffentliche Träger, aber keine staatlichen Behörden, weil für sie das Prinzip der Selbstverwaltung durch die gewählten Vertreter der Versicherten gilt. Die Auswirkungen der Organisation als Körperschaft des öffentlichen Rechts bleiben für die einzelnen Versicherten eher gering, weil alle wesentlichen Bestimmungen durch die Sozialgesetze und Verordnungen festgelegt werden. Die Bundesagentur für Arbeit ist nur der Bezeichnung nach eine Körperschaft des öffentlichen Rechts, die Mitglieder der Selbstverwaltungsorgane werden nicht von den Versicherten gewählt, sondern bestellt (§§ 390 ff. SGB III).

3.1 Gemeinsame Vorschriften für die Sozialversicherungen (SGB IV)

Für alle fünf Sozialversicherungen gemeinsam enthält das SGB IV bestimmte Regelungen, die insbesondere für die Frage der Entstehung der Versicherungspflicht, das Verfahren der Beitragserhebung und die Meldepflichten der Arbeitgeber bedeutsam sind. Die Regelungen zum Sozialversicherungsausweis betreffen auch die Bezieher von Grundsicherung für Arbeitssuchende (SGB II) und von Sozialhilfe (SGB XII).

3.1.1 Beschäftigung

Der wichtigste Anknüpfungspunkt für ein Versicherungsverhältnis ist die *Beschäftigung*. Es muss sich um eine Erwerbstätigkeit (= auf die Erzielung eines Entgeltes gerichtet) handeln, die nicht selbständig ausgeübt wird. Die entscheidenden Merkmale nach § 7 SGB IV sind:

- eine Tätigkeit nach Weisung der Arbeitgeberin und
- die Eingliederung in die Arbeitsorganisation des Arbeitgebers.

Es kommt nicht auf die Bezeichnung der Tätigkeit an, auch wenn Personen als „Honorarkräfte" eingestellt werden, sind sie sozialversicherungspflichtig, wenn es sich den Umständen nach um eine abhängige Beschäftigung handelt. Gerade im Bereich der Sozialen Arbeit werden Teilzeittätigkeiten gerne auf Honorarbasis vergeben, um die Sozialversicherungsbeiträge einzusparen und die gesetzlichen Bestimmungen zum Schutz von Arbeitnehmern zu umgehen.

Beispiel:
Marlene, Sozialarbeiterin, wird regelmäßig am Wochenende als Betreuerin in einer Wohneinrichtung für behinderte Menschen eingesetzt. Der Träger hat mit Marlene einen Honorarvertrag abgeschlossen. Sie erhält eine Vergütung nur für die tatsächlich geleistete Arbeit, nicht für Krankheitszeiten, Feiertage oder einen Erholungsurlaub. Sie ist weder kranken- noch rentenversichert (allerdings familienversichert über ihren Ehemann). Tatsächlich wird Marlene wie alle anderen Beschäftigten nach Bedarf auf den Stationen eingesetzt (weisungsgebunden und in die Arbeitsorganisation integriert). Marlene kann sich an ihre Krankenversicherung wenden (Anfrageverfahren nach § 7a SGB IV), daraufhin wird die Deutsche Rentenversicherung Bund (§ 7a Abs. 2 SGB IV) prüfen, ob eine Beschäftigung vorliegt und die Krankenversicherung als Einzugsstelle für den gesamten Sozialversicherungsbetrag wird die ausstehenden Beiträge beim Arbeitgeber nacherheben. Marlene kann die ihr zustehenden Lohnfortzahlungen einfordern und soweit erforderlich vor dem Arbeitsgericht geltend machen (Verjährungsfrist drei Jahre, § 199 BGB).
Wird Marlene dagegen als Familienhelferin eingesetzt und bestimmt ihre Arbeitszeiten in Absprache mit der Familie eigenständig, so ist die Gestaltung als Honorartätigkeit zulässig.

3.1.2 Geringfügige Beschäftigung

Von der Sozialversicherungspflicht ausgenommen sind die *geringfügigen* Beschäftigungen (*Mini-Jobs*) mit einem Einkommen von bis zu 400 € monatlich. Arbeitnehmerinnen zahlen keine Versicherungsbeiträge und haben auch keine Leistungsansprüche. Es spielt keine Rolle, ob es sich um eine oder mehrere Beschäftigungen handelt. Steigt das Einkommen jedoch insgesamt über 400 €, so werden für alle Beschäftigungen die regulären Sozialabgaben fällig. Dagegen bleibt eine geringfügige Beschäftigung neben einer sozialversicherungspflichtigen Beschäftigung versicherungsfrei.

Dagegen ist eine Ausbildungsvergütung unabhängig von der Höhe immer versicherungspflichtig (BSG v. 16.7.2009 – B 12 KR 14/08 R).

Die Arbeitgeber zahlen bei den Mini-Jobs pauschale Abgaben in Höhe von 11 % an die GKV (nicht für Privatversicherte) und von 12 % an die GRV. Arbeitnehmer haben die Möglichkeit, durch eine freiwillige Zahlung der Differenz zwischen der Pauschalabgabe des Arbeitgebers und dem regulären Beitragssatz einen Versicherungsschutz in der Rentenversicherung zu erlangen (nicht möglich für die Krankenversicherung).

Als geringfügige Beschäftigung gilt auch eine Tätigkeit, die nicht berufsmäßig ausgeübt wird (typischerweise Ferienjob), solange sie auf höchstens zwei Monate oder 50 Arbeitstage im Kalenderjahr begrenzt ist (§ 8 Abs. 1 Nr. 2 SGB IV). Die Höhe des Einkommens spielt bei derartigen Tätigkeiten keine Rolle.

3.1.3 Einzug der Sozialversicherungsbeiträge

Im Regelfall wird der Arbeitnehmeranteil der Sozialversicherungsbeiträge durch den Arbeitgeber vom Arbeitsentgelt einbehalten und zusammen mit dem Arbeitgeberanteil an die GKV als zentrale Einzugsstelle abgeführt.

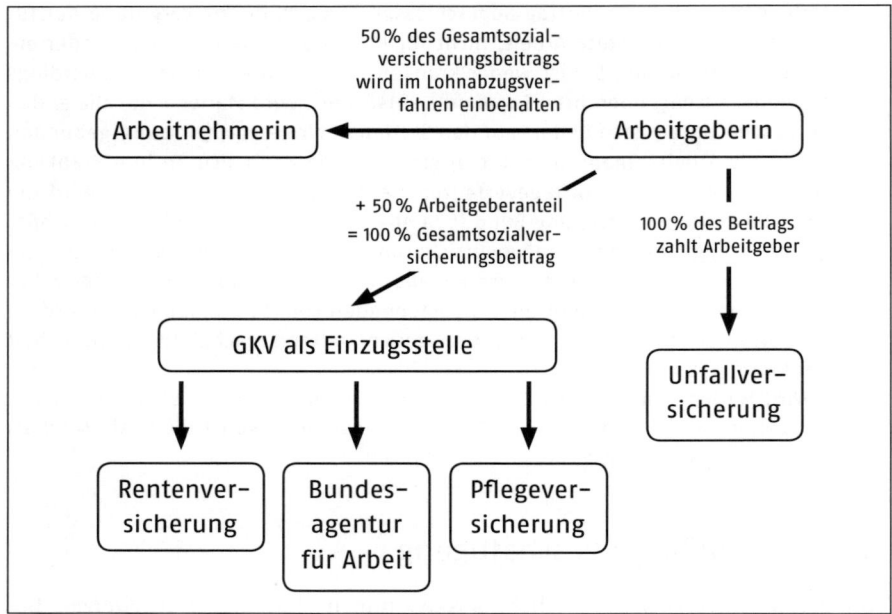

Abb. 4: Einzug der Sozialversicherungsbeiträge

Ein besonderes Einzugsverfahren mit reduzierten Beiträgen gilt für Hausangestellte mit einem Einkommen von unter 400 € monatlich (www.minijob-zentrale.de).

3.1.4 Elektronisches Entgeltnachweisverfahren (ELENA)

Um die Einhaltung der Beitragspflichten kontrollieren zu können, wurde die zentrale Speicherstelle der Träger der Rentenversicherung eingerichtet, die jedem Bürger – unabhängig von einem Beschäftigungsverhältnis – eine Registriernummer zuteilt (§ 96 Abs. 1 SGB IV). Diese Nummer muss der Arbeitgeber für jeden Beschäftigten monatlich zusammen mit den Personenstandsdaten und der Anschrift sowie dem Einkommen und der Betriebsnummer des Beschäftigungsbetriebs an die zentrale Speicherstelle melden (§ 97 SGB IV): Die Daten sollen sowohl mit Daten über weitere Beschäftigungen als auch mit den Daten der Jobcenter, der Sozialämter und der Wohngeldstellen abgeglichen werden (ELENA = Elektronisches Entgeltnachweisverfahren). Auf diese Weise sollen falsche Angaben über das Erwerbseinkommen aufgedeckt und die Ermittlungen von

Schwarzarbeitsverhältnissen erleichtert werden. Der Abgleich sollte ab Anfang 2012 durchgeführt werden, wird auf dem Hintergrund erheblicher Einwände der Datenschützer und Bürger jedoch auf 2014 verschoben.

3.2 Rentenversicherung

In der gesetzlichen Rentenversicherung (GRV) sind neben den Beschäftigten mit einem Einkommen über 400 € u.a. auch pflichtversichert:

- Landwirte (Gesetz über die Alterssicherung der Landwirte),
- Künstler und Publizisten (Künstlersozialversicherungsgesetz, KSVG),
- Beschäftigte in Werkstätten für behinderte Menschen, in Berufsbildungswerken oder vergleichbaren Einrichtungen oder während der unterstützten Beschäftigung nach § 38a SGB IX (§ 1 Nr. 2 und Nr. 3 SGB VI),
- Auszubildende in außerbetrieblichen Einrichtungen (§ 1 Nr. 3a SGB VI),
- Selbständige Kranken- und Altenpflegerinnen, Lehrerinnen und Erzieherinnen in Ein-Personen-Unternehmen sowie weitere Selbständige (§ 2 SGB VI),
- Eltern während Zeiten der Kindererziehung (§ 3 Nr. 1 SGB VI),
- Pflegende während Zeiten der häuslichen Pflege von mindestens 14 Stunden wöchentlich (§ 3 Nr. 1a SGB VI),
- Bezieher von Lohnersatzleistungen (u.a. Krankengeld, Übergangsgeld oder Arbeitslosengeld), wenn sie im letzten Jahr vor Beginn des Leistungsbezugs versicherungspflichtig waren (§ 3 Nr. 3 SGB VI),
- freiwillig Versicherte (§ 7 SGB VI).

Nicht rentenversichert sind Studierende während des Praktikums im Rahmen ihrer Ausbildung, auch wenn sie hierfür ein Entgelt beziehen (§ 5 Abs. 3 SGB VI). Dagegen sind Berufstätigkeiten neben dem Studium – im Unterschied zur GKV, Pflege- und Arbeitslosenversicherung – ab einem Einkommen von 400 € versicherungspflichtig.

Leistungsbezieher nach SGB II sind seit dem 1.1.2011 nicht mehr in der GRV pflichtversichert.

Die Mitgliedschaft in der GRV beginnt mit der Einzahlung des ersten Beitrags und bleibt dann lebenslang erhalten. Leistungsansprüche können sich also auch ergeben, wenn zuletzt keine Beiträge geleistet wurden.

Die Pflichtmitgliedschaft von Beschäftigten besteht unabhängig von der Höhe des Einkommens (ausgenommen bis 400 €), bleibt aber für die Höhe der Beiträge und der zu erwartenden Leistungen begrenzt auf die *Beitragsbemessungsgrenze* (für 2011 West: 5500 €, Ost: 4800 €/Monat).

Beispiel:
Lyla verdient als Betriebswirtin in Mannheim 7500 € brutto monatlich. Sie zahlt Beiträge in die GRV von 1094,50 € (einschließlich Arbeitgeberanteil, insgesamt 19,9 % aus 5500 € als Beitragsbemessungsgrenze). Für alle späteren Renten und

auch für das Übergangsgeld im Fall einer Behinderung spielt das Einkommen oberhalb der Beitragsbemessungsgrenze keine Rolle. Will Lyla ihren Lebensstandard im Alter und bei Erwerbsunfähigkeit erhalten, muss sie sich privat zusätzlich versichern.

Die Renten der GRV reichen auch bei Menschen, die über ein Einkommen unterhalb der Beitragsbemessungsgrenze verfügen, kaum aus, um den Lebensstandard nach dem Ausscheiden aus dem Arbeitsleben zu sichern.

Die Absicherung im Alter soll daher auf *drei Säulen* gestützt werden:

- *Gesetzliche Rentenversicherung,*
- *Betriebliche Altersversorgung,*
- *Private Altersversorgung.*

Da diese Absicherung für viele Menschen mangels betrieblicher Versorgungssysteme und fehlender finanzieller Spielräume für eine private Altersversorgung nicht realisierbar ist, wird ergänzend ein steuerfinanziertes staatliches Sicherungssystem benötigt. Dies findet sich in der *Grundsicherung im Alter und bei dauerhafter Erwerbsminderung* (§§ 41 ff. SGB XII, siehe S. 247).

In der Sozialen Arbeit kommt es vor allem darauf an, auf der Grundlage eines groben Überblicks mögliche Rentenansprüche einschätzen zu können. Für eine detaillierte Beratung stehen in allen Städten und Kreisen die Beratungsstellen der GRV (www.deutsche-rentenversicherung-bund.de) zur Verfügung, die über eine spezielle Ausbildung im Rentenrecht verfügen und befugt sind, Anträge zu stellen, Unterlagen weiterzuleiten etc. Wird bei Unstimmigkeiten mit der GRV eine unabhängige Beratung erforderlich, so stehen – gegen Honorar – amtlich zugelassene und zur Rechtsberatung befugte Rentenberater zur Verfügung (www.rentenberater.de).

Die Leistungen der GRV lassen sich in vier Bereiche aufteilen:

1. Leistungen bei drohender Erwerbsunfähigkeit
Die GRV erbringt für ihre Mitglieder unter bestimmten versicherungsrechtlichen Voraussetzungen Leistungen der medizinischen Rehabilitation und Leistungen der Teilhabe am Arbeitsleben, wenn diese erforderlich sind, um die Erwerbsfähigkeit zu erhalten oder zu verbessern (siehe Kapitel 7, S. 273),

2. Erwerbsunfähigkeitsrenten
Können Menschen auf absehbare Zeit nicht mehr durch Maßnahmen der Teilhabe am Arbeitsleben in die Erwerbstätigkeit zurückgeführt werden, so erhalten sie unter bestimmten Voraussetzungen eine Erwerbsunfähigkeitsrente (Rehabilitation geht vor Rente) (siehe Tabelle).

In der Praxis sind vor allem die Übergänge zwischen Krankengeld, Arbeitslosengeld und Erwerbsunfähigkeitsrente zu beachten. In den meisten Fällen fällt das Krankengeld höher aus als eine Erwerbsunfähigkeitsrente, deshalb sollte während des Bezugs von Krankengeld nicht vorschnell ein Rentenantrag gestellt werden.

Die GKV kann allerdings ein Gutachten durch den medizinischen Dienst der Krankenkassen (MDK) über die Erwerbsfähigkeit erstellen lassen und auf dieser

Rentenart	Voraussetzung Leistungsfall	Voraussetzung Versicherungsrechtlich	Leistungsanspruch
Volle Erwerbsminderung	Wegen Krankheit oder Behinderung auf nicht absehbare Zeit außerstande, mindestens drei Stunden täglich zu arbeiten (§ 43 Abs. 2 SGB VI)	1. allgemeine „Wartezeit" erfüllt = fünf Jahre Beitragszahlungen und 2. in den letzten fünf Jahren vor Eintritt der Erwerbsminderung mindestens drei Jahre mit Beiträgen belegt.	Entspricht der Altersrente aus den bisher erworbenen Anwartschaften plus einem Zurechnungsfaktor
Teilweise Erwerbsminderung	Wegen Krankheit oder Behinderung auf nicht absehbare Zeit außerstande, mindestens sechs Stunden täglich zu arbeiten (§ 43 Abs. 1 SGB VI)	Wie vor	Entspricht etwa der Hälfte der Altersrente
Berufsunfähigkeit	Wegen Krankheit oder Behinderung auf nicht absehbare Zeit außerstande, mindestens sechs Stunden die bisherige Tätigkeit oder eine gleichwertige bzw. um eine Stufe in der Wertigkeit verminderte Tätigkeit auszuüben	Wie vor; nur für Personen, die vor dem 2. Januar 1961 geboren wurden	Entspricht der Rente wegen teilweiser Erwerbsminderung
Arbeitsmarktrente	1. teilweise Erwerbsminderung *und* der Arbeitsmarkt bietet für die verbleibende Arbeitsbefähigung keine Beschäftigungsmöglichkeit (ein Jahr erfolglose Arbeitsvermittlung), § 240 SGB VI; oder 2. vollzeitige Erwerbsfähigkeit, aber die Summierung der Leistungseinschränkungen ermöglicht keine Tätigkeit auf einem realen Arbeitsplatz (z. B.: nur sitzend, liegend im Wechsel, nur linke Hand verfügbar, kein Stress)	Wie vor; nur für Personen, die vor dem 2. Januar 1961 geboren wurden	Entspricht der Rente wegen voller Erwerbsminderung

Grundlage verlangen, dass binnen zehn Wochen ein Antrag auf medizinische Rehabilitation und Leistungen der Teilhabe am Arbeitsleben bei der GRV gestellt wird (§ 51 Abs. 1 SGB V). Stellt die GRV auf diesen Antrag hin eine Erwerbsunfähigkeit fest, so wird der Antrag nachträglich als Rentenantrag gewertet. Die Krankengeldzahlungen werden bei Bewilligung einer Rente wegen voller Erwerbsminderung eingestellt (§ 50 Abs. 1 SGB V); eine Teilrente wird auf das Krankengeld angerechnet (§ 50 Abs. 2 SGB V).

Wurde bis zum Ende des Anspruchs auf Krankengeld noch kein Rentenantrag gestellt oder ein solcher noch nicht bewilligt, so kann ein Antrag auf Arbeitslosengeld gestellt werden (siehe hierzu S. 133).

Das Dreieck zwischen Krankengeld, Arbeitslosengeld und Rente erfordert eine auf den Einzelfall bezogene Beratung, die von einer Fachanwältin für Sozialrecht oder einem unabhängigen Rentenberater vorgenommen werden sollte.

Menschen, die schon vor Erfüllung der allgemeinen Wartezeit voll erwerbsgemindert waren (vor allem von Geburt oder Jugend an behinderte Menschen), haben einen Anspruch auf Erwerbsminderungsrente nach 20 Jahren Beitragszahlung (z. B. als Beschäftigte in einer Werkstatt).

3. Altersrenten

Der Bezug einer Altersrente setzt voraus, dass fünf Jahre mit Beitragszeiten belegt sind. Wie lange diese Zeiten bei Erreichung der Altersgrenze zurückliegen, ist nicht erheblich. Wer z. B. eine betriebliche Ausbildung absolviert hat, danach zwei Jahre bei einer Firma beschäftigt und dann den Rest seines Arbeitslebens als Freiberufler tätig war, erhält aus den fünf Jahren der Beitragszahlung eine – wenn auch sehr geringe – Altersrente.

	Voraussetzungen	Alter	Abschläge
Regelaltersrente § 35 SGB VI	5 Jahre Beiträge	67 Jahre Übergangsregelung für die Jahrgänge 1947 bis 1963 (§ 235 SGB VI)	
Altersrente für langjährig Versicherte § 36 SGB VI	35 Jahre Beiträge	Ab 63 Jahre	0,3 % pro Monat bis zur Regelaltersgrenze (Übergangsregelungen)
Altersrente für schwerbehinderte Menschen § 37 SGB VI	35 Jahre Beiträge	Ab 62 Jahre	0,3 % pro Monat bis zum 65. Lebensjahr (Übergangsregelungen)
Altersrente für Bergleute § 40 SGB VI	25 Jahre Beiträge	62 Jahre (Übergangsregelungen)	

Weitere Übergangsregelungen bestehen für Frauen und Arbeitslose der Jahrgänge bis 1951.

4. Hinterbliebenenrenten
Hinterbliebenenrenten werden an unterhaltsberechtigte Angehörige nach dem
Tod eines Versicherten zum Ausgleich des Unterhaltswegfalls gezahlt.

Kleine Witwen- oder Witwerrente § 46 Abs. 1 SGB VI 25 %	Zum Zeitpunkt des Todes mindestens ein Jahr verheiratet, nicht wiederverheiratet, Verstorbene hatte 5 Jahre Beitragszeiten Befristet auf 2 Jahre
Große Witwen- oder Witwerrente § 46 Abs. 2 SGB VI 55 %	Wie vor; + bei Erziehung eines minderjährigen Kindes oder bereits 47 Jahre alt oder erwerbsgemindert. Befristet bis zur Volljährigkeit des Kindes, sonst unbefristet.
Erziehungsrente § 47 SGB VI 100 % (der eigenen Anwartschaft)	Zum Zeitpunkt des Todes geschieden, nicht wiederverheiratet, Erziehung eines minderjährigen Kindes und selbst (Hinterbliebene) 5 Jahre Beiträge
Waisenrente § 48 SGB VI 10 % Halbwaise 20 % Vollwaise	Mindestens bis zum 18., bei Ausbildung bis zum 27. Lebensjahr, Verstorbene hatte 5 Jahre Beitragszeiten (für Vollwaisenrente genügt es, wenn ein Elternteil die Beitragszeiten erfüllt hat).

3.3 Krankenversicherung

Das Recht der gesetzlichen Krankenversicherung (GKV) nach dem SGB V spielt
für die Soziale Arbeit vor allem eine Rolle, weil der Zugang zu Gesundheitsleistungen für die Klienten fast ebenso wichtig ist wie Lebensmittel und ein Dach
über dem Kopf. Zudem finden sich in zahlreichen Institutionen des Gesundheits-
wesens Sozialdienste, deren Aufgabe es ist, Kranken, behinderten Menschen und
Rehabilitanden den Weg durch den Dschungel der Zuständigkeiten zu weisen
und die verschiedenen Sozialleistungen miteinander zu koordinieren.

3.3.1 Versicherte

Seit 2009 besteht für jede Person mit Wohnsitz in Deutschland die Verpflichtung,
eine Krankenversicherung abzuschließen, soweit nicht bereits eine gesetzliche
Absicherung im Krankheitsfall besteht. Ein Verstoß stellt eine Ordnungswidrig-
keit dar (§ 193 VVG).

Etwa 90 % aller Einwohner Deutschlands sind Mitglied einer GKV, überwiegend als Pflichtversicherte.

Pflichtversicherte

Wer pflichtversichert ist, bestimmt sich nach § 5 Abs. 1 SGB V. Neben den *sozialversicherungspflichtigen Beschäftigten* sind dies vor allem:

- Personen, die Arbeitslosengeld oder Übergangsgeld nach SGB III beziehen,
- Alg-II-Empfänger, soweit sie nicht zuvor als Selbständige tätig waren,
- Landwirte,
- Künstler und Publizisten,
- Personen in außerbetrieblichen Ausbildungen und Qualifizierungsmaßnahmen der Jugendhilfe,
- behinderte Menschen in Werkstätten, als Beschäftigte in Einrichtungen und während Maßnahmen der Teilhabe am Arbeitsleben,
- Studierende, einschließlich der Praktikumszeiten,
- Rentnerinnen und Rentenantragsteller.

Eine Pflichtversicherung besteht nach § 5 Abs. 1 Nr. 13 SGB V ("Bürgerversicherung") auch für Personen, die über keinen anderen Schutz für den Krankheitsfall verfügen, wenn sie nicht zu dem Personenkreis gehören, der auf die Privatversicherung verwiesen ist (Selbständige, bisher Privatversicherte, zugezogene Ausländer). In der "Bürgerversicherung" sind vor allem Personen versichert, deren Versicherung in der GKV endete, ohne dass sie von der Möglichkeit der freiwilligen Weiterversicherung Gebrauch gemacht haben.

> *Beispiel:*
> Max, 24 Jahre alt, lebt seit drei Jahren auf der Straße, ist nicht erwerbstätig und bezieht keine Leistungen nach SGB II. Er hat eine gefährliche Virusinfektion und muss dringend behandelt werden. Zuletzt war er bei seinen Eltern familienversichert, die Versicherung endete mit dem 23. Geburtstag (§ 10 Abs. 2 Nr. 2 SGB V). Von der Möglichkeit, sich freiwillig weiterzuversichern (§ 9 Abs. 1 Nr. 2 SGB V), hat er keinen Gebrauch gemacht.
> Er ist jedoch nach § 5 Abs. 1 Nr. 13 SGB V pflichtversichert. Die Beiträge, die seit dem 23. Geburtstag angefallen sind, hat er aber nicht entrichtet. Sein Leistungsanspruch ruht nach § 16 Abs. 3a Satz 2 SGB V, weil er mit mehr als zwei Monatsbeiträgen im Rückstand ist. Ausgenommen sind dabei aber "Leistungen, die zur Behandlung akuter Erkrankungen und Schmerzzustände sowie bei Schwangerschaft oder Mutterschaft erforderlich" sind. Vorliegend handelt es sich um eine akut behandlungsbedürftige Erkrankung. Es besteht also eine Leistungspflicht der GKV. Zuständig ist im Zweifel die Versicherung, bei der er zuvor schon versichert war.
> Der Ruhenszustand der GKV endet, wenn Max hilfebedürftig im Sinne des SGB II oder SGB XII wird oder eine wirksame Ratenvereinbarung mit der GKV abschließt (§ 16 Abs. 3a Satz 2, zweiter Halbsatz SGB V). Der sicherste Weg, Max einen vollwertigen Krankenversicherungsschutz zu verschaffen, führt hier über den Antrag auf Alg II beim Jobcenter.
> Die bislang aufgelaufenen Schulden bei der GKV bleiben dennoch bestehen.

Unter die „Bürgerversicherung" können auch aus dem Ausland Zuwandernde fallen, Ausländer jedoch nur in den wenigen Fällen, in denen ihr Aufenthaltsrecht nicht von der Sicherung des Lebensunterhalts abhängig ist und sie auch keine Gesundheitsversorgung nach dem AsylbLG erhalten (§ 5 Abs. 11 SGB V). Pflichtversichert sind vor allem Elternteile eines deutschen Kindes, die nicht als Ehegatten oder eingetragene Partner familienversichert sind.

Der Versicherungsbeitrag beträgt 14,6 % des Bruttoeinkommens. Der Arbeitgeberanteil von 7,3 % bleibt ab 2011 unveränderlich, die steigenden Kosten sind zukünftig von den Arbeitnehmern allein über einkommensunabhängige Zusatzbeiträge zu tragen. Durch einen Sozialausgleich sollen die zusätzlichen Kosten in der Regel auf 2 % des Bruttoeinkommens beschränkt werden.

Familienversicherte

Durch die Familienversicherung nach § 10 SGB V werden

- Ehegatten,
- eingetragene Lebenspartner,
- Kinder und Stiefkinder bis zum 18. Geburtstag, bei Erwerbslosigkeit bis zum 23. Geburtstag und während einer Ausbildung bis zum 25. Geburtstag; behinderte Kinder zeitlich unbefristet,
- Kinder der mitversicherten Kinder

kostenfrei mitversichert. Die Familienversicherung ist gegenüber einer Pflichtversicherung aus eigener Beschäftigung nachrangig. Auch darf der Familienangehörige keiner selbständigen Tätigkeit nachgehen, die

- entweder den Mittelpunkt seiner Erwerbstätigkeit bildet,
- oder zu einem Einkommen über 400 € führt.

Studierende sind jedoch nur pflichtversichert nach § 5 Abs. 1 Nr. 9 SGB V, wenn keine Familienversicherung vorliegt.

Ausgeschlossen sind Kinder, wenn ein Elternteil privat versichert ist *und* mehr verdient als der gesetzlich versicherte Elternteil, mindestens aber 4125 €/Monat (Versicherungspflichtgrenze für 2011).

Es werden selbständige Versicherungsverhältnisse mit eigenständigen Leistungsansprüchen begründet. Die Familienangehörigen müssen zwar ihren Wohnsitz oder gewöhnlichen Aufenthalt (siehe § 30 SGB I) in Deutschland haben, nicht aber mit den Hauptversicherten zusammenleben.

Beispiel:
Gregor, deutscher Staatsangehöriger, leitet die Filiale eines deutschen Unternehmens in Bulgarien. Er heiratet 2008 die bulgarische Staatsangehörige Valentina und lebt mit ihr in Bulgarien. Bevor er 2010 nach Deutschland zurückkehrt, trennt er sich von Valentina.

Valentina gelingt es in Bulgarien nicht, eine existenzsichernde Beschäftigung zu finden. Als bei ihr im Januar 2011 eine Krebserkrankung festgestellt wird, beschließt sie, nach Deutschland zu gehen, um sich hier behandeln zu lassen. In Nürnberg meldet sie ihren Wohnsitz an. Gregor hat ihr keine Adresse hinterlassen. Sie erinnert sich jedoch, in Bulgarien bei seinen persönlichen Unterlagen eine Krankenversicherungskarte der DAK gesehen zu haben. Sie beantragt unter Vorlage der Heiratsurkunde und der Wohnsitzanmeldung eine eigene Versicherungskarte bei der DAK, die ihr auch ausgestellt wird.

Mitversicherte Familienangehörigen unterliegen nicht den Leistungseinschränkungen, wenn der Hauptversicherte keine Beiträge gezahlt hat (Mitteilung der Bundesregierung an den Spitzenverband Bund der Krankenversicherungen v. 23.1.2009, nach Soziale Sicherheit, Soziplus 5/2009, S. 5).

Freiwillige Versicherung

Freiwillig versichern können sich vor allem Personen, die in den letzten zwölf Monaten vor Antragstellung oder innerhalb der letzten fünf Jahre insgesamt 24 Monate pflichtversichert waren (§ 9 Abs. 1 Nr. 1 SGB V). Personen, die bisher familienversichert waren und deren Versicherung durch Scheidung oder Erreichung der Altersgrenze bei Kindern endet, können sich unabhängig von der Zeit der bisherigen Versicherung freiwillig weiterversichern (§ 9 Abs. 1 Nr. 2 SGB V). Für die Weiterversicherung besteht eine Frist von drei Monaten nach dem Ende der bisherigen Versicherung (§ 5 Abs. 2 SGB V). Wird diese Frist nicht eingehalten, tritt an die Stelle der Weiterversicherung die sog. Bürgerversicherung nach § 5 Abs. 1 Nr. 13 SGB V (siehe oben) zu den gleichen Konditionen, wenn sonst kein Krankenversicherungsschutz besteht.

Beispiel:
Greta war als Studentin bis zum 30. Geburtstag pflichtversichert. Die Versicherung endet mit der Erreichung der Altersgrenze. Sie kann sich nun innerhalb von drei Monaten freiwillig weiterversichern (zu einem deutlich höheren Beitrag, siehe § 240 SGB V).

Nach einem Zuzug aus dem Ausland können sich nur Personen freiwillig versichern, die schon zuvor in Deutschland in der GKV versichert waren (§ 9 Abs. 1 Nr. 5 SGB V) oder die als Spätaussiedler oder Ehegatten von Spätaussiedlern gekommen sind (§ 9 Abs. 1 Nr. 7 SGB V). Auch EU-Bürgerinnen können sich freiwillig weiterversichern, wenn sie zuvor in einem EU-Staat versichert waren (Art. 4 VO 883/2004).

Nicht gesetzlich Versicherte

Nicht gesetzlich versichert (versicherungsfrei §§ 6, 7 SGB V) sind vor allem Beamte und Richter, Angehörige religiöser Gemeinschaften (dazu gehören Ordensmitglieder, nicht aber die Angestellten), geringfügig Beschäftigte und Personen, die ab dem 55. Geburtstag erstmals versicherungspflichtig würden. Die letzte Gruppe soll ausgeschlossen werden, damit langjährig Privatversicherte nicht im Alter, wenn die Kosten zunehmen, den Schutz der günstigeren GKV suchen. Getroffen werden aber z.B. auch Ehegatten (vor allem Frauen) von Selbständigen, die sich nach einer Trennung eine eigene Existenz aufbauen wollen, und trotz

Aufnahme einer sozialversicherungspflichtigen Tätigkeit von der GKV ausgeschlossen werden.

Nicht mehr versicherungspflichtig sind auch Arbeitnehmerinnen, die ein Einkommen oberhalb der Jahresarbeitsentgeltgrenze (für 2011: 49 500 €) erreichen. Es bleibt ihnen die Wahl, ob sie sich privat versichern wollen, oder ob sie als freiwillige Mitglieder in der GKV bleiben.

Personen, die sich von der Pflichtversicherung haben befreien lassen, wie z. B. privat versicherte Studierende, können nur durch Aufnahme einer versicherungspflichtigen Beschäftigung (nicht aber durch Alg-II-Bezug) in der GKV versichert werden.

Wer weder als Pflichtversicherter noch als freiwilliges Mitglied einer GKV angehört, muss einen Vertrag mit einer Privatversicherung abschließen (Ausnahme: Sozialhilfebezieher und Bezieher von Leistungen nach dem AsylbLG). Die Privatversicherungen sind verpflichtet, einen Basistarif anzubieten, der eine Versorgung sicherstellt, die den Leistungen der GKV entspricht und nicht mehr kosten darf als der GKV-Höchstbetrag (575,44 € für 2011). Wenn durch diese Belastung Hilfebedürftigkeit nach SGB II oder SGB XII eintreten würde, so muss die Privatversicherung den Beitrag auf die Hälfte senken. Beim Jobcenter oder beim Sozialamt kann unter Vorlage der Einkommensnachweise eine entsprechende Bescheinigung eingeholt werden (§ 12 Abs. 1c VAG). Übersteigt auch der halbe Beitrag die finanziellen Möglichkeiten einer Versicherten, so werden Zuschüsse vom Jobcenter gewährt (§ 26 Abs. 2 Satz 3 SGB II).

Ein Wechsel von einem „normalen" PKV-Tarif in den Basistarif ist nur Personen möglich, die hilfebedürftig oder mindestens 55 Jahre alt sind.

Auch wenn eine kurzfristige Mitgliedschaft in einer GKV vorgelegen hat, dadurch aber noch kein Anspruch auf Weiterversicherung (§ 9 Abs. 1 SGB V) ausgelöst wurde, bleibt die Zuordnung zum Bereich der PKV erhalten.

Beispiel:
Margot war mit einem Beamten verheiratet, selbst nicht berufstätig und privat versichert (in Ergänzung zur Beihilfe). Nach der Scheidung von ihrem Ehemann gelingt es ihr, eine sozialversicherungspflichtige Tätigkeit als Aushilfe in der Gastronomie anzunehmen, die aber nur zwei Monate dauert. Anschließend bemüht sie sich, in der GKV zu bleiben. Dies wird jedoch abgelehnt, weil sie weiterhin der PKV zuzurechnen sei (LSG NRW v. 8. 7. 2010 – L 16 KR 301/10 B ER).

Margot erhält von ihrem Ehemann eine Unterhaltszahlung von 700 €. Der Beitrag im Basistarif der GKV beträgt 575 €. Allerdings kann sich Margot vom Jobcenter oder dem Sozialamt bescheinigen lassen, dass sie bei Zahlung des vollen Beitrags ihren Lebensunterhalt nicht ohne Grundsicherungsleistungen decken könnte. Die PKV ist dann verpflichtet, den Beitrag auf die Hälfte (287,50 €) zu senken. Auch dann noch bleibt Margot zu wenig Geld für ihren Lebensunterhalt. Sie hat deshalb einen Anspruch nach § 26 Abs. 2 Satz 3 SGB II auf einen Zuschuss zum Versicherungsbeitrag gegen das Jobcenter, ohne deshalb als Alg-II-Leistungsbezieherin zu gelten, d. h. sie braucht keine Eingliederungsvereinbarung abzuschließen oder Bemühungen um einen Arbeitsplatz nachweisen.

3.3.2 Leistungen

Die GKV erbringt Leistungen:

- zur Behandlung von Krankheiten,
- bei Schwangerschaft und Mutterschaft,
- zur Empfängnisverhütung, Sterilisation und zum Schwangerschaftsabbruch,
- zur Früherkennung von Krankheiten,
- zur Verhütung von Krankheiten,
- Krankengeld.

Grundsätzlich werden die Leistungen (ausgenommen das Krankengeld) nach dem Sachleistungsprinzip erbracht, d. h. die Ärzte, Krankenhäuser, Therapeuten etc. rechnen unmittelbar mit der GKV ab.

Es besteht alternativ auch die Möglichkeit, die Kostenerstattung zu wählen. Diese Abrechnungsart soll in Zukunft noch attraktiver gestaltet werden. Die Patienten müssen jedoch beachten, dass die Erstattung auf den Betrag begrenzt ist, den die GKV auch bei unmittelbarer Abrechnung mit den Ärzten und sonstigen Leistungserbringern zahlt. Von diesem Betrag werden noch 5 % Verwaltungspauschale abgerechnet. Da die Ärztinnen zumeist nach den Tarifen für Privatversicherte abrechnen, können erhebliche Zuzahlungen für die Patienten anfallen.

Die Details über den Leistungsumfang und die von den Versicherungen anerkannten Behandlungsmethoden finden sich in den Richtlinien des gemeinsamen Bundesausschusses (http://www.g-ba.de), dem obersten Beschlussgremium der gemeinsamen Selbstverwaltung der Ärzte, Zahnärzte, Psychotherapeuten, Krankenhäuser und Krankenkassen in Deutschland. In den Richtlinien wird der Leistungskatalog der Gesetzlichen Krankenversicherung festgelegt.

Seit 2011 wird die „Unabhängige Patientenberatung Deutschland" als dauerhaftes Angebot eingerichtet (§ 65b SGB V). Sie bietet kostenlose und anonyme Beratung unabhängig von der jeweiligen GKV, z.B. zu Fragen der Behandlung oder Kostenübernahme (www.unabhaengige-patientenberatung.de).

Die Kenntnis der folgenden Leistungen kann in der Sozialen Arbeit besonders wichtig sein:

Zu den Leistungen der Krankenbehandlung gehören *psychotherapeutische Behandlungen* (§ 28 Abs. 3 SGB V), die auch von zugelassenen nicht ärztlichen Psychotherapeuten erbracht werden können. Auch Absolventen des Studiengangs Soziale Arbeit können sich zum Kinder- und Jugendpsychotherapeuten weiterbilden. Die Anforderungen sind im Gesetz über die Berufe des Psychologischen Psychotherapeuten und des Kinder- und Jugendlichenpsychotherapeuten und in der Ausbildungs- und Prüfungsverordnung für Kinder- und Jugendlichenpsychotherapeuten geregelt.

Bei einer schweren psychischen Erkrankung kann ergänzend zu einer Behandlung *Soziotherapie* (§ 37a SGB V) erbracht werden, die im Unterschied zur Eingliederungshilfe für Menschen mit Behinderung ausschließlich darauf gerichtet ist, die Kranken zu befähigen, die medizinische Behandlung in Anspruch zu nehmen. Insbesondere bei schwer depressiven Menschen sind der Antrieb und die Steuerungsfähigkeit oft so weit herabgesetzt, dass eine Behandlung nur mit einer entsprechenden psychosozialen Unterstützung möglich ist. Als Soziotherapeuten werden vor allem Sozialarbeiterinnen und Fachkrankenpfleger für Psychiatrie zugelassen (Gem. Empfehlungen Soziotherapie vom 29.11.2001, http://www. lichtblick99.de/thsoemp.pdf).

Häusliche Krankenpflege (§ 37 SGB V) kann in der Regel durch ambulante Pflegedienste erbracht werden, wenn keine Person im Haushalt in der Lage und im Einvernehmen mit der Kranken bereit ist, diese Pflege zu übernehmen (BSG v. 30.3.2000 – B 3 KR 23/99 R). Unterschieden wird zwischen der *Krankenhausersatzpflege* (§ 37 Abs. 1 SGB II), die der Vermeidung eines Krankenhausaufenthalts dient und neben der Behandlungspflege auch die hauswirtschaftliche Versorgung umfasst, und der *Sicherungspflege* (§ 37 Abs. 2 SGB V), die eine ambulante Krankenbehandlung ergänzt und auf die Behandlungspflege und die unmittelbar damit zusammenhängenden Pflegemaßnahmen beschränkt ist. Die Sicherungspflege kann auch in allen betreuten Wohnformen, in besonderen Fällen auch in Werkstätten und Pflegeeinrichtungen, erbracht werden. Wohnungslose Menschen können die Räumlichkeiten des ambulanten Pflegedienstes oder einer sonstigen Anlaufstelle aufsuchen, um dort Leistungen der häuslichen Krankenhilfe zu erhalten (Richtlinie des Gemeinsamen Bundesausschusses, http:// www.g-ba.de/informationen/richtlinien/11/).

Die Leistungen für Menschen in der letzten Lebensphase durch *Hospizdienste* sind in den letzten Jahren deutlich verbessert worden. Die GKV erbringt nun auch Leistungen für Menschen, die keine medizinische Behandlung benötigen, sondern eine pflegerische und psychosoziale Sterbebegleitung. Nach § 39a SGB V sind folgende Hospizleistungen vorgesehen:

- Zuschüsse zur Versorgung in stationären und teilstationären Hospizen (für 2011 mindestens 153,30 €/West bzw. 134,40 €/Ost pro Kalendertag).
- Für Kinderhospize werden wegen der höheren Infrastruktur- und Personalkosten höhere Zuschüsse gezahlt, so dass nicht mehr als 5 % der Gesamtkosten als Eigenanteil bei den Trägern verbleiben dürfen.
- Im Bereich der ambulanten Hospizdienste wird die qualifizierte ehrenamtliche Sterbebegleitung gefördert (Rahmenvereinbarung nach § 39a Abs. 2 Satz 7 SGB V, http://www.lag-hospiz-rp.de/download/RV_AmbulantU100101.pdf).

Die ambulanten Hospizdienste ergänzen die *Ambulante Palliativversorgung* nach § 37b SGB V, die ärztlich verordnet und von Leistungserbringern durchgeführt wird, die eine interdisziplinäre Versorgungsstruktur anbieten können (Spezialisierte Ambulante Palliativversorgungsrichtlinie – SAPV-RL, http://www. g-ba.de/downloads/62-492-437/SAPV-RL_2010-04-15.pdf).

Krankengeld wird für versicherte Beschäftigte bezahlt, wenn die Lohnfortzahlung des Arbeitgebers (sechs Wochen, § 3 Abs. 1 Entgeltfortzahlungsgesetz) beendet ist, für eine maximale Dauer von eineinhalb Jahren innerhalb von drei Jahren wegen derselben Erkrankung oder wegen mehrerer Erkrankungen, die zu einer ununterbrochenen Arbeitsunfähigkeit führen. Bei der Berechnung der Höchstdauer werden auch die Zeiten mitgerechnet, in denen kein Krankengeld gezahlt wird, weil Lohnfortzahlung im Krankheitsfall vom Arbeitgeber gezahlt wird (§ 3 Entgeltfortzahlungsgesetz).

Die Leistung wird in Höhe von 70 % des Bruttoeinkommens, maximal aber 90 % des Nettoeinkommens, gezahlt. Bei freiwillig Versicherten errechnet sich der Leistungsanspruch nicht aus dem tatsächlichen Einkommen, sondern ausgehend von der Beitragsbemessungsgrenze (3712,50 € für 2011) als höchstem zu berücksichtigenden Einkommen.

Krankheit und Verlust des Arbeitsplatzes hängen oft eng miteinander zusammen. Der Anspruch auf Krankengeld endet vom Grundsatz her mit dem Ende des Beschäftigungsverhältnisses. Wird aber zu diesem Zeitpunkt Krankengeld bezogen, so besteht der Leistungsanspruch weiter, bis entweder die Krankheit beendet ist oder der Leistungsanspruch erschöpft ist. Sobald auch nur für einen Tag keine ärztliche Krankschreibung mehr vorliegt, endet der Anspruch auf Krankengeld. Eine nachträgliche Krankschreibung ist nur möglich, wenn die Feststellung durch zwingende Umstände verhindert wurde, z.B. weil die Versicherte krankheitsbedingt handlungsunfähig war (BSG v. 5.5.2009 – B 1 KR 20/08 R).

Beispiel:
Annemarie ist wegen einer Krebserkrankung seit dem 1.3.2010 krankgeschrieben. Seit dem 12.4.2010 (Ende der Lohnfortzahlung des Arbeitgebers) erhält sie Krankengeld von der GKV. Ihr Arbeitsverhältnis wird zum 31.8.2010 gekündigt. Sie hat nun einen weiteren Anspruch auf Krankengeld bis Ende August 2011 (78 Wochen seit 1.3.2010, §48 Abs. 1 SGB V), wenn sie bis dahin ohne Unterbrechung krankgeschrieben ist. Ihren Anspruch auf Arbeitslosengeld kann sie bis zu diesem Zeitpunkt aufschieben. Versäumt sie es aber z.B. im Oktober 2010, rechtzeitig zum Arzt zu gehen, und verfügt sie nur über eine Krankschreibung bis zum 12.10.2010 und eine weitere ab dem 14.10.2010, so endet ihr Anspruch auf Krankengeld am 12.10.2010 (bzw. durch den nachgehenden Krankenversicherungsschutz am 12.11.2010). Nachträglich lässt sich eine Krankschreibung nur vornehmen, wenn sie geltend machen kann, z.B. wegen der akuten Folgen einer Therapie nicht mehr in der Lage gewesen zu sein, ihre Angelegenheiten zu regeln. Ihre Handlungsunfähigkeit muss medizinisch nachgewiesen werden.

Kinderkrankengeld wird während der Erkrankung eines höchstens elf Jahre alten, im Haushalt lebenden Kindes gezahlt (zu den Voraussetzungen siehe S. 26).

Der Anspruch besteht pro Kind und Elternteil für zehn Tage im Jahr, für alle Kinder jedoch maximal für 25 Tage. Bei Alleinerziehenden verdoppelt sich der Anspruch auf 20 Tage für ein Kind und 50 Tage für alle Kinder.

Eltern haben einen Anspruch gegen ihren Arbeitgeber auf unbezahlte Freistellung von der Arbeit für die Dauer der Krankengeldzahlung (§ 45 Abs. 3 SGB V):

Leistungen bei Schwangerschaft und für Mütter erbringt die GKV in Form der Vorsorgeuntersuchungen, der ärztlichen Behandlung, der Hebammenhilfe, der stationären Entbindung, der Haushaltshilfe, falls ein Geschwisterkind während der stationären Entbindung betreut werden muss, und der häuslichen Pflege, soweit erforderlich.

Mutterschaftsgeld wird während der Schutzfristen für Beschäftigte in Höhe des Nettoeinkommens gezahlt, höchstens jedoch 13 € pro Kalendertag. Wird damit das Nettoeinkommen nicht erreicht, so muss der Arbeitgeber auf das Nettoeinkommen aufstocken. Die Schutzfristen betragen sechs Wochen vor der Geburt und acht Wochen (bei Mehrlings- und Frühgeburten zwölf Wochen) nach der Geburt. Bei vorzeitigen Geburten werden die nicht verbrauchten Tage an die Schutzfrist nach der Geburt angehängt.

Diese Leistungen werden nach §§ 195 bis 200 Reichsversicherungsordnung (RVO) erbracht, dem Vorgängergesetz zum SGB V, von dem nur diese Regelungen erhalten geblieben sind. Durch die fehlende Einbindung dieser Leistungen ins SGB V sind die Leistungen bei Schwangerschaft und für Mütter von allen Zuzahlungen befreit.

Für geringfügig Beschäftigte und sonstige nicht in der GKV versicherte Beschäftigte zahlt das Bundesversorgungsamt ein einmaliges Mutterschutzgeld von maximal 210 €.

Die Kosten eines nicht rechtswidrigen *Schwangerschaftsabbruchs* werden von den Ländern nach §§ 19 ff. Schwangerschaftskonfliktgesetz (SchKG) übernommen, wenn das Einkommen der Frau 1001 € (West)/990 € (Ost) zuzüglich 237 € für jedes im Haushalt lebende oder von der Frau unterhaltene Kind nicht übersteigt. Die Kosten werden von den Ärzten oder Einrichtungen mit der GKV abgerechnet und von den Ländern erstattet.

3.3.3 Zuzahlungen

Die Versicherten werden mit erheblichen Zuzahlungen für die Gesundheitsleistungen belastet, insbesondere durch die Praxisgebühr von 10 € pro Quartal (keine verfassungsrechtlichen Bedenken sieht: BSG v. 25.6.2009 – B 3 KR 3/08 R) und die Eigenanteile bei Medikamenten und allen Heil- und Hilfsmitteln.

Für die Zuzahlungen besteht eine Belastungsgrenze von 2 % bzw. 1 % bei chronisch Kranken (§ 62 SGB V). Der Berechnung wird das gesamte Bruttoeinkommen aller Haushaltsangehörigen zugrunde gelegt und dann Freibeträge für jedes Kind abgezogen. Für Alleinerziehende sind dies 3504 €, für Verheiratete 7008 € jährlich (2011).

Zu beachten ist, dass Ausgaben für verschreibungsfreie Medikamente und nicht erstattungsfähige Fahrtkosten nicht als Zuzahlungen gelten und daher bei der Belastungsgrenze nicht berücksichtigt werden.

Für Menschen in Einrichtungen, die nur einen Barbetrag nach § 37 Abs. 2 Satz 2 SGB XII erhalten, übernimmt das Sozialamt die Zuzahlung bis zur Belastungsgrenze als Darlehen (§ 35 Abs. 3 SGB XII) und behält es dann von dem monatlichen Barbetrag in Raten wieder ein.

Zum *Zahnersatz* werden lediglich Festzuschüsse erbracht, die sich von 50 % auf 70 % bei regelmäßigen Kontrolluntersuchungen in den letzten fünf Jahren und auf 80 % bei Kontrollen in den letzten zehn Jahren steigern. Personen mit einem geringen Einkommen (unter 40 % der monatlichen Bezugsgröße = 1022 € West und 896 € Ost für das Jahr 2011) erhalten 100 % des Festzuschusses zum Zahnersatz (§ 55 Abs. 2 SGB V). Bei Bezug von SGB II/SGB XII oder BAföG/Berufsausbildungsbeihilfe genügt die Vorlage des Bescheids (§ 55 Abs. 2 Satz 2 Nr. 2 SGB V).

Eine besondere finanzielle Belastung ergibt sich bei den *kieferorthopädischen Behandlungen* von Jugendlichen. Von den Behandlungskosten müssen zunächst 20 % als Eigenanteil getragen werden (10 % bei jedem weiteren Geschwisterkind), die nach einem erfolgreichen Abschluss von der GKV an die Versicherten zurückgezahlt werden (§ 29 Abs. 2 SGB V). Dieser Eigenanteil kann sich leicht auf einen Betrag zwischen 500 und 1000 € belaufen und lässt sich für Bezieher von SGB-II/SGB-XII-Leistungen nicht aufbringen. Auch wird dieser Eigenanteil nicht bei der Berechnung der Belastungsgrenze berücksichtigt. Die GKV ist jedoch verpflichtet, diesen Eigenanteil als Vorleistung zu verlangen, um die Motivation an der konsequenten Mitwirkung und dem Abschluss der Behandlung zu fördern. Im Zweifel müssen die Jobcenter (§ 23 Abs. 1 SGB II) oder Sozialämter (§ 37 Abs. 1 SGB XII) die Kosten als Darlehen übernehmen (LSG NRW v. 25.3.2010 – L 16 KR 221/09).

Die Mitglieder der GKV können ab 2011 durch den Zusatzbetrag in unbeschränkter Höhe belastet werden, der von den gesetzlichen Versicherungen erhoben werden darf, wenn die Ausgaben nicht mehr aus den Mitgliedsbeiträgen gedeckt werden können (§ 242 SGB V).

3.3.4 Verhältnis zu anderen Leistungen

Die medizinischen Leistungen müssen nicht in jedem Fall von der GKV erbracht werden, wenn eine Versicherung besteht.

Vorrang haben die Heilbehandlungen der Unfallversicherung und der Träger der sozialen Entschädigungsleistungen, wenn die Behandlung wegen eines Arbeitsunfalls, einer Berufskrankheit (Unfall-Versicherung), einer Kriegs-, Wehroder Zivildienstschädigung (Bundesversorgungsgesetz, Soldatenversorgungsgesetz, Zivildienstgesetz), eines Impfschadens (Infektionsschutzgesetz) oder einer vorsätzlichen Straftat (Opferentschädigungsgesetz) erforderlich geworden ist (siehe hierzu auch S. 273). Handelt es sich um Leistungen der medizinischen Rehabilitation (z.B. Suchtentwöhnung, Anschlussheilbehandlung nach einer stationären Akutbehandlung), kann auch die GRV vorrangig zuständig sein (siehe S. 273 f.).

Die Zuständigkeit des Jugendhilfeträgers nach § 35a SGB VIII besteht für krankenversicherte Kinder nur nachrangig, wenn Leistungen erforderlich sind, die nicht zum Leistungskatalog der GKV gehören.

Dagegen ist die GKV vorrangig für sozialpädiatrische Leistungen für Kinder zuständig, erfasst sind hier auch Leistungen der Psychotherapie, Logopädie, Spieltherapie für Kinder mit seelischen Erkrankungen.

Erhalten junge Menschen Leistungen der Jugendhilfe in einer Wohneinrichtung, so ist der Jugendhilfeträger auch für die Gesundheitsversorgung zuständig (§ 40 SGB VIII), jedoch nur, soweit keine Pflichtversicherung (z.B. in der Familienversicherung) besteht.

3.4 Pflegeversicherung

Die gesetzliche Pflegeversicherung (GPfV) ist die jüngste der Sozialversicherungen, sie wurde erst 1995 eingeführt, nachdem die Ausgaben der Kommunen im Rahmen der Hilfe zur Pflege nach dem damaligen Bundessozialhilfegesetz (seit 2005 ersetzt durch das SGB XII) wegen der steigenden Zahl pflegebedürftiger alter Menschen so stark angestiegen waren, dass sie aus dem Steueraufkommen nicht mehr finanziert werden konnten. Sie wird anteilig aus den Beiträgen der Arbeitgeber und Arbeitnehmer finanziert, der Beitragssatz beträgt derzeit 1,95 % des Bruttoeinkommens. Kinderlose Versicherte zahlen einen Zuschlag in Höhe von 0,25 %, also insgesamt 2,2 % vom Bruttoeinkommen, weil es mit dem Gleichheitssatz des § 3 Abs. 1 GG nicht vereinbar ist, wenn der „generative" Beitrag, den Eltern durch die Erziehung der Kinder zur Sicherung der umlagefinanzierten Sozialsysteme leisteten, nicht in einer Entlastung bei der Beitragsgestaltung berücksichtigt wird (BVerfG v. 3.4.2001 – 1 BvR 1629/94).

Derzeit wird eine Grundsatzdiskussion um die Neuausrichtung der Pflegeversicherung geführt. Es geht dabei nicht nur um die Finanzierung, sondern auch um eine Flexibilisierung der Betreuungsformen (Pflegewohngemeinschaften etc.), die engere Verzahnung zwischen Pflege und Teilhabe (Hilfen für behinderte Menschen) und die Bündelung der Hilfen auf der Ebene der Kommunen, um den Bedürfnissen von alten und behinderten Menschen im Sozialraum stärker Rechnung zu tragen (Deutscher Verein, NDV 2011, S. 14ff.; Fahlbusch, NDV 2010, S. 505ff.).

Die begrenzten finanziellen Mittel der GPfV begründen auch, warum die Pflegeversicherung – anders als die Krankenversicherung – keine bedarfsdeckenden Leistungen erbringt, sondern in aller Regel nur einen Zuschuss in Form einer Pauschale zu den tatsächlich anfallenden Kosten der Pflege gewährt.

Faktisch müssen die Kosten für die Pflege aus verschiedenen Töpfen zusammengetragen werden. Wird ein pflegebedürftiger Mensch in einer stationären Einrichtung aufgenommen, so werden die Kosten in manchen Fällen von der GPfV, aus der Rente der Bewohnerin, aus dem Einkommen der Kinder und letztlich noch aus Leistungen des Sozialamts aufgebracht.

In diesem Kapitel werden daher nicht nur die Leistungen der GPfV, sondern auch die Unterhaltspflichten von Angehörigen und die Hilfe zur Pflege nach dem SGB XII behandelt.

Die Soziale Arbeit begegnet den gesetzlichen Regelungen zur Pflege in der Arbeit mit behinderten Menschen, in der Alten- und Krankenhaussozialarbeit und nicht zuletzt in der Beratungsarbeit, die durch die Einführung der Pflegestützpunkte (§ 92c SGB XI) und der Pflegeberatung (§ 7a SGB XI) ein weiteres Berufsfeld für Sozialarbeiter eröffnet.

Pflegeberater sollen zukünftig als Fallmanager die Hilfsangebote für pflegebedürftige Menschen aus allen Bereichen erschließen, koordinieren und steuern. Sozialarbeiter werden deshalb neben anderen Berufsgruppen in § 7a Abs. 3 SGB XI ausdrücklich als geeignete Fachkräfte für die Pflegeberatung genannt.

3.4.1 Versicherte

Die Mitgliedschaft in der GPfV besteht in Deutschland weitgehend flächendeckend (§§ 20, 21 SGB XI), soweit nicht eine Mitgliedschaft in einer privaten Krankenversicherung vorliegt, die mit der gesetzlichen Verpflichtung zum Abschluss einer privaten PfV verbunden ist (§ 23 SGB XI). Die privaten PfVen gestalten ihr Leistungsangebot weitgehend entsprechend den Regelungen des SGB XI. Nicht versichert sind lediglich die Bezieher von Leistungen zum Lebensunterhalt nach SGB XII und nach dem AsylbLG.

Der Anspruch auf Leistungen aus der GPfV entsteht erst nach zwei Jahren Mitgliedschaft in der Versicherung (innerhalb von zehn Jahren vor Antragstellung). Die Zeiten der beitragsfreien Familienversicherung und die Zeiten in einer privaten Pflegeversicherung werden dabei angerechnet (§ 33 Abs. 2 SGB XI), so dass in Deutschland geborene Versicherte in aller Regel über einen durchgehenden Leistungsanspruch verfügen. Die zwei Jahre Wartezeit sind relevant für Zugewanderte, für Personen, die sich länger als acht Jahre im Ausland aufgehalten haben, ohne in dieser Zeit freiwillig versichert zu sein, und für Versicherte, die zuvor Sozialhilfe oder Leistungen nach dem AsylbLG bezogen haben.

3.4.2 Leistungen der GPfV

Leistungsansprüche haben Personen, die

a) versichert sind und die Wartezeit erfüllt haben (s. o.),
b) pflegebedürftig in einem bestimmten Mindestumfang sind,
c) und eine Pflegeleistung benötigen.

Die Leistungen (siehe § 28 SGB XI) werden im Regelfall ab Antragstellung erbracht (§ 33 Abs. 1 SGB XI). Besteht die Pflegebedürftigkeit schon länger als einen Monat, wird ab dem Beginn des Monats der Antragstellung geleistet. Lag die Pflegebedürftigkeit (in dem jeweiligen Umfang) dagegen bei Antragstellung noch nicht vor, beginnt die Leistung, wenn die Voraussetzungen vorliegen.

Beispiel:
Luise stellt am 25. 11. 2010 einen Antrag auf Pflegeleistungen. Der MDK (siehe unten) stellt am 15. 12. 2010 fest, dass Luise erheblich pflegebedürftig ist und davon auszugehen ist, dass dieser Zustand schon seit mehreren Monaten andauert. Die Leistung beginnt mit dem 1. 11. 2010.

3.4.2.1 Pflegebedürftigkeit

Die Definition von Pflegebedürftigkeit findet sich in § 14 Abs. 1 SGB XI (bitte genau lesen!).

Wichtig ist zunächst die Abgrenzung zur Krankenbehandlung, die vor allem auf einen Heilungsprozess ausgerichtet ist. Dagegen wird in der Pflege die fehlende Fähigkeit, bestimmte Alltagsverrichtungen durchzuführen, kompensiert, ohne ein Heilungsziel zu verfolgen. Auch die Pflegeleistungen der GPfV sollen aber auf die Aktivierung der Pflegebedürftigen ausgerichtet sein (§ 28 Abs. 4 SGB XI) und, soweit möglich, verloren gegangene Fähigkeiten zurückgewinnen. Eine trennscharfe Abgrenzung ist in der Praxis nicht immer möglich, deshalb werden von der GPfV auch Pflegemaßnahmen berücksichtigt, die sich auf die Behandlung einer Krankheit beziehen (§ 15 Abs. 3 Satz 2 SGB XI), solange sie nicht im Rahmen der Behandlungspflege der Krankenversicherung übernommen werden (§ 36 Abs. 2 SGB XI).

Nicht jeder pflegebedürftige Mensch erhält Leistungen der GPfV. Es muss eine bestimmte *Mindestdauer* (sechs Monate) und ein bestimmter *Mindestumfang* der Pflegebedürftigkeit erreicht werden.

Die Pflegebedürftigkeit wird nach § 15 SGB XI in drei Stufen eingeteilt.

- *Erheblich Pflegebedürftige (Pflegestufe I)*
Personen, die bei der Körperpflege, der Ernährung oder der Mobilität für wenigstens zwei Verrichtungen (siehe 3.4.1 Pflegebedürftigkeits-Richtlinie) aus einem oder mehreren Bereichen mindestens einmal täglich der Hilfe bedürfen und zusätzlich mehrfach in der Woche Hilfen bei der hauswirtschaftlichen Versorgung benötigen. Der tägliche Zeitaufwand muss durchschnittlich mindestens 90 Minuten betragen; hierbei müssen auf die Grundpflege mehr als 45 Minuten entfallen.

- *Schwerpflegebedürftige (Pflegestufe II)*
Personen, die bei der Körperpflege, der Ernährung oder der Mobilität mindestens dreimal täglich zu verschiedenen Tageszeiten der Hilfe bedürfen und zusätzlich mehrfach in der Woche Hilfen bei der hauswirtschaftlichen Versorgung benötigen. Der tägliche Zeitaufwand muss durchschnittlich mindestens drei Stunden betragen; hierbei müssen auf die Grundpflege mindestens zwei Stunden entfallen.

- *Schwerstpflegebedürftige (Pflegestufe III)*
Das sind Personen, die bei der Körperpflege, der Ernährung oder der Mobilität täglich rund um die Uhr, auch nachts, der Hilfe bedürfen und zusätzlich mehrfach in der Woche Hilfen bei der hauswirtschaftlichen Versorgung benötigen. Der tägliche Zeitaufwand muss durchschnittlich mindestens fünf Stunden betragen; hierbei müssen auf die Grundpflege mindestens vier Stunden entfallen.

Da kleine Kinder immer einen altersentsprechenden Bedarf an Pflege haben, wird bei ihnen auf den zusätzlichen Hilfebedarf gegenüber einem gesunden gleichaltrigen Kind abgestellt.

Bei jedem Antrag auf Pflegeleistung – gleich welcher Art – erfolgt eine Begutachtung durch den Medizinischen Dienst der Krankenkassen (MDK) im Wohnbereich der Pflegebedürftigen und auf dieser Grundlage die Zuordnung einer Pflegestufe (Richtlinien siehe www.mds-ev.de). Die Begutachtung soll so zeitnah durchgeführt werden, dass die schriftliche Entscheidung spätestens fünf Wochen nach Antragstellung erfolgen kann (§ 18 Abs. 3 SGB XI).

Befindet sich die Person in einem Krankenhaus oder in einer stationären Rehabilitationseinrichtung und muss die Weiterversorgung nach der Entlassung sichergestellt werden, so ist die Begutachtung innerhalb von einer Woche durchzuführen (§ 18 Abs. 3 Satz 3 SGB XI).

Die Zuordnung zu einer Pflegestufe erscheint den pflegenden Angehörigen oft zu niedrig. Einerseits ist dies Folge der sehr gering angesetzten Zeiten für bestimmte Pflegeverrichtungen, die nur auf die reine Pflegehandlung abstellen, nicht aber auf die Zeit für Anleitung, Vorbereitung und Motivation der Pflegebedürftigen (BSG v. 10.3.2010 – B 3 P 10/08 R). Andererseits kommt es vor, dass die Pflegebedürftigen selbst in der Befragung durch den MDK ihre Fähigkeiten überbewerten. Hier lohnt es sich, wenn die Angehörigen ein *Pflegetagebuch* führen, in dem die regelmäßig durchgeführten Pflegeverrichtungen genau aufgeführt sind (sekundengenau mit Stoppuhr). Gegen einen Festsetzungsbescheid kann Widerspruch eingelegt werden. Wurde das Gutachten des MDK dem Bescheid nicht beigefügt, so sollte es angefordert werden (Recht auf Akteneinsicht, siehe S. 62), damit sich die Begründung des Widerspruchs mit den Feststellungen des Gutachtens auseinander setzen kann. Im Rahmen des Widerspruchsverfahrens erfolgt eine erneute Begutachtung, die eventuell zu einer abweichenden Bewertung kommt.

Demenzerkrankte, pflegebedürftige Personen können auch dann einen Anspruch auf allgemeine Betreuungsleistungen (siehe 3.4.2.4) haben, wenn der Pflegeaufwand unterhalb der Einordnung in die Stufe I liegt.

3.4.2.2 Pflegeleistungen im häuslichen Umfeld

Pflegegeld (§ 37 SGB XI)
Pflegebedürftige Personen erhalten ein Pflegegeld, wenn sie andere Pflegeleistungen nicht oder nur in geringem Umfang in Anspruch nehmen. Das Pflegegeld beträgt:

Pflegestufe I: 225 € (ab 2012: 235 €)
Pflegestufe II: 430 € (ab 2012: 440 €)
Pflegestufe III: 685 € (ab 2012: 700 €)

Das Pflegegeld kann für Zuwendungen an die pflegenden Angehörigen eingesetzt werden, wird aber häufig auch zur Finanzierung von selbst angestellten Pflegepersonen verwendet, weil das SGB XI für häusliche Pflege durch selbst beschaffte Pflegekräfte keine Leistungen vorsieht. Zahlreiche Unternehmen mit Sitz im EU-Ausland, vor allem in Polen, bieten den Betroffenen eine 24-Stunden-Betreuung an, für die Preise zwischen 1200 und 2000 € zu zahlen sind. Für viele Familien rechnet sich dieses Pflegemodell, weil die Zuzahlungen niedriger sind als in einem Pflegeheim, erhebliche Steuerabzüge möglich sind und den Pflegebedürftigen ihr häusliches Umfeld erhalten bleibt. Diese Form der Pflege ist jedoch hochproblematisch. Die Betreuerinnen haben in aller Regel keine Pflegeausbildung, es ist also nicht gesichert, ob sie den Anforderungen gewachsen sind. Eine 24-Stunden-Betreuung ist psychisch so belastend, dass die Gefahr von Ausfällen sehr hoch ist, insbesondere, wenn die Betreuerin mit der Pflegebedürftigen allein im Haushalt ist. Es handelt sich um Arbeitsausbeutung, weil die Bezahlung viel zu gering ist. Ob die Konstruktion rechtlich zulässig ist, wird aus verschiedenen Gründen angezweifelt. Es bleibt aber das Dilemma, dass mehrere sozialversicherte Pflegefachkräfte für die Betroffen und ihre Angehörigen nicht finanzierbar sind.

Wer Pflegegeld in Anspruch nimmt, hat halbjährlich (Pflegestufe I und II) oder vierteljährlich (Pflegestufe III) eine Pflegeberatung durch anerkannte Einrichtungen in der eigenen Wohnung in Anspruch zu nehmen. Die Kosten übernimmt die Pflegeversicherung (§ 37 Abs. 3 Satz 3 SGB XI).

Das Pflegegeld kann – anders als die sonstigen Pflegeleistungen – auch bei einem Aufenthalt oder Wohnsitz im EU-Ausland bezogen werden.

Verhinderungs- oder Kurzzeitpflege (§§ 39, 42 SGB XI)
Zusätzlich zum Pflegegeld kann einmal jährlich für vier Wochen eine Verhinderungspflege in Anspruch genommen werden (§ 39 SGB XI). Verwandte können dabei neben dem Pflegegeld nur die tatsächlich entstandenen Kosten in Rechnung stellen, für sonstige Pflegepersonen werden bis zu 1510 € (ab 2012 bis zu 1550 €) gezahlt. Alternativ kommt auch die Kurzzeitpflege in einer stationären Einrichtung in Betracht (§ 42 SGB XI), für die der gleiche Betrag wie für die Verhinderungspflege gezahlt wird.

Versorgung durch einen ambulanten Pflegedienst (§ 36 SGB XI)
Die erforderliche Pflege kann auch vollständig oder zum Teil durch einen ambulanten Pflegedienst erbracht werden. Diese Dienstleistung wird von der GPfV wie folgt bezuschusst:

Pflegestufe I: 440 € (ab 2012: 450 €)
Pflegestufe II: 1040 € (ab 2012: 1100 €)
Pflegestufe III: 1510 € (ab 2012: 1550 €)

Das Geld wird nur an einen zugelassenen Pflegedienst unmittelbar gezahlt. Weil die Pflegebedürftigen selbst kein Geld bekommen, nennt der Gesetzgeber die Leistung Pflegesachleistung im Unterschied zu einer Geldleistung.

Wird der Leistungsrahmen nicht vollständig ausgeschöpft, so besteht weiter Anspruch auf anteiliges Pflegegeld (§ 38 SGB XI). Eine solche Kombinationsleistung könnte z.B. wie folgt aussehen:

Beispiel:
Martha ist in Pflegestufe 2 eingeordnet. Sie wird von ihrem Sohn gepflegt, der halbtags berufstätig ist. Morgens kommt der Pflegedienst für 15 Minuten und rechnet dafür mit der GPfV 520 € monatlich ab. Damit hat sie die ihr zustehende Pflegesachleistung erst zu 50 % ausgeschöpft. Von dem Pflegegeld (430 €) stehen ihr deshalb noch 50 % zu, also 215 €.

Um der Pflegekasse erhöhten Verwaltungsaufwand zu ersparen, sind Pflegebedürftige, die sich für die Kombinationsleistung entscheiden, sechs Monate an die Entscheidung gebunden.

Hilfsmittel, die zum Verbrauch bestimmt sind (§ 40 Abs. 2 SGB XI)
Für Verbrauchsmittel wie Windeln, Dekubitusunterlagen, Wickel etc. werden bis zu 31 € monatlich übernommen. In der Regel werden nach einer allgemeinen Bewilligung die Ausgaben gegen Vorlage der Quittung erstattet.

Technische Hilfsmittel (§ 40 Abs. 3 SGB XI)
Für Hilfsmittel wie Pflegebetten, Gehwagen, Toilettenstuhl etc. werden die Kosten übernommen. So weit wie möglich sollen diese Geräte leihweise überlassen werden. Müssen hingegen neue Geräte angeschafft werden, so wird eine Zuzahlung des Pflegebedürftigen in Höhe von 10 %, höchstens jedoch 25 € verlangt.

Bei diesen Hilfsmitteln kann auch die Krankenversicherung vorrangig zuständig sein. Da beide Leistungen in der Regel vom selben Versicherungsunternehmen erbracht werden, können die Betroffenen diese Abgrenzung der internen Klärung überlassen.

Maßnahmen zur Verbesserung des Wohnumfeldes (§ 40 Abs. 4 SGB XI)
Zu pflegebedingten Umbaumaßnahmen in der Wohnung können Zuschüsse bis zu 2557 € je Maßnahme gezahlt werden. Umbaumaßnahmen liegen nur vor, wenn eine Installation fest mit dem Gebäude verbunden wird.

Hier kommt es zu Abgrenzungsfragen zu den technischen Hilfsmitteln, die grundsätzlich transportabel sein müssen.

Diese Abgrenzung wirkt sich für die Betroffenen spürbar aus, weil technische Hilfsmittel bis auf die Zuzahlung vollfinanziert werden, Umbaumaßnahmen dagegen nur bezuschusst werden.

3.4.2.3 Pflegeleistungen in stationären Einrichtungen

Für die *Versorgung im Alten- und Pflegeheim* (§ 43 SGB XI) werden von der GPfV folgenden Beträge gezahlt:

Pflegestufe I: 1023 €
Pflegestufe II: 1279 €
Pflegestufe III: 1510 € (ab 2012: 1550 €)

In Härtefällen beträgt die monatliche Leistungspauschale 1825 € (ab 2012: 1918 €). Pflegebedürftige werden als Härtefall anerkannt, wenn ein außergewöhnlich hoher oder intensiver Pflegeaufwand erforderlich ist, der das übliche Maß in Pflegestufe III deutlich überschreitet, z. B. bei Menschen mit apallischem Syndrom (Wachkoma), mit schwerer Demenz oder im Endstadium von Krebs.

Stationäre und teilstationäre Pflegeeinrichtungen werden ausschließlich nach dem System der Entgeltfinanzierung durch Pflegesätze finanziert. Hierzu sind Vereinbarungen zwischen den Einrichtungen einerseits und den Pflegekassen und Sozialhilfeträgern andererseits erforderlich. Die Wirtschaftlichkeit darf nicht allein nach dem Preis bewertet werden, da sonst diejenigen Träger, die ihre Mitarbeiter nach Tarif bezahlen, in Bedrängnis geraten. „Die Einhaltung der Tarifbindung und die Zahlung ortsüblicher Gehälter ist immer als angemessen zu bewerten" (BSG v. 29.1.2009 – B 3 P 6/08 R).

Alle stationären Einrichtungen müssen sich einer Qualitätsprüfung durch den MDK unterziehen. Die Begutachtung erfolgt durch Besichtigung der Einrichtung, Befragung der Mitarbeiter und der Bewohner. Die Ergebnisse werden differenziert für viele Einzelbereiche nach Noten festgehalten und veröffentlicht. Die

Bewertung für die verschiedenen Einrichtungen sortiert nach Regionen findet sich auf der Internetseite der Bundesknappschaft www.der-pflegekompass.de.

Das Bewertungssystem ist umstritten, vor allem, weil sehr unterschiedliche Kategorien (etwa Pflegemängel und Gestaltung des Speiseraums) mit gleicher Gewichtung in das Endergebnis eingehen (so etwa die Entschließung des Bundesrats v. 26.3.2010, BR-Drs. 63/10).

Für die *teilstationäre Tages- oder Nachtpflege* (§ 41 SGB XI) werden folgende Zuschüsse gezahlt:

Pflegestufe I: 440 € (ab 2012: 450 €)
Pflegestufe II: 1040 € (ab 2012: 1100 €)
Pflegestufe III: 1510 € (ab 2012: 1550 €)

Die teilstationäre Pflege kann sowohl mit Leistungen des ambulanten Pflegedienstes (Pflegesachleistungen) als auch mit dem Pflegegeld kombiniert werden. Die teilstationäre Pflege wird dabei nur zu 50 % berücksichtigt, so dass ein Leistungsumfang von insgesamt 150 % erreicht werden kann.

Beispiel:
Martha (Pflegestufe 2) besucht eine Tagespflegeeinrichtung und wird im Übrigen von ihrem Sohn zu Hause gepflegt. Die Pflegeeinrichtung rechnet 1040 € (nur ein Teil der tatsächlichen Kosten) mit der GPfV ab. Zusätzlich zahlt die Versicherung noch 50 % des Pflegegeldes, also 215 €, an Martha.

Martha besucht die Tagespflegeeinrichtung nur an zwei Tagen in der Woche; hierfür stellt die Einrichtung der GPfV 624 € in Rechnung. Damit wird der verfügbare Betrag für die teilstationäre Pflege nur zu 60 % ausgeschöpft. Martha kann zusätzlich einen ambulanten Pflegedienst in Anspruch nehmen, der Pflegedienst kann bis zu 90 % des Betrags für Pflegesachleistungen, also bis zu 936 €, mit der GPfV abrechnen. Von der teilstationären Pflege wird nur der Betrag angerechnet, der über 50 % des verfügbaren Betrags hinausgeht, hier 10 %.

Die teilstationäre Pflege ist ein besonders wichtiges Leistungsangebot, um die häusliche Pflege von Angehörigen mit einer Berufstätigkeit der Pflegeperson zu vereinbaren. In der Praxis fehlt es an verfügbaren Plätzen und auch die hohen Kosten (ab ca. 2500 € inkl. Verpflegung) schrecken Menschen mit geringem Haushaltseinkommen ab.

Auf die *Kurzzeitpflege* kann zurückgegriffen werden, wenn nach einer stationären Krankenbehandlung die Organisation der häuslichen Pflege einschließlich einer eventuellen teilstationären Pflege noch nicht möglich ist oder wegen sonstiger Krisensituationen eine vorübergehende stationäre Aufnahme der Pflegebedürftigen erforderlich wird. Die Kurzzeitpflege kann nur bis zu vier Wochen im Jahr erbracht werden. Die Pflegeaufwendungen werden bei allen drei Pflegestufen bis zu 1510 € (1550 € ab 2012) erstattet.

Pflege in vollstationären Einrichtungen für behinderte Menschen
Die Pflegekasse übernimmt zur Abgeltung der Aufwendungen der vollstationären Pflege in Wohneinrichtungen für behinderte Menschen nur 10 % des vereinbarten Heimentgelts, maximal 256 € pro Monat.

3.4.2.4 Ergänzende Leistungen für Pflegebedürftige mit einem erheblichen allgemeinen Betreuungsbedarf (§ 45a SGB XI)

Pflegebedürftige (unabhängig von der Einordnung in eine Pflegestufe) mit einer erheblich eingeschränkten Alltagskompetenz haben Anspruch auf monatlich bis zu 100 € (Grundbetrag) oder bis zu 200 € (erhöhter Betrag) als Betreuungsleistung. Die Regelung zielt auf Personen mit Demenz-Erkrankungen, stellt aber nicht auf die Krankheitsdiagnose, sondern die Beeinträchtigungen im Alltagsleben ab. Hierzu werden in § 45a Abs. 2 SGB XI (bitte nachschlagen!) typische Fähigkeitsstörungen und daraus resultierende Verhaltensweisen aufgezählt. Der MDK nimmt auch hier eine Begutachtung vor (Empfehlungen siehe unter www. mds-ev.de), auf deren Grundlage über die Gewährung und die Festsetzung des Grundbetrags oder des erhöhten Betrags entschieden wird (§ 45b SGB XI).

Die Betreuungsleistungen werden von den Pflegebedürftigen bzw. ihren rechtlichen Betreuerinnen oder Angehörigen selbst beschafft und die Anbieter müssen weder eine Berufsqualifizierung besitzen noch die Leistungen von einem anerkannten Pflegedienst gestellt werden.

Angesichts des sehr geringen finanziellen Betrags für die Betreuungsleistungen ist es nicht erstaunlich, dass vor allem nach Einsatzkräften außerhalb des regulären Arbeitsmarktes gesucht wird. Es gibt Vorschläge, Alg-II-Empfänger als Ein-€-Jobber einzusetzen (Süddeutsche Zeitung vom 18.08.2008) oder Ehrenamtliche mit Aufwandsentschädigungen (z.B. Evangelische Gesellschaft, www.eva-stuttgart.de), Rentner, Hausfrauen und Studenten. Der Umgang mit Demenzkranken erfordert allerdings genaue Spezialkenntnisse, über die heute noch nicht einmal jede ausgebildete Altenpflegerin verfügt.

3.4.2.5 Leistungen für pflegende Personen

Angehörige, die nicht mehr als 30 Stunden wöchentlich erwerbstätig sind und mindestens 14 Stunden in der Woche pflegen, sind ohne Beitragszahlungen in der GRV pflichtversichert (§ 3 Satz 1 Nr. 1a SGB VI). Hierbei sollen aber nur die Zeiten für den Pflegebedarf nach § 15 SGB XI (Grundpflege und hauswirtschaftliche Versorgung) berücksichtigt werden, nicht aber die soziale Betreuung (BSG v. 5.5.2010 – B 12 R 6/09 R). Die Beiträge werden von der Pflegekasse bezahlt, wobei sich die Höhe der Beiträge am Umfang der Pflegetätigkeit orientiert. Während der Pflegetätigkeit besteht auch Versicherungsschutz in der gesetzlichen Unfallversicherung.

3.4.3 Finanzierung der nicht gedeckten Kosten

In den meisten Fällen können die erforderlichen Pflegeleistungen nicht durch die Leistungen der GPfV abgedeckt werden. Die verbleibenden Kosten sind in folgender Reihenfolge zu decken:

1. aus dem Einkommen und Vermögen der Pflegebedürftigen,
2. aus dem Einkommen der unterhaltspflichtigen Familienangehörigen (in erster Linie die Ehegatten, dann die Kinder),
3. durch Leistungen der Sozialhilfeträger nach §§ 61 SGB XII (Hilfe zur Pflege).

Zu beachten ist hierbei, dass der Sozialhilfeträger sich nicht auf den Vorrang der Familienangehörigen berufen darf, sondern zunächst vorleisten muss. Erst dann kann er die Angehörigen auf Rückzahlung in Anspruch nehmen, wenn sie leistungsfähig sind.

Bearbeitungsbeispiel mit Lösungsskizze:

Else, 80 Jahre alt, ist verwitwet und verfügt über Renten der GRV in Höhe von insgesamt 900 €. Vermögen hat sie keines. Nach einem Krankenhausaufenthalt ist die Rückkehr in die eigene Wohnung nicht mehr möglich. Von der GPfV wird sie in Pflegestufe II eingestuft. Die beiden Kinder Max und Anna können sie wegen ihrer eigenen Berufstätigkeit nicht aufnehmen. Beide Kinder sind allein stehend, Max verfügt über ein monatliches Nettoeinkommen von 2000 €, Anna von 1200 €. Else wird in ein Pflegeheim aufgenommen. Die monatlichen Kosten betragen insgesamt 3600 €. Sie teilen sich auf in 800 € für Unterkunft und Verpflegung, 600 € Investitionskosten (Bedarf für Miete, Pacht oder Erhaltung des baulichen Bestandes) und 2200 € Pflegevergütung.

1. Zu prüfen ist Elses Anspruch gegen die Pflegeversicherung auf einen pauschalen Zuschuss von 1279 € aus § 43 SGB XI.
   Else ist als Rentnerin in der GPfV seit mehr als zwei Jahren versichert.
   Sie ist gemäß § 15 schwer pflegebedürftig (Stufe II).
   Sie benötigt vollstationäre Pflege, weil häusliche oder teilstationäre Pflege nicht mehr in Betracht kommt.
   Else hat einen Anspruch auf 1279 €. Die GPfV zahlt diesen Betrag unmittelbar an den Heimträger.
   Es verbleiben 2321 € ungedeckte Kosten.

2. Zu prüfen ist weiter, ob Else gegen das Sozialamt einen Anspruch auf Hilfe zur Pflege aus § 61 Abs. 1 SGB XII hat.
   Else ist pflegebedürftig; die Definition des § 61 SGB XII stimmt mit dem Pflegebegriff des § 14 SGB XI überein.
   Sie bedarf stationärer Pflege. Diese Pflegeform ist auch nach § 61 SGB XII zu gewähren, wenn sie erforderlich ist (§ 61 Abs. 2 SGB XII).
   Zusätzlich müsste Else die Grundvoraussetzung nach § 19 Abs. 3 SGB XII erfüllen, d. h. ihr dürfte die Aufbringung der Mittel für die Pflege nicht zumutbar sein.
   Else verfügt über ein Einkommen, dieses hat sie vorrangig für ihren Lebensunterhalt einzusetzen. Es reicht aus, um die Kosten für Unterkunft und Verpflegung

im Heim zu begleichen. Ihr verbleiben noch 100 € für ihre persönlichen Bedürfnisse (als Mindestbedarf nach § 35 Abs. 2 SGB XII gelten 27 % des Regelbedarfes von 364 € = 98,28 €).

Bereits die Investitionskosten kann sie nicht mehr aus dem eigenen Einkommen decken. In einigen Bundesländern (Hamburg, Mecklenburg-Vorpommern, Nordrhein-Westfalen, Saarland, Schleswig-Holstein) greift hier die vorrangige Sozialleistung des *Pflegewohngeldes*.

Je nach Bundesland verbleibt also ein ungedeckter Bedarf von 921 € bzw. von 1521 €.

Die Aufbringung der Mittel ist Pflegebedürftigen nicht zumutbar, wenn ihr Einkommen unterhalb der Einkommensgrenze nach § 85 SGB XII liegt. Diese Grenze gilt jedoch nicht für Personen, die für längere Zeit in einer stationären Einrichtung leben (§ 88 SGB XII).

Else ist also der Einsatz ihres gesamten verfügbaren Einkommens zumutbar. Da sie dieses Einkommen bereits für ihren Lebensunterhalt in der Einrichtung benötigt, verbleiben keine Mittel für die Pflegekosten.

Else hat einen Anspruch gegen das Sozialamt auf Hilfe zur Pflege in Höhe von 921 € bzw. 1521 € aus § 61 Abs. 1 SGB XII.

3. Der Sozialhilfeträger wird nun prüfen, ob die Kinder von Else nach § 94 SGB XII an den Kosten für die Pflegeleistung zu beteiligen sind. Dies setzt voraus:

   – dass sie nach bürgerlichem Recht unterhaltsverpflichtet sind,
   – dass sie im ersten Grad mit Else verwandt sind, und
   – dass sie leistungsfähig sind.

Kinder sind nach § 1601 BGB unterhaltspflichtig. Es sind auch keine vorrangig verpflichteten Angehörigen vorhanden (Ehegatte, §§ 1608, 1606 BGB).

Sie sind auch als direkte Abkömmlinge im ersten Grad mit Else verwandt.

Ob sie leistungsfähig sind, bestimmt sich nach der Düsseldorfer Tabelle. Es handelt sich dabei zwar nur um die Richtlinien des Oberlandesgerichts Düsseldorf, sie werden jedoch ganz überwiegend von allen Familiengerichten in Deutschland angewendet. Nach Kapitel D. der Tabelle beträgt der angemessene Selbstbehalt eines Kindes gegenüber seinen Eltern 1500 €.

Dieser Betrag wird von Anna unterschritten, sie kann daher nicht herangezogen werden.

Max' Einkommen liegt über dem Selbstbehalt. Von seinem Nettoeinkommen darf er berufsbezogene Aufwendungen in konkret nachgewiesener Höhe oder als Pauschale von 5 %, höchstens 150 € abziehen (Düsseldorfer Tabelle A. 3.).

Max verbleiben danach 1900 € anzurechnendes Einkommen und damit 400 € über dem Selbstbehalt. Von dem übersteigenden Einkommen sind 50 % zu berücksichtigen (Düsseldorfer Tabelle D.), also 200 €.

Diesen Betrag muss Max an das Sozialamt zurückzahlen, es sei denn, er kann nachweisen, dass er besondere Belastungen hat, die ihm die Zahlung nicht ohne grundsätzliche Veränderung seines Lebenszuschnitts ermöglicht (BGH v. 23.10.2002 – XII ZR 266/99).

Werden lediglich ambulante Pflegeleistungen in Anspruch genommen, darf von den Pflegebedürftigen nur der Einsatz des Einkommens oberhalb der Einkommensgrenze nach § 85 SGB XII verlangt werden, aber auch nur in angemessenem Umfang (§ 87 Abs. 1 SGB XII). Als angemessen werden zwischen 50 und 70 % des überschießenden Einkommens angesehen. Menschen, die in die Pflegestufe III eingestuft wurden, dürfen höchstens mit 40 % des überschießenden Einkommens an den Kosten der Pflege beteiligt werden (§ 87 Abs. 1 Satz 3 SGB XII).

Beispiel:
Egon (Pflegestufe III) verfügt über eine Rente von 1200 €. Er benötigt neben der Betreuung durch seine Tochter Leistungen des ambulanten Pflegedienstes für 2400 € im Monat. Die GPfV übernimmt hiervon 1510 €, so dass ein ungedeckter Rest von 890 € bleibt.

Die Einkommensgrenze berechnet sich für den allein stehenden Egon nach § 85 SGB XII mit 2 x 364 € (Regelbedarf) + 300 € (Unterkunftskosten) = 1028 €.

Egons Einkommen liegt um 172 € oberhalb der Einkommensgrenze. Einsetzen muss er als schwerstpflegebedürftiger Mensch höchstens 40 % dieses Betrags, also 69 €.

Gegenüber dem Sozialamt besteht ein Anspruch auf den verbleibenden Betrag von 821 €.

Der ambulante Pflegedienst wird für seine Leistungen also von drei verschiedenen Stellen bezahlt.

GPfV	1510 €
Sozialamt	821 €
Egon	69 €

Bei einer Unterbringung in einer Tagespflegeeinrichtung wird ebenfalls nur Einkommen oberhalb der Einkommensgrenze berücksichtigt, allerdings muss die Verpflegung in der Einrichtung zusätzlich selbst bezahlt werden.

Wenig bekannt ist, dass bei ambulanter Pflege ein weiterer Anspruch auf ein Pflegegeld besteht, wenn das Einkommen zur Abdeckung der Pflege nicht ausreicht.

Das Pflegegeld nach § 64 SGB XII wird unter denselben Voraussetzungen und in derselben Höhe gezahlt wie das Pflegegeld der GPfV. Leistungen der GPfV werden angerechnet. Wer also Pflegegeld in voller Höhe von der Versicherung erhält, kann kein Pflegegeld mehr vom Sozialamt erhalten. Auch wer in einer stationären Einrichtung untergebracht ist, erhält daneben kein Pflegegeld (§ 64 Abs. 5 SGB XII).

Wer allerdings Leistungen des ambulanten Pflegedienstes oder teilstationäre Pflege in Anspruch nimmt, kann – anders als in der GPfV – daneben noch einen Anspruch auf Pflegegeld haben. Das Pflegegeld wird bei Leistungen der ambulanten Pflege um bis zu zwei Drittel gekürzt (§ 66 Abs. 2 SGB XII), bei teilstationärer Pflege in angemessener Höhe (§ 66 Abs. 3 SGB XII).

Beispiel (Fortsetzung):
Egon nimmt kein Pflegegeld der GPfV in Anspruch, wohl aber ambulante Pflegeleistungen – die teilweise von der GPfV, teilweise vom Sozialamt gezahlt werden – und hat daher Anspruch auf mindestens ein Drittel des Pflegegeldes nach § 64 SGB XII vom Sozialamt. Die Höhe entspricht dem SGB XI, also für Pflegestufe III 685 €, ein Drittel hiervon sind 228 €.

3.4.4 Pflegezeit (Pflegezeitgesetz)

Mit dem Pflegezeitgesetz besteht ein Anspruch auf unbezahlte Arbeitsfreistellung zum Zweck der Pflege naher Angehöriger. Als nahe Angehörige gelten nach § 7 Abs. 3 PflegezeitG:

1. Großeltern, Eltern, Schwiegereltern,
2. Ehegatten, Lebenspartner, Partner einer eheähnlichen Gemeinschaft, Geschwister,
3. Kinder, Adoptiv- oder Pflegekinder, die Kinder, Adoptiv- oder Pflegekinder des Ehegatten oder Lebenspartners, Schwiegerkinder und Enkelkinder.

Das Gesetz unterscheidet zwei verschiedene Ansprüche:

- Der Anspruch auf Freistellung für die Dauer von zehn Tagen bei Arbeitsverhinderung wegen akut auftretenden Pflegebedarfs (§ 2 PflegezeitG). Hier reicht die unverzügliche Benachrichtigung des Arbeitgebers.
- Der Anspruch auf eine Pflegezeit von bis zu sechs Monaten (§ 3 PflegezeitG). Ein Rechtsanspruch besteht nur gegenüber Arbeitgebern mit mindestens 15 Beschäftigten. Der Anspruch muss spätestens zehn Arbeitstage vor Beginn schriftlich mitgeteilt werden, ebenso die vorgesehene Dauer. Während der Pflegezeit zahlt die GPfV die Arbeitslosenversicherung und einen Zuschuss zur Kranken- und GPfV (in Höhe des Mindestbeitrags), wenn keine Familienversicherung besteht (§ 44a SGB XI).

Es bestehen keine Ansprüche auf Lohnfortzahlung oder Entgeltersatzleistungen. Bei Mittellosigkeit muss auf Alg II (siehe S. 181 ff.) zurückgegriffen werden.

3.4.5 Pflegestützpunkte (§ 92c SGB XI)

Mit dem Pflegeweiterentwicklungsgesetz wurde auch die neue Institution der Pflegestützpunkte (§ 92c Abs. 1 SGB XI) geschaffen. Über die Einrichtung entscheidet die oberste Landesbehörde. Alle Bundesländer bis auf den Freistaat Sachsen haben die Einrichtung von Pflegestützpunkten beschlossen. Die GKV und die GPfV sollen gemeinsam mit den Kommunen als Sozialhilfeträger eine wohnortnahe unabhängige Beratung und die Unterstützung bei der Inanspruchnahme von Leistungen anbieten. Der exakte Aufgabenbereich muss zwischen den verschiedenen Trägern ausgehandelt werden, in jedem Fall aber mehr bieten als eine reine Sozialberatung.

Werden in einem Bundesland keine Pflegestützpunkte eingerichtet, so bleibt es bei dem Rechtsanspruch auf Pflegeberatung nach § 7a SGB XI durch die Kasse.

3.5 Arbeitslosenversicherung und Arbeitsmarktintegration

3.5.1 Adressaten der Leistungen nach SGB III

Ursprünglich war ausschließlich die Bundesagentur für Arbeit (BA) für die Arbeitsmarktpolitik in Deutschland zuständig. Erst mit den Hartz-Reformen wurden auch die Kommunen an diesen Aufgaben beteiligt.

Heute ist die BA im Rahmen des SGB III zuständig für alle Leistungen der Arbeitslosenversicherung sowie für die Integration der Arbeits- oder Ausbildungsplatzsuchenden in den Arbeitsmarkt, unabhängig von einem bestehenden Versicherungsverhältnis. Die Integration der Alg-II-Bezieher wird aber – bis auf wenige verbliebene Bereiche – auf die Jobcenter oder unmittelbar auf die Kommunen übertragen (Art. 91e GG).

Leistungen nach SGB III

Arbeits-suchende	Lohn-ersatzleis-tung	Bera-tung	Vermittlung	Maßnah-men/ Weiterbil-dung	Leistungen für Alg-Bezieher	BAB
Mit Alg-Anspruch nach Beitrags-zahlung	Alg 60 bzw. 67 % des Netto-entgelts	Ja	Ja	Ja	Gründungs-zuschuss, Vermitt-lungsgut-schein u. a.	Ja, bis zur Höhe des Alg-An-spruchs.
Mit Alg-II-Anspruch, keine (ausr.) Beiträge + bedürftig	Nein (Alg II vom Jobcenter)	Ja	Nein (Jobcenter ist zustän-dig, kann aber die BA beauftragen)	Nein (ver-gleichbare Leistungen vom Job-center)	Nein	Ja, Alg-II-Anspruch endet
Kein Alg-Anspruch, nicht be-dürftig	Nein	Ja	Ja	Ja	Nein	Ja

3.5.2 Die Lohnersatzleistungen für Versicherte

In der Arbeitslosenversicherung sind im Wesentlichen die Personen versichert, die auch in der GRV versicherungspflichtig sind (§§ 24–28 SGB III; siehe auch Kapitel 3.2).

Einige Personengruppen sind aus der Versicherungspflicht und damit auch von den Lohnersatzleistungen nach SGB III ausgenommen, dazu gehören z.B.

Personen, die einen Eingliederungszuschuss nach § 16e SGB II erhalten, Personen während einer stufenweisen Wiedereingliederung ins Erwerbsleben (§ 74 SGB V; § 28 SGB IX), Personen im Rentenalter (§ 28 Abs. 1 Nr. 1 SGB III) und Schüler und Studenten (§ 27 Abs. 4 SGB III).

Der Beitragssatz beträgt 3 % und ist zu gleichen Anteilen vom Arbeitgeber und vom Arbeitnehmer zu zahlen.

Freiwillig weiterversichern können sich Selbständige, Pflegepersonen (ab 14 Wochenstunden) und im Ausland (außerhalb der EU) Beschäftigte, die in den vorangegangenen zwei Jahren mindestens zwölf Monate lang pflichtversichert waren (§ 28a SGB III).

Die Leistungsansprüche umfassen die Lohnersatzleistungen:

- Arbeitslosengeld,
- Kurzarbeitergeld,
- Insolvenzgeld,
- Übergangsgeld (Rehabilitationsleistungen, siehe Kapitel 7)

Auch die Berufsausbildungsbeihilfe (BAB) ist eine finanzielle Leistung zur Sicherung des Lebensunterhalts, sie wird aber beitragsunabhängig nur während einer Ausbildung/Berufsvorbereitenden Bildungsmaßnahme (BvB) gezahlt, d. h. sie ist keine Lohnersatzleistung im Sinne der Sozialversicherung. Deshalb wird sie bei der Arbeitsmarktintegration behandelt (Kapitel 3.5.3, siehe S. 147 ff.). Diese Zuordnung gilt auch für das Ausbildungsgeld, welches als Leistung während einer Maßnahme der Teilhabe am Arbeitsleben in Kapitel 7.5.7 behandelt wird.

3.5.2.1 Arbeitslosengeld (§ 118 SGB III)

Um Arbeitslosengeld zu beziehen, müssen drei Voraussetzungen erfüllt sein. Antragsteller müssen

1. arbeitslos sein,
2. sich arbeitslos gemeldet haben und
3. die Anwartschaft erfüllt (bestimmte Versicherungsbeiträge in einer bestimmten Zeit gezahlt) haben.

1. Arbeitslos sein

Arbeitslos ist, wer

a) vorübergehend *nicht in einem Beschäftigungsverhältnis von mindestens 15 Stunden* steht (§ 119 Abs. 1 Nr. 1 SGB III). Die Ausübung einer geringfügigen Beschäftigung oder einer nebenberuflichen selbständigen Tätigkeit stehen der Beschäftigungslosigkeit und dem Anspruch auf Alg also nicht entgegen.

> *Beispiel:*
> Nicolai wird von seinem Arbeitgeber nach drei Jahren Beschäftigung aus betriebsbedingten Gründen gekündigt. Gleichzeitig wird ihm ein Minijob für zehn Stunden in der Woche angeboten. Nicolai kann den Minijob annehmen und

gleichzeitig Arbeitslosengeld beziehen. Ein Teil seines Verdienstes wird auf das Alg angerechnet (siehe S. 137).

Es besteht auch die Möglichkeit, ein Teil-Alg zu beziehen, wenn von zwei Arbeitsstellen eine verloren geht (§150 Abs. 2 Nr. 1 SGB III).

Beispiel:

Faruk hat zwei Arbeitsstellen für jeweils 20 Stunden in der Woche. Die Stelle als Kassierer an einer Tankstelle bringt ihm monatlich 500 € netto, die Stelle als Chemielaborant 1200 € netto. Nach der Kündigung durch das Chemieunternehmen bekommt er Alg auf der Basis des Nettoeinkommens von 1200 € (= ca. 720 €). Das Einkommen als Kassierer wird in diesem Fall nicht berücksichtigt, er kann es ohne Anrechnung weiter verdienen. Das gilt nur, wenn die Tätigkeit als Kassierer bei Eintritt der Teilarbeitslosigkeit bereits seit mindestens einem Jahr bestand.

Der Anspruch auf Teil-Alg ist auf sechs Monate begrenzt.

b) für die Vermittlung *zur Verfügung steht* (§ 119 Abs. 5 SGB III). Auch hierzu müssen mehrere Einzelanforderungen geprüft werden:

– eine mindestens *15-stündige Beschäftigung* kann und darf unter den üblichen Bedingungen des Arbeitsmarktes ausgeübt werden. Hierzu müssen die gesundheitlichen Anforderungen erfüllt werden (siehe aber Krankenarbeitslosengeld, S. 133), die zeitliche Verfügbarkeit gewährleistet sein und es darf kein Arbeitsverbot bestehen. Bestehen Zweifel, ob die gesundheitliche Eignung für eine Tätigkeit von mindestens 15 Stunden ausreicht, so ist hierzu ein Gutachten durch den medizinischen Dienst der AA einzuholen. Wenn familiäre Betreuungspflichten gegenüber Kindern oder Pflegebedürftigen bestehen, genügt es für die Verfügbarkeit, wenn eine Erklärung abgegeben wird, dass die Betreuung bei Aufnahme einer Beschäftigung oder einer Integrationsmaßnahme gesichert ist (BA, DA 119.123). Es besteht zudem die Möglichkeit, die Verfügbarkeit auf eine Halbtagstätigkeit zu beschränken, die Höhe des Arbeitslosengeldes sinkt dann entsprechend der Verfügbarkeit.

Studenten und Schüler können in der Regel kein Arbeitslosengeld beziehen (§ 120 Abs. 2 SGB III). Nur wenn die Art des Unterrichts daneben eine sozialversicherungspflichtige Tätigkeit zulässt, besteht die Verfügbarkeit für den Arbeitsmarkt. Es kommt dabei nicht auf die individuelle Belastbarkeit („Ich kann nachts arbeiten und tagsüber studieren!"), sondern darauf an, ob die Ausbildung dem Konzept eines Ganztagsunterrichts folgt (LSG Berlin-Brandenburg v. 5.11.2008 – L 14 AL 22/01). Neben einem Vollzeit-Bachelorstudium kann also kein Arbeitslosengeld bezogen werden, wohl aber neben einem Teilzeitstudium (LSG Hessen v. 15.12.2007 – L 6 AL 104/05), einer Abendschule oder einem Promotionsstudium.

Beispiel:

Gundula, 32 Jahre, hat ihre Stelle als Lektorin nach fünf Jahren Beschäftigung wegen der Insolvenz ihres Arbeitgebers verloren. Sie überlegt, ein Studium der

Sozialen Arbeit aufzunehmen. Schreibt sie sich im „normalen" Bachelor-Studiengang ein, wird sie ihre Ansprüche auf Arbeitslosengeld verlieren. BAföG kann sie wegen der Überschreitung der Altersgrenze und weil es sich um ein Zweitstudium handelt, voraussichtlich ebenfalls nicht beziehen. Schreibt sie sich aber als Teilzeitstudentin ein, kann sie weiter dem Arbeitsmarkt zur Verfügung stehen und Arbeitslosengeld beziehen (für ein Jahr, anschließend Alg II).

Mütter unterliegen nach der Geburt eines Kindes acht Wochen lang einem Arbeitsverbot, Schwangere können einem Arbeitsverbot unterliegen, wenn sie einer Tätigkeit nachgehen, die Mutter und Kind gefährden könnte. Für diese Zeiten wird jedoch Krankengeld, Krankenarbeitslosengeld oder Mutterschaftsgeld gezahlt.

– Arbeitslose sind nur verfügbar, wenn sie *zeit- und ortsnah erreichbar* sind (§ 119 Abs. 5 Nr. 2 SGB III, ErreichbarkeitsAO). Danach muss täglich die eingehende Post persönlich gesichtet werden, die AA erreicht werden und eine persönliche Bewerbung oder die Aufnahme einer Arbeit oder Maßnahme erfolgen können.

– Arbeitslose müssen ihre Bereitschaft erklären, *mindestens 15 Stunden* wöchentlich einer zumutbaren *Beschäftigung* nachgehen zu wollen.

Zumutbare Beschäftigung:

Grundsätzlich sind Arbeitssuchenden nach § 121 SGB III alle Beschäftigungen zumutbar, es sei denn,

- gesundheitliche Gründe stehen entgegen (z. B. Arbeit auf dem Bau für 50-Jährigen mit Bandscheibenvorfall) oder
- die Betreuung von Kindern oder Pflegebedürftigen (z. B. Schichtarbeit für Alleinerziehende) oder
- ethische, religiöse oder weltanschauliche Gründe (z. B. Verkäuferin im Sex-Shop; Arbeit im Schlachthof für Vegetarierin) oder
- die Bezahlung verstößt gegen einen gültigen Tarifvertrag (bzw. Betriebsvereinbarung) oder liegt mehr als 30 % unter der üblichen Bezahlung (sittenwidrig) oder
- die Arbeitsbedingungen verstoßen gegen ein Arbeitsschutzgesetz.

Für Alg-Bezieher gilt ein begrenzter sog. *Berufsschutz*. Sie dürfen ihre Bemühungen um einen neuen Arbeitsplatz auf folgende Beschäftigungen beschränken:

Bis Ende des dritten Monats	Einkommensverlust nicht mehr als 20 %
Bis Ende des sechsten Monats	Einkommensverlust nicht mehr als 30 %
Ab dem siebten Monat	Einkommen nicht unterhalb des Alg-Anspruchs.

Diese Erklärung entbindet die AA nicht von der Verpflichtung, jeweils zu prüfen, ob für die konkrete Tätigkeit die erforderliche gesundheitliche und sonstige Eignung besteht.

- Die Verfügbarkeit verlangt auch die grundsätzliche *Bereitschaft zur Teilnahme an Maßnahmen der Arbeitsmarktintegration* (§ 119 Abs. 5 Nr. 4 SGB III). Es handelt sich aber nicht um eine Generaleinwilligung in jede Maßnahme, auch nach einer Einwilligung dürfen Maßnahmen abgelehnt werden, wenn sie nicht zur Arbeitsmarktintegration beitragen oder aus anderen Gründen unzumutbar sind.
- *Eigenbemühungen* zur Beseitigung der Arbeitslosigkeit gehören ebenfalls zur Verfügbarkeit (§ 119 Abs. 1 Nr. 2 SGB III). Die konkreten Anforderungen können sich aus einer einvernehmlich geschlossenen Eingliederungsvereinbarung (§ 37 Abs. 2 Nr. 3 SGB III) oder einem Bescheid (§ 37 Abs. 3 Satz 4 SGB III) ergeben. Arbeitslose müssen auch an der Vermittlung durch die AA oder durch Dritte mitwirken (§ 38 Abs. 2 SGB III) und die Selbstinformationssysteme der BA nutzen. Die Daten der Arbeits- oder Ausbildungssuchenden dürfen in die Dateien nur eingegeben werden, soweit sie für die Vermittlung erforderlich sind und von Arbeitgebern oder sonstigen Nutzern nicht einer konkreten Person zugeordnet werden können (§ 41 Abs. 3 SGB III).
- *Verfügbarkeit trotz Krankheit oder Erwerbsminderung*
  Wer bei Eintritt der Arbeitslosigkeit krank geschrieben ist, erhält zunächst Krankengeld von der GKV (für privat Versicherte kommt es auf den abgeschlossenen Vertrag an). Der Beginn des Anspruchs auf Arbeitslosengeld schiebt sich dadurch hinaus auf das Ende der Krankschreibung.
  Wer während des laufenden Bezugs von Arbeitslosengeld krank wird, bekommt zunächst sechs Wochen lang „Krankenarbeitslosengeld" (§ 126 SGB III) und anschließend Krankengeld von seiner gesetzlichen Krankenversicherung (§ 44 i.V.m. § 5 Abs. 1 Nr. 2 SGB V).
  Ist damit zu rechnen, dass die Krankheit oder Behinderung die Fähigkeit zu arbeiten für länger als sechs Monate auf unter 15 Stunden wöchentlich reduziert, so muss diese Erwerbsminderung bzw. Erwerbsunfähigkeit durch den Rentenversicherungsträger festgestellt werden. Bei Erwerbsunfähigkeit fordert die AA die Betroffenen auf, binnen eines Monats einen Antrag auf medizinische oder berufliche Rehabilitation (siehe Kapitel 7) zu stellen. Es kann auch ein Antrag auf Erwerbsunfähigkeitsrente gestellt werden. Das Alg wird weitergezahlt, wenn die Anträge gestellt werden und die Betroffenen an der Durchführung der Rehabilitationsmaßnahmen mitwirken („Nahtlosigkeitsregelung" nach § 125 SGB III). Zahlt die GRV eine Rente oder ein Übergangsgeld (siehe S. 281) ab Antragstellung, so lässt sich die AA die bereits ausgezahlten Leistungen erstatten (§ 125 Abs. 3 SGB III).
- *Verfügbarkeit bei Teilnahme an einer Maßnahme oder sonstigen Tätigkeiten*
  Bei Teilnahme an Maßnahmen der Arbeitsmarktintegration gelten Arbeitslose weiterhin als verfügbar (§ 120 Abs. 1 SGB III).
  Auch wer sich auf eigene Faust eine Weiterbildung sucht (Volkshochschule, private Bildungsinstitute etc.), bleibt verfügbar, wenn er die Genehmigung der AA einholt und erklärt, dass er die Weiterbildung beendet, sobald er eine zumutbare (siehe Kasten oben) Arbeit aufnehmen kann.
  Eine ehrenamtliche Tätigkeit von bis zu 15 Stunden wöchentlich kann jederzeit ohne Genehmigung ausgeübt werden. Ein Arbeitsangebot darf aber nicht

mit Hinweis auf eine solche Tätigkeit abgelehnt werden. Auch ehrenamtliche Tätigkeiten von mehr als 15 Stunden sind zulässig, müssen der AA aber unbedingt gemeldet werden und dürfen die Arbeitssuche nicht beeinträchtigen (§ 119 Abs. 2 SGB III).

Eine Ortsabwesenheit zum Zweck der ehrenamtlichen Tätigkeit ist bis zu drei Wochen zulässig (§ 3 Abs. 2 Nr. 3 Erreichbarkeits-AO), z.B. für die Betreuung einer Kinderferienmaßnahme oder für eine Fortbildung.

- *Verfügbarkeit während eines Urlaubs*
  Arbeitslose haben einen Anspruch auf drei Wochen Urlaub jährlich (§ 3 Abs. 1 Erreichbarkeits-AO). Die Urlaubszeit muss von der AA genehmigt werden, abgelehnt werden darf sie, wenn die berufliche Eingliederung durch den Urlaub beeinträchtigt wird. So darf eine Maßnahme nicht unterbrochen werden und auch kein Urlaub während eines laufenden Bewerbungsverfahrens genommen werden, wenn mit einer Einladung seitens des Arbeitgebers gerechnet werden kann.

- *Arbeitssuche in einem anderen EU-Staat*
  Für Alg-Bezieher besteht die Möglichkeit, sich für einen Zeitraum bis zu drei Monaten (verlängerbar auf sechs Monate) zur Arbeitssuche in einen anderen EU-Staat, nach Norwegen, Island, Liechtenstein oder in die Schweiz zu begeben und dabei ihre Leistungsansprüche mitzunehmen. Der Anspruch ist geregelt in der EU-Verordnung 883/2004 und der Durchführungsverordnung (Informationen unter www.arbeitsagentur.de, Formulare, Arbeitslosigkeit international).

2. Arbeitslos gemeldet sein

Dass der Bezug von Alg von einer Arbeitslosmeldung abhängt, erscheint zunächst selbstverständlich, besondere Schwierigkeiten bereitet in der Praxis jedoch die Doppelanforderung der *Arbeitssuchendmeldung* und der *Arbeitslosmeldung*.

Nach § 38 SGB III sind Versicherte verpflichtet, sich nach einer Kündigung oder vor Auslaufen eines befristeten Vertrags spätestens drei Monate vor Beendigung des Arbeitsverhältnisses arbeitssuchend zu melden. Die Meldung ist auch dann erforderlich, wenn die Fortsetzung des Arbeitsverhältnisses, z.B. die Verlängerung eines befristeten Vertrags, unsicher ist. Erfolgt die Meldung nicht, führt dies zu einer Sperrzeit nach § 144 Abs. 1 Satz 2 Nr. 7 SGB III. Insbesondere bei befristeten Verträgen wird diese Verpflichtung leicht übersehen, weil ein Hinweis darauf nur bei Abschluss des Arbeitsvertrags erfolgt.

Nach Beendigung des Arbeitsverhältnisses muss zusätzlich eine persönliche Arbeitslosmeldung erfolgen (§122 SGB III). Möglich ist dies schon vor Beendigung des Arbeitsverhältnisses, frühestens aber drei Monate vorher. In vielen Fällen können beide Meldungen nicht gleichzeitig vorgenommen werden. Hier sind vom Arbeitsvermittler ein ausdrücklicher Hinweis und eine genau Beratung anlässlich der Arbeitssuchendmeldung zu erwarten. Das LSG Rheinland-Pfalz (v. 28.2.2008 – L 1 AL 59/07) führt hierzu aus:

„Eine umfassende Beratung der Versicherten ist die Grundlage für das Funktionieren des immer komplizierter werdenden sozialen Leistungssystems. Im Vordergrund steht dabei nicht mehr nur die Beantwortung von Fragen oder Bitten um Beratung, sondern die verständnisvolle Förderung des Versicherten, d. h. die aufmerksame Prüfung durch den Sachbearbeiter, ob Anlass besteht, den Versicherten auch von Amts wegen auf Gestaltungsmöglichkeiten oder Nachteile hinzuweisen, die sich mit seinem Anliegen verbinden; denn schon gezielte Fragen setzen Sachkunde voraus, über die der Versicherte oft nicht verfügt (BSG, Urteil vom 12. 12. 2007 – B 12 AL 1/06 R, veröffentlicht in Juris)."

Erfolgt der entsprechende Hinweis nicht, ist die persönliche Arbeitslosmeldung zu fingieren (Sozialrechtlicher Herstellungsanspruch, siehe S. 57) und das Arbeitslosengeld ab dem Eintritt der Arbeitslosigkeit zu zahlen (siehe auch Winkler, info also, 2008, S. 160).

3. Die Anwartschaftszeit erfüllen

Mit dem Begriff Anwartschaft wird ein Anspruch bezeichnet, der sich aus den gezahlten Beiträgen in die Sozialversicherung ergibt. Ob der Anspruch entstanden ist, hängt von der Dauer der eingezahlten Beträge (§ 123 SGB III) und davon ab, wann diese Beiträge eingezahlt wurden (Rahmenfrist: § 124 SGB III).

Normalerweise wird Arbeitslosengeld gezahlt, wenn in den letzten zwei Jahren insgesamt mindestens zwölf Monate ein Versicherungsverhältnis bestand. Die Versicherungszeiten können dabei aus verschiedenen Beitragsarten bestehen.

Die Versicherungszeiten müssen in der Rahmenfrist von zwei Jahren liegen. Diese Frist wird vom Tag der Antragstellung zurückgerechnet.

Beispiel:
Egon beginnt zunächst eine betriebliche Ausbildung am 1. 1. 2007. Diese beendet er am 31. 12. 2009. Anschließend beginnt er eine schulische Ausbildung, die er am 30. 9. 2010 abbricht. Vom 1. 10. 2010 bis zum 30. 4. 2011 ist Egon als Postzusteller mit einem Monatsbruttolohn von 1000 € beschäftigt. Er beantragt mit Wirkung zum 1. 5. 2011 Arbeitslosengeld. Betrachtet werden die Versicherungszeiten innerhalb der Rahmenfrist von zwei Jahren, also vom 1. 5. 2009 bis zum 30. 4. 2011. In dieser Zeit bestand für acht Monate Versicherungspflicht in dem betrieblichen Ausbildungsverhältnis und für sieben Monate als Beschäftigter. Die Versicherungszeit von 15 Monaten reicht für einen Anspruch auf Alg.

Dauer des Arbeitslosengeldes

Die Dauer des Anspruchs auf Alg richtet sich nach der Dauer der Beschäftigung (oder sonstigen Versicherungszeiten) und dem Lebensalter. Für die meisten Arbeitslosen ist der Anspruch auf ein Jahr beschränkt (siehe Tabelle auf S. 136).

Wird der Alg-Bezug beendet und eine Beschäftigung aufgenommen, die einen neuen Alg-Anspruch auslöst, so kann der noch bestehende Restanspruch innerhalb einer erweiterten Rahmenfrist von fünf Jahren geltend gemacht werden. Die Gesamtdauer darf aber die für das jeweilige Alter vorgesehene Höchstdauer nicht überschreiten.

Dauer der Beitragszahlung in Monaten	Anspruchsdauer in Monaten	
6	3	Nur bei wiederkehrenden kurzfristigen Beschäftigungen (Künstler), §123 Abs. 2 SGB III
8	4	
10	5	
12	6	
16	8	
20	10	
24	12	
		ab einem Lebensalter von
30	50.	15
36	55.	18
48	58.	24

Quelle: entsprechend §127 SGB III

Beispiel:
Antonia, 52 Jahre alt, arbeitete zehn Jahre lang als Sachbearbeiterin und wird am 1.10.2009 arbeitslos. Sie beantragt und erhält Arbeitslosengeld. Am 1.6.2010 nimmt sie erneut eine Beschäftigung auf, wird aber zum 31.7.2011 wieder arbeitslos. Sie hat einen neuen Anspruch von sechs Monaten erworben. Von dem alten Anspruch von 15 Monaten (siehe Tabelle) hat sie erst acht Monate verbraucht, so dass ihr noch sieben Monate zustehen. Der gesamte Anspruch beträgt nun 13 Monate, da die für ihr Alter bestehende Höchstgrenze von 15 Monaten nicht überschritten wird.

Höhe des Alg

Vom pauschalierten Nettoeinkommen (Leistungsentgelt) erhält ein Arbeitsloser ohne Kind 60 % und ein Arbeitsloser, der für ein Kind oder mehrere Kinder unterhaltsverpflichtet ist, 67 % des Leistungsentgeltes.

Als Grundlage für die Berechnung dient das Bruttoarbeitsentgelt der letzten zwölf Monate. Berücksichtigt werden dabei nur Einkommen bis zur Höhe der Beitragsbemessungsgrenze (5500 West/4800 Ost für das Jahr 2011). Hieraus wird das Leistungsentgelt pauschal durch Abzug von 21 % für die Sozialversicherungsbeiträge errechnet und um die Lohnsteuer und den Solidaritätszuschlag, abhängig von der eingetragenen Lohnsteuerklasse, vermindert.

Für die Höhe des Alg spielt daher die Steuerklasse eine Rolle. Ein Wechsel nach dem Antrag auf Alg wird nur berücksichtigt, wenn er steuerrechtlich sinnvoll ist oder zu einer geringeren Alg-Leistung führt.

Reicht das Alg nicht, um den Lebensunterhalt zu sichern, besteht ein Anspruch auf aufstockendes Alg II (siehe S. 181).

Versicherungsleistungen während des Bezugs von Alg

Alg-Bezieher sind versicherungspflichtig in der GKV und der GPfV (§ 5 Abs. 1 Nr. 2 SGB V; § 20 Abs. 1 Nr. 2 SGB XI) sowie in der GRV (§ 3 Nr. 3 SGB VI). Die Beiträge werden während des Leistungsbezugs übernommen.

Arbeitnehmerinnen, die wegen eines Einkommens oberhalb der Beitragsbemessungsgrenze nicht mehr in der GKV pflichtversichert waren, werden durch den Bezug von Alg versicherungspflichtig, können sich jedoch befreien lassen (§ 8 Abs. 1 Nr. 1a SGB III). In diesem Fall übernimmt die Arbeitsagentur aber nur den Anteil an der Privatversicherung, der auch für die gesetzliche Versicherung gezahlt worden wäre (§ 207a Abs. 2 SGB III).

Anrechnung von Nebeneinkommen

Nebentätigkeiten dürfen nicht mehr als 15 Stunden in der Woche umfassen, sonst besteht – unabhängig von der Höhe des Verdienstes – keine Arbeitslosigkeit mehr (siehe aber Teilarbeitslosigkeit S. 131). Erwerbseinkommen aus Tätigkeiten unterhalb der 15-Stunden-Grenze sind bis zu 165 € anrechnungsfrei, darüber werden sie nach Abzug der Werbungskosten voll angerechnet (§ 141 Abs. 1 SGB III). Es können Fahrtkosten und alle sonstigen Ausgaben, die durch die Erwerbstätigkeit entstehen, abgezogen werden. Jede Erwerbstätigkeit muss der AA gemeldet werden. Wird ein Erwerbseinkommen von mehr als 165 € nicht gemeldet, so wird in der Regel ein Strafverfahren wegen Betrugs eingeleitet.

Eine Aufwandsentschädigung (Übungsleiterpauschale) bis zu 175 € gilt nicht als Erwerbseinkommen und wird daher auch nicht auf das Alg angerechnet.

Sperrzeiten/Wegfall des Anspruchs

Beruht die Arbeitslosigkeit auf einer eigenen Beendigung des Arbeitsverhältnisses oder einer selbst verschuldeten Kündigung des Arbeitsverhältnisses, so tritt eine Sperrzeit (§ 144 SGB III) von – in der Regel – zwölf Wochen ein. Der Anspruch auf Arbeitslosengeld geht für diesen Zeitraum verloren.

Das gilt nicht, wenn ein wichtiger Grund für die Arbeitsaufgabe besteht. Wichtige Gründe können sein:

- Der Umzug zu einem Ehegatten, Lebenspartner (eingetragene Lebenspartnerschaft) oder zu eigenen Kindern; bei unverheirateten Paaren auch, wenn bereits zuvor eine eheähnliche Gemeinschaft geführt wurde oder eine Erziehungsgemeinschaft zu einem Stiefkind begründet werden soll. Nicht nur die Gemeinschaft mit dem leiblichen Elternteil, sondern auch mit einem sozialen Elternteil ist von Art. 6 Abs. 1 GG geschützt (BSG v. 17.10.2007 – B 11a/7a AL 52/06 R).
- Die Kündigung eines Arbeitsverhältnisses durch den Arbeitnehmer, weil ihn die Arbeitsbedingungen – objektiv nachvollziehbar – überfordern (LSG Hessen v. 18.06.2009 – L 9 AL 129/08).

Sperrzeiten werden auch verhängt, wenn Arbeitslose die Aufnahme einer angebotenen Beschäftigung oder eine berufliche Eingliederungsmaßnahme ablehnen oder eine Maßnahme abbrechen (§ 144 Abs. 4 SGB III). Die Sanktion erfolgt in drei Stufen:

1. Stufe: drei Wochen Sperrzeit beim ersten Verstoß,
2. Stufe: sechs Wochen Sperrzeit beim zweiten Verstoß,
3. Stufe: zwölf Wochen Sperrzeit bei jedem weiteren Verstoß.

Auch bei unzureichenden Eigenbemühungen (vor allem als Verstoß gegen eine Eingliederungsvereinbarung) tritt eine Sperrzeit (zwei Wochen, § 144 Abs. 5 SGB III) ein, ebenso bei verspäteter Arbeitssuchendmeldung (siehe S. 134 f.) und bei Verstößen gegen Meldepflichten (eine Woche, § 144 Abs. 6 SGB III).

Addieren sich mehrere Sperrzeiten zu einem Zeitraum von mindestens 21 Wochen, so erlischt der gesamte Anspruch auf Alg (§ 147 Abs. 1 Nr. 2 SGB III).

Während einer Sperrzeit können bei Mittellosigkeit Leistungen nach dem SGB II beim Jobcenter beantragt werden. Die Leistungen werden jedoch für die Person, die mit der Sperrzeit belegt wurde, um 30 % des maßgeblichen Regelbedarfes gekürzt (§ 31 Abs. 4 Nr. 3 SGB II).

Prüfungsschema Anspruch auf Arbeitslosengeld

I. Zuständig

Die Arbeitsagentur, in deren Bezirk der Wohnort der Antragsteller liegt (§ 327 Abs. 1 SGB III).

II. Anspruchsgrundlage §§ 117, 118 SGB III

III. Voraussetzungen:

1. arbeitslos gem. § 119 SGB III (oder Weiterbildung):

 – unter 65 Jahre
 – nicht in einem Beschäftigungsverhältnis von mehr als 15 Stunden steht (Beschäftigungslosigkeit),
 – sich bemüht, seine Beschäftigungslosigkeit zu beenden (Eigenbemühungen),
 – den Vermittlungsbemühungen der Agentur für Arbeit zur Verfügung steht (Verfügbarkeit),

2. bei der AA als arbeitslos gemeldet (gilt mit dem Antrag auf Alg als erfüllt) und
3. die Anwartschaft (§ 123 SGB III) erfüllt hat: in der Regel in den letzten zwei Jahren (Rahmenfrist nach § 124 SGB III) zwölf Monate arbeitslosenversichert war.

IV. Anspruch ruht nicht/ist nicht erloschen:

· keine Sperrzeit (§§ 144, 147 SGB III),
· keine vorrangige Sozialleistung, z. B. Krankengeld, Rente (§ 142 SGB III),
· kein Ruhen wegen Abfindung (§ 143a SGB III), nachgezahlten Arbeitsentgelts oder Urlaubsabgeltung (§ 143 SGB III) oder vor Beendigung eines Arbeitskampfes (§ 143 SGB III),
· kein Erlöschen wegen Zeitablaufs (§ 147 SGB III).

V. Rechtsfolge:

Anspruch auf Arbeitslosengeld.
Dauer nach der Dauer der Versicherungszeit und dem Lebensalter (§ 127 SGB III).
Höhe nach dem bisherigen Arbeitseinkommen (§ 129 SGB III), abzüglich anrechenbaren Nebeneinkommens.

Bearbeitungsbeispiel:

Franz, 53 Jahre alt, wohnhaft in Mönchengladbach, ledig, keine Kinder, arbeitet seit 20 Jahren bei der Firma Elektrolux in Neuss als Elektriker. Sein Nettoeinkommen beträgt monatlich ca. 2000 €. Am 20. 3. 2010 wird ihm zum 31. 12. 2010 wegen Schließung der Abteilung gekündigt.
Franz meldet sich am 31. 9. 2010 persönlich bei der AA Mönchengladbach arbeitssuchend. Er wird darauf verwiesen, dass er sich erst am 1. 10. 2010 arbeitslos melden kann und die Meldung spätestens am 1. 1. 2011 persönlich erfolgen muss. Franz stellt am 3. 1. 2011 persönlich einen Antrag auf Arbeitslosengeld.
Hat Franz einen Anspruch auf Arbeitslosengeld ab dem 1. 1. 2011?

Lösungsskizze:

Franz könnte gegen die AA Mönchengladbach einen Anspruch auf Arbeitslosengeld aus §§ 117, 118 SGB III haben.
Er hat einen Antrag gestellt, die AA Mönchengladbach ist auch zuständig, weil es nicht auf den Sitz der bisherigen Firma, sondern den Wohnort ankommt (§ 327 Abs. 1 SGB III).
Franz ist ab dem 1. 1. 2011 arbeitslos, da er keine Beschäftigung mehr ausübt und das bestehende Arbeitsverhältnis beendet ist. Er ist unter 65 Jahre alt.
Um als arbeitslos zu gelten, muss er zusätzlich bereit sein, sich eigenständig um die Beendigung der Arbeitslosigkeit zu bemühen. Um den Anspruch entstehen zu lassen, reicht zunächst eine Erklärung über die Bereitschaft, den drei Anforderungen (siehe Prüfungsschema) an die Eigenbemühungen nachzukommen.
Franz muss auch für den allgemeinen Arbeitsmarkt verfügbar sein. Vielleicht ist Franz nicht mehr völlig gesund; solange er aber selbst nicht vorbringt, nicht arbeiten zu können, und die AA seinen Gesundheitszustand nicht überprüfen lässt, gilt er als gesund. Er muss sich auch verpflichten, an seinem Wohnort erreichbar zu sein, d. h. täglich die Post zu kontrollieren und Abwesenheiten an Werktagen bei der AA zu melden oder, wenn erforderlich, eine Zustimmung einzuholen.
Franz müsste sich auch arbeitslos gemeldet haben. Er hat zunächst ordnungsgemäß (spätestens drei Monate vor dem Ende des Arbeitsverhältnisses) die Meldung als arbeitssuchend vorgenommen. Dann hat er am 3. 1. 2011 einen Antrag auf Arbeitslosengeld gestellt. Dieser Antrag enthält zugleich die Arbeitslosmeldung, eine gesonderte Bezeichnung ist nicht erforderlich. Die Meldung erfolgte auch nicht zu spät. Da die AA am 1. 1. 2011 und ebenfalls am 2. 1. 2011 (Sonntag) geschlossen ist, wirkt die Meldung am folgenden Tag auf den Tag zurück, an dem die Meldung nicht möglich war. Insofern war der Hinweis des Mitarbeiters der AA unkorrekt.

Franz muss auch die Anwartschaft erfüllt haben. Er war in den letzten zwei Jahren mehr als zwölf Monate arbeitslosenversichert.

Der Anspruch ist nicht erloschen und ruht auch nicht.

Franz hat seine Arbeitslosigkeit nicht verursacht oder verschuldet. Eine betriebsbedingte Kündigung erfolgt unabhängig von der Person des Arbeitnehmers, allein aus Gründen, die die ökonomische oder organisatorische Situation des Betriebs betreffen. Soweit erkennbar, ist die Kündigung rechtmäßig. Die Kündigungsfrist ist eingehalten (§ 622 Abs. 2 Nr. 7 BGB).

Es bestehen auch keine Ansprüche auf andere Sozialleistungen oder Abfindungszahlungen (soweit aus dem Fall ersichtlich).

Franz hat einen Anspruch auf Arbeitslosengeld.

Die Dauer bestimmt sich nach § 127 Abs. 2 SGB III und beträgt für Franz 15 Monate.

Die Höhe bestimmt sich nach § 129 SGB III und beträgt für Franz ca. 1200 €.

3.5.2.2 Kurzarbeitergeld

Auf das Kurzarbeitergeld haben Arbeitnehmer einen Anspruch bei Arbeitsausfall, gezahlt wird es aber an die Arbeitgeber, die es zusammen mit den verbleibenden Lohnzahlungen an die Arbeitnehmer weitergeben.

Voraussetzungen sind:

- Es kommt zu einem ein Arbeitsausfall aus wirtschaftlichen Gründen für mindestens ein Drittel der Beschäftigten und zu einem Lohnausfall von mindestens 10 % für die betroffenen Beschäftigten,
- die Beschäftigten setzen eine versicherungspflichtige Tätigkeit (also keine 400-Euro-Jobs) fort oder nehmen sie auf und es liegt weder eine Kündigung noch ein Auflösungsvertrag vor,
- die Einführung der Kurzarbeit wird der örtlichen Arbeitsagentur angezeigt (vom Arbeitgeber oder Betriebsrat).

Das Kurzarbeitergeld beträgt ca. 60 % bzw. 67 % (mit Kind) der Differenz zwischen dem bisherigen Nettolohn und dem reduzierten Nettolohn (§ 178 SGB III).

Beispiel:
Ein allein stehende Stahlarbeiter erhält einen Monatslohn von 3000 € brutto = 1880 € netto. Der Arbeitgeber senkt die Arbeitsleistung wegen ausbleibender Aufträge um 20 % (einen Tag in der Woche). Der Lohn beträgt nur noch 2400 € brutto = 1570 € netto. Die Differenz beträgt also 310 €. Hiervon werden 60 % = 186 € von der AA übernommen. Die Lohneinbuße beträgt 124 €.

Das Kurzarbeitergeld wird in der Regel für längstens sechs Monate gezahlt (§ 177 Abs. 1 Satz 3 SGB III). Das Bundesarbeitsministerium kann durch Rechtsverordnung bei außergewöhnlichen Verhältnissen auf dem gesamten Arbeitsmarkt die

Bezugszeiten auf bis zu 24 Monate verlängern. Für 2010 begonnene Kurzarbeit beträgt die maximale Bezugszeit 18 Monate, für 2011 noch zwölf Monate.

Kurzarbeitergeld kann auch in der Sonderform des Saison-Kurzarbeitergelds (§ 175 SGB III) gezahlt werden.

3.5.2.3 Insolvenzgeld

Insolvenzgeld wird gezahlt, wenn Arbeitnehmer durch die Insolvenz oder bei vollständiger Beendigung der Betriebstätigkeit Lohnausfälle haben (§ 183 SGB III). Die Zahlung erfolgt nur für die letzten drei Monate vor Eröffnung des Insolvenzverfahrens oder vor Beendigung des Arbeitsverhältnisses (§ 183 Abs. 1 Satz 1 SGB III). Für diesen Zeitraum zahlt die Arbeitsagentur auch die rückständigen Sozialversicherungsbeiträge. Das Insolvenzgeld wird in Höhe des Nettolohns gezahlt, allerdings begrenzt auf die Beitragsbemessungsgrenze (für 2011 das Nettoeinkommen aus 5500 € brutto/West bzw. 4800 € brutto/Ost). Der Antrag muss von den Arbeitnehmern innerhalb einer Ausschlussfrist von zwei Monaten nach Eröffnung des Insolvenzverfahrens gestellt werden.

3.5.3 Leistungen der Arbeitsmarktintegration (aktive Arbeitsförderung)

Die Leistungen der Arbeitsmarktintegration im SGB III sind überwiegend nicht an ein Versicherungsverhältnis gebunden, sondern stehen allen Arbeitssuchenden zur Verfügung, soweit sie nicht für die Alg-II-Empfänger auf die Jobcenter übergeleitet wurden. Für Arbeitssuchende, die sowohl Alg als auch aufstockend Alg II beziehen, hat der Gesetzgeber keine eindeutige Regelung über die Zuständigkeit für die Arbeitsmarktintegration getroffen. Sie können also sowohl Leistungen der Arbeitsagenturen nach SGB III als auch der Jobcenter nach SGB II in Anspruch nehmen. Die beiden Leistungsträger sind allerdings nach § 9a SGB III zu einer engen Zusammenarbeit verpflichtet.

Für die Arbeitsmarktintegration nach SGB III gelten u. a. folgende Grundsätze:

- Die Integration in den Arbeitsmarkt hat Vorrang vor der Zahlung von Lohnersatzleistungen (§ 4 Abs. 1 SGB III).
- Die Auswahl der Leistungen der Arbeitsförderung liegt überwiegend im Ermessen der AA und erfolgt nach den Kriterien von Wirtschaftlichkeit und Geeignetheit. Für die Eignung werden sowohl die Fähigkeiten der Arbeitssuchenden als auch die Bedarfe des Arbeitsmarkts berücksichtigt (§ 7 SGB III).
- Die Maßnahmen sollen die Situation von Arbeitssuchenden mit Kindern besonders berücksichtigen (§ 8 Abs. 1 SGB III). Personen, die nach einer Zeit der Erziehung in den Beruf zurückkehren wollen (Berufsrückkehrer), wird ein Regelanspruch („sollen") auf Leistungen der Arbeitsförderung eingeräumt (§ 8 Abs. 2 SGB III).
- Sowohl die Stellenausschreibung als auch die Arbeitsförderung selbst muss diskriminierungsfrei erfolgen (§ 36 SGB III; § 19a SGB IV).

- Die Arbeitsagenturen sollen vor Ort mit allen Akteuren am Arbeitsmarkt (Arbeitgeber, Kammern und Berufsverbände, Gewerkschaften, Kommunen, Beschäftigungsträger) zusammenarbeiten (§§ 2, 9 SGB III).
- Um die Wirksamkeit der Arbeitsförderung – auch bezogen auf verschiedene Gruppen von Arbeitsuchenden – messbar und vergleichbar zu machen, erstellen die einzelnen AA Eingliederungsbilanzen (§ 11 SGB III). Einerseits werden durch diese Form der Kontrolle Fehlinvestitionen erkennbar, andererseits bewirkt der Erfolgsdruck auf die einzelnen Mitarbeiterinnen die Ausrichtung an schnellen Erfolgen. So erhalten schwerer Vermittelbare eine geringere Unterstützung als leicht Vermittelbare (Bernhard/Wolff/Jozwiak, ZAF 2006, S. 533, 550 ff.).

3.5.3.1 Beratung und Vermittlung

Auf Beratung haben alle Personen, die am Arbeitsleben teilnehmen oder teilnehmen möchten, einen Anspruch. Das gilt nicht für Alg-II-Bezieher, weil für sie das Jobcenter zuständig ist. Einige Jobcenter haben die Aufgabe aber an die AA zurückübertragen.

Die Beratung ist an den jeweiligen individuellen Bedürfnissen auszurichten (§ 29 SGB III).

Für Ausbildungssuchende gibt es spezielle Dienste, die Berufsinformationszentren und Datenbanken mit allen angebotenen Lehrstellen und Veranstaltungen für spezielle Zielgruppen. Der Zugang zu einer persönlichen Beratung ist aber auch für junge Menschen nicht immer niederschwellig möglich. So verlangt z.B. die AA Duisburg, dass zunächst das Berufsinformationszentrum besucht wird und dann ein schriftlicher Antrag für eine Beratung gestellt wird, in dem die bisherigen Eigenbemühungen und die Beratungsfragen genau angegeben werden müssen. Die AA Hamburg bietet eine persönliche Beratung nur im Zusammenhang mit einer Ausbildungs- oder Arbeitssuchenden-Meldung an.

Wer sich arbeits- oder ausbildungssuchend meldet, hat einen Anspruch auf eine angemessene Vermittlungstätigkeit der AA (§ 35 SGB III). Als Grundlage ist so bald wie möglich (unverzüglich) eine Potenzialanalyse durchzuführen, mit der die beruflichen Fähigkeiten und Eignungen sowie die für die Vermittlung relevanten persönlichen Lebensumstände ermittelt und Vermittlungshemmnisse festgestellt werden (§ 37 Abs. 1 SGB III).

Weil die Mitarbeiterinnen der AAen weder über die Zeit noch die Fachkompetenz verfügen, erfolgt die Potenzialanalyse oft im Rahmen einer Trainingsmaßnahme (§ 46 Abs. 1 Satz 1 Nr. 2 SGB III) durch einen Beschäftigungsträger.

Für diese Datenerhebung gilt das Zweckbindungsprinzip (siehe S. 90), es darf also keine allgemeine Ausforschung der Persönlichkeit betrieben werden.

Beispiel:
Alina verliert im Alter von 52 Jahren ihre Stelle als Chemikantin auf Grund der Insolvenz ihres Arbeitgebers. Nach ihrer Arbeitslosmeldung wird sie im Rahmen der Potenzialanalyse aufgefordert, die Entwicklung ihrer familiären Verhältnisse seit ihrer Kindheit darzustellen.

Diese Befragung ist unzulässig, da ein Zusammenhang mit der konkreten Arbeits-vermittlung nicht erkennbar ist.

Auf der Grundlage der Potenzialanalyse soll eine Eingliederungsvereinbarung getroffen werden, in der sowohl die Vermittlungsbemühungen und Leistungen der AA als auch die Eigenbemühungen (z. B. ein bestimmter Umfang an Bewerbungen) festgehalten werden, zu denen sich die Arbeitssuchende verpflichtet (§ 37 Abs. 2 SGB III). Es besteht keine Rechtspflicht zum Abschluss der Vereinbarung; die Pflichten der Arbeitssuchenden können auch durch einen Bescheid der AA auferlegt werden (§ 37 Abs. 3 Satz 4 SGB III).

Haben Arbeitssuchende, die Alg beziehen, allerdings eine Eingliederungsvereinbarung abgeschlossen, so werden Verstöße mit einer Sperrzeit (siehe S. 137) sanktioniert. Kommen Arbeitssuchende, die kein Alg bekommen, den Verpflichtungen nicht nach, so kann die AA die Vermittlungsbemühungen einstellen. Eine neue Meldung als Arbeitssuchender ist dann erst nach zwölf Wochen wieder möglich (§ 38 Abs. 3 SGB III). Für Ausbildungssuchende müssen die Vermittlungsbemühungen dagegen wiederaufgenommen werden, sobald eine erneute Meldung erfolgt (§ 38 Abs. 4 SGB III).

3.5.3.2 Leistungen der Arbeitsmarktintegration an Arbeitssuchende

Das SGB III enthält eine Fülle verschiedener Instrumente zur Arbeitsmarktintegration. Neben den allgemeinen Instrumenten finden sich spezielle Integrationsmaßnahmen für junge Menschen, insbesondere wenn sie bislang noch keine Ausbildung haben. Auch für Menschen mit Behinderungen sind neben den allgemeinen Maßnahmen noch besondere Möglichkeiten vorgesehen, die ausschließlich ihnen vorbehalten bleiben (siehe hierzu Kapitel 7.6).

Für die Frage, wer welche Leistung erhalten kann, ist oftmals nicht allein der Gesetzeswortlaut entscheidend, sondern auch die Durchführungsanweisungen (DA) der Bundesagentur. Das Informationsfreiheitsgesetz verpflichtet die BA, alle Weisungen im Internet zu veröffentlichen (www.arbeitsagentur.de, Veröffentlichungen, Weisungen). Auch wenn die Veröffentlichungen immer noch nicht sehr kundenfreundlich angeboten werden, haben Arbeitssuchende jetzt die Möglichkeit, genau festzustellen, ob eine Maßnahme auf ihre Situation passt. Auch in der persönlichen Beratung muss jede Mitarbeiterin der AA erläutern, auf welche Weisung sie sich beruft, wenn sie eine Leistung mit Verweis auf die Vorschriften ablehnt.

Bedeutsam sind vor allem folgende Instrumente zu Arbeitsmarktintegration:

Das Vermittlungsbudget (§ 45 SGB III)

Die Leistungen aus dem Vermittlungsbudget dienen der Förderung der Anbahnung oder Aufnahme einer versicherungspflichtigen Beschäftigung oder beruflichen Ausbildung (ist immer versicherungspflichtig) von mindestens 15 Stunden wöchentlich. Gefördert werden kann auch die Aufnahme einer Einstiegsqualifizierung (siehe S. 151), weil sie sozialversicherungspflichtig ist (HEGA 45.14).

Alle Leistungen werden nur nach Ermessen erbracht und müssen die Eingliederungschancen deutlich verbessern. Diese Regelung ist bewusst weit gehalten, um eine „individuelle, bedarfsgerechte Unterstützung" zu gewährleisten. Kritisch bewertet wird hierbei, dass dem einzelnen Vermittler eine erhebliche Machtposition eingeräumt wird, aus der heraus er die Leistungen zuteilen kann (DGB v. 19.11.2008, S. 6). Die einzelnen AA können durch ermessenslenkende Weisungen sicherstellen, dass zumindest in einem Arbeitsmarktbezirk eine einheitliche Handhabung durch alle Mitarbeiter erfolgt.

Ermessenslenkende Weisung

Die Leitung einer Behörde erlässt für gesetzliche Regelungen, die Ermessensentscheidungen (siehe S. 27ff.) vorsehen, Dienstanweisungen, die z.B. Fälle benennen, in denen die Leistung erbracht werden oder abgelehnt werden soll. Es können auch Regelungen zur Höhe der Leistung getroffen werden. So eine Weisung kann z.B. Pauschalen für die Kostenerstattung für schriftliche Bewerbungen enthalten oder festlegen, dass für auswärtige Bewerbungsgespräche Fahrkarten ausgestellt werden, aber kein Bargeld gezahlt wird.

Die einzelnen Mitarbeiter entscheiden dann immer noch nach Ermessen, folgen dabei aber einheitlichen Richtlinien. Dienstanweisungen haben keine Gesetzeskraft, sie dürfen also nur angewendet werden, wenn sie mit der gesetzlichen Regelung vereinbar sind.

Übernommen werden insbesondere:
- Bewerbungskosten, sinnvollerweise mit einer Pauschale für jede Bewerbung (3 bis 5 € je nach Qualifikation),
- Kosten für erforderliche Zertifikate und die Übersetzung ausländischer Zeugnisse,
- Fahrtkosten und Umzugskosten,
- Kosten zur Aufnahme einer Tätigkeit in einem anderen Staat der EU und des EWR (Norwegen, Island und Liechtenstein),
- Maßnahmekosten zur Beseitigung von Vermittlungshemmnissen, z.B. eine Schuldnerberatung, ein Bewerbungstraining oder Hilfe bei der Organisation der Kinderbetreuung.

Die Vermittlung beruflicher Kenntnisse kann nicht aus dem Vermittlungsbudget gefördert werden (HEGA 45.17), weil hierfür andere Leistungen zur Verfügung stehen. Ebenso dürfen keine Leistungen an Arbeitgeber erbracht werden. Die Leistungen müssen immer beantragt werden, bevor die Kosten entstehen.

Maßnahmen zur Aktivierung und beruflichen Eingliederung (§46 SGB III)

Die im Jahr 2009 neu geschaffene Regelung sollte verschiedene zuvor bestehende Integrationsinstrumente zusammenfassen und einen weiten Spielraum für passgenaue Maßnahmen bieten. Die Maßnahmen zielen vor allem auf zwei Gruppen von Arbeits- und Ausbildungssuchenden:
- Menschen, die aus persönlichen oder sozialen Gründen (fehlende Fachkenntnisse gehören nicht dazu) nicht die Voraussetzungen mitbringen, um eine

Ausbildung, eine Berufsvorbereitende Bildungsmaßnahme (BvB) oder Arbeit aufzunehmen. Ein besonderes Augenmerk wird dabei auf junge Menschen gelegt, die aus den schulischen Bildungssystemen ohne oder mit sehr schlechten Abschlüssen ausgestiegen sind oder entlassen wurden, die über ein wenig entwickeltes Selbstwertgefühl verfügen und die dem Leben ohne konkrete Perspektiven gegenüberstehen. Es kann sich aber auch um Langzeitarbeitslose handeln, deren Bezüge zum Berufsleben kaum noch vorhanden sind oder noch nie bestanden haben. Sie sollen durch Maßnahmen „aktiviert", d.h. an den Arbeitsmarkt herangeführt werden.

- Die andere Gruppe sind Menschen, denen eine spezifische Qualifikation zur Aufnahme einer Ausbildung oder Arbeit fehlt. Hier kann durch einen Kurs in einer bestimmten IT-Anwendung, einen Gabelstaplerführerschein oder ein Trainingsprogramm in deutscher Fachsprache die Möglichkeit, einen Arbeits- oder Ausbildungsplatz zu finden, deutlich verbessert werden. Es darf sich immer nur um kurze Qualifizierungen (maximal acht Wochen) handeln, weil ein höherer fachlicher Anpassungsbedarf durch die Leistungen der beruflichen Weiterbildung (siehe S. 146 f.) abzudecken ist.

Beispiele für Maßnahmen nach § 46 SGB III:

- Maßnahmen zur Strukturierung des Tagesablaufs und zur Entwicklung von Arbeitsmotivation für besonders arbeitsmarktferne Leistungsbezieher;
- Projekte in Kooperation mit Suchtberatungen und Rehabilitationsträgern;
- spezielle Maßnahmen für Arbeitssuchende mit Familienpflichten, auch soweit die Zielrichtung zunächst nur in einer Veränderung des Rollenbildes als Hausfrau und Mutter besteht;
- Trainings von höchstens acht Wochen zur Erlangung beruflicher Kenntnisse, wenn z.B. wegen längerer Unterbrechung Auffrischungen erforderlich sind oder Anpassungen von im Ausland erworbenen Kenntnissen an den deutschen Arbeitsmarkt;
- betriebliche Maßnahmen von höchstens vier Wochen sowohl zur Erprobung allgemeiner Schlüsselkompetenzen als auch zur Auffrischung oder Anpassung bestehender beruflicher Erfahrungen;
- Sprachkurse zur Vorbereitung der Arbeitsaufnahme im Ausland;
- Verbesserung deutscher Sprachkenntnisse oberhalb des Niveaus B1 (bis dahin Integrationskurse des BAMF), soweit keine speziellen Angebote im Programm ESF-BAMF zur Verfügung stehen;
- Maßnahmen und Kurse zur Vorbereitung einer selbständigen Existenzgründung und
- Coaching und Schulungskurse, die nach Aufnahme einer Beschäftigung den Erhalt des Arbeitsplatzes sichern.

Viele der Maßnahmen nach § 46 SGB III werden durch (freie) Beschäftigungsträger und in Projektform erbracht. Die intensive sozialpädagogische Begleitung bietet ein expandierendes Arbeitsfeld für die Soziale Arbeit.

Die Maßnahmeträger dürfen von den AA nur im Wege eines Vergabeverfahrens ausgewählt werden.

Vergabeverfahren

Im Vergabeverfahren müssen Maßnahmen und Projekte – anders als bei der Zuwendungsfinanzierung (siehe S. 38 ff.) – öffentlich ausgeschrieben werden. Ausnahmen gelten, wenn nur geringe Finanzmittel eingesetzt werden. Das Gesetz gegen Wettbewerbsbeschränkungen (GWB) regelt die Grundsätze, nach denen alle Anbieter im Vergabeverfahren einen Anspruch auf gleiche Behandlung haben. Das gilt auch für Anbieter aus anderen Staaten der EU, wenn ein Wert von 193 000 € überschritten wird. Die Einzelheiten sind für Dienstleistungen (also auch Maßnahmen der Arbeitsmarktintegration) in der Verdingungsordnung für Leistungen (VOL) geregelt. Eine freihändige Vergabe (also ohne öffentliche Ausschreibung) darf nur bis zu Werten von 100 000 € erfolgen. Die Aufträge der AAen im Bereich der Arbeitsmarktintegration werden über die Regionalen Einkaufszentren der BA in den Bundesländern ausgeschrieben und vergeben.

Die freien Träger unterliegen Mitteilungspflichten nach § 318 SGB III. Danach sind der AA alle Fehlzeiten der Teilnehmer mit Gründen mitzuteilen, eine Leistungsbeurteilung abzugeben und auch sonst alle Umstände zu melden, die für die Bewilligung oder die Beendigung der Maßnahme von Bedeutung sind. Die Teilnehmerinnen sind verpflichtet, die Beurteilung durch den Träger zuzulassen, d. h. der Datenweitergabe an die AA zuzustimmen. Ob das auch für Daten gilt, die unter die Schweigepflicht nach § 203 StGB fallen (siehe S. 93 ff.), ist umstritten. Im Sinne einer transparenten und kooperativen Sozialen Arbeit sind die Beurteilungen den Klienten gegenüber zumindest offenzulegen; es darf nicht der Eindruck entstehen, es werde „hinter ihrem Rücken" agiert. Wie beim Arbeitszeugnis sollten die Teilnehmerbewertungen vollständig (also nicht nur einzelne, evtl. negative Aspekte herausstellen) und wohlwollend (wertschätzend) formuliert sein.

Im Rahmen des § 46 SGB III können auch ganz individuell zugeschnittene Maßnahmen finanziert werden. Dafür ist eine öffentliche Ausschreibung nicht erforderlich, die Vergabe erfolgt auf der Grundlage mehrerer Angebote.

Nach sechs Monaten Arbeitslosigkeit besteht ein Rechtsanspruch auf Zuweisung einer Maßnahme nach § 46 SGB III. Auf diese Weise können auch Menschen ohne Leistungsbezug eine Maßnahme einfordern. Die Auswahl der Maßnahme liegt aber weiter im Ermessen der AA. Zwingend vorausgehen muss eine Potenzialanalyse (§ 37 SGB III), damit die Auswahl der Maßnahme einer gezielten Integrationsstrategie entspricht.

Berufliche Weiterbildung (§ 77 SGB III)

Die berufliche Weiterbildung wird durch Ausgabe von Bildungsgutscheinen gefördert, die bei einem Bildungsträger für eine Bildungsmaßnahme eingesetzt werden können.

Die Förderung setzt voraus:

• Kein Berufsabschluss und bereits drei Jahre gearbeitet;
  oder

noch keine drei Jahre gearbeitet, aber aus persönlichen Gründen keine Berufsausbildung oder BvB möglich oder zumutbar;
oder
es besteht ein Berufsabschluss, der jedoch wegen mehr als vierjähriger Tätigkeit als Un- oder Angelernter nicht mehr verwertbar ist;
oder
die berufliche Eingliederung wegen einer Behinderung erfordert eine Weiterbildung (siehe auch Kapitel 7.5.4).
- Es hat eine Beratung durch die AA oder einen Beauftragten stattgefunden.
- Der Maßnahmeträger und die Maßnahme sind zugelassen.

Soweit bislang kein Hauptschulabschluss erreicht wurde und die übrigen Voraussetzungen für die Weiterbildung vorliegen, kann der Bildungsgutschein auch zur Vorbereitung des Hauptschulabschlusses eingesetzt werden (§ 77 Abs. 3 SGB III). Im Unterschied zu den sonstigen Weiterbildungen, die nach Ermessen bewilligt werden, besteht hier sogar ein Rechtsanspruch.

Zusätzlich zu den Lehrgangskosten können Fahrtkosten, Kosten der Kinderbetreuung und Kosten für auswärtige Unterbringung und Verpflegung erstattet werden. Alle übrigen Kosten können nur als Teil der Lehrgangskosten durch den Träger abgerechnet werden.

Die freien Träger werden in diesem Bereich nicht durch Auftragsvergabe eingebunden, sondern durch Zulassung, also im Konzessionsverfahren.

Konzessionsverfahren

Die Beteiligung der freien Träger erfolgt nach dem Prinzip des sozialrechtlichen Dreiecksverhältnisses (siehe S. 34 ff.):

Der freie Träger erhält eine Konzession bzw. Lizenz, um die Leistung erbringen zu dürfen.

Der öffentliche Träger bewilligt dem Arbeitssuchenden die Leistung, z. B. eine Weiterbildung (Bildungsgutschein).

Der Arbeitssuchende sucht sich am freien Markt einen konzessionierten Träger und geht mit ihm einen privatrechtlichen Vertrag ein. An die Stelle der Bezahlung tritt der Anspruch auf Kostenübernahme gegenüber dem öffentlichen Träger.

Der freie Träger rechnet auf der Grundlage der Vereinbarungen im Konzessionsvertrag und der Leistungsbewilligung gegenüber dem Arbeitssuchenden (Bildungsgutschein) ab.

Leistungen zur Förderung der Berufsausbildung

Berufsausbildung
Junge Menschen, die eine betriebliche Ausbildung aufnehmen, erhalten Berufsausbildungsbeihilfe (BAB), wenn das Ausbildungsentgelt nicht ausreicht, um den Lebensunterhalt zu sichern (§§ 59 ff. SGB III). Die Leistung wird nur an junge Menschen in einem eigenen Haushalt erbracht. Jugendliche im Haushalt der Eltern erhalten bei Hilfebedürftigkeit Alg II, die Ausschlussklausel für Auszubildende im SGB II gilt für sie nicht (§ 7 Abs. 6 SGB II).

Die BAB entspricht den Leistungen nach BAföG, welche während einer schulischen Ausbildung gewährt werden (572 €, siehe auch S. 175). Die Ausbildungsvergütung wird bis auf einen Freibetrag von 58 € (§ 71 Abs. 2 Nr. 3 SGB III) angerechnet, zusätzlich werden die Fahrtkosten zur Berufsschule übernommen.

Das Einkommen der Eltern wird ebenfalls berücksichtigt. Die Freibeträge liegen bei 1070 € für einen Elternteil, 1605 € für zusammenlebende Eltern, hinzu kommen Freibeträge für die Geschwister. Das Kindergeld wird nicht angerechnet.

Ausländerinnen können BAB nur entsprechend den Regelungen in § 63 SGB III erhalten. Allerdings sind heute junge Menschen weitgehend in den Leistungsanspruch einbezogen, spätestens nach vier Jahren Aufenthalt sind sogar Auszubildende, die nur über eine Duldung verfügen, leistungsberechtigt.

Grundsätzlich ist nur eine Erstausbildung förderungsfähig. Das gilt für die Berufsausbildungsbeihilfe nach § 60 Abs. 2 SGB III auch dann, wenn es sich bei der ersten Ausbildung nicht um eine betriebliche, sondern um eine schulische Ausbildung gehandelt hat (BSG v. 29. 1. 2008 – B 7/7a AL 68/06 R).

Die Finanzierung des Ausbildungsplatzes selbst durch die BA ist grundsätzlich nicht zulässig, weil es dadurch zu einer indirekten Subventionierung von Unternehmen kommt.

Finanziert werden aber außerbetriebliche Ausbildungen (siehe S. 152), wenn zuvor mindestens sechs Monate eine BvB absolviert wurde oder es sich um junge Menschen mit Behinderung im Sinne des § 19 SGB III handelt (siehe S. 275).

Ausbildungsvorbereitung
Auch Maßnahmen der Ausbildungsvorbereitung für junge Menschen, die aus persönlichen oder sozialen Gründen noch nicht ausbildungsreif sind, fallen in die Zuständigkeit der BA.

Die wichtigste Maßnahme für junge Arbeitssuchende bis 25 Jahre ist die *Berufsausbildungsvorbereitung (BvB),* die von freien Trägern durchgeführt wird, jedoch einem von der BA genau vorgegebenen Konzept folgt. Voraussetzung für die Zuweisung in eine BvB ist die Prognose, dass ein Übergang in Ausbildung spätestens nach dem Ende der Maßnahme erwartet werden kann (andernfalls kommen Aktivierungsmaßnahmen nach § 46 SGB III in Betracht, siehe S. 144).

Wichtiges Merkmal des Konzepts ist eine flexible Gestaltung des Ablaufs mit der Möglichkeit, jederzeit in eine Ausbildung am ersten Arbeitsmarkt überzugehen. Die maximale Dauer beträgt zehn Monate, für behinderte Menschen kann sie auf bis zu 18 Monate verlängert werden (BA, HEGA-03-2009-VA-Fachkonzept-BvB).

Im Rahmen der BvB besteht ein Anspruch auf die Vorbereitung zum Hauptschulabschluss, soweit dieser bisher nicht erreicht wurde und keine Vollzeitschulpflicht mehr besteht (§ 61a SGB III). Allerdings wird der Abschluss nur bei sehr günstigen Vorbedingungen innerhalb von neun Monaten zu erreichen sein.

Während einer BvB wird BAB geleistet, das Einkommen der Eltern wird hier – anders als bei der Berufsausbildung – nicht berücksichtigt. Auch Personen, die im elterlichen Haushalt leben, erhalten einen Grundbedarf von 216 €. In diesem Fall sind ergänzende Leistungen nach SGB II nicht ausgeschlossen (§ 7 Abs. 6 SGB II). Wer im eigenen Haushalt lebt, kann hingegen die BAB-Leistungen (543 €) nicht durch SGB-II-Leistungen aufstocken. Zusätzlich besteht jedoch für die Eltern ein Kindergeldanspruch, den junge Menschen auf sich überleiten können, falls die Eltern ihnen keinerlei Unterhalt leisten (siehe S. 164).

Die BvB ist auch die Zugangsmöglichkeit zu einer außerbetrieblichen Ausbildung (als Ausnahme), die als Leistung an Träger (siehe S. 152) von der BA finanziert werden kann.

3.5.3.3 Leistungen nur an Alg-Bezieher

Vermittlungsgutschein (§ 421g SGB III)
Anspruch auf einen Vermittlungsgutschein haben Alg-Bezieherinnen, wenn sie innerhalb einer Frist von drei Monaten noch nicht vermittelt worden sind. Die Arbeitslosigkeit muss dabei erst seit zwei Monaten bestehen. Der Unterschied zwischen der Zeit der Vermittlung und der Zeit der Arbeitslosigkeit kann sich daraus ergeben, dass die Vermittlung bereits mit der Arbeitssuchendmeldung (drei Monate vor Ende des Arbeitsverhältnisses) beginnt.

Der Gutschein wird auf Verlangen über einen Betrag von 2000 € (behinderte Menschen und Langzeitarbeitslose 2500 €) ausgestellt und kann bei jedem von der BA zugelassenen Arbeitsvermittler eingelöst werden.

Diese Regelung wurde bis Ende 2011 verlängert, Studien zeigen allerdings, dass der Nutzen für die Betroffenen sehr gering ist (Bernhard/Kruppe, IAB-Kurzbericht 21/2010).

Eingliederungsgutschein (§ 223 SGB III)
Arbeitssuchenden über 50 Jahren mit einem Alg-Anspruch von über zwölf Monaten kann ein Eingliederungsgutschein ausgestellt werden. Der Gutschein bescheinigt jedem Arbeitgeber, der mit der Arbeitssuchenden einen Vertrag über mindestens 15 Wochenstunden für länger als zwölf Monate abschließt, dass ihm von der BA ein Zuschuss zu den Lohnkosten in Höhe von 30 bis 50 % für die Dauer eines Jahres gezahlt wird.

Nach einer Arbeitslosigkeit von mindestens einem Jahr besteht ein Rechtsanspruch auf einen Eingliederungsgutschein in Höhe von 50 %.

Entgeltsicherung für Personen über 50 Jahre (§ 421j SGB III)
Wer aus dem Alg-Bezug heraus eine Beschäftigung aufnimmt, die geringer bezahlt wird als die vorausgegangene Beschäftigung, hat Anspruch auf einen Zuschuss von 50 % der Differenz für das erste Jahr und 30 % für das zweite Jahr. Die Regelung kann nur noch in Anspruch genommen werden, wenn die Beschäftigung bis Ende 2011 aufgenommen wird.

Gründungszuschuss (§§ 57, 58 SGB III)
Mit dem Gründungszuschuss wird die Aufnahme einer selbständigen Tätigkeit unterstützt. Er setzt voraus, dass unmittelbar vor Beginn der Selbständigkeit

noch ein Alg-Anspruch für mindestens 90 Tage besteht. Zum Nachweis der wirtschaftlichen Tragfähigkeit des Vorhabens muss die Stellungnahme einer fachkundigen Stelle, z.B. der Industrie- und Handelskammer, der Handwerkskammer oder einer berufsständigen Vereinigung, vorgelegt werden. Die AA kann auch verlangen, dass vor der Bewilligung eine Maßnahme zur Heranführung an eine selbständige Tätigkeit nach § 46 Abs. 1 Satz 1 Nr. 4 SGB III absolviert wird. Die Existenzgründung muss nicht im Inland erfolgen, gefördert werden auch selbständige Tätigkeiten in einem anderen EU-Staat (BSG v. 27. 8. 2008 – B 11 AL 22/07 R).

Der Gründungszuschuss wird zunächst für neun Monate in Höhe des bisherigen Alg-Anspruchs und eines Zuschlags von 300 € monatlich für die Sozialversicherungsbeiträge gezahlt. Ausnahmsweise ist eine Verlängerung um weitere sechs Monate möglich, wenn einerseits eine intensive geschäftliche Tätigkeit nachgewiesen wird, andererseits der Lebensunterhalt aus dem Einkommen aus der Selbständigkeit noch nicht gesichert werden kann.

Nach der Betriebsgründung kann über die Kammern ein Antrag auf einen Zuschuss aus den ESF-Mitteln „Gründer-Coaching Deutschland" gestellt werden. Es werden bis zu 90 % der Beratungskosten von bis zu 4000 € finanziert.

3.5.3.4 Leistungen an Arbeitgeberinnen

Eingliederungszuschüsse

Die Einstellung von Arbeitsuchenden soll gefördert werden, indem Arbeitgebern ein Teil der Lohnkosten erstattet wird.

Immer wird dabei vorausgesetzt, dass

- Vermittlungshemmnisse vorliegen und
- die Vermittlung aus persönlichen Gründen erschwert ist (§ 217 SGB III).

a) Altersunabhängige Eingliederungszuschüsse

	§218 Abs. 1 SGB III	§218 Abs. 2 SGB III	§219 Abs. 1 SGB III
Für wen?	schwer Vermittelbare	Behinderte, auch Lern-behinderte (§19 SGB III)	Besonders betroffene Schwerbehinderte
Dauer	bis 12 Monate	bis 24 Monate	bis 36 Monate
Höhe	bis 50 % vom Arbeitsentgelt	bis 70 % vom Arbeitsentgelt	
Degression		Mindestens 10 % ab dem 13. Monat	Mindestens 10 % ab dem 25. Monat

b) Altersabhängige Eingliederungszuschüsse (für über 50-Jährige, gilt zunächst bis zum 31.12.2011)

	§421f Abs. 1 Nr. 1 SGB III	§421f Abs. 1 Nr. 2 SGB III	§421f Abs. 2 Satz 6 SGB III	§§421f Abs. 2 Sätze 6–9, 219 Abs. 1 SGB II
Voraussetzungen	Sechs Monate arbeitslos, in einer Maßnahme oder Arbeitsgelegenheit, für mind. 12 Monate eingestellt	bei zusätzlich erschwerter Vermittlung, für mind. 12 Monate eingestellt	bei zusätzlicher Behinderung	zusätzlich besonders betroffene Schwerbehinderte
Dauer	12 bis 36 Monate			ab 50 Jahre: bis 60 Monate ab 55 Jahre: bis 96 Monate
Höhe	30 bis 50 % des Arbeitsentgeltes		30 bis 70 % des Arbeitsentgeltes	
Degression	Mind. 10 % jährlich ab dem 13. Monat			Mind. 10 % jährlich ab dem 25. Monat; Untergrenze 30 %

Einstiegsqualifizierungen (§235b SGB III)

Die Einstiegsqualifizierung für junge Menschen (EQJ) dient der gezielten Vorbereitung auf eine betriebliche Ausbildung und kann nur in Betrieben durchgeführt werden, die auch ausbilden.

Ausbildungsplatzsuchende können von den Betrieben als „Praktikanten" beschäftigt werden, wenn

- sie bisher von der AA aus individuellen Gründen nicht in eine betriebliche Ausbildung vermittelt werden konnten,
- ihnen die erforderliche Ausbildungsreife fehlt oder
- sie als lernbeeinträchtigt oder sozial benachteiligt gelten.

Die Qualifizierungsmaßnahme kann für eine Dauer von sechs bis zwölf Monaten im Betrieb erfolgen und soll als „*Qualifizierungsbausteine*" erworbene Fähigkeiten mit einem Zertifikat dokumentieren. Es handelt sich um eine Vollzeitbeschäftigung; wegen Kindererziehung oder Pflege kann sie um bis zu 20 Wochenstunden reduziert werden. Die Arbeitgeber zahlen an die „Praktikanten" monatlich 216 €, die ihnen zuzüglich der Sozialversicherungsbeiträge von der BA erstattet werden.

Die Evaluationen weisen dieses Mittel als sehr effektiv aus; die Übergangsquote in Ausbildung lag im Jahr 2009 bei 64 % (BMAS März 2010, S. 180).

Voraussetzung ist jedoch eine individuelle Ermittlung eines Arbeitgebers, der auch bereit ist, bei erfolgreichem Verlauf im Anschluss an die Maßnahme einen Ausbildungsvertrag abzuschließen.

Ausbildungsbonus (§ 421r SGB III)

Der Ausbildungsbonus als pauschaler Zuschuss in Höhe von 4000 bis 6000 € für die Schaffung eines zusätzlichen Ausbildungsplatzes ist generell zum Ende 2010 entfallen. Er kann jedoch noch bis 2013 in Anspruch genommen werden, wenn die Ausbildung eines Azubis fortgeführt wird, dessen bisheriger Betrieb geschlossen wurde.

3.5.3.5 Leistungen an Träger

Beschäftigungsträger und sonstige von der BA zugelassene frei gemeinnützige oder gewerbliche Träger erhalten finanzielle Leistungen für bestimmte Angebote, die sich an lernbeeinträchtigte oder sozial benachteiligte Auszubildende (ohne Altersbegrenzung) richten.

Ausbildungsbegleitende Hilfen und Hilfen zur Begleitung von BvB und EQJ (§ 241 SGB III)

Es können Maßnahmen zum Ausgleich von Bildungsdefiziten (einschließlich Deutschkenntnissen) und zur Entwicklung von Schlüsselkompetenzen angeboten werden.

Außerbetriebliche Ausbildung (§ 242 SGB III)

In Ausnahmefällen, wenn die Aufnahme einer betrieblichen Ausbildung am regulären Arbeitsmarkt gescheitert ist, kann auch die außerbetriebliche Ausbildung bei einem Bildungsträger gefördert werden.

- Vorausgesetzt wird eine mindestens sechsmonatige Teilnahme an einer BvB-Maßnahme.
- Die betrieblichen Anteile dürfen sechs Monate je Ausbildungsjahr nicht überschreiten.
- Auf einen Übergang in eine betriebliche Ausbildung ist intensiv hinzuwirken, eine Rückkehr in die außerbetriebliche Ausbildung ist innerhalb von vier Monaten möglich.
- Für die erfolgreiche Vermittlung in eine betriebliche Ausbildung erhält der Träger einen Bonus von 2000 €.

Während einer außerbetrieblichen Ausbildung wird ein Ausbildungsentgelt gezahlt, welches die Höhe des Ausbildungsgeldes nach § 105 SGB III nicht überschreiten darf.

Übergangshilfen (§ 241 Abs. 1 Satz 2 SGB III)

Nach Beginn eines Arbeitsverhältnisses können bis zu sechs Monaten pädagogische Hilfen zur Bewältigung des Übergangs und zur nachhaltigen Integration in den Betrieb erbracht werden.

Hinweis

Der Bereich der Aus- und Weiterbildung nach SGB II und SGB III wurde in das Arbeitnehmerentsendegesetz aufgenommen, die vereinbarten Mindestlöhne (für pädagogische Mitarbeiter 12,28 West und 10,93 Ost) sollen 2011 für allgemeinverbindlich erklärt werden.

3.6 Unfallversicherung

In der gesetzlichen Unfallversicherung sind zunächst alle Beschäftigten pflichtversichert, eine Anmeldung ist dafür nicht erforderlich. Auch wer schwarz beschäftigt wird, kann im Schadensfall Leistungen in Anspruch nehmen. Die Kosten lässt sich die Unfallversicherung dann vom Arbeitgeber erstatten (§ 110 Abs. 1a SGB VII).

In die Unfallversicherung einbezogen sind weiter:

- Kinder während des Besuchs von Tageseinrichtungen und bei Tagespflegepersonen,
- Schüler während des Besuchs von allgemein- oder berufsbildenden Schulen,
- Studierende während der Aus- und Fortbildung an Hochschulen,
- meldepflichtige Arbeitslose und Arbeitssuchende (auch nach SGB II) bei Handlungen im Rahmen der Arbeitsmarktintegration,
- Personen, die stationäre, teilstationäre oder ambulante Leistungen zur medizinischen Rehabilitation erhalten,
- Beschäftigte in Werkstätten,
- nicht erwerbsmäßige Pflegepersonen,
- Entwicklungshelfer,
- ehrenamtliche Helfer bei Hilfe in Unglücksfällen (z.B. Freiwillige Feuerwehren, Rotes Kreuz) oder ehrenamtlich Tätige für öffentliche oder freie Träger sowie Personen, die bei Unglücks- oder Notfällen Hilfe leisten, z.B. Erste-Hilfe-Leistung bei Straßenverkehrsunfällen, Einsatz bei Naturkatastrophen.

Unternehmer und Freiberufler können sich freiwillig versichern, wenn sie nicht bereits durch Gesetz oder Satzung (branchenspezifisch geregelt) pflichtversichert sind.

Die Unfallversicherung erbringt Leistungen bei Arbeits- und Wegeunfällen sowie bei Berufskrankheiten. Da die Leistungen bis auf die medizinische Akutbehandlung dem Bereich der Leistungen für Menschen mit Behinderungen zuzuordnen sind, werden sie im Kapitel 7.4.1 erläutert.

📖 *Zum Weiterlesen*

Kokemoor, Axel (2010): Sozialrecht. Köln u. a.: Carl Heymanns Verlag, S. 57–170.
Waltermann, Raimund (2009): Sozialrecht. Heidelberg: Verlag C. F. Müller, S. 53–212.
Stascheit, Urich/Winkler, Ute (2010): Leitfaden für Arbeitslose. Frankfurt a. M.: Fachhochschulverlag.

💾 *Gut zu wissen – gut zu merken*

Die wichtigsten Lebensrisiken sind im deutschen Sozialleistungssystem durch fünf Sozialversicherungen abgesichert.

Die Sozialversicherungsbeiträge werden vom Arbeitseinkommen einbehalten. Die Arbeitgeber ergänzen sie um ihren Anteil (überwiegend 50 %) und führen sie an die Einzugsstelle der GKV ab. Diese verteilt sie dann auf die verschiedenen Versicherungsträger.

Die *Rentenversicherung* schützt nicht nur im Alter, sondern auch bei Erwerbsunfähigkeit und Behinderung. Die Übergänge vom Krankengeld und Arbeitslosengeld in die Rente bieten Gestaltungsspielräume, die im Einzelfall von Spezialisten ermittelt werden müssen.

Die gesetzliche *Krankenversicherung* (GKV) bietet allen Arbeitnehmern mit kleinen und mittleren Einkommen die gesetzlich vorgeschriebene Absicherung im Krankheitsfall. Ihr gegenüber steht das System der privaten Versicherungen. Wer einmal gesetzlich versichert war, kann die Mitgliedschaft freiwillig fortsetzen, dagegen ist ein freiwilliger Wechsel von der Privatversicherung in die gesetzliche Versicherung ausgeschlossen.

Die Krankenversicherung erbringt medizinische Leistungen, die jedoch in verschiedenen Bereichen durch soziale Hilfen ergänzt werden. Das Krankengeld bietet eine wichtige Sicherung des Lebensunterhalts, zum Teil auch über die Dauer eines Arbeitsverhältnisses hinaus.

Die gesetzliche *Pflegeversicherung* (GPfV) ist unmittelbar mit der Mitgliedschaft in der GKV verknüpft. Im Unterschied zur GKV erbringt sie keine bedarfsdeckenden Leistungen, sondern nur pauschale Zuschüsse zu den Pflegeleistungen. Die wichtigsten Leistungen sind: Pflegegeld, ambulante häusliche Pflege, Tages- und Nachtpflege sowie vollstationäre Pflege.

Die Leistungen der Pflegeversicherungen müssen in vielen Fällen durch Leistungen der Sozialhilfe ergänzt werden. Die Sozialhilfeträger können die Kinder der Pflegebedürftigen auf Rückzahlung in Anspruch nehmen, wenn diese über ein ausreichendes Einkommen verfügen.

Die *Bundesagentur für Arbeit* (BA) ist nicht nur Träger der Arbeitslosenversicherung, sondern auch Träger der Arbeitsmarktintegration für alle Bürger. Eine Sonderzuständigkeit der Jobcenter besteht allerdings für die Leistungsempfänger nach SGB II.

Die wichtigste Leistung der *Arbeitslosenversicherung* ist das Arbeitslosengeld. Es wird an Versicherte gezahlt, die ihre Arbeitsstelle verloren haben. Im Detail verbergen sich hinter den drei Voraussetzungen, 1. arbeitslos zu sein, 2. sich gemeldet zu haben und 3. die Anwartschaft erfüllt zu haben, eine Fülle von Einzelanforderungen.

Im Bereich der *Arbeitsmarktintegration* bestehen umfangreiche Förderungsmöglichkeiten, die überwiegend nur nach Ermessen erbracht werden. Besondere Schwerpunkte liegen heute bei der Heranführung an den Arbeitsmarkt für Menschen mit besonderen Zugangshindernissen, bei der Unterstützung der beruflichen Ausbildung und bei den finanziellen Hilfen für Arbeitgeber bei Einstellung von Arbeitslosen.

4 SOZIALE ENTSCHÄDIGUNG

Was Sie in diesem Kapitel lernen können

Das Recht der sozialen Entschädigung kann im Rahmen dieser Einführung nur sehr kursorisch behandelt werden, weil es in der Praxis der Sozialen Arbeit eine untergeordnete Rolle spielt. Die Entschädigungsleistungen umfassen insbesondere die Hilfen für behinderte Menschen, die im Kapitel 7 eingehender behandelt werden.

Von erheblicher praktischer Relevanz für die Soziale Arbeit sind die Leistungen des Opferentschädigungsgesetzes, die Menschen nach Gewalterfahrung, nach Missbrauch und sexueller Ausbeutung Unterstützung und Entschädigung bieten.

4.1 Grundsätze der Sozialen Entschädigung

Das Sozialrecht sieht Entschädigungsleistungen für Gesundheitsschäden vor, die entweder durch Tätigkeiten für die Allgemeinheit verursacht werden oder für die eine öffentliche Verantwortung übernommen wird (Grundgedanke in § 5 SGB I).

Die Leistungen werden durch Steuern finanziert, sind aber dennoch nicht vom Einkommen abhängig. Das soziale Entschädigungsrecht beruht auf dem Gedanken, dass Bürger, die in eine *besondere Opfersituation* geraten, mit den Folgen nicht alleine gelassen werden sollen, sondern Unterstützung durch die öffentliche Hand und die Gemeinschaft der Steuerzahler erhalten.

Welche Opfersituationen einen Entschädigungsanspruch auslösen, liegt weitgehend in der Gestaltungsfreiheit des Gesetzgebers. Grundlegend entwickelt wurde das Recht der sozialen Entschädigung für erlittene Schäden im Dienst der deutschen Wehrmacht bis 1945 (§ 1 Abs. 1 i.V.m. § 2 Abs. 1 BVG). Die übrigen Entschädigungstatbestände wurden dieser grundlegenden Konstruktion nachgebildet und verweisen für die Leistungen überwiegend auf das BVG.

Ansprüche bestehen vor allem:

- bei gesundheitlichen Schädigungen im Dienst der Bundeswehr nach dem Soldatenversorgungsgesetz (SVG);
- bei Gesundheitsschäden im Zusammenhang mit dem Zivildienst nach dem Zivildienstgesetz (ZDG);
- für Schäden durch Inhaftierungen im Ausland aus politischen Gründen nach dem Häftlingshilfegesetz (HHG);
- als Opfer der DDR-Diktatur nach dem Strafrechtlichen Rehabilitationsgesetz (StrRehaG) und dem Verwaltungsrechtlichen Rehabilitationsgesetz (VwRehaG);
- bei Schädigungen durch gesetzlich vorgeschriebene oder empfohlene Impfungen nach dem Infektionsschutzgesetz (IfSG) und

- für Gesundheitsschäden als Folge von vorsätzlichen Gewalttaten nach dem Opferentschädigungsgesetz (OEG).

Die Entschädigungsleistungen werden allgemein in § 24 Abs. 1 SGB I und in § 9 BVG benannt. Die Entschädigung kann durch Verweis auf das BVG (findet sich in allen Entschädigungsgesetzen) umfassen:

- Die *Heilbehandlung (§§ 10 ff.* BVG) wird weitgehend nach den Grundsätzen der GKV erbracht, die vorleistungspflichtig ist, solange der Entschädigungsanspruch noch nicht anerkannt ist. Begünstigt werden Geschädigte aber dadurch, dass sie keine Zuzahlungen leisten müssen. Sind diese schon erfolgt, besteht nach Anerkennung als Schädigung ein Rückzahlungsanspruch. Die Heilbehandlung umfasst auch die Kosten einer psychotherapeutischen Traumabehandlung (LSG Schleswig-Holstein v. 9. 10. 2007 – L 2 VG 16/05).
- Die *Grundrente* (§ 31 Abs. 1 BVG) wird ab einem Grad der Schädigungsfolgen (GdS, entspricht der Minderung der Erwerbsfähigkeit) von 30 % gezahlt. Die Zuordnung erfolgt nach den *Anhaltspunkten für die ärztliche Gutachtertätigkeit.* Die Rente beträgt von 123 € bei einer GdS von 30 % bis zu 646 € bei einer GdS von 100 %. Im Alter und bei besonderer Belastung erfolgt eine Erhöhung nach § 31 BVG. Diese Rente wird auf andere Sozialleistungen nicht angerechnet (siehe z. B. § 11 Abs. 1 SGB II).
- Eine zusätzliche *Ausgleichsrente* wird Schwerbeschädigten (GdS mindestens 50 v. H.) gewährt, wenn sie keine zumutbare Erwerbstätigkeit ausüben können (§§ 32, 33 BVG).
- Einen zusätzlichen *Berufsschadensausgleich* erhalten erwerbsfähige Beschädigte, die auf Grund des Gesundheitsschadens in eine geringer bezahlte Beschäftigung wechseln müssen (§ 30 Abs. 3 ff. 16 BVG).
- Eine *Pflegezulage* (§ 35 BVG) erhalten Beschädigte, die durch die Beschädigung pflegebedürftig geworden sind.
- Die *Hinterbliebenenversorgung* (§§ 38 ff. BVG) erhalten Ehegatten, eingetragene Lebenspartner, Kinder und Eltern, wenn durch die Verletzung der Tod des Angehörigen verursacht wurde oder zum Ausgleich des fehlenden Anspruchs auf Hinterbliebenenrente wegen einer schädigungsbedingten geringeren Erwerbstätigkeit.

Zusätzlich werden für Kriegsopfer abhängig vom Einkommen und Vermögen Leistungen der Fürsorge erbracht, die im Wesentlichen den Leistungsansprüchen der Sozialhilfe nach SGB XII nachgebildet sind.

Die Leistungen werden überwiegend von den Versorgungsämtern, teilweise auch von Landschaftsverbänden erbracht.

4.2 Das Opferentschädigungsgesetz

Opferentschädigung wird bei Gesundheitsschäden geleistet, die auf einem vorsätzlichen, rechtswidrigen, tätlichen Angriff gegen eine Person beruhen.

Der rechtswidrige *Angriff* muss nicht strafbar sein, er kann auch durch eine strafunmündige Person, ein Kind oder eine psychisch kranke Person ausgeführt werden.

Der Gesundheitsschaden beruht nur dann auf dem Angriff, wenn durch ihn die *wesentliche Bedingung* für die Erkrankung oder Schädigung gelegt wurde. Bei psychischen Störungen fällt der eindeutige Nachweis, dass die psychische Belastung durch die Straftat verursacht wurde, oft schwer. Deshalb genügt nach der Rechtsprechung des BSG (v. 12.06.2003 – B 9 VG 1/02 R) eine erhebliche Wahrscheinlichkeit für diesen Zusammenhang.

In der Sozialen Arbeit kommt dem Opferentschädigungsgesetz eine besondere Bedeutung zu bei Schäden durch Straftaten gegen die sexuelle Selbstbestimmung und bei häuslicher Gewalt (siehe z.B. BSG, Urteil vom 11.12.2008 – B 9-9a VG 1/07 R; OLG Köln v. 8.8.2001 – 11 W 36/01). Auch Stalking kann eine Gewalttat im Sinne des OEG darstellen (LSG Niedersachsen-Bremen v. 22.6.2006 – L 13 VG 7/05).

Dagegen schützt das OEG nicht vor Rechtsgutsverletzungen wie z.B. Beeinträchtigungen der Ehre oder der sexuellen Selbstbestimmung, sondern nur gegen Verletzungen durch eine Gewalttat (BSG, Urt. v. 14.2.2001 – BGVG 4/00 R; LSG Niedersachsen-Bremen v. 6.4.2005 – L 5 VG 8/03).

Eine Entschädigung wird nicht geleistet, wenn das Opfer ein Mitverschulden trifft (§ 2 Abs. 1 OEG). In einer älteren Entscheidung hatte das BSG (v. 3.10.1984 – 9a RVg 6/83) eine Entschädigung versagt, weil die Frau sich nicht von ihrem Freund getrennt habe, obwohl die schweren Misshandlungen vorherzusehen waren (Selbstgefährdung) und weil sie ihn zusätzlich verbal provoziert habe. Ob eine heutige Entscheidung noch zu einer Wertung käme, die dieser Form der Selbstgefährdung ein anspruchsausschließendes Gewicht beimessen würde, ist unwahrscheinlich.

Auch sind die Opfer verpflichtet, alles Erdenkliche zu tun, um die Tat aufzuklären. Dazu gehört auch eine Strafanzeige gegen den Täter oder gegen Unbekannt. Gewaltopfer müssen daher in der Beratungspraxis über die Bedeutung einer Anzeige bei der Polizei oder Staatsanwaltschaft für die Entschädigungsansprüche aufgeklärt werden. Gerade bei sexuellen Straftaten oder häuslicher Gewalt muss dem Opfer aber immer die freie Entscheidung bleiben, ob es die Straftat anzeigt. Sozialarbeiterinnen dürfen selbst keine Strafanzeige ohne Einwilligung des Opfers stellen, weil sie sich sonst eines Geheimnisverrats (§ 203 StGB) strafbar machen. Eine Ausnahme besteht allerdings, wenn weitere Personen durch den Täter bedroht sind.

Die Organisation *Weißer Ring* kümmert sich bundesweit um die Opfer von Gewalttaten und unterstützt sie auch bei der Durchsetzung der Ansprüche nach dem OEG. Das Opfer-Telefon ist bundesweit unter der Telefonnummer: *116 006* zu erreichen.

In der Bevölkerung sind die Regelungen des OEG nicht ausreichend bekannt und auch in der Sozialberatung wird der öffentlich-rechtliche Entschädigungsanspruch vernachlässigt. Die Strafrichter sind nunmehr nach § 406h StPO aufgefordert, Verletzte nicht nur auf ihre Rechte im Strafverfahren, sondern auch auf die Entschädigungsansprüche nach dem OEG hinzuweisen.

📖 *Zum Weiterlesen*

Waltermann, Raimund (2009): Sozialrecht. Heidelberg: Verlag C. F. Müller, S. 214–217.
Eichenhofer, Eberhard (2010): Sozialrecht. 9. Aufl. Tübingen: Verlag Mohr-Siebeck, S. 234–243.

5 SOZIALE FÖRDERUNG

Was Sie in diesem Kapitel lernen können

In diesem Kapitel werden als wichtigste Leistungen der Sozialen Förderung die Familienleistungen, die Ausbildungsbeihilfen und das Wohngeld behandelt. Diese Leistungen bilden als ergänzendes Haushaltseinkommen eine unverzichtbare finanzielle Ressource; auf die Ausschöpfung dieser Leistungsansprüche sollten Sozialarbeiterinnen stets ein besonderes Auge haben.

5.1 Kindergeld (§§ 62 ff. EStG)

Kindergeld ist eine Leistung des Familienlastenausgleichs, welche die finanzielle Belastung durch Kinder abmildern soll, und die deshalb weitgehend einkommensunabhängig gezahlt wird.

5.1.1 Kindergeld als Steuerleistung

Beim Kindergeld handelt es sich im formellen Sinne nicht um eine Sozialleistung, sondern um eine negative Einkommenssteuer. Allerdings werden Leistungen an Eltern zum Ausgleich der besonderen finanziellen Belastungen durch Kinder im materiellen Sinne als Sozialleistungen betrachtet und können deshalb nicht aus dem Gesamtsystem der Sozialleistungen ausgeblendet werden.

Das Kindergeld als Steuerleistung hat den Charakter eines vorab ausgezahlten Steuerfreibetrags, der unabhängig von der tatsächlich entstehenden Steuerpflicht gewährt wird. Stellt sich am Jahresende heraus, dass der Anspruch auf den Steuerfreibetrag höher ist als das ausbezahlte Kindergeld, so wird im Rahmen der Festsetzung der Einkommenssteuer das Kindergeld als Rückzahlung verbucht und im Gegenzug der Steuerfreibetrag gewährt. Für 2011 liegt der Kinderfreibetrag für jeden Elternteil bei 2184 € jährlich, hinzu kommt noch ein Freibetrag für Betreuungs-, Erziehungs- und Ausbildungsbedarf je Elternteil in Höhe von 1320 € jährlich (§ 32 Abs. 6 EStG). Erst wenn durch den gesamten Freibetrag von 7008 € eine Steuererleichterung von mehr als 2208 € (bei einem Kind) erreicht wird, ist die Gewährung des Steuerfreibetrags günstiger als das Kindergeld. Ab ca. 35 000 € bei allein Anspruchsberechtigten oder 70 000 € bei gemeinsam veranlagten Eltern kommt dies in Betracht.

Im Ergebnis führt die Konstruktion des Kindergeldes als Steuerleistung dazu, dass Menschen mit hohen Einkommen auch höhere staatliche Leistungen in Form der Steuerentlastung für ihre Kinder erhalten als Menschen mit geringen oder mittleren Einkommen. Der Unterschied kann bis zu 1000 € im Jahr ausmachen.

In seltenen Fällen, in denen Personen nicht dem deutschen Steuerrecht unterliegen, oder ein Kind ohne Eltern in Deutschland lebt (Vollwaisen, ausländische Kinder), kann Kindergeld nicht nach dem Einkommenssteuergesetz bezahlt werden und wird dann in gleicher Höhe nach dem Bundeskindergeldgesetz (BKGG) als echte Sozialleistung gezahlt.

5.1.2 Anspruchsvoraussetzungen

Einen Anspruch auf Kindergeld haben Eltern, wenn sie ihren Wohnsitz in Deutschland haben oder hier steuerpflichtig sind (§ 62 Abs. 1 Satz 1 EStG). Er besteht nach §§ 62, 32 Abs. 1 und Abs. 2 EStG für

- eheliche, nichteheliche und adoptierte Kinder,
- Pflegekinder, denen Unterhalt gewährt wird,
- in den Haushalt aufgenommene Stiefkinder und
- in den Haushalt aufgenommene Enkelkinder,

die ihren Wohnsitz in Deutschland oder in einem anderen EU/EWR-Staat haben (§ 63 Abs. 1 Satz 2 EStG).

Das Kindergeld wird gezahlt:

- Bis zum 18. Geburtstag unabhängig vom Einkommen der Eltern und dem Einkommen des Kindes (§ 32 Abs. 3 EStG).
- Zwischen dem 18. und dem 21. Geburtstag, wenn das Kind arbeitslos gemeldet ist (§ 32 Abs. 4 Nr. 1 EStG).
- Zwischen dem 18. und dem 25. Geburtstag, wenn das Kind sich in einer Ausbildung befindet oder in einer Zwischenzeit von höchstens vier Monaten zu einer Ausbildung, die Ausbildung wegen eines fehlenden Ausbildungsplatzes nicht beginnen oder fortsetzen kann oder einen anerkannten Freiwilligendienst oder Zivildienst im Ausland leistet. Die Zeiten können sich über den 25. Geburtstag hinaus um die Zeiten verlängern, in denen wegen des Wehr- oder Zivildienstes kein Kindergeld bezogen wurde (§ 32 Abs. 4 Nr. 2 EStG).
- Unbegrenzt, wenn das Kind wegen einer Behinderung seinen Lebensunterhalt nicht selbst verdienen kann, und diese Behinderung schon vor dem 25. Geburtstag aufgetreten ist (§ 32 Abs. 4 Nr. 3 EStG).

> **Hinweis!**
>
> Das Einkommen des Kindes ab 18 Jahren darf nicht mehr als 8004 € netto betragen (§ 32 Abs. 4 Satz 2 EStG). Von den Einnahmen können Werbungskosten und auch ausbildungsbedingte Kosten, z. B. für Lehrmaterialien, abgesetzt werden.
> Lebt ein Kind in einem anderen EU-Staat, kann der Einkommensfreibetrag an das dortige Einkommensniveau angepasst werden.

Auf das Kindergeld können zwar beide Eltern einen Anspruch haben; es wird aber nicht geteilt, sondern nur an eine Berechtigte ausgezahlt. Bei mehreren Berechtigten wird das Kindergeld derjenigen gezahlt, die das Kind in ihren Haushalt aufgenommen hat (§ 64 Abs. 2 S. 1 EStG). Lebt das Kind bei keinem der Berechtigten, so erhält diejenige das Kindergeld, die den höchsten Unterhaltsbeitrag leistet.

Steht der vorrangig Berechtigte nicht fest, z.B. weil das Kind im Wechsel bei beiden Elternteilen oder außerhalb des Elternhauses lebt und kein Elternteil Unterhalt zahlt, so müssen die Eltern einen Berechtigten bestimmen oder das Vormundschaftsgericht entscheidet auf Antrag (§ 64 Abs. 3 EStG).

Für Unionsbürger, die ihren Wohnsitz in Deutschland haben, besteht ein Anspruch auf Kindergeld, wenn die Kinder sich in Deutschland oder in einem anderen EU/EWR-Staat aufhalten. Angerechnet wird aber Kindergeld, das von dem anderen Elternteil in einem anderen EU/EWR-Staat bezogen wird; so kann es zu Zahlungen eines geringeren Kindergelds kommen.

Auch Eltern aus einigen weiteren Staaten (Algerien, Bosnien und Herzegowina, Kosovo, Marokko, Montenegro, Serbien, Türkei und Tunesien) haben auf Grund von Sozialabkommen Kindergeldansprüche für ihre Kinder im Herkunftsland, allerdings nur in sehr geringer Höhe. Das gilt nach einer neuen Entscheidung des Bundesfinanzhofs (v. 15.7.2010 – III R 6/08) auch für Kinder in der Türkei.

Nicht alle Ausländer, die mit ihren Kindern in Deutschland leben, haben einen Anspruch auf Kindergeld, ausgeschlossen sind nach § 62 Abs. 2 EStG vor allem:

- Ausländerinnen mit einer Aufenthaltserlaubnis zum Zweck des Studiums (§ 16 AufenthG), der Ausbildung (§ 17 AufenthG) oder einer vorübergehenden Erwerbstätigkeit (§ 18 AufenthG),
- Ausländerinnen mit einer humanitären Aufenthaltserlaubnis nach § 23a oder § 25 Abs. 3, Abs. 4, Abs. 4a, Abs. 5 AufenthG in den ersten drei Jahren ihres Aufenthalts, und anschließend nur, wenn sie erwerbstätig sind oder noch einen Anspruch auf Alg haben (eventuell verfassungswidrig, Vorlage BSG v. 30.9.2010 – B 10 EG 9/09 R, 1 BvL 3/11),
- Geduldete und Asylbewerber.

Nicht betroffen von den Ausschlussklauseln sind türkische Staatsangehörige ab dem siebten Monat des Aufenthalts und sozialversicherungspflichtig Beschäftigte aus den übrigen (oben genannten) Abkommensstaaten.

5.1.3 Höhe des Kindergeldes

Das Kindergeld beträgt nach § 66 Abs. 1 EStG

für das erste und zweite Kind	184 €,
für das dritte Kind	190 €,
für das vierte und jedes weitere Kind	215 €.

5.1.4 Antrag auf Kindergeld

Kindergeld wird auf Antrag von der Familienkasse der Arbeitsagentur bezahlt und zwar auch rückwirkend ab dem Beginn des Monats, in dem die Anspruchsvoraussetzungen – zu denen auch der erforderliche Aufenthaltsstatus gehört – erstmals erfüllt waren, längstens allerdings für *vier Jahre rückwirkend* (§ 66 Abs. 2 EStG i.V.m. § 171 AO). Kindergeld für die Vergangenheit kann nicht beansprucht werden, wenn bereits ein rechtskräftiger ablehnender Bescheid für diesen Zeitraum vorliegt. Für Kinder ab dem 18. Geburtstag ist ein neuer Antrag erforderlich.

Kinder über 18 Jahren können bei der Familienkasse einen sog. *Abzweigungsantrag* stellen, um zu bewirken, dass das Kindergeld unmittelbar an sie selbst ausgezahlt wird (§ 74 EStG). Dies ist aber nur möglich, wenn sie keine Unterhaltszahlungen – auch nicht durch Unterkunft, Verpflegung oder sonstige Sachleistungen – von ihren Eltern erhalten.

Befindet sich ein volljähriges Kind in einer *stationären Einrichtung* und übernimmt ein Sozialleistungsträger die hierfür anfallenden Kosten zum überwiegenden Teil, so kann dieser Träger ebenfalls die Überleitung des Kindergeldes auf sich beantragen. Dem Antrag darf aber nur dann stattgegeben werden, wenn die Eltern oder der Elternteil, die oder der das Kindergeld beziehen/-t, tatsächliche keine Kosten in Höhe des Kindergeldes für das Kind aufwenden/-t (BFH v. 9.2.2009 – III R 37/07).

5.1.5 Verhältnis zu anderen Leistungen

Das Kindergeld dient der Entlastung von Kosten, die Kinder verursachen, also auch von Kosten des Lebensunterhalts. Es ist damit vorrangig vor allen Grundsicherungsleistungen zu berücksichtigen und wird auf die Leistungen nach SGB II und SGB XII angerechnet.

5.2 Kinderzuschlag

Der Kinderzuschlag nach § 6a BKGG ist eine spezifische Leistung zur Vermeidung des Bezugs von Grundsicherungsleistungen nach SGB II oder SGB XII. Ihm liegt die sozialpolitische Überlegung zugrunde, dass Familien nicht zu Leistungsempfängern (Hartz-IV-Haushalte) werden sollen, nur weil das Elterneinkommen nicht ausreicht, um den Unterhaltsbedarf der Kinder zu sichern. Den Kinderzuschlag gibt es daher nur für Eltern, die Einkommen erzielen, mit diesem Einkommen aber nicht den Gesamtbedarf der Familie decken können.

5.2.1 Anspruchsvoraussetzungen

Vier Voraussetzungen müssen für den Anspruch auf den Kinderzuschlag erfüllt sein:

• Es muss ein Anspruch auf Kindergeld nach § 62 EStG bestehen.

- Es muss ein Mindesteinkommen durch Erwerbstätigkeit, Alg, Krankengeld oder sonstige eigene Mittel erzielt werden. Für Eltern im gemeinsamen Haushalt beträgt das Mindesteinkommen 900 €, für Alleinerziehende 600 €.
- Es darf höchstens ein Einkommen (bereinigt um Steuern, Sozialabgaben und Werbungskosten) erzielt werden, welches – ohne Berücksichtigung des Wohngeldes – eine Obergrenze nicht überschreitet, die wie folgt berechnet wird:

Die Regelsätze für die Eltern nach § 20 SGB II
+ eventueller Mehrbedarfszuschlag
+ der Anteil der Eltern an den angemessenen Unterkunfts- und Heizungskosten
+ der Gesamtkinderzuschlag.

Schwierigkeiten bereitet bei dieser Berechnung der Anteil an den Unterkunfts- und Heizungskosten. Anders als bei der SGB-II/SGB-XII-Berechnung, werden die Kosten hier nicht nach Kopfteilen aufgeteilt. Zugrunde gelegt werden die Aufwendungen, die Eltern erbringen müssten, würden sie nur für sich alleine Wohnraum benötigen. Basis sind die Zahlen des Existenzminimumberichts (derzeit für 2010) der Bundesregierung, die der Definition des steuerfreien Einkommens (= Existenzminimum) dienen.

	Wohnanteil für Alleinerziehende	Wohnanteil für Elternpaare
1 Kind	75,90 %	83,11 %
2 Kinder	61,16 %	71,10 %
3 Kinder	51,21 %	62,12 %

- Durch die Zahlung des Kinderzuschlags muss ein Leistungsbezug vermieden werden. Die so erforderliche Vergleichsrechnung zwischen verschiedenen Berechnungs- und Anrechnungssystemen lässt den Kinderzuschlag zu einem bürokratischen Monster geraten, welches die Betroffenen nicht mehr durchschauen können und welches in der Anwendung sehr oft das Ziel, Haushalte nicht wegen des Bedarfs der Kinder zu „Hartz-IV-Haushalten" werden zu lassen, genau verfehlt (Details hierzu: Staiger, info also 2010, S. 152 ff.).

5.2.2 Antragstellung

Der Kinderzuschlag wird nur auf Antrag bei der *Familienkasse* (Arbeitsagentur) gewährt. Ein Antrag auf Kindergeld genügt nicht, der Anspruch auf Kinderzuschlag wird nicht automatisch mit geprüft, da hierfür sehr viel mehr Angaben über die persönlichen und wirtschaftlichen Verhältnisse der Antragsteller erforderlich sind.

Anders als beim Kindergeld, werden die Leistungen auch erst ab Antragstellung gewährt (§ 6a Abs. 2 BKGG).

Familien, deren Einkommen nicht zur Existenzsicherung reicht, sind vorrangig auf die Leistungen nach § 6a BKGG verwiesen. Nur wenn sie keinen Anspruch auf den Kinderzuschlag haben, können sie SGB-II-Leistungen in Anspruch nehmen. Wird der Antrag auf Kinderzuschlag abgelehnt, so können innerhalb von einem Monat Leistungen beim Jobcenter beantragt werden, der Antrag wird so behandelt, als sei er zum Zeitpunkt des Antrags auf Kinderzuschlag gestellt worden (§ 40 Abs. 3 SGB II i.V.m. § 28 SGB X).

Wurde bereits Wohngeld bewilligt, so wird der Bewilligungsbescheid rückwirkend ab dem Tag unwirksam, ab dem Leistungen nach SGB II gewährt werden (§ 28 Abs. 3 WoGG). Bereits ausgezahltes Wohngeld für die Zeit ab der Bewilligung von Leistungen nach SGB II erstattet das Jobcenter an die Wohngeldstelle und zieht es zugleich bei der Familie als zugeflossenes Einkommen ab.

Beispiel:
Die Familie Koslowski besteht aus den Eltern und der 14-jährigen Tochter. Frau Koslowski verdient 1000 € netto im Monat, weiteres Einkommen oder Vermögen hat die Familie nicht. Am 1.2.2011 stellt Frau Koslowski einen Antrag auf Kinderzuschlag bei der Familienkasse und am selben Tag auf Wohngeld beim Wohnungsamt. Das Wohngeld wird am 5.3.2011 in Höhe von 200 € bewilligt und für Februar und März auf das Konto der Koslowskis überwiesen. Am 25.3.2011 geht der Familie ein Bescheid der Familienkasse zu, in dem der Kinderzuschlag abgelehnt wird, weil das Einkommen auch unter Berücksichtigung des Kinderzuschlags zur Deckung der Kosten des Lebensunterhalts nicht ausreiche. Koslowskis haben nun bis zum 25.4.2011 Zeit, um einen Antrag auf SGB-II-Leistungen beim Jobcenter zu stellen. Dieser gilt dann als am 1.2.2011 gestellt. Die Bewilligung von Wohngeld wird ab dem Tag der Bewilligung von SGB-II-Leistungen, also ab dem 1.2.2011, d.h. von Anfang an, aufgehoben. In dem Bewilligungsbescheid des Jobcenters vom 30.4.2011 werden die bereits gezahlten 400 € Wohngeld als Einnahmen abgezogen und zugleich an das Wohnungsamt erstattet.

Genauso gut kann der Antrag direkt beim Jobcenter gestellt werden. Dann wird dort geprüft, ob der Anspruch auf Kinderzuschlag und Wohngeld als vorrangig zum Wegfall des Anspruchs nach SGB II führt. Der Antrag auf Kinderzuschlag muss ebenfalls binnen eines Monats nach Ablehnung gestellt werden, um den Kinderzuschlag ab der Antragstellung beim Jobcenter zu erhalten (§ 6a Abs. 2 Satz 5 BKGG i.V.m. § 28 SGB X). Dasselbe gilt auch für den Anspruch auf Wohngeld (§ 25 Abs. 3 WoGG).

Alleinerziehende, Schwangere und Menschen mit Behinderung in Ausbildung haben die Möglichkeit, zwischen SGB-II-Leistungen und Kinderzuschlag zu wählen, wenn der Anspruch nach SGB II höher liegt als der Anspruch auf Kindergeld, Kinderzuschlag und Wohngeld zusammen. Hierzu kann es kommen, weil der Mehrbedarfszuschlag bei der Vergleichsberechnung nicht berücksichtigt wird.

Alle Kinder, für die ein Kinderzuschlag bezogen wird, haben Ansprüche auf Bildungsleistungen (Zuschuss zum Mittagessen in Schule, Kindertagesstätte oder Kindertagespflege, Klassenausflüge und -fahrten, Fahrtkosten zur Schule, Schulbedarf in Höhe von 100 € jährlich, Freizeit und außerschulische Bildung in Höhe von 120 € jährlich sowie bei Bedarf Nachhilfe). Zuständig für die Zahlung bzw.

Bereitstellung (durch Direktzahlung an die Anbieter) sind die Kommunen (§ 7 BKGG). Die Leistungen müssen gesondert beantragt werden; die Informationspflichten (§ 14 SGB I) gebieten es jedoch, alle Bezieher von Kinderzuschlägen auf ihre Ansprüche aufmerksam zu machen.

5.3 Elterngeld/Elternurlaub

Elterngeld wird zum Ausgleich des Einkommensverlustes wegen der Betreuung eines Kindes in den ersten 14 Monaten nach der Geburt gezahlt.

5.3.1 Anspruchsberechtigte

Anspruch auf Elterngeld haben Mütter und Väter unmittelbar nach der Geburt eines Kindes, wenn sie

- ihren Wohnsitz oder gewöhnlichen Aufenthalt in Deutschland haben,
- mit ihrem Kind in einem Haushalt leben,
- dieses Kind selbst betreuen und erziehen und
- wenn sie keine oder keine volle Erwerbstätigkeit ausüben (§ 1 Abs. 1 BEEG).

Als Kind wird nach § 1 Abs. 3 BEEG auch berücksichtigt:

- Ein Kind, welches mit dem Ziel der Annahme als Kind aufgenommen wurde (Adoptiveltern). Hier ist anstelle des Geburtstages des Kindes der Zeitpunkt der Aufnahme bei den Eltern maßgeblich.
- Ein Kind des Ehegatten oder Lebenspartners im gemeinsamen Haushalt („Stiefeltern").
- Ein Kind im Haushalt, für das die Anerkennung der Vaterschaft (§ 1594 Abs. 2 BGB) oder die Vaterschaftsfeststellung (§ 1600d BGB) beantragt wurde, aber noch keine wirksame Entscheidung vorliegt.
- Ein Kind im Haushalt von Verwandten bis zum dritten Grad sowie ihre Ehegatten oder Lebenspartnerinnen, wenn die Eltern ihr Kind wegen schwerer Krankheit, Schwerbehinderung oder Tod nicht selbst betreuen können (§ 1 Abs. 4 BEEG).

Es darf nur eine Erwerbstätigkeit von bis zu 30 Stunden in der Woche neben der Betreuung des Kindes ausgeübt werden; eine Berufsausbildung oder eine Tätigkeit als Tagespflegeperson nach § 23 SGB VIII können ohne zeitliche Begrenzung ausgeübt werden (§ 1 Abs. 6 BEEG).

Bürger aus der EU/EWR und der Schweiz erhalten Elterngeld, sobald sie über einen Wohnsitz in Deutschland verfügen. Ausländer aus Staaten außerhalb der EU/EWR können Elterngeld unter den gleichen Voraussetzungen beziehen wie Kindergeld (§ 1 Abs. 7 BEEG, siehe S. 163).

5.3.2 Dauer des Elterngeldes

Das Elterngeld wird für maximal 14 Monate gezahlt. Diese Höchstdauer kann jedoch von einem Elternteil alleine nur genutzt werden, wenn dieser allein erziehend ist und ihm zumindest das Aufenthaltsbestimmungsrecht allein zusteht. Der Anspruch besteht auch, wenn der andere Elternteil wegen Krankheit oder Behinderung das Kind nicht versorgen kann oder das Kindeswohl bei einer Betreuung durch den anderen Elternteil gefährdet wäre. In den übrigen Konstellationen muss der andere Elternteil zumindest zwei Monate der Elternzeit übernehmen, sonst verfällt der 13. und 14. Monat des Elterngeldes (§ 4 Abs. 3 Satz 3 und 4 BEEG).

Die ersten beiden Monate können nur von der Mutter genommen werden, wenn in dieser Zeit Mutterschaftsgeld gezahlt wird. Da dieses angerechnet wird, werden in dieser Zeit für Arbeitnehmerinnen tatsächlich keine Leistungen erbracht (§ 4 Abs. 3 Satz 2 BEEG).

5.3.3 Höhe des Elterngeldes

Das Elterngeld beträgt 67 % des monatlichen Einkommens aus Erwerbstätigkeit (auch selbständig) bei einem Nettoeinkommen bis 1200 € und sinkt auf 65 % bei einem Einkommen ab 1240 €. Keinen Anspruch haben Personen, die der Reichensteuer (Jahresgehalt von 250 000 € für Alleinstehende bzw. 500 000 € für Paare) unterliegen. Kapitaleinkünfte werden hierbei allerdings nicht berücksichtigt.

Die maximale Höhe des Elterngeldes beträgt 1800 € monatlich (§ 2 Abs. 1 BEEG), berücksichtigt werden also nur Einkommen bis knapp 2700 € netto.

Das Nettoeinkommen wird vermindert durch Abzug der Werbungskostenpauschale (§ 9a Abs. 1 Satz 1 Nr. 1a EStG), im Jahr 2011 monatlich 83 €. Zugrunde gelegt wird das Einkommen der letzten zwölf Kalendermonate (§ 2 Abs. 1 BEEG). Nicht berücksichtigt werden dabei folgende Zeiten (§ 2 Abs. 7 Satz 3 und 4 BEEG):

- Elterngeldbezug für ein älteres Kind. Dadurch kann auf das Einkommen vor der Geburt des Geschwisterkindes zurückgegriffen werden,
- Bezug von Mutterschaftsgeld,
- Zeiten der Einkommensminderung durch eine schwangerschaftsbedingte Erkrankung.

Sonstige Zeiten ohne Erwerbseinkommen führen hingegen zu einer Minderung des Elterngeldes; das gilt für die Elternzeit ohne Elterngeldbezug (BSG v. 27. 5. 2009 – B 10 EG 1/08 R) wie auch für Zeiten der Arbeitslosigkeit oder des Krankengeldbezugs (BSG v. 17. 2. 2011 – B 10 EG 20/09 R). Es kann nicht auf ein früheres Erwerbseinkommen zurückgegriffen werden.

Beispiel:

Anneliese verdient als Sachbearbeiterin 1600 € netto. Nach der Geburt ihres ersten Kindes am 20. 7. 2009 ging sie in Elternzeit und bezog ca. 1000 € Elterngeld bis Juli 2010. Sie blieb bis zur Geburt ihres zweiten Kindes am 10.8.2011 weiter in Elternzeit. Ihr Anspruch auf Elterngeld ab dem 10.8.2011 errechnet sich auf der Grundlage des Einkommens der letzten zwölf Monate. Da Anneliese in dieser Zeit ohne Einkommen war, erhält sie nur den Sockelbetrag von 300 € zuzüglich des Geschwisterbonus in Höhe des Mindestbetrags von 75 €.

Wenn Ehegatten, welche bisher jeweils in der Steuerklasse 4 versteuert wurden, kurz vor der Geburt auf die Steuerklasse 3 und 5 wechseln, ergibt sich für den Elternteil in Klasse 3 ein höheres Nettoeinkommen und damit auch ein höheres Elterngeld. Das BMFSFJ vertrat die Auffassung, dass ein Wechsel der Steuerklasse, der ausschließlich erfolgt, um höheres Elterngeld in Anspruch zu nehmen, rechtsmissbräuchlich sei. Dem widerspricht das Bundessozialgericht (BSG v. 25.6.2009 – B 10 EG 3/08 R); ein Steuerklassenwechsel ist nicht rechtsmissbräuchlich, sondern gehört zu den vom Gesetzgeber eröffneten Gestaltungsmöglichkeiten.

Nicht Erwerbstätigen wird ein Sockelbetrag von 300 € gezahlt (§ 2 Abs. 5 BEEG). Dieser Sockelbetrag wird seit Anfang 2011 auf Leistungen nach SGB II oder SGB XII angerechnet.

Für Geringverdiener gibt es ein erhöhtes Elterngeld. Ist das zu berücksichtigende Einkommen geringer als 1000 € monatlich, erhöht sich der Prozentsatz bei der Berechnung von 67 % um jeweils 0,1 Prozentpunkte für je 2 €, um die das Einkommen den Betrag von 1000 € unterschreitet, auf bis zu 100 % (§ 2 Abs. 2 BEEG).

Beispiel:
Kamil hat ein Einkommen von 700 € (bereinigtes Netto). Sein Einkommen liegt um 300 € unter 1000 €. Für je 2 € dieser Differenz steigt der Prozentsatz des Elterngeldes vom Nettoeinkommen um 0,1 %, d.h. 150 x 0,1 = 15 %. Er erhält als Elterngeld 67 % + 15 % = 82 % = 574 €.

Bei Teilzeittätigkeit bis zu 30 Wochenstunden während des Bezugs von Elterngeld werden 67 % (bzw. 65 % bei höheren Einkommen) des entfallenden Einkommensanteils ersetzt (§ 2 Abs. 3 BEEG); berücksichtigt wird das Einkommen bis 2700 € netto.

Beispiel:
Lena verdient netto 3000 €. Nach der Geburt reduziert sie die Arbeitszeit um 50 % und kommt so auf 1800 € netto. Von dem Einkommen vor der Geburt wird nur der Betrag von 2700 € als Höchstbetrag berücksichtigt. Bezogen auf diesen Betrag errechnet sich eine Einkommenseinbuße von 900 €. Hiervon erhält sie 65 % = 585 €.

Bei Mehrlingsgeburten gibt es für jedes weitere Kind einen Zuschlag von 300 €.

Hat zum Zeitpunkt der Geburt eines Kindes mindestens ein Geschwisterkind das dritte Lebensjahr noch nicht vollendet oder mindestens zwei Geschwisterkinder das sechste, gibt es einen „Geschwisterbonus" in Höhe von 10 % des Elterngeldes, mindestens aber 75 €. Der Bonus wird nur solange gewährt, wie die Altersgrenzen für die Geschwister noch nicht überschritten sind.

Auf Wunsch kann das Elterngeld auch auf den doppelten Zeitraum gestreckt werden und wird dann nur zur Hälfte monatlich ausgezahlt (§ 6 BEEG), es wird also der gleiche Gesamtbetrag gezahlt. Diese Gestaltung kann sich für Eltern empfehlen, die Alg II beziehen, aber erwarten, den Leistungsbezug innerhalb der kommenden zwei Jahre zu beenden.

Das Elterngeld ist bei der durch Landesrecht bestimmten Stelle, teilweise bei Landesämtern, teilweise auch bei den Kommunen zu beantragen. Eine Liste der zuständigen Stellen findet sich unter www.familienwegweiser.de. Elterngeld wird höchstens für drei Monate vor der Antragstellung gezahlt (§ 7 Abs. 1 BEEG).

5.3.4 Elternzeit

Ebenfalls im BEEG geregelt ist der Anspruch auf Elternzeit. Im engen Sinne handelt es sich dabei nicht um Sozialrecht, weil hier ein gesetzlicher Freistellungsanspruch gegenüber dem Arbeitgeber geregelt wird, verbunden mit einem Kündigungsschutz.

Der Anspruch auf Elternzeit besteht für bis zu drei Jahre und endet in der Regel mit dem dritten Geburtstag des Kindes (§ 15 Abs. 2 BEEG). Innerhalb der ersten drei Lebensjahre des Kindes kann die Elternzeit frei gewählt werden. Sie muss dem Arbeitgeber spätestens sieben Wochen vor Beginn mitgeteilt werden. Soll sie also unmittelbar nach der Geburt beginnen, muss die Mitteilung spätestens eine Woche vor Beginn des Mutterschutzes erfolgen; soll sie nach dem Ende des Mutterschutzes beginnen, in der Regel eine Woche nach der Geburt (bei Geburten vor dem errechneten Geburtstermin entsprechend später). Zugleich muss auch mitgeteilt werden, für welche Zeiten sie innerhalb der folgenden zwei Jahre erfolgen soll (§ 16 Abs. 1 BEEG).

Ein späterer Wechsel oder eine Verlängerung der Elternzeit innerhalb der zwei Jahre ist nur noch mit Zustimmung des Arbeitgebers möglich (§ 16 Abs. 3 BEEG). Das gilt auch für eine Verteilung der Elternzeit auf mehr als zwei Zeitabschnitte (§ 16 Abs. 1 Satz 5 BEEG).

Mit Zustimmung des Arbeitgebers kann ein Teil der Elternzeit von bis zu zwölf Monaten auf einen Zeitraum zwischen dem dritten und achten Geburtstag des Kindes übertragen werden.

Den Anspruch auf Elternzeit hat jeder Elternteil eigenständig, die Zeiten bis zu drei Jahren können auch von beiden Eltern gleichzeitig genommen werden (§ 15 Abs. 3 BEEG).

Großeltern, die das Enkelkind im eigenen Haushalt betreuen, können Elternzeit in Anspruch nehmen, wenn der Elternteil des Kindes minderjährig ist oder sich im letzten oder vorletzten Jahr einer Ausbildung befindet, die vor dem 18. Geburtstag begonnen wurde (§ 15 Abs. 1a BEEG). Ein Anspruch auf Elterngeld besteht nicht.

Beispiel:
Antonia lebt im Haushalt ihrer Eltern und hat mit 16 Jahren eine Ausbildung zur Industriekauffrau begonnen. Mit 18 Jahren wird sie Mutter einer Tochter. Sie

befindet sich zu diesem Zeitpunkt am Ende ihres zweiten Lehrjahres. Antonia kann nun die Ausbildung fortsetzen, während ihre Mutter das Kind betreut und hierfür Elternzeit in Anspruch nimmt. Dies bedeutet allerdings den vollen Verlust des Einkommens für die Mutter. Antonia kann hingegen Elterngeld in Anspruch nehmen, da sie außerhalb ihrer Arbeitszeiten das Kind ebenfalls betreut und eine Ausbildung der Inanspruchnahme nicht entgegensteht ($\S 1$ Abs. 6 BEEG). Sie erhält allerdings nur den Sockelbetrag von 300 €, da ihr keine Einkommenseinbußen entstehen ($\S 2$ Abs. 5 BEEG).

Während der Elternzeit besteht Kündigungsschutz. Eine Kündigung ist nur in besonderen Ausnahmefällen (Insolvenz der Firma) und nur mit Zustimmung des Arbeitsministeriums des Landes möglich ($\S 18$ BEEG).

Auch wer sich in einer Berufsausbildung befindet, kann Elternzeit nehmen, diese Zeit wird nicht auf die Ausbildung angerechnet, der Ausbildungsvertrag verlängert sich entsprechend ($\S 20$ Abs. 1 BEEG).

Während der Elternzeit kann die bisherige Tätigkeit oder – mit Zustimmung des Arbeitgebers – auch eine Tätigkeit bei einem anderen Arbeitgeber bis zu 30 Stunden in der Woche ausgeübt werden.

Über einen Antrag auf reduzierte Arbeitszeiten während der Elternzeit muss der Arbeitgeber immer mit der Beschäftigten verhandeln ($\S 15$ Abs. 5 BEEG). Ein Anspruch auf Teilzeitbeschäftigung während der Elternzeit besteht, wenn

• der Arbeitgeber mehr als 15 Arbeitnehmer beschäftigt und
• das Arbeitsverhältnis seit mehr als sechs Monaten besteht und
• die Reduzierung der Arbeitszeit für mindestens zwei Monate auf wöchentliche Zeiten von 15 bis 30 Stunden erfolgen soll und
• keine dringenden betrieblichen Gründe entgegenstehen und
• der Anspruch mindestens sieben Wochen vorher schriftlich angemeldet wurde ($\S 15$ Abs. 7 BEEG).

Lehnt der Arbeitgeber die Verringerung der Arbeitszeit ab, kann Klage beim Arbeitsgericht geführt werden.

Für gesetzlich Krankenversicherte wird das Versicherungsverhältnis (auch Pflegeversicherung) in der Elternzeit beitragsfrei fortgeführt, wenn kein sozialversicherungspflichtiges Erwerbseinkommen mehr besteht. Vorsicht ist für Privatversicherte geboten, weil sie nicht nur ihre Beiträge weiterbezahlen müssen, sondern auch der Zuschuss des Arbeitgebers für diese Zeit entfällt. Der Beihilfeanspruch für Beamte bleibt bestehen. Ist der Ehepartner oder eingetragene Lebenspartner in der GKV versichert, wird der privat versicherte Partner in Elternzeit als Familienangehöriger ebenfalls in der GKV versichert ($\S 10$ SGB V); das gilt nicht für unverheiratete Paare und Menschen, die außerhalb einer eingetragenen Lebensgemeinschaft zusammenleben.

5.4 Unterhaltsvorschuss

Der Unterhaltsvorschuss ist eine staatliche Unterhaltsleistung für Kinder von Alleinerziehenden, die den Lebensunterhalt des Kindes decken soll, wenn der andere Elternteil keinen oder nicht hinreichend oder nur unregelmäßig Unterhalt für das Kind bezahlt.

Ein Kind hat nach § 1 Abs. 1 UhVorschG Anspruch auf die Unterhaltsleistung, wenn es

- noch nicht zwölf Jahre alt ist und
- bei einem seiner Elternteile lebt, der ledig, verwitwet oder geschieden ist oder dauernd getrennt lebt und
- nicht oder nicht regelmäßig Unterhalt von dem anderen Elternteil oder sonstige Unterhaltsleistungen oder Renten, z.B. Waisenrente, erhält.

Der Anspruch ist ausgeschlossen, wenn

- beide Elternteile in häuslicher Gemeinschaft miteinander leben (unabhängig, ob sie miteinander verheiratet sind oder nicht) oder
- in der häuslichen Gemeinschaft von Kind und Elternteil auch ein Lebenspartner des Elternteils lebt oder
- der Elternteil, bei dem das Kind lebt, sich weigert, die zur Durchführung des Gesetzes erforderlichen Auskünfte zu erteilen oder bei der Feststellung der Vaterschaft oder des Aufenthaltes des anderen Elternteils mitzuwirken (§ 1 Abs. 2 und 3 UhVorschG).

Ausländische Kinder erhalten Unterhaltsvorschuss, wenn entweder sie selbst oder der allein erziehende Elternteil die Voraussetzungen erfüllt, die auch für den Bezug von Kindergeld erforderlich sind (§ 1 Abs. 2a UhVorschG, siehe S. 163).

Die Unterhaltsleistung nach dem UhVorschG betragen seit Januar 2010:

für Kinder bis unter sechs Jahre　　　　　 133 €/Monat
für Kinder ab sechs bis unter zwölf Jahren　 180 €/Monat

Die Beträge ergeben sich aus dem Mindestunterhalt nach § 1612a Abs. 1 BGB, der sich wiederum aus dem steuerlichen Kinderfreibetrag errechnet (317 bzw. 364 €), auf den § 2 Abs. 1 UhVorschG verweist, unter Abzug des vollen Kindergeldes von 184 €. Ab dem dritten Kind verringern sich die Beträge wegen des höheren Kindergeldes.

Die Unterhaltsleistung wird insgesamt längstens für sechs Jahre gezahlt (§ 3 UhVorschG).

Das Einkommen des Elternteils, bei dem das Kind lebt, wird nicht berücksichtigt.

Einkommen des Kindes aus Unterhaltszahlungen und Waisenrenten, werden angerechnet (§ 1 Abs. 1 Nr. 3 b) UhVorschG).

Unterhaltsvorschuss ist eine gegenüber dem Sozialgeld nach § 28 SGB II vorrangige Leistung und wird voll auf den Bedarf angerechnet, sobald sie tatsächlich gezahlt wird.

Der allein erziehende Elternteil oder der gesetzliche Vertreter des Kindes muss bei dem zuständigen Jugendamt einen Antrag stellen. Die Leistung wird rückwirkend nur für den vorangegangenen Monat bewilligt.

5.5 Wohngeld

Wohngeld erhalten nur Menschen, die keine steuerfinanzierten Leistungen zur Sicherung des Lebensunterhalts (SGB II, SGB XII, AsylbLG, BAföG, Berufsausbildungsbeihilfe) in Anspruch nehmen.

Wohngeld gibt es
- als Mietzuschuss für den Inhaber einer Mietwohnung oder
- als Lastenzuschuss für den Eigentümer einer selbst bewohnten Immobilie.

Für die Höhe des Anspruchs auf Wohngeld sind vier Faktoren maßgeblich:

- die Anzahl der Haushaltsmitglieder,
- die Höhe des Gesamteinkommens,
- die Höhe der Miete oder Belastung (§ 2 WoGG),
- die Lage der Wohnung.

Wohngeld wird nur auf Antrag gewährt, zuständig ist die Wohngeldstelle der Gemeinde, der Stadt oder des Kreises.

Es bestehen heute keine Differenzierungen nach dem Alter der Wohngebäude mehr, die Mietstufen bestimmen sich allein nach dem örtlichen Wohnungsmarkt. Jede Kommune wird einer Mietstufe zugeordnet (siehe www.wohngeldantrag.de). Zur Miete gehören auch die Mietnebenkosten. Der Zuschuss zu den Heizkosten wurde ab 2011 wieder abgeschafft.

Höchstens zu berücksichtigende Miete:

Haushaltsmitglieder	Mietstufen					
	I	II	III	IV	V	VI
1	292	308	330	358	385	407
2	352	380	402	435	468	501
3	424	451	479	517	556	594
4	490	523	556	600	649	693
5	561	600	638	688	737	787
Mehrbetrag pro weitere Person	66	72	77	83	88	99

Das Gesamteinkommen errechnet sich aus den steuerpflichtigen Einnahmen aller Haushaltsangehörigen, von denen Beiträge, Belastungen, Werbungskosten und sonstige Freibeträge abgesetzt werden. Bei einer voll sozialversicherungspflichtigen und steuerpflichtigen Tätigkeit werden zunächst berufsbedingte Ausgaben, eine Werbungskostenpauschale und dann 30 % vom steuerpflichtigen Einkommen abgezogen (§§ 9, 10 WoGG).

Die genauen Beträge lassen sich aus den Wohngeldtabellen unter www.bmvbs. de/Staedtebau-und-Wohnungswesen/Wohnraumfoerderung-,1567/Wohngeld. htm ermitteln.

Für Kinder, für die Wohngeld bezogen wird, bestehen Ansprüche auf Bildungsleistungen im selben Umfang wie für Bezieher von Grundsicherungsleistungen (§ 6b BKGG). Die Kommunen haben die zuständigen Stellen für die Antragstellung zu bestimmen und alle Wohngeldempfänger mit minderjährigen Kindern über die bestehenden Leistungsansprüche (siehe S. 204) aufzuklären.

5.6 Ausbildungsbeihilfen

Der Förderung der Berufsausbildung wird in der Gestaltung der Sozialpolitik in Deutschland ein hoher Stellenwert eingeräumt; einerseits soll damit Benachteiligungen entgegengewirkt werden, die sich aus der sozialen Herkunft junger Menschen ergeben; andererseits gilt es auch aus volkswirtschaftlichen Gründen, den Anteil der Fachkräfte zu erhöhen, da mit einem erheblichen Mangel an qualifizierten Arbeitskräften in den kommenden Jahrzehnten zu rechnen ist. Auch nach den Zielsetzungen der Europäischen Kommission sollte bis 2010 eine Akademikerquote von 40 % für die nachwachsenden Jahrgänge erreicht werden (Schlussfolgerungen des Rates vom 12. Mai 2009 zu einem strategischen Rahmen für die europäische Zusammenarbeit auf dem Gebiet der allgemeinen und beruflichen Bildung – „ET 2020" – 2009/C 119/02).

Ausbildungsbeihilfen werden in drei Bereichen eingesetzt:

- Für die betriebliche Ausbildung und Berufsvorbereitung als Berufsausbildungsbeihilfe (BAB) nach SGB III (siehe S. 147 ff.),
- für die schulische Bildung und Berufsausbildung sowie das Hochschulstudium nach dem Bundesausbildungsförderungsgesetz (BAföG),
- für die berufliche Weiterbildung nach dem Aufstiegsfortbildungsförderungsgesetz (AFBG).

5.6.1 Bundesausbildungsförderungsgesetz (BAföG)

Die Förderung von Ausbildungen an Schulen und Hochschulen erfolgt überwiegend abhängig vom Einkommen der Eltern und teilweise als Darlehen. Finanziert werden mit Pauschalsätzen die Kosten des Lebensunterhalts und die ausbildungsbedingten Kosten. Auf die Leistungen besteht ein Rechtsanspruch.

Die monatlichen Sätze sind allerdings teilweise niedriger angesetzt als die Leistungen nach SGB II oder SGB XII (menschenwürdiges Existenzminimum). Der

	Weiterführende allgemein bildende Schulen ab Klasse 10	Berufsfachschulen, wenn keine Ausbildung vorausgesetzt wird	Abendhaupt- und Abendrealschule, Berufsaufbau- und Fachoberschule, wenn eine Ausbildung vorausgesetzt wird	Abendgymnasium, Kolleg; Fachschule, wenn eine Berufsausbildung vorausgesetzt wird	Hochschule, Akademie, höhere Fachschule
Im elterlichen Haushalt	–	216 € (ergänzendes Alg II möglich)	391 €	397 €	422 €
Außerhalb des elterlichen Haushalts	465 €	465 €	543 €	572 €	597 €
Zuschlag GKV, GPV	73 €	73 €	73 €	73 €	73 €
Förderart	Zuschuss	Zuschuss	Zuschuss	Zuschuss	Zur Hälfte als Darlehen
Freibeträge vom eigenen Einkommen	• 255 € • oder bis 400 € aus Minijob • Kindergeld				
	Waisenrente bis 170 €	Waisenrente bis 125 €			
Anrechnung Elterneinkommen	Freibeträge: • des Ehegatten oder eines Elternteils: 1070 € • der verheirateten, zusammenlebenden Eltern: 1605 € • zusätzlich für jeden Unterhaltsberechtigten: 485 € • weitere bei besonderen Belastungen Von dem verbleibenden Einkommen werden 50 % angerechnet.				
	Keine Anrechnung: • 5 Jahre Erwerbstätigkeit nach dem 18. Geburtstag • 3 Jahre Erwerbstätigkeit nach einer Ausbildung • wenn ausnahmsweise nach dem 30. Geburtstag gefördert wird • Besuch eines Abendgymnasiums oder Kollegs				

Gesetzgeber ist davon ausgegangen, dass den Auszubildenden das Kindergeld in der Regel als Bar- oder Sachleistung der Eltern zufließt und dass im Normalfall auch eine kleine Nebentätigkeit zumutbar ist.

Die verschiedenen Schul- und Hochschulausbildungen werden zu unterschiedlichen Konditionen gefördert (s. Tabelle).

Schüler und Studierende *mit einem Kind* unter zehn Jahren erhalten zusätzlich einen Zuschlag für die Kinderbetreuung in Höhe von 113 €; für jedes weitere Kind unter zehn Jahren weitere 85 €. Diese Leistungen werden nicht auf die Ansprüche der Kinder nach SGB II angerechnet (§ 14b BAföG).

Ausländerinnen müssen bestimmte Anforderungen nach § 8 BAföG erfüllen, spätestens nach vier Jahren Aufenthalt haben jedoch alle Personen, die sich nicht zum Zweck des Studiums oder einer zeitlich befristeten Arbeit in Deutschland aufhalten, einen Leistungsanspruch. Das gilt auch für Menschen mit einer Duldung. Generell ausgeschlossen bleiben Asylbewerber.

Während einer Ausbildung, die ihrer Art nach durch BAföG-Leistungen gefördert werden kann, besteht kein Anspruch auf Alg II (§ 7 Abs. 5 SGB II). Es spielt dabei keine Rolle, ob BAföG-Leistungen tatsächlich beansprucht werden können. Ausnahmen bestehen nur für besondere Härtefälle (wird sehr restriktiv ausgelegt). Schüler von Fachschulen, die im elterlichen Haushalt lediglich 216 € Förderung erhalten, sind von dem Leistungsausschluss nicht betroffen und können aufstockend Leistungen nach SGB II beziehen. Dies gilt auch für Schüler von Abendschulen, die in Hinblick auf ihr Alter kein BAföG beziehen können (§ 27 Abs. 4 SGB II).

Ein Teilzeitstudium oder eine schulische Ausbildung in Teilzeitform ist nicht nach BAföG förderungsfähig (§ 2 Abs. 5 BAföG), deshalb können Leistungen nach SGB II während einer solchen Ausbildung bezogen werden.

Nicht von dem Ausschluss betroffen sind auch die Ansprüche von Schwangeren und Alleinerziehenden auf den *Mehrbedarf nach § 21 SGB II* (§ 27 Abs. 2 SGB II). Auch die Kinder selbst haben Ansprüche auf Sozialgeld einschließlich der Kosten der Unterkunft (siehe auch S. 208).

Für Auszubildende, die mit SGB-II-Empfängern in einer Bedarfsgemeinschaft leben (siehe S. 208), kann ein *Zuschuss zu den Unterkunftskosten* gezahlt werden, wenn der im BAföG-Satz enthaltene Unterkunftsanteil nicht ausreicht, um den nach Kopfteilen bestimmten Anteil für den Wohnraum zu übernehmen (§ 27 Abs. 3 SGB II).

Auch werden seit 2011 Leistungen nach SGB II für den Monat der *Antragstellung* übernommen (Darlehen). Damit wird die Problemlage von Studienanfängern, die oft wochen- und monatelang auf ihre erste BAföG-Zahlung warten, entschärft. Ein nahtloser Übergang erfolgt jedoch nicht, da die BAföG-Ämter erst zehn Wochen nach Antragstellung einen Vorschuss (360 €) erbringen müssen (§ 51 Abs. 2 BAföG). Für die verbleibenden Lücken kann dann auf die allgemeine Härtefallklausel (§ 27 Abs. 4 SGB II) zurückgegriffen werden.

Der Darlehensanteil für Studierende etc. wird zinsfrei gewährt; fünf Jahre nach dem Ende des Förderungszeitraums beginnt die Tilgung in Raten von mindestens 105 € monatlich (§ 18 BAföG). Solange die Nettoeinnahmen einen Betrag von 1070 € (für Alleinstehende) nicht übersteigen, wird die Rückzahlung gestundet (§ 18a BAföG). Freibeträge für besonders gute Abschlüsse sind nur noch für Studienabschlüsse bis Ende 2012 vorgesehen, danach entfallen sie vollständig (§ 18b BAföG).

5.6.2 Aufstiegsfortbildungsförderungsgesetz (genannt: „Meister-BAföG")

Das Aufstiegsfortbildungsförderungsgesetz (AFBG) verfolgt das Ziel, nach einer betrieblichen oder schulischen Ausbildung einen weiterqualifizierenden Abschluss außerhalb des Hochschulbereiches zu fördern. Damit schließt das AFBG die Lücke zwischen BAB und BAföG. Es bietet einen Anreiz zur Unterbrechung einer Berufstätigkeit, um einen höherwertigen Berufsabschluss zu erreichen, ganz im Sinne des europäischen Programms des „Lifelong Learning". Auch berufsbegleitende Ausbildungen werden gefördert. Eine Altersbegrenzung für das Förderprogramm besteht nicht.

Es werden Ausbildungen gefördert, die auf einer bereits bestehende anerkannte Ausbildung aufbauen. Für die handwerklichen und technischen Berufe ist dies der Meister, in den kaufmännischen, pflegerischen, IT-, Medien- und Gesundheitsberufen kann es sich um sehr unterschiedliche Aufstiegsqualifizierungen handeln.

Die Förderung umfasst:

- Maßnahmekosten bis zu 10 226 € zuzüglich der Hälfte der Kosten einer fachpraktischen o.ä. Abschlussarbeit, höchstens 1534 €. Von den Kosten werden 30,5 % als Zuschuss gewährt, der Rest als zinsgünstiges Darlehen. Von diesem Darlehen wird ein weiterer Anteil von 25 % bei Bestehen der Abschlussprüfung erlassen,
- in Vollzeitmaßnahmen bis zu zwei Jahren folgende monatlichen Unterhaltsbeträge:

Leistungsanspruch	Zuschuss	Darlehen
696 € für Alleinstehende ohne Kind	240 €	456 €
906 € für Alleinstehende mit einem Kind	345 €	561 €
911 € für Verheiratete	335 €	676 €
1122 € für Verheiratete mit einem Kind	440 €	682 €
1332 € für Verheiratete mit zwei Kindern	545 €	787 €

Alleinerziehende erhalten einen Kinderbetreuungszuschlag von 113 € monatlich je Kind als Zuschuss.

Das Darlehen ist nach der Ausbildung in monatlichen Raten von mindestens 128 € zurückzuzahlen (§ 13 Abs. 5 AFBG), kann aber bei Kindererziehung gestundet werden.

Ausländerinnen können die Förderung spätestens nach vier Jahren Aufenthalt erhalten, wenn sie einen Aufenthaltstitel besitzen (§ 8 AFBG). Zugewanderte mit einem Berufsabschluss sind für einen Berufseinstieg in Deutschland meist auf eine geförderte Weiterbildungsmaßnahme angewiesen. Sie können jedoch oft nicht von den Möglichkeiten des AFBG profitieren, weil ihre mitgebrachten Abschlüsse einem anerkannten Berufsabschluss in Deutschland nicht gleichgestellt sind.

📖 Zum Weiterlesen

Rauke, Friedberg (Hrsg.) (2010): Mutterschutz, Elterngeld, Elternteilzeit, Handkommentar. Baden-Baden: Nomos.
Scheibe, Birgit (2007): Ansprüche im Sozialrecht für Mütter und Kinder. Baden-Baden: Nomos, S. 190–206.
Waltermann, Raimund (2009): Sozialrecht. Heidelberg: Verlag C. F. Müller, S. 249–260, 264 f.

💾 Gut zu wissen – gut zu merken

Das Sozialrecht stellt vier wichtige *Familienleistungen* zur Verfügung: das Kindergeld, den Kinderzuschlag, das Elterngeld und den Unterhaltsvorschuss.

Alle Leistungen haben Vorrang vor den Leistungen der Grundsicherung und werden auf diese Leistungen angerechnet (ausgenommen der Kinderzuschlag, weil ein gleichzeitiger Leistungsbezug ausgeschlossen ist).

Alle Leistungen werden nur auf Antrag erbracht, das Kindergeld kann allerdings bis zu vier Jahre rückwirkend beansprucht werden.

Das *Kindergeld* wird bis zur Volljährigkeit einkommensunabhängig erbracht; auch danach ist nur das Kindes-, nicht aber das Elterneinkommen beachtlich.

Der *Unterhaltsvorschuss* hängt nur vom Einkommen des Kindes, nicht aber des Elternteils ab.

Das *Elterngeld* ist ebenfalls nicht vom Familieneinkommen insgesamt abhängig, sondern nur von dem Umfang der Einkommenseinbuße durch Unterbrechung oder Reduzierung der Erwerbstätigkeit.

Der *Kinderzuschlag* hängt hingegen vollständig von dem erzielten Einkommen ab.

Für Haushalte mit niedrigem Einkommen ist das *Wohngeld* eine wichtige Entlastung bei den Unterkunftskosten. Die Höhe richtet sich nach der Familiengröße, der Lage der Wohnung und der Höhe der Miete oder der Belastung. Wohngeld kann nicht neben Leistungen zur Sicherung des Lebensunterhalts (SGB II, SGB XII, AsylbLG, BAföG, BAB nach § 59 SGB III) bezogen werden.

Ausbildungsbeihilfen nach *BAföG* werden für Ausbildungen an Schulen und Hochschulen erbracht. Die Höhe richtet sich nach der Art der Schulform. Für Ausbildungen, die nach BAföG gefördert werden können, werden keine SGB-II-Leistungen erbracht. Ausnahmen bestehen für Schüler und Studierende im Haushalt der Eltern und die Ansprüche im Zusammenhang mit Kindern im Haushalt.

Mit der *Aufstiegsausbildungsförderung* werden Weiterbildungen finanziert, die auf einem Berufsabschluss aufsetzen, jedoch unterhalb einer Hochschulausbildung bleiben.

6 GRUNDSICHERUNGSLEISTUNGEN UND HILFEN IN SONSTIGEN LEBENSLAGEN

Was Sie in diesem Kapitel lernen können

In diesem Kapitel werden die steuerfinanzierten Leistungen zur Sicherung des Existenzminimums (Grundsicherungsleistungen) vorgestellt. Einbezogen werden auch die im SGB II enthaltenen Leistungen der Arbeitsmarktintegration und die weiteren Leistungen des SGB XII zur Teilhabe am Leben in der Gesellschaft. Mit dem Begriff Grundsicherung werden in der Literatur zum Teil nur Leistungen nach SGB II bezeichnet, zusätzlich auch die Grundsicherung im Alter und bei dauerhafter Erwerbsminderung nach SGB XII. Im Folgenden wird der Begriff für Leistungen verwendet, die nachrangig nach allen anderen Leistungen eine staatliche Existenzsicherung bieten, wenn andere Mittel nicht verfügbar sind. Zum Grundauftrag der Sozialen Arbeit gehört es, unabhängig vom Arbeitsfeld und der Institution, Verantwortung für den Schutz der Menschenwürde der Klienten zu übernehmen. Die Kenntnis über Grundsicherungsleistungen und die Fähigkeit, Klienten über Ansprüche zu informieren und sie bei der Durchsetzung zu unterstützen, gehören daher zu den Kernkompetenzen Sozialer Arbeit.

Die Gewährleistung und Ausgestaltung einer Existenz sichernden Mindestversorgung gehört zu den wichtigsten Elementen eines modernen Sozialstaats. Diese Grundsicherung wird von der Verfassung garantiert. In der Entscheidung des BVerfG zur Grundsicherung vom 9.2.2010 (1 BvL 1/09) heißt es:

> *„Art. 1 Abs. 1 GG erklärt die Würde des Menschen für unantastbar und verpflichtet alle staatliche Gewalt, sie zu achten und zu schützen ... Als Grundrecht ist die Norm nicht nur Abwehrrecht gegen Eingriffe des Staates. Der Staat muss die Menschenwürde auch positiv schützen ... Wenn einem Menschen die zur Gewährleistung eines menschenwürdigen Daseins notwendigen materiellen Mittel fehlen, weil er sie weder aus seiner Erwerbstätigkeit noch aus eigenem Vermögen noch durch Zuwendungen Dritter erhalten kann, ist der Staat im Rahmen seines Auftrages zum Schutz der Menschenwürde und in Ausfüllung seines sozialstaatlichen Gestaltungsauftrages verpflichtet, dafür Sorge zu tragen, dass die materiellen Voraussetzungen dafür dem Hilfebedürftigen zur Verfügung stehen.“*

Diese Feststellungen wirken sehr konkret in den Alltag der Sozialen Arbeit hinein. Aus ihnen folgt, dass für jede Person in einer Notlage – unabhängig vom eigenen Verschulden, von der Nationalität oder Herkunft und von der Ursache der Not – eine öffentliche Hilfeleistung verfügbar sein muss. Benötigt wird also ein geschlossenes System, bei dem niemand „zwischen den Stühlen" hängengelassen wird.

Der Gesetzgeber hat die Grundsicherungsleistungen in drei verschiedenen Gesetzen geregelt. Grundsätzlich gehören erwerbsfähige Menschen in den Rechtsbereich des SGB II (Grundsicherung für Arbeitssuchende) und nicht Erwerbsfähige in den Rechtsbereich des SGB XII (Sozialhilfe).

Eine eigenartige Randposition nimmt das dritte Leistungssystem ein, das AsylbLG. Es gilt für einige Gruppen von Ausländern, die in Deutschland keinen oder noch keinen auf Dauer angelegten Aufenthaltsstatus haben. Erst mit diesem Gesetz wird das Leistungssystem geschlossen und kann tatsächlich alle Menschen erfassen, die sich in Deutschland aufhalten.

Für jede Person bestehen Ansprüche nur nach einem Gesetz ohne Wahlmöglichkeit und ohne aufstockende Ansprüche aus einem der anderen Gesetze (§ 5 Abs. 2 SGB II, § 7 Abs. 1 Satz 2 Nr. 3 SGB II, § 21 SGB XII). Das gilt nicht für Leistungen, die sich nicht auf den Lebensunterhalt beziehen.

Wer sich allerdings in einer Ausbildung befindet, für die Ausbildungsförderungen vorgesehen sind, wird in der Regel von den Leistungen der Grundsicherungssysteme ausgeschlossen.

Ende 2009 bezog fast jeder zehnte Einwohner Deutschlands (9,5 %) eine der Grundsicherungsleistungen, 6,7 Mio. Menschen Leistungen nach SGB II, 857 000 nach SGB XII und 121 000 nach AsylbLG (Informationsdienst Soziale Sicherheit 12/2010, S. 3).

Überblick über die Zuordnung zu den verschiedenen Leistungssystemen und Leistungsarten

	SGB II			SGB XII		AsylbLG
Leistung	Alg II		Sozialgeld	Hilfe zum Lebensunterhalt (3. Kapitel)	Grundsicherung im Alter und bei dauernder Erwerbsminderung (4. Kapitel)	Reduzierte Leistungen, nach 4 Jahren eventuell Leistungen entsprechend SGB XII
Berechtigte	*Erwerbsfähig* = 1. zwischen 15 und 64 Jahren 2. *nicht* für mehr als 6 Monate aus gesundheitlichen Gründen unfähig, mindestens 3 Stunden täglich zu arbeiten		*Nicht erwerbsfähig*, aber in Bedarfsgemeinschaft mit Alg-II-Bezieher *Ausnahme:* Dauerhaft erwerbsunfähig	Langfristig, aber reversibel *erwerbsunfähig*, keine Bedarfsgemeinschaft mit Alg-II-Bezieher	Personen ab 65 Jahren und Menschen, die dauerhaft *erwerbsunfähig* sind	Asylbewerber, Geduldete, Inhaber einiger humanitärer Aufenthaltserlaubnisse

Bei den Leistungen zur Sicherung des Lebensunterhalts nach dem dritten und vierten Kapitel des SGB XII und nach dem AsylbLG handelt es sich ausschließlich um Grundsicherungsleistungen. Dagegen beinhaltet das SGB II auch wesentliche Regelungen der Arbeitsmarktpolitik. In seinem Rechtsbereich geht es um die Arbeitsmarktintegration aller Personen, die Leistungen nach SGB II beziehen, erwerbsfähig sind und denen eine Arbeit zumutbar ist.

6.1 Grundsicherung für Arbeitssuchende (SGB II)

Von den erwerbsfähigen Leistungsberechtigten sind weniger als die Hälfte (44 %) auch als arbeitslos registriert, die übrigen Alg-II-Bezieher stehen dem Arbeitsmarkt nicht zur Verfügung, weil sie zur Schule gehen, ein Kleinkind oder pflegebedürftige Angehörige betreuen, dem Arbeitsmarkt altersbedingt nicht mehr zur Verfügung stehen ($\S$ 428 SGB III), sich in Maßnahmen befinden oder sozialversicherungspflichtig beschäftigt sind (die letzte Gruppe umfasst allein 1,3 Mio. Personen im Jahre 2009, Informationsdienst Soziale Sicherheit 5/2010, S. 1). Das SGB II bietet also ein Sicherungssystem nicht nur für Arbeitssuchende, sondern für alle erwerbsfähigen Personen und ihre Familienangehörigen.

6.1.1 Leistungsgrundsätze

Zuständige Leistungsträger für das SGB II sind die Jobcenter ($\S$ 6d SGB II). Es handelt sich im Regelfall um eine Mischverwaltung aus der BA und den Kommunen. Eine öffentliche Verwaltungseinheit, in der Bund und Kommunen zusammengeführt werden, war bislang im GG nicht vorgesehen und damit verfassungswidrig (BVerfG v. 20.12.2007 – 2 BvR 2433/04). Nach langer Diskussion einigten sich die verschiedenen Bundestagsfraktionen auf eine Änderung des Grundgesetzes, um die Entscheidung des BVerfG umzusetzen. Mit Einfügung des Art. 91e GG (Gesetz v. 21.7.2010, BGBl. I, 944) erhält die Mischverwaltung nun eine verfassungsrechtliche Legitimation. Auf dieser Grundlage erging dann das *Gesetz zur Weiterentwicklung der Organisation der Grundsicherung für Arbeitssuchende* vom 3.8.2010 (BGBl. I, 1112), nach dem die Jobcenter in der Regel von der BA und den Kommunen gemeinsam betrieben werden.

Abweichend von dieser Konstruktion werden einer begrenzten Anzahl von Kommunen die Aufgaben in Alleinverwaltung übertragen ($\S\S$ 6a bis 6c SGB II).

Die Jobcenter sind gegliedert in eine Leistungsabteilung, von der die Anträge auf Leistungen zum Lebensunterhalt bearbeitet werden, und eine Abteilung für Arbeitsmarktintegration, von der die Leistungsempfänger persönlich betreut und die Leistungen zur Integration in den Arbeitsmarkt bestimmt werden.

Seit 2011 muss jedes Jobcenter eine Beauftragte für Chancengleichheit am Arbeitsmarkt ($\S$ 44j SGB II) bestellen, die auf eine geschlechtergerechte Arbeitsmarktpolitik hinwirken soll.

Von jedem Erwerbsfähigen wird erwartet, dass er sich eigenständig um Arbeit bemüht, jede Arbeit annimmt und für alle Maßnahmen der Arbeitsmarktintegration zur Verfügung steht, es sei denn, zwingende persönliche Gründe stehen diesen Tätigkeiten entgegen (§§ 2, 10 SGB II). Im Gegenzug sollen sich die Jobcenter bemühen, die Leistungsempfänger mit allen erforderlichen Leistungen bei der Arbeitsmarktintegration zu unterstützen (§ 14 SGB II). Das Gesetz spricht von den Grundsätzen des „Forderns und Förderns". Sechs Jahre nach Inkrafttreten des SGB II scheint sich das Verhältnis der beiden Grundsätze noch immer in einer Schieflage zu befinden. Viele Leistungsempfänger fühlen sich schlecht beraten, mit ihren Bemühungen alleingelassen oder drangsaliert (Wenzel, Zeitschrift für Sozialreform 2008, S. 57ff.). Oft fehlt es an einer wirklich individuellen Förderung, die Maßnahmen werden zu pauschal eingesetzt, die Beschäftigungsträger orientieren sich weniger an den Arbeitsmarkteffekten der Maßnahmen als an ihrer eigenen Bestandssicherung und viele Unternehmen sparen Lohnzahlungen durch die vielfältigen Eingliederungszuschüsse. Zugleich lässt sich durch die Maßnahmen die Arbeitslosenstatistik schönen, weil Arbeitslose nur dann als arbeitslos gelten, wenn sie nicht in eine Maßnahme eingebunden sind.

Die Leistungen zum Lebensunterhalt (genauer die Regelbedarfe) hatte das BVerfG mit seiner Grundsatzentscheidung vom 9.2.2010 (1 BvL 1/90) als willkürlich festgesetzt kritisiert und insbesondere die Berücksichtigung des Bedarfs für Bildung bei der Gestaltung der Leistungen für Kinder angemahnt. Das Verfassungsgericht hatte dem Gesetzgeber aufgegeben, eine transparente Berechnungsgrundlage und Neufestsetzung bis zum 31.12.2010 zu schaffen. Nachdem eine Gesetzesvorlage der Bundesregierung im Dezember 2010 im Bundesrat gescheitert war, kam es zu einem Tauziehen zwischen den Bundestagsfraktionen, welches sich bis zum 21. Februar 2011 hinzog. Im Ergebnis wurden die Regelsätze für Alleinstehende um 5 € angehoben und eine weitere Erhöhung von 3 €, zusätzlich zur Anpassung an Lohn- und Preisentwicklung, zum 1.1.2012 vereinbart (Gesetz zur Entwicklung von Regelbedarfen und zur Änderung des Zweiten und Zwölften Buches Sozialgesetzbuch, BGBl. I Nr. 12 v. 29.3.2011, S. 453ff.). Das Gesetz zur Ermittlung von Regelbedarfen (RBEG) verpflichtet die Bundesregierung, bis Mitte 2013 eine verbesserte Methodik zur Bildung von Referenzgruppen als Grundlage für die Berechnung der Regelbedarfe vorzulegen (§ 10 RBEG).

Die Regelbedarfe für Kinder sind von den Erhöhungen der Regelbedarfe nicht betroffen, sie bleiben auf dem bisherigen Niveau. Nach den Berechnungsmethoden der Bundesregierung seien sie sogar zu hoch angesetzt worden, so dass die Kinder in den nächsten Jahren auch von der Anpassung an die Lohn- und Preisentwicklung ausgenommen werden könnten. Die steigende Kinderarmut soll hingegen durch ein Bildungspaket bekämpft werden, welches Kindern in vorschulischen Betreuungen, Schülern und teilweise auch jungen Menschen bis zum 25. Geburtstag bestimmte Geld- und Sachleistungen zur Teilhabe an Bildung und am Leben in der Gesellschaft bieten soll. Zusätzlich zu den Leistungen im SGB II/SGB XII und im BKGG (siehe S. 166f.) erhalten die Kommunen befristet für drei Jahre jährlich einen Zuschuss von 400 Mio. € zur Verbesserung der Angebote der Schulsozialarbeit und des Mittagessens in Betreuungseinrichtungen für Kinder und Jugendliche. Über die Verwendung entscheiden die Kommunen, nicht die Jobcenter.

Die Zweckrichtung, ein menschenwürdiges Leben zu sichern, wurde erst mit der Neuregelung 2011 in § 1 Abs. 1 SGB II aufgenommen.

6.1.2 Übersicht über die Anspruchsvoraussetzungen

Das SGB II sieht die beiden Leistungen Alg II und Sozialgeld als finanzielle Hilfen zur Sicherung des Lebensunterhalts vor.

Leistungsart	Arbeitslosengeld II § 7 Abs. 1 SGB II	Sozialgeld §§ 7 Abs. 2, § 23 SGB II
Voraussetzungen	Erwerbsfähigkeit, bestimmt durch • das Alter (§§ 7 Abs. 1 Satz 1 Nr. 1, 7a) • den fehlenden Bezug von Altersrente (§§ 7 Abs. 4, 7a), • die körperliche Leistungsfähigkeit (§§ 7 Abs. 1 Satz 1 Nr. 2, 8 Abs. 1) und • die ausländerrechtliche Befugnis zu arbeiten (§ 8 Abs. 2).	• Leben in einer Bedarfsgemeinschaft mit Alg-II-Bezieherin, • nicht erwerbsfähig (§ 7 Abs. 2), • für Personen ab 18 Jahren: nicht dauerhaft erwerbsunfähig (§§ 5 Abs. 2 Satz 2, 19 Abs. 1 Satz 2).
	Hilfebedürftig (§ 7 Abs. 1 Nr. 3, § 9): Die verfügbaren Mittel decken den Bedarf nicht. Berücksichtigt werden: • vorrangige Sozialleistungen (§§ 9 Abs. 1, 11, 12a), • Unterhaltsleistungen von Dritten (§§ 9 Abs. 2, Abs. 5, 11), • Erwerbseinkommen, soweit es angerechnet wird (§§ 11, 11a, 11b Abs. 1 und 3), und • Vermögen, soweit es angerechnet wird (§ 12).	
	Gewöhnlicher Aufenthalt in Deutschland (§§ 7 Abs. 1 Satz 1 Nr. 4, 36) und tatsächliche Erreichbarkeit (§ 7 Abs. 4a).	
	Antrag (§ 37)	

Ansprüche nach SGB II werden wie folgt geprüft:

1. Schritt: Liegen die Voraussetzungen (siehe oben) vor?
2. Schritt: Liegt kein Leistungsausschluss vor?
3. Schritt: In welchem Umfang besteht ein Leistungsanspruch?

6.1.3 Alg II bei Erwerbsfähigkeit

Das Alter bildet nach § 7 Abs. 1 Satz 1 Nr. 1 SGB II eine Grundanforderung für die Einordnung als erwerbsfähig. Nur Personen zwischen 15 Jahren und dem

Beginn des Rentenalters, derzeit der 65. Geburtstag, können erwerbsfähig sein. Nach § 7a wird die Altersobergrenze für die Jahrgänge ab 1948 stufenweise bis zum 67. Geburtstag heraufgesetzt.

Alle Leistungsempfänger ab Jahrgang 1950 sind verpflichtet, ab dem 63. Lebensjahr eine Altersrente zu beantragen, es sei denn, dies führt zu einer besonderen Härte (§ 12a SGB II, Unbilligkeitsverordnung). Für die meisten Rentenberechtigten bedeutet dies, dass sie für die gesamte Rentendauer einen Abschlag in Höhe von 7,2 % hinzunehmen haben.

Wird zwischen dem 63. und dem 65. Geburtstag eine Altersrente bezogen, die den Lebensunterhalt nicht absichern kann, besteht weder ein Anspruch auf SGB-II-Leistungen (§7 Abs. 4 SGB II) noch auf Grundsicherung im Alter (§§41 ff. SGB XII). Für diese Zeiten muss daher aufstockende *Hilfe zum Lebensunterhalt* nach § 27 SGB XII vom Sozialamt erbracht werden.

Beispiel:
Ali (62) und Maria (60) beziehen beide Alg II. Einige Monate vor seinem 63. Geburtstag wird Ali vom Jobcenter aufgefordert, einen Rentenantrag zu stellen, und auf seine Verpflichtung nach §12a SGB II hingewiesen. Ali stellt den Antrag, die GRV bewilligt eine monatliche Rente von 400 €. Das Jobcenter hebt die Leistungsbewilligung ab dem Tag der Rentenbewilligung auf. Maria erhält weiterhin ihren Regelbedarf und die Hälfte der Wohnungskosten. Die Rente von Ali reicht nicht aus, um neben den laufenden Kosten auch noch den Mietanteil zu zahlen. Sozialgeld kann er nicht erhalten, weil §7 Abs. 4 SGB II Leistungen nach SGB II ausschließt, Grundsicherung nach §§41 ff. SGB XII wird erst ab einem Alter von 65 Jahren gezahlt. So bleibt nur die Hilfe zum Lebensunterhalt nach § 27 SGB XII, um die Lücke zu schließen.

Die Erwerbsfähigkeit – innerhalb der vorgegebenen Altersspanne – wird in § 8 Abs. 1 SGB II definiert:

Jede Person ist erwerbsfähig, die körperlich in der Lage ist, mindestens *drei Stunden täglich* zu arbeiten. Es kommt nicht darauf an, ob Leistungsberechtigten eine Arbeit zumutbar ist, sondern ausschließlich auf ihren Gesundheitszustand.

Auch Schüler, Schwangere und Mütter im Mutterschutz sind erwerbsfähig. Die Erwerbsfähigkeit besteht auch weiter, wenn eine Erkrankung vorliegt, die voraussichtlich nicht länger als sechs Monate andauert, z.B. eine Infektion oder ein Knochenbruch. Ebenso unbeachtlich ist, ob bei einer reduzierten Erwerbsfähigkeit noch eine realistische Chance auf einen Arbeitsplatz besteht. Insbesondere bei Personen mit Suchterkrankungen oder älteren Menschen mit erheblichen Funktionseinschränkungen besteht meist noch eine Restleistungsfähigkeit. Diese Menschen sind als erwerbsfähig einzuordnen, auch wenn Arbeitsplätze für sie nicht verfügbar sind. Das gilt auch für Bezieher einer Arbeitsmarktrente (siehe S. 105). Ohne Einzelfallprüfung gelten dagegen Menschen im Arbeitsbereich einer Werkstatt für behinderte Menschen (siehe auch S. 285) als erwerbsunfähig.

Ist unklar, ob eine bedürftige Person erwerbsfähig ist, so ist das Jobcenter bis zur abschließenden Klärung zuständig ($\S$ 44a Abs. 1 Satz 3 SGB II). Das Gutachten zur Erwerbsfähigkeit wird vom Jobcenter erstellt oder in Auftrag gegeben. Liegt allerdings bereits ein Gutachten der Rentenversicherung vor, so ist das Ergebnis auch für das Jobcenter bindend ($\S$ 44a Abs. 1a SGB II). Unzulässig ist es, die Bewilligung der Leistung zurückzustellen, weil noch keine Feststellung zur Erwerbsfähigkeit vorliegt oder hierüber noch Streit zwischen dem Jobcenter und dem Sozialamt besteht.

6.1.4 Sozialgeld bei fehlender Erwerbsfähigkeit

Sozialgeld wird von nicht erwerbsfähigen Angehörigen bezogen, die mit Alg-II-Empfängern zusammenleben. Es handelt sich um Kinder bis zum 15. Geburtstag sowie um volljährige Kinder und Partner, die für mehr als sechs Monate erwerbsunfähig sind, dies aber noch nicht dauerhaft. Besonders häufig finden sich hier psychische Erkrankungen und langwierige Krebsbehandlungen.

> Volljährige dauerhaft erwerbsunfähige Personen können auch im Familienverbund keine Leistungen nach SGB II beziehen, weil für sie die Grundsicherung nach $\S\S$ 41 ff. SGB XII vorgesehen ist ($\S\S$ 5 Abs. 2 Satz 2, 19 Abs. 1 Satz 2 SGB II).

Erwerbsunfähige Kinder unter 18 Jahren erhalten unabhängig von der Verlaufsprognose Sozialgeld, weil Grundsicherungsleistungen nach $\S$ 41 SGB XII erst ab Volljährigkeit bezogen werden können.

6.1.5 Hilfebedürftigkeit ($\S$ 9 SGB II)

Grundvoraussetzung für die Leistungen nach SGB II ist der Mangel an eigenen verfügbaren Mitteln für ein menschenwürdiges Leben. Hilfebedürftig sind Personen, die ihren Bedarf nicht durch ihr Einkommen und Vermögen decken können. Der Bedarf entspricht den gesetzlich vorgesehenen Leistungen ($\S\S$ 19 ff. SGB II).

Beispiel:
Gregor, 30 Jahre alt, hat als Alleinstehender mit einer Warmmiete von 300 € einen Bedarf von 664 € zuzüglich Krankenversicherung (zu den Details siehe unter S. 190). Sein anrechenbares Einkommen (siehe S. 215) beläuft sich auf 200 €. Gregor ist hilfebedürftig, weil sein Einkommen niedriger liegt als sein Bedarf. Er hat einen Anspruch auf Alg II in Höhe von 464 € und die Übernahme der Krankenversicherungsbeiträge.

Weil die Prüfung der Hilfebedürftigkeit zugleich Aufschluss über den Leistungsumfang gibt, werden die Einzelheiten über die Anrechnung von Einkommen und Vermögen im Anschluss in Kapitel 6.1.11 dargestellt.

Obwohl es um den Leistungsanspruch für eine individuelle Person geht, lässt sich die Bedarfslage nur unter Berücksichtigung des familiären Kontextes bewerten. Das SGB II hat hierfür den Begriff der *Bedarfsgemeinschaft* gebildet, der in Kapitel 6.1.10 gesondert erläutert wird. Als bedürftig gilt jede Einzelperson einer Bedarfsgemeinschaft, wenn nicht der gesamte Bedarf der Bedarfsgemeinschaft gedeckt ist (§ 9 Abs. 2 Satz 3 SGB II). Deshalb müssen für jede Entscheidung über den Leistungsanspruch alle Einkommen zusammengerechnet, daraus der gesamte Bedarf errechnet und für jedes Mitglied der Bedarfsgemeinschaft ein Leistungsanspruch festgelegt werden, der seinem Anteil des Bedarfs am Gesamtbedarf entspricht, auch wenn das individuell erzielte Einkommen geeignet wäre, den eigenen Lebensunterhalt zu sichern (BSG v. 19.9.2008 – B 14/7b AS 10/07 R).

Das Einkommen eines Kindes wird dabei aber nur auf seinen eigenen Bedarf angerechnet und nicht auf den Bedarf der Eltern (§ 9 Abs. 2 Satz 2 SGB II). Erzielt das Kind ein ausreichendes Einkommen, um seinen eigenen Bedarf zu decken, so scheidet es aus der Bedarfsgemeinschaft aus (§ 7 Abs. 3 Nr. 4 SGB II).

Beispiel:
Die folgenden Zahlen sind fiktiv und sollen lediglich die Berechnungsmethode demonstrieren:

Bedarf Vater:	500 €
Bedarf Mutter	500 €
Bedarf Kind	400 €
Gesamtbedarf:	1400 €

Einkommen des Kindes aus Kindergeld: 184 €
Anrechenbares Einkommen der Mutter aus Arbeit: 816 €

Für sich betrachtet wäre die Mutter nicht hilfebedürftig, sie wird jedoch als solche behandelt, weil ihr Einkommen auf alle Angehörigen der Bedarfsgemeinschaft verteilt wird:
Gesamteinkommen: 1000 € (184 € + 816 €)

Verteilung des Einkommens auf alle Mitglieder der Bedarfsgemeinschaft entsprechend dem Anteil ihres Bedarfs am Gesamtbedarf
Einkommensanteil Vater: 35,7 %   von 1000 € = 357 €
Einkommensanteil Mutter: 35,7 %   von 1000 € = 357 €
Einkommensanteil Kind: 28,6 %   von 1000 € = 286 €

Anspruch des Vaters
(individueller Bedarf 500 € abzüglich Einkommensanteil 357 €) = 143 €
Anspruch der Mutter
(individueller Bedarf 500 € abzüglich Einkommensanteil 357 €) = 143 €
Anspruch des Kindes
(individueller Bedarf 400 € abzüglich Einkommensanteil 286 €) = 114 €

Diese Berechnungsmethode ist vielfach kritisiert worden, weil sie Personen, deren Lebensunterhalt gesichert ist, dem Regime des „Forderns und Förderns" des SGB II unterwirft und die Leistungsberechnung nicht entsprechend dem tatsächlichen Bedarf vornimmt (Geiger 2010, S. 47 ff.).

6.1.6 Gewöhnlicher Aufenthalt in Deutschland und Erreichbarkeit (§ 7 Abs. 1 Satz 1 Nr. 4, Abs. 4a SGB II)

Für die Anforderung an den gewöhnlichen Aufenthalt ist ein Wohnsitz nicht zwingend erforderlich. Es genügt, wenn Personen ohne festen Wohnsitz sich regelmäßig im Bereich der entsprechenden Kommune aufhalten. Das Jobcenter kann jedoch verlangen, dass Wohnungslose einen Empfangsbevollmächtigten bestellen, um ihre Erreichbarkeit sicherzustellen (§ 14 SGB X, siehe S. 54).

Lebt ein Kind wechselweise bei seinen Elternteilen, entsteht eine sog. „temporäre Bedarfsgemeinschaft" (BSG v. 7.11.2006 – B 7b AS 14/06 R) mit einem anteiligen Anspruch auf Sozialgeld für das betreute Kind (§ 36 Satz 3 SGB II).

Leistungsbezieher müssen sich innerhalb eines *zeit- und ortsnahen Bereichs* des Jobcenters aufhalten (§ 7 Abs. 4a SGB II), sonst verlieren sie ihren Leistungsanspruch. Es kommt entscheidend darauf an, dass sie an jedem Werktag in der Lage sind, das Jobcenter aufzusuchen oder sich telefonisch zu melden. Es gibt keine Verpflichtung, sich ununterbrochen an der angegebenen Meldeanschrift aufzuhalten, nur muss das zuständige Jobcenter mit zumutbarem Aufwand erreicht werden können. Wer z.B. in Aachen wohnt, kann sich auch tageweise bei einer Bekannten in Belgien, nahe der Grenze, aufhalten (Eicher/Spellbrink 2008, SGB II, § 7 Rn. 79). Die Nachrichten des Jobcenters müssen aber – auf welche Weise auch immer – bei den Leistungsbeziehern ankommen.

Mit Genehmigung des persönlichen Ansprechpartners ist ein *Urlaub* bei Weiterzahlung der Leistungen für bis zu drei Wochen im Jahr möglich. Die Genehmigung wird erteilt, wenn in der beantragten Urlaubszeit nicht mit einer Vermittlung zu rechnen ist. Im Einzelfall kann die Urlaubszeit um bis zu weitere drei Wochen verlängert werden, dann aber ohne Leistungsbezug. Wer ohne Genehmigung in Urlaub fährt oder nicht rechtzeitig zurückkehrt, dem werden die Leistungen so lange gestrichen, bis er sich persönlich zurückmeldet (§ 7 Abs. 4a SGB II).

6.1.7 Antrag

Der Leistungsanspruch nach SGB II kann nur durch eine Antragstellung realisiert werden (§ 37 SGB II). Der Antrag wirkt auf den Beginn des Monats zurück, wenn zu diesem Zeitpunkt bereits eine Leistungsberechtigung bestand (§ 37 Abs. 2 SGB II).

Beispiel:
Anja begibt sich am 10. Juni 2011 in ein Frauenhaus. Am 15. Juni stellt sie persönlich einen Antrag auf Alg II beim zuständigen Jobcenter. Es wird darauf hinge-

wiesen, dass der Hilfebedarf seit dem 10.6.2011 besteht. Der Antrag wirkt nicht auf den Beginn des Monats zurück, sondern auf den 10.6., weil Anja erst durch den Umzug ins Frauenhaus mittellos und damit leistungsberechtigt geworden ist.

Nach § 38 SGB II wird vermutet, dass die Person, die den Antrag stellt, die gesamte Bedarfsgemeinschaft vertritt. Im Regelfall vereinfacht dies die Antragstellung für die ganze Familie. Es kann jedoch Gründe geben, die gesetzlich vermutete Vertretung zu beenden.

Befürchtet die Ehefrau z.B., dass ihr Mann bei der Antragstellung unzutreffende Angaben über ihr Einkommen machen wird (strafbares Verschweigen von Einnahmen), so kann sie durch einfache mündliche oder schriftliche Erklärung gegenüber dem Jobcenter die Vertretung beenden. So lässt sich auch verhindern, dass das gesamte Geld für die Familie auf ein Konto gezahlt wird, über das die Partnerin nicht verfügen kann. Das Jobcenter ist verpflichtet, die Leistungen auf Wunsch an die verschiedenen Leistungsberechtigten gesondert auszuzahlen.

Antragsteller sind verpflichtet, bei der Sachverhaltsermittlung mitzuwirken, insbesondere die Formblätter auszufüllen. Alle Formblätter sind auch im Internet unter www.arbeitsagentur.de, Formulare, Arbeitslosengeld II, verfügbar. Viele Bürger sind mit dieser Aufgabe überfordert, weil manche Angaben nur nach sorgfältigem Studium der Ausfüllhinweise möglich sind, z.B. die Frage nach den Angehörigen der Bedarfsgemeinschaft. Die Jobcenter sind zur Beratung (§ 14 SGB I) und Unterstützung (§§ 16 Abs. 3, 17 SGB I) verpflichtet.

Die wichtigsten *Unterlagen*, die im Zusammenhang mit der Antragstellung vorgelegt werden müssen:

- Mietvertrag,
- Bei Wohneigentum: Grundbuchauszug und Belege über Hauskosten,
- Nebenkosten und Heizkostenabrechnung,
- Sozialversicherungsausweis,
- Krankenversicherungskarte,
- Bescheid über Unterhaltsvorschuss,
- Rentenbescheid,
- Alg-Bescheid (Arbeitsagentur),
- Sonstige Bescheide über Sozialleistungen,
- Unterhaltstitel oder Vereinbarung,
- Gehaltsabrechnung,
- Bei Selbständigen: Einnahmen-Ausgaben-Aufstellung, Einkommenssteuerbescheid,
- Nachweise über Riesterrente und Lebensversicherungen,
- Sparbücher,
- Kontoauszüge der letzten drei Monate.

Bei der Antragstellung kann die Vorlage der Kontoauszüge für die letzten drei Monate auch ohne konkrete Verdachtsmomente verlangt werden (BSG v. 19.2.2009 – B 4 AS 10/08 R). Dies gilt auch für jede Folgeantragstellung (BSG v. 19.9.2008 – B 14 AS 45/07). Die Adressaten von Abbuchungen dürfen hierbei geschwärzt werden, nicht aber die Beträge.

6.1.8 Leistungsausschlüsse

Das SGB II sieht in § 7 eine Reihe von Leistungsausschlüssen vor, die dazu führen, dass Betroffene auf das SGB XII oder andere Leistungssysteme verwiesen werden.

6.1.8.1 Nicht erwerbstätige Ausländer in den ersten drei Monaten des Aufenthalts und wenn sich ihr Aufenthaltsrecht aus der Arbeitssuche ergibt (§ 7 Abs. 1 Satz 2 Nr. 1 und Nr. 2 SGB II)

Die auf Unionsbürger zielenden Ausschlussklauseln in § 7 Abs. 1 Satz 2 Nr. 1 und Nr. 2 SGB II bereiten in ihrer Anwendung erhebliche Schwierigkeiten und haben zu einer weit ausdifferenzierten Rechtsprechung der Sozialgerichte geführt. Nach einer Entscheidung des EuGH vom 2. Juni 2009 (C-22/08; C-23/08 auf Vorlagebeschluss des Sozialgerichts Nürnberg) ist zweifelhaft, ob die Ausschlussklauseln nach Europarecht zulässig sind. Einige Sozialgerichte gewähren Alg II bei nachgewiesener Arbeitssuche (LSG Hessen v. 14.10.2009 – 7 AS 166/09 B; LSG Baden-Württemberg v. 25.8.2010 – L 7 AS 3769/10 ER-B) oder in Hinblick auf die unklare Rechtslage im Eilverfahren als Darlehen (LSG v. 3.5.2010 – L 7 B 489/09 AS ER). Unionsbürgern aus einem Staat, der dem Europäischen Fürsorgeabkommen angehört (dies sind vor allem die vor 2004 beigetretenen EU-Staaten), dürfen die Leistungen nach SGB II nicht verweigert werden, weil die Mitgliedstaaten dieses Abkommens sich zur gegenseitigen Gewährung von Fürsorgeleistungen verpflichtet haben (BSG v. 19.10.2010 – B 14 AS 23/10 R). Unabhängig von den Ausschlussklauseln muss auch bei Unionsbürgern in jedem Einzelfall geprüft werden, ob sie darauf verwiesen werden können, sich Unterstützung in ihrem Herkunftsstaat zu suchen, oder ob die Rückkehr wegen der aktiven Arbeitssuche in Deutschland, familiären Bindungen, Krankheit oder Schwangerschaft nicht zumutbar ist.

6.1.8.2 Leistungsberechtigte nach dem Asylbewerberleistungsgesetz

Ausgeschlossen werden die Ausländerinnen, die einen Leistungsanspruch nach § 1 AsylbLG haben (siehe S. 262). Das gilt auch dann, wenn sie sozialversicherungspflichtig beschäftigt waren oder sind oder zuvor Arbeitslosengeld nach SGB III bezogen haben. Nach Auffassung des BSG (v. 16.12.2008 – B 4 AS 40/07 R) ist dieser Ausschluss verfassungsrechtlich nicht zu beanstanden.

6.1.8.3 Ausländer, denen eine Arbeitsaufnahme nicht erlaubt werden darf

Auch Ausländer, die nicht unter die Ausschlussklauseln des § 7 Abs. 1 Satz 2 SGB II fallen, bleiben vom Leistungsbezug ausgeschlossen, wenn ihnen die Aufnahme einer Beschäftigung rechtlich untersagt ist (§ 8 Abs. 2 SGB II). Das betrifft z.B. Touristen oder Ausländer, die sich für einen Sprachkurs in Deutschland aufhalten.

6.1.8.4 Auszubildende

Personen, die nach BAföG oder Berufsausbildungsbeihilfe gefördert werden können, erhalten keine Alg-II-Leistungen. Sie können im Einzelfall jedoch Leistungen nach § 27 SGB II (siehe S. 207) erhalten.

6.1.8.5 Stationär Aufgenommene

Leistungen werden auch nicht für Menschen erbracht, die sich voraussichtlich für länger als sechs Monate in einer Einrichtung befinden (§ 7 Abs. 4 SGB II). Der Begriff der Einrichtung bestimmt sich für das SGB II (für andere Sozialgesetze gelten andere am Zweck des Gesetzes orientierte Definitionen) danach, ob durch die Unterbringung die Aufnahme einer regulären Erwerbstätigkeit von mindestens 15 Stunden in der Woche ausgeschlossen ist (BSG v. 6. 9. 2007 – B 14/7b AS 16/07 R). Nicht als Einrichtungen gelten daher Wohneinrichtungen für Wohnungslose, Frauenhäuser und sonstige Angebote, die eine Unterkunft und soziale Unterstützung anbieten, nicht aber eine Rundumbetreuung einschließlich Vollverpflegung. Wer in einer Einrichtung lebt und dennoch einer Beschäftigung von mindestens 15 Wochenstunden nachgeht, erhält Alg II, wenn er hilfebedürftig ist (§ 7 Abs. 4 Nr. 2 SGB II).

6.1.8.6 Rentner

Wer eine Altersrente oder vergleichbare Versorgung erhält, kann diese nicht durch Leistungen nach SGB II aufstocken (§ 7 Abs. 4 SGB II), sondern wird auf Leistungen der Sozialhilfe verwiesen.

6.1.9 Leistungen zum Lebensunterhalt und zur Teilhabe

Der Umfang der Leistungen wird sowohl für das Alg II als auch das Sozialgeld nach § 19 SGB II bestimmt. Die Gesamtleistung setzt sich aus folgenden Einzelleistungen zusammen:

- Regelbedarfe (§ 20 SGB II),
- Mehrbedarfe (§ 21 SGB II),
- Kosten der Unterkunft und Heizung (§ 22 SGB II),
- Beiträge zur Krankenversicherung (§ 26 SGB II) und
- Einmalleistungen (§ 24 SGB II).

Unabhängig von den beiden Grundleistungen bestehen Ansprüche auf

- Leistungen für Bildung und Teilhabe für junge Menschen bis zum 25. Geburtstag (§ 28 SGB II),
- Leistungen für Auszubildende (§ 27 SGB II),
- Zuschüsse zu den Krankenversicherungsbeiträgen.

Praxistipp

Das SGB II enthält auch Leistungen für Haushalte, die ihren Lebensunterhalt aus eigenem Einkommen sichern. Es handelt sich um:

- Einmalige Leistungen nach § 24 Abs. 3 SGB II,
- Überbrückungsdarlehen nach § 24 Abs. 4 SGB II,
- Zuschüsse zur Krankenversicherung nach § 26 SGB II,
- Leistungen für Auszubildende nach § 27 SGB II,
- Leistungen zur Bildung und Teilhabe (§§ 7 Abs. 2 Satz 3, 28 SGB II).

Dagegen muss die Übernahme von Miet- oder Energieschulden (§ 36 SGB XII) von Haushalten ohne Leistungsbezug beim Sozialamt beantragt werden.

6.1.9.1 Regelbedarfe (§ 20 SGB II)

Die Regelbedarfe werden pauschal erbracht und haben im Regelfall einen abschließenden bedarfsdeckenden Charakter zur Förderung der Selbständigkeit und Eigenverantwortlichkeit der Hilfebedürftigen (BSG v. 18.6.2008 – B 14/7b AS 10/07 R). Sie betragen vom 1.1.2011 bis zum 31.12.2011:

Leistungsberechtigte	Regelbedarf
§ 20 Abs. 2 Satz 1 SGB II allein stehend, allein erziehend mit minderjährigem Kind, mit minderjährigem Partner.	364 € (= 100 %)
§ 20 Abs. 4 SGB II mit volljährigem Partner	328 € (= 90 %)
§ 20 Abs. 2 Satz 2 SGB II erwachsene Kinder und minderjährige Partner	291 € (= 80 %)
§ 23 Nr. 1 SGB II Kinder vom 14. bis 18. Geburtstag	275 €
§ 23 Nr. 1 SGB II Kinder vom 6. bis zum 14. Geburtstag	242 €
§ 23 Nr. 1 SGB II Kinder bis zum 6. Geburtstag	213 €

Die Regelbedarfe wurden 2010 neu ermittelt auf der Grundlage einer Stichprobe über das Ausgabeverhalten von Haushalten, die nach ihrem Einkommen die unteren 15 % aller Haushalte bilden. Haushalte von Personen im SGB-II- oder SGB-XII-Bezug werden dabei nicht berücksichtigt. Von den ermittelten Ausgaben wurden bestimmte Beträge abgezogen, die sich auf Ausgaben beziehen, die als nicht relevant für ein menschenwürdiges Leben erachtet werden, wie Ausgaben für Tabak und Alkohol, Blumen, Gaststättenbesuche und Tierhaltung.

In dem *Regelbedarf für eine allein stehende Person* sind enthalten:

Nahrungsmittel, alkoholfreie Getränke	128,46 €
Bekleidung, Schuhe	30,40 €
Wohnen, Energie	30,24 €
Innenausstattung, Haushaltsgegenstände (Möbel, Geräte, Geschirr etc.)	27,41 €
Gesundheitspflege (Praxisgebühr, Zuzahlungen, rezeptfreie Medikamente)	15,55 €
Verkehr (Fahrräder, öffentliche Verkehrsmittel)	22,78 €
Nachrichtenübermittlung (Telefon, Internet)	31,96 €
Freizeit, Unterhaltung, Kultur	39,96 €
Bildung	1,39 €
Beherbergungs- und Gaststättendienstleistungen (nur Warenwert)	7,16 €
Andere Waren und Dienstleistungen (Friseur, Körperpflege, Uhren, Personalausweis etc.)	26,50 €

Quelle: Gesetz zur Ermittlung von Regelbedarfen, Begründung BT-Drs. 17/3404

Die Regelbedarfe der Kinder wurden nicht durch eine eigene Stichprobe ermittelt, sondern auf der Grundlage einer festgelegten Quote („normative Festlegung") der Ausgaben von Haushalten mit Kindern ermittelt (BMAS, Entwurf eines Gesetzes zur Ermittlung von Regelbedarfen und zur Änderung des Zweiten und Zwölften Buches Sozialgesetzbuch, Stand 19. 10. 2010, S. 110).

Für Nahrungsmittel und Getränke wurde z. B. für ein Kind bis zum sechsten Geburtstag ein Betrag von 78,67 € ermittelt, bis zum 14. Geburtstag 96,55 € und ab 14 Jahre 124,02 € (a. a. O., S. 134).

Zukünftig werden die Regelsätze nicht mehr wie bis 2010 entsprechend der Entwicklung der Renten bestimmt, sondern an die Entwicklung der Preise und Löhne angepasst (§ 20 Abs. 5 SGB II; § 28a SGB XII).

Bei Personen, die nicht in der Lage sind, mit ihrem Geld zu wirtschaften, insbesondere bei Drogen- oder Alkoholabhängigen, *können* die Regelbedarfe ganz oder zum Teil auch als Sachleistungen erbracht werden (§ 24 Abs. 2 SGB II). Jede Entscheidung (nach Ermessen, siehe auch S. 27) hat sich an dem grundsätzlichen Recht auf Selbstbestimmung, wie es in § 20 Abs. 1 Satz 3 SGB II ausdrücklich als Gesetzeszweck bestimmt ist, zu orientieren. Einschränkungen des Grundsatzes der Geldleistung dürfen nur erfolgen, wenn sie zur Sicherstellung eines menschenwürdigen Lebens erforderlich sind.

6.1.9.2 Mehrbedarfe (§ 21 SGB II)

Bestimmte Personen erhalten Zuschläge zum Regelbedarf wegen höherer Aufwendungen. Zusammenfassend handelt es sich um Zuschläge bei Schwangerschaft und für Alleinerziehende, für behinderte Menschen und Kranke sowie bei zwingenden, länger andauernden Bedarfslagen, die aus dem Regelbedarf nicht finanzierbar sind.

Mehrbedarf bei Schwangerschaft (§ 21 Abs. 2 SGB II)

Ab der 13. Schwangerschaftswoche wird ein Zuschlag von 17 % zum jeweiligen Regelbedarf gezahlt, bei Alleinstehenden also 62 €, bei Paaren 56 €. Für den Zuschlag ist kein gesonderter Antrag erforderlich, da der Mehrbedarf von dem Antrag auf Alg II umfasst ist. Die Beträge sind auch nachzuzahlen, wenn das Jobcenter erst später von der Schwangerschaft erfährt.

Mehrbedarf für Alleinerziehende (§ 21 Abs. 3 Nr. 1 und Nr. 2 SGB II)

Kinderzahl/Alter	Prozent des Regelbedarfes	Betrag
1 Kind unter 7 Jahre	36 %	131 €
1 Kind ab 7 Jahre	12 %	44 €
2 Kinder bis 16 Jahre	36 %	131 €
2 Kinder ab 7 Jahre, davon eines mindestens 16 Jahre	24 %	87 €
3 Kinder	36 %	131 €
4 Kinder	48 %	175 €
5 und mehr Kinder	60 %	218 €

Umstritten ist die Frage, ob einer Mutter der Mehrbedarfszuschlag für Alleinerziehende zusteht, wenn sie mit ihrer eigenen Mutter im Haushalt lebt und diese sie bei der Kindererziehung unterstützt (für den Zuschlag: OVG Lüneburg v. 22.7.1988 – 4 B 227/88; gegen den Zuschlag: LSG Niedersachsen-Bremen v. 27.7.2007 – L 13 AS 50/07 ER).

Mehrbedarf für behinderte Menschen (§ 21 Abs. 4 SGB II)

Der Mehrbedarfszuschlag für behinderte Menschen wird nur erbracht, wenn Leistungen zur Teilhabe am Arbeitsleben (oder die sonstigen in § 21 Abs. 4 SGB II genannten Hilfen) tatsächlich bezogen werden, es reicht nicht, wenn lediglich ein Anspruch auf diese Leistungen besteht (BSG v. 25.6.2008 – B 11b AS 19/07 R).

Für nicht erwerbsfähige Personen wird ein Mehrbedarf auch nach Abschluss einer Maßnahme zur Teilhabe am Arbeitsleben erbracht (§ 28 Abs. 1 Satz 3 Nr. 3 SGB II) sowie für Inhaber eines Schwerbehindertenausweises mit dem Merkzeichen „G" für „Gehbehindert" (§ 28 Abs. 1 Satz 3 Nr. 4 SGB II). Kinder bis zum 15. Geburtstag können keinen Mehrbedarf wegen der Behinderung erhalten (siehe auch BSG v. 6.5.2010 – B 14 AS 3/09 R).

Mehrbedarf für kostenaufwändige Ernährung (§ 21 Abs. 5 SGB II)

Der Mehrbedarf für kostenaufwändige Ernährung muss im Einzelfall ermittelt werden. Es können jedoch die „Empfehlungen des Deutschen Vereins zur Gewährung von Krankenkostzulagen in der Sozialhilfe" (Deutscher Verein 2008) herangezogen werden, um eine gleichmäßige Praxis zu gewährleisten. Die Empfehlungen haben jedoch nicht den Charakter von Richtlinien, so dass im Einzelfall der Kostenaufwand auch durch Gutachten ermittelt werden muss (BSG v. 27.2.2008 – B 14/7b AS 32/06 R).

Mehrbedarf für wiederkehrende, unabweisliche Aufwendungen (§ 21 Abs. 6 SGB II)

Das BVerfG hatte in der Grundsatzentscheidung vom 9.2.2010 (1 BvL 1/09) deutlich gemacht, dass zwingende Ausgaben, die laufend anfallen und deutlich über den Bedarfen anderer Leistungsempfänger liegen, zusätzlich übernommen werden müssen, weil dies der staatliche Auftrag zum Schutz der Menschenwürde gebiete.

Als typische Beispiele für laufende besondere Bedarfe gelten:

- Fahrtkosten und weitere Kosten, die durch das Umgangsrecht mit einem Kind, welches räumlich weit entfernt lebt, verursacht werden (siehe auch Münder, NZS 2008, S. 617ff.). Auch die Kosten für die Wahrnehmung des Umgangsrechts mit einem Kind im Ausland müssen übernommen werden (LSG Rheinland-Pfalz v. 24.1.2010 – L 1 SO 133/10 B ER für vier Flüge im Jahr in die USA).
- Kosten für nicht verschreibungspflichtige Medikamente bei einer schweren Hauterkrankung (LSG NRW v. 22.6.2007 – L 1 B 7/07 AS ER).
- Kosten für eine Haushaltshilfe, wenn Haushaltstätigkeiten wegen einer Behinderung nicht ausgeführt werden können (z.B. Rollstuhlfahrerin).

Mehrbedarf für die Warmwasserbereitung, die nicht über eine zentrale Heizungsanlage erfolgt (§ 21 Abs. 7 SGB II)

Seit 2011 ist die Erzeugung von Warmwasser nicht mehr pauschal im Regelsatz enthalten, sondern wird zusätzlich gezahlt. Überwiegend werden die Kosten als Teil der Unterkunftskosten nach § 22 SGB II übernommen, weil das Warmwasser über eine zentrale Beheizungsanlage erzeugt wird und zusammen mit den Heizkosten abgerechnet wird. Gibt es keine zentrale Anlage und wird das Warmwasser durch Strom oder eine andere dezentrale Einrichtung (Kohle- oder Gasöfen) erzeugt, werden die Kosten als Mehrbedarf übernommen. Gezahlt werden Pauschalen in Höhe von 2,3 % der jeweiligen Regelsätze ab dem 15. Geburtstag und für Kinder 0,8 % bis zum sechsten Geburtstag, danach 1,2 % bis zum 14. Geburtstag und danach 1,4 % bis zum 15. Geburtstag.

6.1.9.3 Unterkunft, Heizung und Warmwasser (§ 22 SGB II)

Das Alg II und das Sozialgeld umfassen grundsätzlich auch die Kosten der Unterkunft, der Heizung und der Erzeugung von Warmwasser; ein Anspruch auf Wohngeld ist damit ausgeschlossen.

Kinder im Haushalt der Eltern oder eines Elternteils, die über ein eigenes Einkommen (z. B. Unterhaltszahlungen des anderen Elternteils, Ausbildungsvergütung) verfügen und deshalb nicht zur Bedarfsgemeinschaft gehören, können hingegen einen Anspruch auf Wohngeld haben. Das gilt auch, wenn ihr Bedarf erst durch den Anspruch auf Wohngeld gedeckt wird (§ 7 Abs. 1 Satz 2 Nr. 2 WoGG).

Kosten der Unterkunft, Heizung und Warmwasserbereitung sind grundsätzlich anteilig, also pro Kopf, zu gewähren, wenn Hilfebedürftige mit anderen Personen zusammenleben. Es wird hierbei nicht zwischen Erwachsenen und Kindern differenziert.

Beispiel:
Das Ehepaar Sander, beide Leistungsbezieher, haben zwei Enkel in ihren Haushalt aufgenommen, die durch Unterhaltsleistungen der Eltern finanziert werden. Das Ehepaar erhält hier nur die Hälfte (2 x ¼) der Kosten für Unterkunft, Heizung und Warmwasserbereitung.

Bei Wohngemeinschaften mit Personen, die nicht zu einer Bedarfsgemeinschaft gehören, kommt es vor allem auf bestehende Verträge oder Vereinbarungen an. Die Obergrenzen für die Unterkunftskosten liegen ebenso hoch wie bei Alleinstehenden. Nur wenn kein Vertrag über die Mietkosten besteht, werden die Kosten der gesamten Wohnung nach Kopfteilen aufgeteilt (BSG v. 18. 5. 2008 – B 14/11b AS 61/06 R).

Beispiel:
Die arbeitslose Miriam zieht in eine Wohngemeinschaft mit zwei Studentinnen. Die gesamte Wohnung kostet 600 € warm. Weil Miriam aber das größte Zimmer bewohnt, vereinbart sie mit der Hauptmieterin der Wohnung einen monatlichen Mietpreis von 250 € warm. Das Jobcenter muss diese Unterkunftskosten übernehmen, wenn 250 € in der Kommune auch für eine Einzelwohnung angemessen sind. Das Jobcenter darf nicht von einer angemessenen Miete für eine Wohnung für drei Personen ausgehen und dann nur ein Drittel dieser Wohnungsmiete als angemessen zugrunde legen.

Angemessene Miete

Das Jobcenter ist verpflichtet, die tatsächliche Miete zu übernehmen, soweit sie angemessen ist. Die Angemessenheit wird bestimmt durch die Wohnungsgröße in Quadratmetern und den Preis pro Quadratmeter.

Als angemessene Größe gelten die jeweiligen landesrechtlich festgelegten Wohnungsgrößen im sozialen Wohnungsbau. Diese Größen betragen weitgehend übereinstimmend:

Eine Person	45–50 qm
Zwei Personen	60 qm
Drei Personen	75 qm
Für jede weitere Person	Zusätzlich 10–15 qm

Der angemessene Preis pro Quadratmeter muss von den einzelnen Kommunen auf der Grundlage des jeweiligen Preisniveaus am Wohnungsmarkt festgelegt werden, eventuell auch mit einer Unterscheidung zwischen kleinen und großen Wohnungen. In der Regel wird von einem Preis einschließlich der Nebenkosten, aber ohne Heizungskosten ausgegangen. Es kann auch nur die Kaltmiete vorgegeben werden und die Nebenkosten in tatsächlicher Höhe gezahlt werden.

Zur Festlegung der angemessenen Mieten sind die Kommunen verpflichtet, einen „grundsicherungsrelevanten Mietspiegel" vorzuhalten (BSG v. 18.6.2008 – B 14/7b AS 44/06 R) oder eigene Untersuchungen vorzunehmen, die einen zuverlässigen Aufschluss über die ortsüblichen Mieten im Bereich einfacher Wohnlagen und Ausstattungen geben. Das untere Segment des Wohnungsmarktes darf dabei nicht zu eng festgelegt werden, weil die Leistungsempfänger sonst nur noch Wohnungen in bestimmten, meist besonders belasteten Gegenden anmieten können und es so innerhalb der Gemeinden zu einer „Ghettobildung" kommen kann (BSG v. 19.2.2009 – B 4 AS 30/08 R; siehe auch Wahrendorf, SozSich 2006, S. 134, 136).

Bestehen keine Erkenntnismöglichkeiten zur Ermittlung der angemessenen Miete, so sind notfalls die Tabellenwerte des § 8 WoGG zu übernehmen und um 10 % zu erhöhen (BSG v. 17.12.2009 – B 4 AS 50/09 R; v. 19.10.2010 – B 14 AS 15/09 R). Im Zweifel muss das Jobcenter nachweisen, dass angemessene Wohnungen zu den von der Kommune festgesetzten Höchstmieten tatsächlich verfügbar sind.

Ausgehend von den beiden Faktoren Größe und Preis wird die Angemessenheit auf der Grundlage der Produkttheorie bestimmt (BSG v. 7.11.2006 – B 7b AS 10/06 R; BSG v. 17.12.2009 – B 4 AS 19/09 R).

Die Mietkosten sind angemessen, wenn das Produkt aus Größe und Kosten pro Quadratmeter angemessen ist:

Größe x Preis/qm = Produkt
60 qm x 6 €/qm   = 360 €

Maßgeblich ist nur der Endpreis, nicht die Angemessenheit jedes Faktors.

Beispiel:
Viktor und Anna leben als Paar und in einer Gemeinde, in der der angemessene Preis pro Quadratmeter bei 5,40 € liegt.
  Könnten sie in eine Wohnung mit 50 qm und einem Preis von 6 € pro qm ziehen?
  50 x 6 € = 300 €
  Vergleich: Angemessen sind 60 qm à 5,40 € = 324 €.
  Ja, sie können die Wohnung anmieten, da der Preis unterhalb der Grenze für eine angemessene Wohnung liegt.

Renovierungen und Instandsetzung

Schönheitsreparaturen und Kleinreparaturen, zu denen der Mieter laut Mietvertrag verpflichtet ist, sind Bestandteil der Unterkunftskosten und nicht im Regelbedarf enthalten. Sie müssen daher zusätzlich vom Jobcenter übernommen werden (BSG v. 19.3.2008 – B 11b AS 31/06 R). Das gilt auch für die Kosten einer Renovierung bei Einzug in die Wohnung (BSG v. 16.12.2008 – B 4 AS 49/07 R).

Wohneigentum

Als Kosten der Unterkunft können auch die Kosten eines selbst genutzten Eigenheims oder einer Eigentumswohnung gezahlt werden. In der Regel werden hierbei nur die Kosten für Zinsen und den laufenden Unterhalt berücksichtigt. Tilgungsraten können nur im Ausnahmefall übernommen werden, wenn es unmöglich ist, diese Verpflichtungen während des Leistungsbezugs auszusetzen, ohne die Unterkunft zu verlieren (BSG v. 7.11.2006 – B 7b AS 8/06 R; BSG v. 18.5.2008 – B 14/11b AS 67/06 R).

Insgesamt sind auch bei einem selbst genutzten Eigenheim nur die Kosten zu übernehmen, die auch bei einer Mietwohnung angemessen wären (BSG v. 15.4.2008 – B 14/7b AS 34/06; BSG v. 2.7.2009 – B 14 AS 32/07 R). Reparaturen und Instandsetzungen, die für die Bewohnbarkeit erforderlich sind (BSG v. 18.2.2010 – B 4 AS 28/09 R), werden ihm Rahmen der angemessenen Gesamtkosten übernommen (zu den Einzelheiten siehe § 22 Abs. 2 SGB II).

Schonfrist und Härtefälle

Sind Menschen zum ersten Mal auf Leistungen nach SGB II angewiesen, so kann nicht von ihnen verlangt werden, dass sie ihre Unterkunftskosten sofort auf ein angemessenes Niveau herunterfahren. Sie sind jedoch verpflichtet, sich um eine Reduzierung der Kosten zu bemühen, hierfür steht ihnen in der Regel ein Zeitraum von sechs Monaten zur Verfügung (§ 22 Abs. 1 Satz 3 SGB II).

Die Aufforderung zur Senkung der Unterkunftskosten muss nicht durch einen förmlichen Bescheid ergehen, es kommt lediglich darauf an, dass das Jobcenter die Anforderungen an eine angemessene Wohnung klar und nachvollziehbar benennt (BSG v. 19.3.2008 – B 11b AS 41/06 R). Der Deutsche Verein empfiehlt bei zu hohen Unterkunftskosten stets, ein persönliches Gespräch zu führen, welches vom Jobcenter auch aktiv angeboten werden sollte (Brandmayer, NDV 2009, S. 85, 87).

Unangemessen hohe Unterkunftskosten müssen nur in besonderen Härtefällen für länger als sechs Monate übernommen werden (BSG v. 19.2.2009 – B 4 AS 30/08 R). Als Härtefälle können Situationen berücksichtigt werden, in denen ein Umzug unzumutbar ist, etwa wenn Alleinerziehende auf ein bestimmte soziales Umfeld zur Entlastung bei der Kinderbetreuung angewiesen sind oder wenn behinderte oder alte Menschen durch einen Umzug überfordert werden (BSG v. 23.3.2010 – B 8 SO 24/08 R). Auch der regelmäßige Besuch eines Kindes im Rahmen des Umgangsrechts kann eine größere Wohnung rechtfertigen (SG Duisburg v. 31.3.2009 – S 5 AS 93/08; so auch in § 22b Abs. 3 Nr. 2 SGB II zur kommunalen Satzung). Auf einen unwirtschaftlichen Umzug kann das Jobcenter verzichten (§ 22 Abs. 1 Satz 4 SGB II).

Kosten für Heizung und Erzeugung von Warmwasser

Die Heizkosten müssen in tatsächlicher Höhe übernommen werden, es sei denn, es kann konkret nachgewiesen werden, dass die Höhe der Kosten durch ein verschwenderisches Verhalten verursacht wurde (BSG vom 2.7.2009 – B 14 AS 36/08 R; BSG v. 9.11.2010 – B 4 AS 7/10 R). Die Kosten der Warmwasserbereitung werden seit 2011 ebenfalls im Rahmen des § 22 SGB II übernommen, wenn sie zusammen mit den Heizkosten abgerechnet werden. Wird das Warmwasser durch Strom erzeugt und in anderer Weise gesondert abgerechnet, werden die Kosten als Mehrbedarf nach § 21 SGB II übernommen (siehe S. 194).

Kommunale Satzung

Ab 2011 können die Bundesländer die Kreise und kreisfreien Städte ermächtigen, eine Satzung zu erlassen, in der die angemessenen Mietkosten und die angemessenen Heizkosten festgelegt werden (§§ 22a Abs. 1, 22b Abs. 1 Satz 2 SGB II). Die Ermächtigung kann sich auch darauf beziehen, dass die Kosten der Unterkunft und Heizung als Pauschalen erbracht werden, wenn in der Kommune ausreichend freie Wohnungen verfügbar sind (§§ 22a Abs. 2, 22b Abs. 1 Satz 2 SGB II). Die Kommunen müssen in der Satzung Sonderregelungen für behinderte Menschen und für Elternteile vorsehen, die ihre Kinder im Rahmen des Umgangsrechts zeitweilig in ihrem Haushalt versorgen. Auch muss die Möglichkeit einer abweichenden Kostenübernahme für Fälle enthalten sein, in denen die Pauschalen zu einem unzumutbaren Ergebnis führen.

Die Satzungen müssen angeben, welche Wohnungsgrößen und welche Gesamtkosten als angemessen festgelegt werden.

Die Regelungen zielen nicht auf eine Festlegung des Wohnungsstandards unterhalb von menschenwürdigen Lebensbedingungen, zumal sie den Kommunen auferlegen, eine transparente Grundlage der Festlegungen auf der Basis von Mietspiegeln oder eigenen Ermittlungen zu erstellen. Auch müssen die Satzungen von der Landesregierung genehmigt werden und es wird ein spezifisches gerichtliches Überprüfungsverfahren eingeführt (Normenkontrollverfahren nach § 55a SGG).

Die Bundesregierung hat mit dieser Regelung aber eine mögliche Herabsetzung der Wohnungsgrößen im Auge, da sie die derzeitige Anbindung an die Größen für Sozialwohnungen für ungeeignet hält (Gegenäußerung der Bundesregierung v. 30.11.2010, BT Drs. 17/3982, S. 16). Angesichts der schwierigen Haushaltslage der Kommunen besteht daher das Risiko, dass Einzelpersonen, aber auch Familien, mit deutlich weniger Wohnraum zurecht kommen müssen und eine beachtliche Zahl von Haushalten vor die Alternative gestellt wird, die Wohnung zu wechseln oder einen Teil der Wohnungskosten aus den Regelsätzen zu finanzieren. Dadurch wird auch in die bestehenden Beziehungen zum sozialen Umfeld eingegriffen und eine noch stärkere Konzentration von SGB-II-Haushalten in Problembezirken begünstigt.

Die bisher strikte Ablehnung des BSG von Pauschalen oder festen Obergrenzen für die Heizkosten (BSG v. 9.11.2010 – B 4 AS 7/10 R) begründet sich aus den erheblichen Unterschieden je nach der Art des baulichen Zustandes der Wohnungen. Auch benötigen kleine Kinder, kranke und behinderte Menschen mehr Heizenergie. Pauschalen können gerade für diese Personen leicht zu einer Unterversorgung führen.

Zahlungsarten

Die Zahlung der Unterkunfts- und Heizkosten erfolgt im Regelfall auf das Konto der Leistungsberechtigten, die so ihre Verpflichtungen aus dem Mietvertrag erfüllen können, ohne gegenüber dem Vermieter ihre Abhängigkeit von öffentlichen Leistungen zu offenbaren.

Der Gesetzgeber hat aber eine Reihe von Ausnahmen eingeführt, um die Belastung vor allem der Kommunen durch spätere Schuldenübernahmen nach § 22 Abs. 8 SGB II (siehe S. 202) zu vermeiden.

Zum einen können die Leistungsberechtigten selbst beantragen, die Miete unmittelbar an den Vermieter zu zahlen (§ 22 Abs. 7 Satz 1 SGB II). Zum anderen kann das Jobcenter die Entscheidung ohne Zustimmung treffen, wenn

- bereits Mietrückstände oder Stromschulden bestehen,
- eine Eintragung bei der Schufa konkrete Hinweise auf Zahlungsprobleme ergibt oder
- die Leistungsempfänger durch Krankheit oder Sucht nicht in der Lage sind, angemessen zu haushalten.

Bei diesen 2011 neu eingeführten Regelungen wird besonders darauf zu achten sein, dass die Leistungsberechtigten nicht routinemäßig aufgefordert oder gedrängt werden, einen Antrag auf Überweisung der Miete an die Vermieter zu stellen.

Rück- und Nachzahlungen für Nebenkosten

Erfolgt mit der Nebenkostenabrechnung eine Rückzahlung an die Mieter, so gelten diese Zahlungen als Einnahmen, die voll auf den Bedarf angerechnet werden (§ 22 Abs. 3 SGB II).

Rückzahlungen der Stromversorger werden nicht als Einnahmen angerechnet, weil die Leistungsbezieher die Stromkosten aus dem Regelbedarf bezahlt haben (§ 22 Abs. 3 SGB II).

Betriebskosten- und Heizkostennachforderungen des Vermieters sind als Kosten der Unterkunft von den Jobcentern zu übernehmen. Ein gesonderter Antrag ist hierfür nicht erforderlich (BSG v. 22.3.2010 – B 4 AS 62/09 R).

Umzüge

Leistungsbezieher, die in eine neue Wohnung umziehen wollen, müssen zuvor eine Zusicherung der Kostenübernahme (§ 22 Abs. 4 SGB II) beim Jobcenter des bisherigen Wohnsitzes einholen. Nur wenn diese vorliegt, ist die Übernahme der angemessenen, möglicherweise auch höheren Unterkunftskosten gewährleistet. Auf die Erteilung der Zusicherung besteht ein Anspruch, wenn der Wohnungswechsel erforderlich ist und die Kosten für die neue Miete im Rahmen der festgelegten Mietobergrenzen („angemessen") liegen.

Die Zusicherung ist auch Voraussetzung für die Übernahme der Umzugskosten und der Mietkaution (§ 22 Abs. 6 SGB II). In der Regel muss der Umzug dabei in Eigenregie erfolgen, Kosten werden nur für einen Leihwagen und eventuell für Hilfskräfte übernommen (BSG v. 6.5.2010 – B 14 AS 7/09 R). Die Einschaltung eines Maklers wird nur bezahlt, wenn am örtlichen Wohnungsmarkt keine oder kaum maklerfreie Wohnungen angeboten werden.

Allerdings muss das Jobcenter auch ohne Zusicherung angemessene höhere Kosten übernehmen, wenn für den Umzug ein wichtiger Grund vorlag. Anerkannt wurde z.B.

- der Umzug in die Nähe des Kindes, um ein bestehendes Umgangsrecht leichter ausüben zu können und damit der Elternverantwortung besser gerecht zu werden (LSG Hessen v. 19.3.2009 – L 7 AS 53/09 B.ER);
- der Umzug in eine neue Wohnung wegen Schimmelbefalls, wenn Aufforderungen an den Vermieter, die Schäden zu beseitigen, erfolglos geblieben sind (LSG Sachsen v. 16.4.2008 – L 3 B 136/08 AS-ER);
- der Umzug aus einer Obdachlosenunterkunft in eine eigene Wohnung (LSG NRW v. 26.11.2009 – L 19 B 297/09 AS ER).

Höhere Kosten müssen – unabhängig von einer Zusicherung – immer dann übernommen werden, wenn Leistungsbezieher in den Bereich einer anderen Kommune verziehen. Der Sinn der Zusicherung liegt nur darin, Umzüge zu verhindern, die allein dem Zweck dienen, die Mietobergrenze voll auszuschöpfen. Ein Leistungsbezieher ist aber nicht in seinem Recht auf Freizügigkeit eingeschränkt und darf nicht daran gehindert werden, „an einen Ort umzuziehen, von dem er sich die Verwirklichung seiner beruflichen oder persönlichen Chancen verspricht, nur weil das dortige Mietniveau höher ist als an seinem bisherigen Wohnort" (BSG v. 1.6.2010 – B 4 AS 60/09 R).

Die Umzugskosten und die Mietkaution werden ohne Zusicherung auch dann nicht übernommen, wenn ein Anspruch auf die Zusicherung bestanden hätte (BSG v. 7.11.2006 – B 7b AS 10/06 R).

Sonderregelungen für Umzüge von Menschen unter 25 Jahren

Für Menschen unter 25 Jahren werden Kosten der Unterkunft nach einem Umzug nur weitergezahlt, wenn dieser Umzug genehmigt wurde (§ 22 Abs. 5 SGB II).

Die Regelung soll verhindern, dass junge Menschen aus ihrem Elternhaus ausziehen und eine eigene Wohnung anmieten, weil dadurch die Unterkunftskosten insgesamt steigen. Der Gesetzeswortlaut ist unpräzise, weil hier nur von einem Umzug gesprochen wird. Nicht erfasst werden nach dem Sinn und Zweck der Regelung Personen, die bereits in einer eigenen Wohnung leben und dann umziehen.

Ein Umzug führt nur dann zum Leistungsausschluss, wenn zum Zeitpunkt der Wohnungsanmietung bereits SGB-II-Leistungen bezogen wurden oder der Umzug erfolgte, um den Anspruch auf SGB-II-Leistungen auszulösen.

Beispiel:
Lukas, 23 Jahre, hat sein Studium der Sozialen Arbeit beendet. Er war bereits vor zwei Jahren bei seinen Eltern ausgezogen und hatte eine eigene – von seinen Eltern finanzierte – Wohnung angemietet. Die Eltern stellen nun nach dem Studium die Unterhaltszahlungen ein. Lukas ist mittellos und beantragt Alg II. Die Kosten der Unterkunft sind zu übernehmen. Er war bei Anmietung der Wohnung nicht im Leistungsbezug und der Auszug aus dem Elternhaus erfolgte mit dem Ziel der Verselbständigung und der Verbesserung der Anbindung an die Hochschule, nicht aber, um einen Anspruch auf Alg II herbeizuführen.

Ein Umzug im Sinne der U-25-Regelung liegt auch nicht vor, wenn

- ein junger Mensch von seinen Eltern der Wohnung verwiesen wurde und nun obdachlos ist,
- wenn ein Elternteil, mit dem der junge Mensch bisher zusammengelebt hat, die Wohnung verlässt, um z.B. zu einem neuen Partner zu ziehen,
- wenn die Eltern getrennt leben, beide Alg II beziehen und der junge Mensch von einem Elternteil zum anderen Elternteil zieht,
- bei Schwangerschaft oder Erziehung eines eigenen Kindes bis zum sechsten Lebensjahr, weil dann keine Einstandspflicht der Eltern mehr besteht (§ 9 Abs. 3 SGB II).

Beim Auszug aus dem Elternhaus muss das Jobcenter die Kostenübernahme für die neue Wohnung in folgenden Fällen zusichern:

a) Das Zusammenleben mit den Eltern ist aus sozialen Gründen nicht mehr zumutbar, z.B. bei schwerwiegenden Störungen des Eltern-Kind-Verhältnisses, der Suchterkrankung eines Elternteils oder des jungen Menschen, bei physischer oder psychischer Gewalt (Beleidigungen, Drohungen, Herabsetzungen) oder bei unzumutbarer räumlicher Unterbringung. Typische Generationskonflikte zwischen Eltern und Heranwachsenden reichen für eine Zustimmung zum Umzug nicht.

b) Der Umzug ist zur Eingliederung in den Arbeitsmarkt erforderlich. Bei Aufnahme einer Erwerbstätigkeit sind Fahrtzeiten von mehr als drei Stunden täglich (bei einer Vollzeittätigkeit) nicht mehr zumutbar (BA, DA 10.27). Der Umzug kann auch zur Durchführung einer Maßnahme erforderlich werden, die in der Eingliederungsvereinbarung (siehe S. 224) festgelegt wurde.

Bei Aufnahme einer betrieblichen oder schulischen Ausbildung oder BvB besteht kein Anspruch auf Alg II mehr (vorrangig ist BAföG oder BAB), daher bedarf es auch keiner Zustimmung des Jobcenters.

c) Es liegt ein sonstiger wichtiger Grund vor. Es geht um Gründe, die weder mit dem Verhältnis zu den Eltern noch mit der Arbeitsmarktintegration zusammenhängen. Insbesondere sind Grundrechte zu beachten, wie z.B. die Begründung einer Ehe, einer Lebenspartnerschaft, einer eheähnlichen Lebensgemeinschaft oder das Zusammenleben mit einem eigenen Kind oder dem Kind eines Partners (Eicher/Spellbrink 2008, SGB II, § 22 Rn. 80t).

Von der vorherigen Zusicherung kann abgesehen werden, wenn die Einholung aus wichtigem Grund nicht zumutbar war (§ 22 Abs. 5 Satz 3 SGB II). Mit dieser Regelung sollte aber in der Praxis vorsichtig umgegangen werden, um Nachteile oder gerichtliche Auseinandersetzungen zu vermeiden.

Wenn junge Menschen wegen erheblicher Schwierigkeiten mit ihren Eltern ausziehen wollen, empfiehlt sich folgende Vorgehensweise:

- Den Antrag auf Zusicherung mit einer kurzen Begründung stellen.
- Beweismaterial sichern: Protokoll von Abläufen in der Familie erstellen, Zeugenaussagen aufnehmen, Gutachten von Medizinern oder Psychologen.
- Das Jugendamt einschalten und eine Stellungnahme zu der Familiensituation erbitten.
- Die Beweise und Stellungnahmen, auch der aufnehmenden Einrichtungen, zu dem Antrag ans Jobcenter nachreichen.
- Verzögert sich die Entscheidung des Jobcenters, kann eine eigene Wohnung angemietet werden. Der Anspruch auf die vorherige Zusicherung besteht ab dem Zeitpunkt der Antragstellung.
- In dringenden Fällen (Gewalt, Bedrohung, drohende psychische Erkrankung etc.):
  - Minderjährige können das Jugendamt um Inobhutnahme (§ 42 SGB VIII) bitten. Es folgt dann eine vorläufige Unterbringung und eine Abklärung der Gefahren für das Kindeswohl.
  - Volljährige Frauen können in einem Frauenhaus aufgenommen werden,
  - für volljährige Männer stehen meist nur Einrichtungen für Wohnungslose zur Verfügung.

Miet- und Energieschulden

Für die Grundsicherungsleistungen gilt das Prinzip, dass Schulden nicht aus steuerfinanzierten Mitteln übernommen werden können. Eine Ausnahme bildet nach § 22 Abs. 8 SGB II die Übernahme von Schulden, die zur Sicherung der Unterkunft oder zur Behebung einer vergleichbaren Notlage *erforderlich und gerechtfertigt* ist. Die Regelung zielt vor allem auf die Übernahme von Mietschulden, um eine Zwangsräumung der Wohnung zu verhindern.

Diese Regelung korrespondiert mit einer Regelung im BGB zur Wohnraumkündigung ($\S$ 569 Abs. 3 Nr. 2 BGB). Die Kündigung eines Wohnraummietverhältnisses wird unwirksam, wenn der Mieter *oder eine öffentliche Stelle* die Mietrückstände innerhalb von zwei Monaten nach Eingang der Räumungsklage bei Gericht übernimmt. Das Gericht ist bei jeder eingehenden Räumungsklage, die auf Mietrückständen beruht, nach $\S$ 22 Abs. 9 SGB II verpflichtet, das Jobcenter oder das Amt für Wohnungswesen über den wesentlichen Inhalt der Klage zu informieren. Selbst wenn die Hilfebedürftigen selbst keinen Kontakt mit dem Jobcenter aufnehmen, gebietet die allgemeine Beratungspflicht nach $\S$ 14 SGB I und die spezielle Beratungs- und Betreuungspflicht nach $\S$ 4 Abs. 1 Nr. 1 SGB II, den Betroffenen umgehend ein Gespräch über die entstandene Notlage anzubieten. Die Kommune ist auch aus ordnungsrechtlichen Gesichtspunkten verpflichtet, eine drohende Obdachlosigkeit nach Möglichkeit zu verhindern (Berendes, info also 2008, S. 151, 153).

Die Kündigung kann nur verhindert werden, wenn innerhalb der letzten zwei Jahre keine Räumungsklage wegen Mietrückständen durch nachträglichen Ausgleich der Schulden beendet wurde. Ist die Räumung der Wohnung nicht mehr abzuwenden, kann auch die Schuldenübernahme nicht gerechtfertigt werden.

Eine Schuldenübernahme kann auch nicht zur Sicherung einer unangemessen teuren Wohnung erfolgen (LSG Hessen v. 9.11.2010 – L 7 SO 134/10 B ER).

Bei einer erstmals schuldhaft herbeigeführten Notlage wird das Jobcenter angesichts der hohen Bedeutung einer Unterkunft die Kosten übernehmen müssen (Berendes, info also 2008, S. 151, 154). Anschließend sollten die Unterkunftskosten dann aber gem. $\S$ 22 Abs. 7 SGB II unmittelbar an den Vermieter gezahlt werden.

Ob die Schuldenübernahme *gerechtfertigt* ist, hängt nicht nur vom Verhalten der erwachsenen Hilfeempfänger ab, sondern auch von der Situation von Kindern in der Bedarfsgemeinschaft (LSG Berlin-Brandenburg v. 11.12.2007 – L 28 B 2169 AS ER). Allerdings sagt das LSG Berlin-Brandenburg auch: *„Ein Rechtssatz, bei Vorhandensein minderjähriger Kinder seien Schulden nach $\S$ 22 Abs. 5 Satz 1 SGB II immer zu übernehmen, existiert nicht"* (v. 18.1.2010 – L 29 AS 2052/09 B ER).

Eine vergleichbare Notlage kann vor allem eintreten, wenn Energieschulden zu einer Stromsperre geführt haben oder diese konkret angekündigt wurde.

In beiden Fällen ist die Schuldenübernahme nur erforderlich, wenn die Betroffenen nicht über ein ausreichendes Schonvermögen verfügen. Bereits der Nachranggrundsatz gebietet, verfügbare eigene Mittel einzusetzen, bevor das Jobcenter die Schulden übernehmen muss.

Die Schuldenübernahme erfolgt als *Darlehen*; eine Zahlung als Beihilfe ist nur in ganz außergewöhnlichen Situationen denkbar.

6.1.9.4 Krankenversicherung

Alg-II-Bezieher sind nach $\S$ 5 Abs. 1 Nr. 2a SGB V gesetzlich krankenversichert, es sei denn, sie waren zuvor privat versichert. Privat Versicherte bleiben auch während des Leistungsbezugs in der privaten Krankenversicherung, können aber in den Basistarif wechseln (gilt seit 1.1.2009). Der monatliche Höchstsatz von 569,63 €, den fast alle privaten Versicherungen verlangen, wird für Bezieher von SGB-II/SGB-XII-Leistungen auf die Hälfte, also auf 284,82 € reduziert. Das Jobcenter ist zur Zahlung des gesamten Beitrags für den Basistarif der privaten Krankenversicherung verpflichtet (BSG v. 18.1.2011 – B 4 AS 108/10 R). Dem trägt die Neuregelung in § 26 SGB II nun mehr Rechnung.

Sozialgeldempfänger sind nicht nach § 5 Abs. 1 Nr. 2a SGB V pflichtversichert. Entweder sie sind als Ehegatten oder Kinder eines Alg-II-Empfängers in der Familienversicherung nach § 10 SGB V versichert oder sie sind in der sog. „Bürgerversicherung" nach § 5 Abs. 1 Nr. 13 SGB V eigenständig versichert.

Die Zuzahlungen im Rahmen der GKV müssen auch von SGB-II-Leistungsbeziehern erbracht werden. Die Belastungsgrenze in Höhe von 2 % (bzw. 1 % bei chronisch Kranken) errechnet sich hier aber nur aus einem Regelbedarf von 100 % für die gesamte Bedarfsgemeinschaft (§ 62 Abs. 2 Satz 6 SGB V). Derzeit muss also eine Bedarfsgemeinschaft bis zu 86,16 € jährliche Zuzahlungen erbringen, bei chronischer Erkrankung bis zu 43,08 €.

Der Zusatzbeitrag der GKV (§ 242 SGB V) wird aus den Mitteln der Liquiditätsreserve des Gesundheitsfonds gezahlt (§ 251 Abs. 6 Satz 2 SGB V).

Alg-II-Bezieher sind seit 2011 nicht mehr rentenversichert. Nach zwei Jahren im SGB-II-Leistungsbezug entfällt damit auch der Anspruch auf die Erwerbsminderungsrente (siehe S. 104).

6.1.9.5 Bildungsleistungen

Das BVerfG hatte dem Gesetzgeber den Auftrag erteilt, den spezifischen Bedarf von Schulkindern in den Bereichen Bildung und Freizeit als Teil der Kosten eines menschenwürdigen Existenzminimums zu berücksichtigen (BVerfG v. 9.2.2010 – 1 BvL 1/09).

Es liegt dabei in der Gestaltungsfreiheit der Politik, die Bedarfe durch Geld-, Sach- oder Dienstleistungen zu sichern.

Durch die neu ins SGB II eingefügten §§ 28–30 werden Bedarfe im Bereich Bildung und Teilhabe am sozialen Leben junger Menschen durch Gutscheine, andere Sachleistungen und Geldleistungen gewährt.

Folgende Leistungen werden auf Antrag gewährt:

1. *Leistungen für Schüler allgemein- und berufsbildender Schulen bis zum 25. Geburtstag:*
- 100 € als Barleistung für den allgemeinen Schulbedarf, auszuzahlen in zwei Raten von 70 € zum 1. August und 30 € zum 1. Februar (§ 28 Abs. 3 SGB II).
- Die Kosten für mehrtägige Klassenreisen in tatsächlicher Höhe, zu zahlen durch Leistung unmittelbar an die Schule (§ 28 Abs. 2 Nr. 2 SGB II).
- Gutscheine für Schulausflüge (§ 28 Abs. 2 Nr. 1 SGB II).
- Gutscheine für ein Mittagessen, welches von der Schule angeboten oder organisiert wird. Die Gutscheine sollen die Kosten decken, die den Betrag von 1 € pro Tag (Eigenleistung) übersteigen (§ 28 Abs. 6 SGB II).

- Gutscheine für Nachhilfe, wenn diese Förderung erforderlich ist, um die Versetzung zu erreichen (§ 28 Abs. 5 SGB II).
- Fahrtkosten zur Schule, die eine zumutbare Belastung übersteigen (§ 28 Abs. 4 SGB II).

2. Leistungen bis zum 18. Geburtstag, die nicht vom Besuch einer Schule abhängig sind (§ 28 Abs. 7 SGB II):
- Mitgliedsbeiträge in den Bereichen Sport, Spiel, Kultur und Geselligkeit,
- Musikunterricht,
- vergleichbare Kurse der kulturellen Bildung oder Teilnahme an Freizeiten.

Die Leistungen werden durch die Ausgabe von Gutscheinen oder durch Direktleistungen an die Anbieter erbracht, der Gesamtwert für jedes Kind beträgt 120 € im Jahr. Zunächst waren für diese Leistungen ausschließlich Gutscheine vorgesehen. Kritisiert wurde sowohl die stigmatisierende Wirkung für die Kinder als auch der hohe bürokratische Aufwand für die Anbieter. Jetzt steht es den Kommunen frei, welche Finanzierungsform sie wählen.

3. Leistungen für Kinder, die eine Kindertagesstätte besuchen:
- die Kosten für mehrtägige Ausflüge der Tagesstätte in tatsächlicher Höhe,
- Gutscheine für Ausflüge (§ 28 Abs. 2 Satz 2 SGB II),
- Gutscheine für ein Mittagessen in der Tagesstätte. Die Gutscheine sollen die Kosten decken, die den Betrag von 1 € pro Tag (Eigenleistung) übersteigen (§ 28 Abs. 6 Nr. 2 SGB II).

4. Leistungen für Kinder bei einer Tagesmutter/-vater (in Kindertagespflege):
- Übernahme der Kosten des Mittagsessens bei der Tagesmutter/-vater, die den Betrag von 1 € übersteigen (§ 28 Abs. 6 Nr. 2 SGB II).

Für den Leistungsanspruch ist es nicht erforderlich, dass die Familien Alg II und Sozialgeld beziehen. Auch bei niedrigen Einkommen kann ein Anspruch auf Bildungsleistungen bestehen (§ 7 Abs. 2 Satz 2 SGB II). Reicht das Nettoeinkommen abzüglich der Freibeträge (siehe S. 215) aus, um die Regelbedarfe, Mehrbedarfe und Kosten der Unterkunft und Heizung zu decken, nicht jedoch die Bildungskosten, so werden alle Bildungsleistungen erbracht.

6.1.9.6 Einmalleistungen

Abweichend von dem Grundsatz, dass die Regel- und Mehrbedarfe alle anfallenden Kosten abdecken, gewährt § 24 Abs. 3 SGB II in drei Fällen einen Anspruch auf eine einmalige Leistung:

a) Erstausstattungen für die Wohnung einschließlich Haushaltsgeräten:
   Diese Leistung wird vor allem erbracht, wenn erstmals ein eigener Haushalt gegründet wird, nach einer Trennung ein neuer Hausstand erforderlich wird oder die Neubeschaffung von Hausrat nach Brand oder Zerstörung erfolgen muss. Auch die Kosten für einzelne Gegenstände sind zu übernehmen, wenn diese bislang noch nicht vorhanden waren (BSG v. 19.9.2008 – B 14 AS 64/07 R).

b) Erstausstattungen für Bekleidung und Erstausstattungen bei Schwangerschaft und Geburt:
Diese Leistung wird überwiegend als Pauschale gezahlt. Überwiegend werden 400 bis 500 € (einschließlich Umstandsbekleidung) gezahlt. Ein Anspruch auf neue Waren besteht für die Wäsche, nicht aber für die Einrichtungsgegenstände. Auch dürfen die Leistungen gekürzt werden, wenn bereits die Ausstattung für ein Geschwisterkind gewährt wurde, welches wenige Jahre zuvor geboren wurde (SG Bremen v. 27.2.2009 – S 23 AS 255/09 ER).
Die Leistungen können bereits mehrere Wochen vor der Geburt beansprucht werden, weil es Eltern nicht zugemutet werden kann, zunächst die Geburt abzuwarten (LSG NRW v. 19.5.2006 – L 20 B 93/06 AS ER).
c) Anschaffung und Reparaturen von orthopädischen Schuhen, Reparaturen von therapeutischen Geräten und Ausrüstungen sowie die Miete von therapeutischen Geräten.

Für diese Leistungen ist ein eigener Antrag erforderlich. Besteht der Bedarf bereits, wenn der Antrag auf Alg II (auch als Folgeantrag) gestellt wird, so gilt auch der Antrag auf Einmalleistungen als gestellt (BSG v. 19.8.2010 – B 14 AS 10/09 R).

Auch ohne laufenden Bezug von Alg II oder Sozialgeld können Einmalleistungen in Anspruch genommen werden, wenn Personen aus Haushalten mit niedrigem Einkommen den Bedarf nicht mit dem Einkommen decken können, welches in einem Zeitraum von sechs Monaten oberhalb der Bedarfssätze nach SGB II erwirtschaftet wird.

Beispiel:
Das Ehepaar Martha und Heinz verfügt über ein Erwerbseinkommen von 1200 € monatlich (netto abzüglich der Freibeträge nach § 11b SGB II).
Ihr Bedarf errechnet sich aus 2 x 328 € (Regelbedarf 90 %) = 656 € + 450 € für Unterkunft und Heizung = 1106 €.
Bei einem Brand wird die Wohnungseinrichtung zerstört. Eine Hausratsversicherung besteht nicht. Die Wiederbeschaffung des Hausrats kostet auch bei Ankauf von Gebrauchtmöbeln und Geräten ca. 2000 €.
Martha und Heinz verfügen jeden Monat über einen Betrag von 94 €, der den Mindestbedarf nach SGB II von 1106 € übersteigt. Daraus lassen sich innerhalb von sechs Monaten 564 € ansparen.
Die Finanzierung der neuen Wohnungseinrichtung ist ihnen allein aus dem Einkommen nicht zuzumuten. Sie haben einen Anspruch gegenüber dem Jobcenter auf Einmalleistung in Höhe der Differenz von 1436 €.

Problematisch bleibt weiterhin die fehlende Öffnungsklausel für weitere einmalige Bedarfe, deren Kosten die Leistungsbezieher überfordern und die deutlich vom gewöhnlichen Bedarf abweichen. Dazu gehören z.B. die Kosten für die Beschaffung ausländischer Pässe, die oft weit über die Kosten für einen deutschen Pass hinausgehen, die Kosten für Brillen oder für einmalige Besuche von nahen Angehörigen im Ausland (ablehnend etwa LSG NRW v. 22.7.2010 – L 7 B 204/09 AS).

6.1.9.7 Darlehen

Für größere Anschaffungen, die aus dem Regelbedarf zu bezahlen sind, für die aber das nötige Geld fehlt, können nach Ermessen Darlehen in Geld oder Sachleistungen erbracht werden (§ 24 Abs. 1 SGB II). Typische Situationen für ein Darlehen sind:

- Es muss ein größeres Elektrogerät (Waschmaschine, Herd, Kühlschrank) oder Möbel ersetzt werden und es gibt keinerlei Ersparnisse,
- es wurde ein größerer Barbetrag gestohlen,
- eine Hochzeit oder ein sonstiges größeres Familienfest kann nicht ausgerichtet werden,
- für ein Kind muss ein Musikinstrument oder eine besondere Sportausrüstung angeschafft werden,
- ein Angehöriger der Bedarfsgemeinschaft hat das verfügbare Geld zweckwidrig ausgegeben und die Lebensmittel für den restlichen Monat können nicht mehr bezahlt werden (hier sollte für die Zukunft eine getrennte Auszahlung vereinbart werden, siehe S. 188).

Das Darlehen muss während des Leistungsbezugs zwingend mit einem monatlichen Betrag in Höhe von 10 % der Regelleistung zurückgezahlt werden (§ 42a Abs. 2 SGB II). Dieser Betrag wird von der monatlichen Leistung abgezogen (aufgerechnet).

6.1.9.8 Leistungen für Auszubildende

Auszubildende, d. h. Personen in einer betrieblichen oder schulischen Ausbildung sowie Studierende, erhalten grundsätzlich nach § 7 Abs. 5 SGB II keine Leistungen der Grundsicherung, weil ihnen die Ausbildungsförderung (siehe S. 174) zur Verfügung steht. Von diesem Grundsatz werden jedoch bestimmte Personengruppen und Leistungen ausgenommen, die teils in § 7 Abs. 6 SGB II aufgeführt sind und teils als Sonderleistungen, die nicht als Alg II gelten, in § 27 SGB II genannt werden:

- Nicht unter den Leistungsausschluss fallen nach § 7 Abs. 6 SGB II Schüler und Auszubildende, die sich in einer schulischen oder beruflichen Erstausbildung befinden und noch im Elternhaus leben. Auch während einer BvB oder dem Besuch einer Fachschule wird Personen, die noch bei den Eltern leben, nur eine geringe Ausbildungsförderung gezahlt (§ 12 Abs. 1 Nr. 1 BAföG, § 66 Abs. 1 Satz 1 SGB III); diese ist bei Bedarf durch Alg II aufzustocken. 20 % der Ausbildungsbeihilfe werden nicht angerechnet, weil sie als ausbildungsspezifischer Bedarf gelten (BSG v. 17. 3. 2009 – B 14 AS 63/09 R).
- Nicht unter den Leistungsausschluss fallen nach § 7 Abs. 6 Nr. 3 SGB II Schüler, die einen Haupt- oder Realschulabschluss oder das Abitur nachholen und kein BAföG erhalten, weil sie bereits das 30. Lebensjahr vollendet haben (§ 10 Abs. 3 BAföG).
- Ein Anspruch besteht auf Mehrbedarfe für Schwangere, Alleinerziehende, Behinderte und Kranke (siehe S. 193 f.) und Einmalleistungen anlässlich von

Schwangerschaft und Geburt (siehe S. 206). Diese Leistungen werden nur in dem Umfang erbracht, in dem ein vorhandenes Einkommen nicht den vollen Bedarf deckt (§ 27 Abs. 2 SGB II).

Beispiel:
Die Studentin Luise ist schwanger. Sie erhält 597 € Ausbildungsförderung (§ 13 Abs. 2 BAföG), ist in der Krankenversicherung ihrer Mutter familienversichert und erhält das Kindergeld in Höhe von 184 € von ihrer Mutter.
Luises Bedarf:

364 € Regelbedarf,
 62 € Mehrbedarf 17 %
250 € Unterkunft/Heizung
Gesamtbedarf: 676 €

Einkommen:
 597 € Ausbildungsbeihilfe
− 119 € studienbedingte Kosten = pauschal 20 % der Ausbildungsförderung
 184 € Kindergeld
− 30 € Versicherungspauschale
 632 € anzurechnendes Einkommen.

Der Bedarf liegt um 44 € über dem Einkommen. Daher hat Luise keinen Anspruch auf den vollen Mehrbedarfszuschlag für Schwangere (62 €), sondern nur auf einen Anteil von 44 €.

- Die Leistungen für die Kinder von Auszubildenden (Sozialgeld, anteilige Mietkosten, Bildungsleistungen etc.) werden nach den allgemeinen Regelungen erbracht. Das Leben in einer Bedarfsgemeinschaft mit einem Alg-II-Bezieher wird dabei fingiert.
- Einen Zuschuss für ungedeckte Unterkunftskosten (§ 27 Abs. 3 SGB II) erhalten Auszubildende, Schüler und Studierende im Haushalt der Eltern, um die Eltern nicht mit der Einkommenslücke der Kinder zu belasten. Bei einem eigenen Haushalt haben nur Teilnehmerinnen an einer BvB und Auszubildende mit BAB oder Ausbildungsgeld und Schüler einen Anspruch auf den Zuschuss, da bei Studierenden davon ausgegangen wird, dass sie die Finanzlücke durch einen Nebenjob finanzieren können. Als Zuschuss wird höchstens die Differenz zwischen den Unterkunftskosten und dem Anteil der Ausbildungsförderung für die Unterkunft (siehe § 13 Abs. 2 BAföG) gezahlt (BSG v. 22.3.2010 – B 4 AS 39/09 R).
- Leistungen zum Lebensunterhalt können als Darlehen gewährt werden, soweit der Leistungsausschluss nach § 7 Abs. 5 SGB II eine unbillige Härte darstellen würde. Die Kriterien sind hier von der Rechtsprechung sehr restriktiv bestimmt worden, in vielen Fällen, in denen die Ausbildungsförderung ausgelaufen ist oder die bisherige Finanzierung wegbricht, kann wohl auch auf einen Studienkredit oder ein BAföG-Darlehen (§§ 17, 18c BAföG) verwiesen werden. Anerkannt wurden Härtefälle bei Ausbildungen, die für behinderte Menschen eine Chance zur Arbeitsmarktintegration bieten (LSG NRW v. 3.8.2005 – L 20 B 5/05 SO ER; SG Berlin v. 17.11.2005 – S 37 AS 10619/05).

6.1.10 Bedarfsgemeinschaft

Der Begriff der Bedarfsgemeinschaft gilt ausschließlich im Rechtsbereich des SGB II und definiert miteinander in einer Einstandsgemeinschaft (jeder muss für jeden anderen finanziell so einstehen wie für sich selbst) verbundene Personen abweichend von den herkömmlichen Begriffen Kleinfamilie, Haushaltsgemeinschaft oder familiäre Lebensgemeinschaft. Es handelt sich um einen zentralen Begriff des SGB II, weil über die Zuordnung zu einer Bedarfsgemeinschaft nicht nur bestimmt wird, welches Einkommen angerechnet wird, sondern auch, ob das Jobcenter als Leistungsträger zuständig ist.

> *„Leistungen erhalten auch Personen, die mit erwerbsfähigen Leistungsberechtigten in einer Bedarfsgemeinschaft leben."* (§ 7 Abs. 1 SGB II)

Bedarfsgemeinschaften werden gebildet aus

1. Partnern und
2. Eltern und Kindern,

die in einer Wirtschaftsgemeinschaft zusammenleben.
Partnerschaften bilden

1. verheiratete Personen,
2. Personen in einer eheähnlichen Lebensgemeinschaft (verschiedengeschlechtlich),
3. Personen in einer eingetragenen Lebenspartnerschaft,
4. Personen in einer lebenspartnerschaftsähnlichen Lebensgemeinschaft (gleichgeschlechtlich).

Bei Personen, die ohne das Institut der Ehe oder der eingetragenen Partnerschaft zusammenleben, muss der wechselseitige Wille bestehen, füreinander Verantwortung zu übernehmen (§ 7 Abs. 3 Nr. 3 SGB II). Unter folgenden Voraussetzungen wird diese Verantwortungs- oder Einstandsgemeinschaft gesetzlich vermutet (§ 7 Abs. 3a SGB II):

1. sie leben länger als ein Jahr zusammen oder
2. sie leben mit einem gemeinsamen Kind zusammen oder
3. sie versorgen Kinder oder Angehörige in ihrem Haushalt oder
4. einer oder beide können über das Einkommen und/oder Vermögen des anderen verfügen (Kontovollmacht).

Die gesetzliche Vermutung führt dazu, dass das Jobcenter von einer Bedarfsgemeinschaft ausgehen darf, es sei denn, die Betroffenen können nachweisen, dass ihre Lebenskonstruktion nicht einer auf gegenseitige Verantwortung ausgelegten Beziehung entspricht.

Beispiel:
Egon, Martha und Johannes leben in einer Wohnung, zahlen jeweils den gleichen Betrag in eine monatliche Haushaltskasse und haben einen Putzplan aufgestellt.

Egon studiert noch, Martha arbeitet als Eventmanagerin und hat einen festen Freund, Johannes hat nach Abschluss des Studiums noch keine Arbeitsstelle gefunden und benötigt Alg II.

Hier findet sich der typische Zuschnitt einer Wohngemeinschaft. Da weder zwischen Egon und Johannes noch zwischen Martha und Johannes eine Partnerschaft besteht, darf eine Einstandsgemeinschaft zwischen den Beteiligten nicht vermutet werden.

Das Jobcenter darf keine Auskünfte über das Einkommen und Vermögen der Mitbewohner verlangen.

Ziehen Partner nur vorübergehend zusammen und leben noch kein Jahr in einem gemeinsamen Haushalt, kann eine Einstands- und damit Bedarfsgemeinschaft nur angenommen werden, wenn sich aus dem Verhalten der Partner ergibt, dass sie langfristig füreinander einstehen wollen (LSG NRW v. 16.02.2009 – L 19 AS 70/08).

Eine Bedarfsgemeinschaft besteht nicht, wenn ein Partner dauerhaft erwerbsunfähig oder älter als 64 Jahre alt ist (gestaffelte Regelung nach Rentenalter, siehe § 7 a SGB II).

Kinder werden der Bedarfsgemeinschaft zugerechnet, wenn sie

1. als leibliches oder adoptiertes Kind eines der beiden Partner
2. unverheiratet und nicht älter als 24 Jahre alt sind.

Probleme bereitet vor allem die Einstandspflicht für Stiefkinder, die nicht mit einer Unterhaltspflicht nach dem Bürgerlichen Gesetzbuch (BGB) korrespondiert. Wer etwa mit einer Partnerin zusammenleben möchte, fühlt sich nicht zwangsläufig verpflichtet, auch für ihre Kinder zu sorgen. Nach Auffassung des BSG (Urteil v. 13.11.2008 – B 14 AS 2/08 R) liegt es in der Verantwortung des leiblichen Elternteils, für eine angemessene Verteilung der verfügbaren Mittel unter Berücksichtigung des Kindeswohls zu sorgen. Das bedeutet in der Praxis, dass der leibliche Elternteil verpflichtet ist, die Haushaltsgemeinschaft aufzulösen und den Partner zu verlassen, wenn dieser nicht bereit ist, sein Einkommen für die Stiefkinder einzusetzen.

Dauerhaft erwerbsunfähige Kinder (schwerstbehindert) gehören bis zum 18. Geburtstag altersbedingt zur Bedarfsgemeinschaft und wechseln anschließend zum Sozialamt (siehe auch S. 247).

Wichtige Ausnahme von der Bedarfsgemeinschaft zwischen Eltern und Kindern:
Soweit eine Tochter schwanger ist oder ein Kind ein eigenes Kind (Enkel) bis zum sechsten Geburtstag im Haushalt der Eltern betreut, scheiden sie aus der Bedarfsgemeinschaft mit den Eltern aus, weil in diesen Fällen keine Unterhaltspflicht der Eltern besteht (§ 9 Abs. 3 SGB II).

Unterhaltsleistungen, die Schwangere oder Elternteile von ihren eigenen Eltern tatsächlich erhalten, müssen sie sich anrechnen lassen.

Leben Familienangehörige, die keine Bedarfsgemeinschaft bilden, in einer Haushalts- und Wirtschaftsgemeinschaft zusammen, so wird vermutet, dass Personen mit einem ausreichenden Einkommen die übrigen Familienmitglieder unterstützen (§ 9 Abs. 5 SGB II, § 1 Abs. 2 Alg II-V). Diese Vermutung kann jedoch durch eine Erklärung widerlegt werden. Hierzu ist auch ein Formular im Internet unter www.arbeitsagentur.de, Formulare, Arbeitslosengeld II, Hilfebedürftigkeit bei Haushaltsgemeinschaft, verfügbar.

Beispiel:
Die 50-jährige Agathe lebt mit ihrem 27-jährigen arbeitslosen Sohn Gustav zusammen. Agathe erzielt ein monatliches Einkommen von 2600 € netto. Als Gustav beim Jobcenter Alg II beantragt, wird er aufgefordert, eine Einkommensbescheinigung seiner Mutter vorzulegen. Agathe weigert sich jedoch. Sie setzt folgende Erklärung auf: „Ich habe meinen Sohn Gustav in meinen Haushalt aufgenommen, bin aber nicht bereit, für seinen Lebensunterhalt aufzukommen. Ich habe lange genug für seinen Unterhalt gesorgt und ihm eine Ausbildung finanziert, jetzt schulde ich ihm nichts mehr. Ich erwarte, dass er für die höheren Verbrauchskosten einen monatlichen Betrag von 100 € zahlt."
Mit dieser Erklärung ist die Vermutung des § 9 Abs. 5 SGB II widerlegt, die Auskunft über die Einkommensverhältnisse von Mutter Agathe kann nicht mehr verlangt werden.

Der Unterschied zwischen einer Bedarfsgemeinschaft und einer Haushaltsgemeinschaft mit Verwandten besteht also darin, dass es aus der ersteren „kein Entrinnen" gibt, aus der zweiten schon (Frommann, 2008, S. 168 zum SGB XII).

Unabhängig von jeder Einstandspflicht oder Leistungsvermutung, werden tatsächlich erbrachte Unterhaltsleistungen (z. B. die Gewährung einer Unterkunft) immer angerechnet (BSG v. 18. 2. 2010 – B 14 AS 32/08 R).

6.1.11 Einkommens- und Vermögensanrechnung

6.1.11.1 Abgrenzung zwischen Einkommen und Vermögen – Zuflusstheorie

Für die Abgrenzung der Anrechnung von Einkommen im Unterschied zum Vermögen stützt sich das BSG (u. a. v. 30. 7. 2008 – B 14/7b AS 12/07 R) auf die sog. *„Zuflusstheorie"*. Alle geldwerten Vorteile, die vor der Antragstellung bereits vorhanden sind, werden als Vermögen betrachtet, alle Werte, die nach der Antragstellung hinzukommen, gelten als Einkommen. Es kommt nicht darauf an, wann und aus welchem Grund der Anspruch auf die Einnahmen entstanden ist, sondern allein auf den tatsächlichen Eingang von Geld oder geldwerten Gegenständen. Auch Erbschaften, Steuerrückzahlungen, Rückzahlungen aus Nebenkostenabrechnungen und verspätet gezahlte Sozialversicherungsleistungen wie z. B. Krankengeld (BSG v. 16. 12. 2008 – B 4 AS 70/07 R) gelten als anrechenbare Einkommen, sobald Alg II oder Sozialgeld bezogen wird (BSG v. 30. 7. 2008 – B 14 AS 26/07). Weil für die Anrechnung des Vermögens Freibeträge bestehen, nicht aber für die Anrechnung von Einkommen, können sich deutliche finanzielle Unterschiede ergeben, je nachdem, wann eine Leistung bei den Betroffenen eintrifft.

Beispiel:
Marie hat bis zum 31.12.2010 gearbeitet. Von Januar 2011 bis Juni 2011 erhält sie Arbeitslosengeld nach SGB III. Ab Juli 2011 muss sie SGB-II-Leistungen in Anspruch nehmen.

Marie gibt im April 2011 ihre Einkommenssteuererklärung für 2010 ab und erhält im Juni 2011 eine Steuerrückzahlung von 800 €. Da sie sonst kein Vermögen hat, gilt dieser Betrag als Schonvermögen, wenn sie am 1. Juli 2011 einen Antrag auf Alg II stellt.

Hätte sie ihre Einkommenssteuererklärung erst im Juni abgegeben, so wäre die Steuerrückzahlung erst eingegangen, nachdem sie den Antrag auf Alg II gestellt hätte. Die 800 € wären als Einkommen angerechnet worden und hätten ihren Leistungsanspruch gesenkt.

(siehe zum Eingang der Steuerrückzahlung vor der Antragstellung BSG v. 30.7.2008 – B 14/7b AS 12/07 R; zum Eingang nach der Antragstellung BSG v. 16.12.2008 – B 4 AS 48/07 R).

Die Einkommensanrechnung erfolgt nicht nur in dem Monat, in dem das Geld eingeht, sondern kann auf den laufenden Bewilligungszeitraum und auf die folgenden Bewilligungszeiträume verteilt werden (BSG vom 30.9.2008 – 4 AS 29/07 R). Mit der Neuregelung in § 11 Abs. 3 SGB II werden Einnahmen, die höher sind als der monatliche Leistungsanspruch, immer auf sechs Monate verteilt. Grundsätzlich werden tatsächlich erbrachte Unterhaltsleistungen, für die ein Titel besteht, vom Einkommen abgesetzt, auch wenn wegen des geringen Einkommens keine Unterhaltspflicht besteht (BSG v. 9.11.2010 – B 4 AS 78/10 R).

Einkommen von bis zu 10 € im Monat für jedes Mitglied der Bedarfsgemeinschaft bleibt anrechnungsfrei, unabhängig von der Quelle, aus der es stammt (§ 1 Abs. 1 Nr. 1 Alg II–V).

6.1.11.2 Einkommen aus vorrangigen Sozialleistungen

Einkommen aus Sozialleistungen (Renten, Krankengeld, Alg, alle Familienleistungen) werden bedarfsmindernd angerechnet.

Nicht angerechnet werden:

- Grundrenten, die zum Ausgleich einer Schädigung als Kriegsopfer, durch Wehr- oder Ersatzdienst sowie nach dem Opferentschädigungsrecht gezahlt werden,
- Schmerzensgeld (wohl aber die Verletztenrente der gesetzlichen Unfallversicherung, BVerfG v. 21.3.2011 – 1 BvR 591/08) und
- das Pflegegeld der Pflegeversicherung.

Das Pflegegeld für Pflegekinder wird für die ersten beiden aufgenommen Pflegekinder nicht angerechnet, für das dritte Kind in Höhe von 75 % des Anteils für Erziehung und für jedes weitere Kind vollständig (§ 11a Abs. 3 SGB II).

An ein Mitglied der Bedarfsgemeinschaft gezahlte Ausbildungsförderung nach BAföG wird als Einkommen angerechnet, jedoch werden 20 % pauschal abgezogen, weil dieser Umfang für die Ausbildung zweckbestimmt ist und nicht dem Lebensunterhalt dient (BSG v. 17.3.2009 – B 14 AS 62/07 R).

In Krankenhäusern, Rehabilitationseinrichtungen, Schulen und Kindergärten zur Verfügung gestellte Verpflegung darf nicht als Einkommen angerechnet werden (§ 1 Abs. 1 Nr. 11 Alg II–V).

Versicherungspauschale

Vom Einkommen volljähriger Leistungsempfänger, welches nicht aus einer Erwerbstätigkeit stammt, wird der Versicherungsfreibetrag nach § 11 Abs. 1 Nr. 3 i.V.m. § 6 Abs. 1 Nr. 1 Alg II–V in Höhe von 30 € abgezogen. Dahinter steht die Überlegung, dass Personen mit einem eigenen Einkommen üblicherweise einige Versicherungen, z.B. Haftpflicht-, Hausrat- oder Unfallversicherungen, abschließen.

Die Versicherungspauschale wird beim Kindergeld vom Kindergeld für minderjährige Kinder nur abgezogen, wenn das Kind eine eigene Versicherung abgeschlossen hat (§ 6 Abs. 1 Nr. 2 Alg II–V). Es handelt sich zwar nach § 62 EStG um eine Leistung an die Eltern, für die Berechnung der Leistungen nach SGB II wird es jedoch als Einkommen des Kindes behandelt, solange das Kind auf die Leistung zur Deckung seines Bedarfs angewiesen ist (§ 11 Abs. 1 Satz 3 SGB II).

Beispiele:
Lena (6) lebt mit ihren Eltern in einer Bedarfsgemeinschaft. Da sie kein Einkommen hat, wird das Kindergeld für ihren Bedarf benötigt. Es wird so behandelt, als sei es ihr Einkommen. Eine Versicherungspauschale wird nicht abgezogen, weil Lena minderjährig ist und keine eigene Versicherung abgeschlossen hat.

Tobias (15) lebt mit seiner Mutter in einem Haushalt. Er erhält von seinem Vater Unterhaltszahlungen in Höhe von 600 €. Damit ist er nicht auf SGB-II-Leistungen angewiesen und scheidet aus der Bedarfsgemeinschaft mit seiner Mutter aus. Das Kindergeld, welches an seine Mutter gezahlt wird, wird für Tobias' Lebensunterhalt nicht benötigt. Daher wird es bei der Mutter als Einkommen von ihrem Leistungsanspruch abgezogen. Sie kann von den 184 € die Versicherungspauschale von 30 € abziehen, so dass nur 154 € als Einkommen angerechnet werden.

Leben volljährige Kinder in einem eigenen Haushalt, so kann ihnen das Kindergeld nicht angerechnet werden, soweit es ihnen nicht tatsächlich von den Eltern weitergeleitet wird (§ 1 Nr. 8 Alg II–V). Es wird dann als Einkommen der Eltern angerechnet, wenn diese Leistungen nach SGB II oder SGB XII erhalten (BSG v. 23.11.2006 – B 11b AS 1/06 R; BSG v. 11.12.2007 – B 8/9b SO 23/06 R).

Das Jobcenter kann Kinder außerhalb des Haushalts ihrer Eltern verpflichten, einen Abzweigungsantrag bei der Familienkasse zu stellen, um die Auszahlung des Kindergeldes an sich selbst zu bewirken (siehe auch S. 164).

6.1.11.3 Unterhaltsleistungen, Geschenke und Darlehen

Unterhaltsleistungen werden unabhängig davon, ob sie auf einer gesetzlichen Unterhaltspflicht beruhen oder freiwillig geleistet werden, als Einkommen angerechnet. Entscheidend ist auch hier, was tatsächlich gezahlt wird. Der Leistungsanspruch darf nicht gekürzt werden, wenn ein Unterhaltsanspruch besteht, tatsächlich aber kein oder nur ein geringerer Unterhalt gezahlt wird (LSG Rheinland-Pfalz v. 23.04.2009 – L 5 AS 81/07).

> Auch bei Unterhaltszahlungen und sonstigen Zuwendungen wird die Versicherungspauschale von 30 € (§ 6 Abs. 1 Nr. 1 Alg II-V) nur bei Leistungen an volljährige Leistungsbezieher abgezogen.
> Ausnahme: nachgewiesene eigene Versicherung eines Minderjährigen.

Das Jobcenter kann den Unterhaltspflichtigen auf Rückzahlung der SGB-II-Leistungen in der Höhe in Anspruch nehmen, in der Unterhalt hätte gezahlt werden müssen (§ 33 SGB II). Die Zahlungspflicht besteht aber erst ab dem Zeitpunkt, zu dem das Jobcenter den Unterhaltspflichtigen über die Zahlungen informiert hat.

Geschenke an Minderjährige anlässlich religiöser Feste werden bis zu einem Höchstbetrag von 3100 € nicht als Einkommen angerechnet (§ 1 Abs. 1 Nr. 12 Alg II-V).

Auch zweckgebundene Zuwendungen, die nicht dem Lebensunterhalt dienen, werden nicht angerechnet, solange sie im Rahmen einer bescheidenen Lebensführung angemessen sind, z.B. Einladungen zum Essen oder zu Veranstaltungen, Geld für eine kleine Urlaubsreise oder die Anschaffung einer Sportausrüstung etc. Es muss in jedem Einzelfall bewertet werden, ob die zusätzlichen Leistungen zu einer unverhältnismäßigen Begünstigung führen (§ 11a Abs. 5 SGB II).

Schwierigkeiten bereitet stets die Behandlung von *Darlehen*. Darlehensweise gewährte Sozialleistungen werden nach § 11 Abs. 1 Satz 2 SGB II angerechnet (siehe BAföG S. 207). Das BSG hat die Anrechnung von Privatdarlehen als Einkommen aber abgelehnt, wenn sich aus den Umständen eine eindeutige Rückzahlungsverpflichtung ergibt (Urteil v. 17.6.2010 – B 14 AS 46/09 R).

6.1.11.4 Einkommen aus Arbeit

Schüler bis 24 Jahre können die Einnahmen aus einem Ferienjob, den sie nicht länger als vier Wochen ausüben, bis zu 1200 € im Jahr behalten (§ 1 Abs. 4 Alg II/Sozialgeld/VO).

Kinder unter 15 Jahren können bis zu 100 € monatlich ohne Anrechnung verdienen (§ 1 Abs. 1 Nr. 9 Alg II-V).

Beide Einnahmen nebeneinander sind ausgeschlossen, weil das Jugendarbeitsschutzgesetz Ferienjobs für Kinder unter 15 Jahren nicht zulässt (§ 5).

Das Taschengeld während eines *Jugendfreiwilligendienstes* (Freiwilliges Soziales Jahr, Freiwilliges Ökologisches Jahr) bleibt bis zu 60 € monatlich anrechnungsfrei (§ 1 Abs. 1 Nr. 13 Alg II/Sozialgeld-V).

Die steuerfreie *Aufwandsentschädigung* (Übungsleiterpauschale) nach § 3 Nr. 12, 26, 26a oder 26b EStG wird bis zu 175 € im Monat nicht als Einkommen angerechnet (§ 11b Abs. 2 Satz 3 SGB II).

Dagegen werden die Einnahmen als Tagesmutter ab 2011 als Erwerbseinkommen bewertet (§ 11a Abs. 3 Nr. 2 SGB II).

Das *Einkommen aus einer Beschäftigung* wird für die Berechnung des Leistungsanspruchs nach Abzug der Sozialversicherungsabgaben und Steuern (netto) zugrunde gelegt. Für die Freibeträge ist jedoch das Bruttoeinkommen maßgeblich (§ 2 Abs. 1 Alg II–V).

Einkommen aus selbständiger Tätigkeit wird nach einer vorzulegenden Einnahme-Ausgaben-Aufstellung berechnet (§ 3 Abs. 2 Alg II–V). Als Ausgaben werden dabei nur Positionen anerkannt, die für das selbständige Unternehmen erforderlich sind und in ihrem Zuschnitt mit den geringen Einnahmen vereinbar sind. So kann etwa ein neu gegründetes Unternehmen keine opulenten Präsentkörbe zu Weihnachten verschicken und die Haus-Friseurin (kein Laden, nur Hausbesuche) ihre beruflichen Fahrten nicht mit einem Mercedes der S-Klasse durchführen. Wenn für die Neugründung des Unternehmens vom Jobcenter Einstiegsgeld (§ 16b SGB II) oder Leistungen zur Eingliederung von Selbständigen (§ 16c SGB II) gezahlt werden, können die hiermit finanzierten Kosten nicht noch einmal als Betriebsausgaben geltend gemacht werden (§ 3 Abs. 3 Alg II–V).

Von einem Einkommen aus Erwerbstätigkeit sind verschiedene Freibeträge abzusetzen, bevor es auf den Bedarf angerechnet wird.

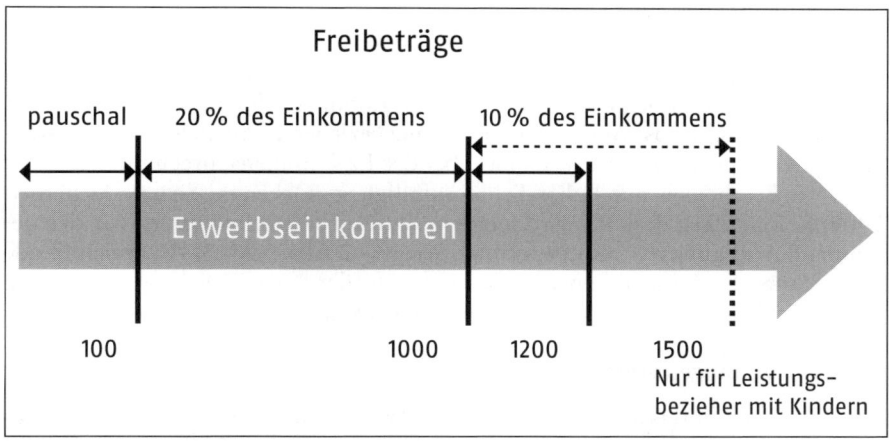

Abb. 5: Anrechnung von Erwerbseinkommen

1. Freibetrag für mit der Arbeit verbundene Aufwendungen (§11 b Abs. 2 SGB II)
Vom Nettoeinkommen wird ein Pauschalbetrag von 100 € abgesetzt, mit dem sowohl die Werbungskosten als auch die Kosten für angemessene Versicherungen abgedeckt sind.

Erst wenn das Einkommen 400 € übersteigt, können stattdessen auch die real angefallenen Kosten (Fahrtkosten, Berufsbekleidung, Fachliteratur) geltend gemacht werden.

2. Freibeträge als Anreiz zur Erwerbstätigkeit (§11 b Abs. 3 SGB II)
Vom Bruttoeinkommen werden noch einmal Freibeträge für Erwerbstätige ermittelt und diese vom Nettoeinkommen abgesetzt:

- Für die Spanne von 100 € bis 1000 €　　20 % = maximal 180 €
- Für die Spanne von 1000 € bis 1200 €
  bei Personen ohne Kinder　　　　　　10 % = maximal 20 €
- Für die Spanne von 1000 € bis 1500 €
  bei Personen mit Kindern　　　　　　10 % = maximal 50 €.

Beispiel:
Ludmilla, die mit zwei Kindern zusammenlebt, erhält für eine Halbtagstätigkeit als Sachbearbeiterin 1500 € brutto. Nach Abzug von Sozialversicherungen und Steuern ergibt sich ein Nettoeinkommen von 1200 €. Von diesem Einkommen werden abgezogen:

1. 100 € Pauschale für Ausgaben,
2. 180 € = 20 % des Einkommens zwischen 100 € und 1000 € (aus 900 €),
3.　50 € = 10 % des Einkommens zwischen 1000 € und 1500 € (aus 500 € – maßgeblich ist das Bruttoeinkommen).

Es ergibt sich ein Absetzungsbetrag von 330 €, der vom Nettoeinkommen abgezogen wird. Von Ludmillas Einkommen werden also 870 € als Einkommen bei der Leistungsberechnung angerechnet.

Besondere Schwierigkeiten bereitet die Anrechnung von monatlich wechselndem Einkommen, wie es sich besonders im Niedriglohnbereich häufig findet. So setzt etwa die Deutsche Post AG zahllose Leistungsbezieher als Springer in der Postzustellung für Spitzenzeiten ein. Es kam bei der Einkommensanrechnung zu einer Flut von Bescheiden mit hoher Fehleranfälligkeit (Ockenga, Soziale Sicherheit 2009, S. 217, 221); deshalb wird jetzt ein Durchschnittseinkommen für den gesamten Bewilligungszeitraum zugrunde gelegt (§ 2 Abs. 3 Alg II–V) und am Ende abgerechnet. Es muss mit einer Rückzahlungsforderung gerechnet werden, wenn das tatsächlich erzielte Einkommen über dem vorab geschätzten liegt.

6.1.11.5 Vermögensanrechnung

Das Vermögen umfasst alle geldwerten Güter, über die eine Person schon zu Beginn des Bedarfszeitraums verfügt (siehe Abgrenzung zum Einkommen S. 211). Grundsätzlich werden Personen ohne oder mit einem geringen Einkommen darauf verwiesen, zunächst ihr Vermögen aufzubrauchen, bevor sie Ansprüche auf Grundsicherung geltend machen.

Bestimmte Geldbeträge, Anlagen und Wertgegenstände gelten dabei als Schonvermögen, das nicht auf den Bedarf angerechnet wird.

Zweckfreier Grundfreibetrag für Erwachsene (§12 Abs. 2 Nr. 1 SGB II)

Unabhängig von der Art oder dem Ursprung des Vermögens werden bei einem Erwachsenen *150 €* für jedes vollendete Lebensjahr nicht angerechnet.

Berücksichtigt wird ein Mindestbetrag von 3100 € und ein Höchstbetrag von 10 050 € für Personen, die ab 1964 geboren wurden. Für ältere Leistungsbezieher gelten abweichende Höchstbeträge (siehe § 12 Abs. 2 Satz 2 SGB II).

Beispiele:
Lasse, 18 Jahre alt, verfügt über ein Sparguthaben von 3000 €. Bei der Berechnung nach dem Lebensalter ergäbe sich ein Freibetrag von 2700 €. Dieser Betrag liegt jedoch unter dem Minimum, deshalb gilt für Lasse der Mindestbetrag von 3100 €. Das Sparguthaben bleibt anrechnungsfrei.

Marlene, 40 Jahre alt, kann einen Freibetrag von 6000 € (40 x 150 €) geltend machen. Dieser Betrag liegt in der Spanne zwischen Mindest- und Höchstbetrag, eine Korrektur ist also nicht erforderlich.

Zweckfreier Grundbetrag für Minderjährige (§12 Abs. 2 Nr. 1a SGB II)

Bei Minderjährigen bleiben 3100 € unabhängig vom Alter anrechnungsfrei.

Die Vermögensfreibeträge werden innerhalb der Bedarfsgemeinschaft nicht zusammengerechnet. Die Freibeträge in Höhe von 3100 € für Minderjährige können nur geltend gemacht werden, wenn diese über ein eigenes Sparkonto verfügen bzw. das Geld auf ihren Namen angelegt ist (BSG v. 13. 5. 2009 – B 4 AS 79/08 R).

Riesterrente (§12 Abs. 2 Nr. 2 SGB II)

Die Riesterrente (§ 12 Abs. 2 Nr. 2 SGB II) wird nicht als Vermögen berücksichtigt.

Private Altersversorgung mit einer unwiderruflichen Zweckbindung (§12 Abs. 2 Nr. 3 SGB II)

Zusätzlich zum Grundfreibetrag bleiben *750 €* für jedes vollendete Lebensjahr anrechnungsfrei, wenn sie in einer privaten Altersvorsorge unwiderruflich festgelegt sind.

Der Höchstbetrag beträgt *50250 €* für Personen, die ab 1964 geboren wurden. Für ältere Leistungsbezieher gelten abweichende Höchstbeträge (siehe § 12 Abs. 2 Satz 2 SGB II).

Geschützt sind nur Altersversorgungen, die entsprechend einer Vereinbarung im Versicherungsvertrag von einer Verwertung vor Eintritt in den Ruhestand ausgeschlossen sind (§ 168 Abs. 3 VVG). Der Verwertungsausschluss muss unwiderruflich vereinbart sein. Dadurch soll sichergestellt werden, dass das angelegte Vermögen tatsächlich für den Lebensunterhalt im Alter zur Verfügung steht und damit die öffentlichen Leistungssysteme (Grundsicherung nach § 41 SGB XII) entlastet.

Die Verwertung einer Lebensversicherung oder einer sonstigen Altersvorsorge, die nicht als Freibetrag geschützt ist, kann in Ausnahmefällen eine besondere Härte (§ 12 Abs. 3 Satz 1 Nr. 6 SGB II) darstellen, wenn ein Hilfebedürftiger nur über sehr geringe Rentenanwartschaften verfügt (BSG v. 7. 5. 2009 – B 14 AS 35/08 R). Auch ist der Verkauf einer Kapitallebensversicherung unzumutbar, wenn der Erlös zu einem Verlust von mehr als einem Viertel des tatsächlichen Wertes führt (BSG v. 15. 4. 2008 – B 14-7b AS 6/07 R).

Freibetrag als Rücklage für notwendige Anschaffungen (§12 Abs. 2 Nr. 4 SGB II)

Zusätzlich bleiben 750 € für jedes Mitglied der Bedarfsgemeinschaft anrechnungsfrei.

Mit diesem Schonbetrag soll verhindert werden, dass Rücklagen, die aus den Leistungen nach SGB II für größere Anschaffungen (Haushaltsgeräte, Möbel, Familienfeiern) gebildet werden, als Vermögen angerechnet werden.

Hausrat (§12 Abs. 3 Satz 1 Nr. 1 SGB II)

Alle „normalen" Haushaltsgegenstände gelten als Schonvermögen, Luxusgegenstände (sehr teure Antiquitäten, Teppiche, Kunstgegenstände) müssen hingegen verwertet werden. Soweit der zweckfreie Grundbetrag nicht ausgeschöpft ist, können sie auch im Rahmen dieses Freibetrags als Wertanlagen berücksichtigt werden.

Angemessener Pkw (§12 Abs. 3 Satz 1 Nr. 2 SGB II)

Jeder erwerbsfähige Leistungsbezieher kann ein bescheidenes Fahrzeug besitzen.

Als angemessen gilt ein Pkw, wenn er höchstens mit einem Verkaufswert von 7500 € anzusetzen ist (BSG v. 6.9.2007 – B 14/7b AS 66/06 R). Verfügen Leistungsbezieher über ein Fahrzeug mit höherem Zeitwert, so sind sie verpflichtet, dieses zu verkaufen und sich den Erlös als Vermögen anrechnen zu lassen. Soweit der zweckfreie Grundfreibetrag jedoch nicht ausgeschöpft ist, kann der Wert des Pkw oberhalb von 7500 € als Schonvermögen im Rahmen des Grundfreibetrags angesetzt werden. Es braucht also nicht verkauft werden. Aus einem vorhandenen Schonvermögen in Geld kann natürlich auch ein Pkw angeschafft werden. Die laufenden Kosten müssen aus dem Regelbedarf bestritten werden.

Selbst bewohnte Immobilie (§12 Abs. 3 Satz 1 Nr. 4 SGB II)

Ein selbst bewohntes Eigenheim gehört zum Schonvermögen, wenn die Größe angemessen ist. Für einen Zwei-Personen-Haushalt können bis 80 m² Wohnfläche als angemessen betrachtet werden; für Eigenheime im Einzelfall auch etwas mehr (BSG v. 19.9.2008 – B 14 AS 54/07 R). Für jede weitere Person sind höchstens 20 m² angemessen. Auch die gesamte Grundstücksgröße ist bei der Bewertung zu berücksichtigen. So ist bei einer Größe von 1000 m² stets zu prüfen, ob nach den örtlichen Gegebenheiten noch von einem angemessenen Grundstück ausgegangen werden kann und ob eventuell eine Teilverwertung möglich ist (BSG v. 15.4.2008 – B 14/7b AS 34/06 R). Die laufenden Kosten können nur in Höhe der Kosten einer angemessenen Mietwohnung berücksichtigt werden (siehe S. 196).

Nicht unmittelbar verwertbare Vermögensgegenstände

Gelegentlich kann anzurechnendes Vermögen nicht unmittelbar verwertet werden, weil es rechtlich nicht möglich ist (z.B. bei einer noch laufenden Erbauseinandersetzung) oder zu einem erheblichen wirtschaftlichen Verlust führen würde (Verkauf eines noch vermieteten Hauses). In diesen Fällen werden Leistungen nach SGB II als Darlehen erbracht (§ 24 Abs. 5 SGB II). Ist das Vermögen jedoch praktisch auf unabsehbare Zeit nicht verwertbar (unbebaubares Grundstück ohne landwirtschaftlichen Wert), so dürfen die Leistungen nicht dauerhaft nur auf Darlehensbasis gezahlt werden (BSG v. 6.12.2007 – B 14/7b AS 46/06 R).

6.1.12 Beispiel mit Bearbeitungsskizze

Leistungsumfang, Anrechnung Einkommen und Vermögen

Anton, 35 Jahre, lebt mit seinem Sohn Franz, elf Jahre, allein in einer Wohnung, für die er 300 € inkl. Nebenkosten und zusätzlich 50 € Heizkosten monatlich aufbringen muss. Anton arbeitet halbtags als Postzusteller für ein monatliches Bruttoeinkommen von 900 €. Netto ergeben sich 718 €. Er verfügt über ein Sparbuch mit einem Guthaben von 5000 €.

Haben die beiden Ansprüche auf Leistungen zur Sicherung ihres Existenzminimums?

Wer?   *Anton*
Von wem? *Jobcenter*
Was?   *Alg II (Grobzuordnung: Anton ist nicht erwerbsunfähig)*
Woraus? *§ 7 Abs. 1 i.V. m. §§ 19 ff. SGB II*

Anton könnte gegen das Jobcenter einen Leistungsanspruch aus § 7 Abs. 1 SGB II auf Alg II haben.

Voraussetzungen nach § 7 Abs. 1 Satz 1 SGB II:
a) Anton müsste im erwerbsfähigen Alter sein. Mit 35 Jahren liegt Anton im Bereich zwischen 15 und 64 Jahren (ab 2012 Verschiebung, siehe § 7a SGB II).
b) Er müsste auch im Übrigen erwerbsfähig sein. Der Nachweis ist durch seine Berufstätigkeit erbracht.
c) Anton müsste seinen gewöhnlichen Aufenthalt in Deutschland haben. Er lebt langfristig in einer Wohnung.
d) Der Anspruch setzt voraus, dass Anton hilfebedürftig ist. Ob seine Mittel ausreichen, um seinen Bedarf zu decken, lässt sich durch den Vergleich seines Bedarfs mit seinem Einkommen und Vermögen ermitteln.

Anton selbst hat folgenden Bedarf:
364 € Regelbedarf für Alleinziehende nach § 20 Abs. 2 SGB II (100 %)
 44 € Mehrbedarf für Alleinziehende nach § 21 Abs. 3 Nr. 2 SGB II
150 € Unterkunftskosten, ½ Anteil nach § 22 Abs. 1 SGB II
 25 € Heizkosten, ½ Anteil nach § 22 Abs. 1 SGB II
583 € Gesamtbedarf Anton

Hiervon abzuziehen ist das anrechenbare Einkommen:

  718 € Nettoeinkommen
- 100 € Pauschalbetrag für Aufwendungen nach §11b Abs. 3 SGB II
- 160 € Erwerbstätigenfreibetrag (20% aus dem Betrag von 100 € bis 900 €) nach §11b Abs. 4 Nr. 1 SGB II
= 458 € anrechenbares Einkommen.

Der Bedarf von Anton übersteigt das anrechenbare Einkommen um 125 €.

Von Antons Vermögen in Höhe von 5000 € sind zunächst die Freibeträge abzusetzen:

Der zweckfreie Grundbetrag beträgt 5250 € (= 35 x 150 €). Das Vermögen wird nicht berücksichtigt.

Anton *ist hilfebedürftig.*

Franz (vertreten durch seinen Vater Anton) könnte gegen das Jobcenter einen Anspruch auf Sozialgeld aus §§ 7 Abs. 2, 19 Abs. 1 Satz 2 SGB II haben.

Voraussetzungen:
a) Franz müsste erwerbsunfähig sein. Das Alter reicht hier, da Personen unter 15 Jahre bereits altersbedingt nicht erwerbsfähig sind.
b) Franz müsste mit einem Alg-II-Bezieher in einer Bedarfsgemeinschaft leben. Er lebt zusammen mit seinem Vater.
c) Er darf keinen Anspruch auf Leistungen nach §41 SGB XII haben. Dieser Anspruch ist bereits altersbedingt (unter 18 Jahre) ausgeschlossen.
d) Franz müsste hilfebedürftig sein:

Franz hat folgenden Bedarf:
251 € Regelbedarf für Sechs- bis 13-Jährige nach §23 Nr. 1 SGB II
150 € Unterkunftskosten, ½ Anteil nach §22 Abs. 1 SGB II
  25 € Heizkosten, ½ Anteil nach §22 Abs. 1 SGB II
426 € Gesamtbedarf Franz

Hiervon abzuziehen ist das anzurechnende Einkommen. Franz wird das Kindergeld zugerechnet (siehe §11 Abs. 1 Satz 3 SGB II). Es wird nicht um eine Pauschale vermindert, weil Franz noch minderjährig ist.

184 € Einkommen

Der Bedarf von Franz übersteigt das anrechenbare Einkommen um 242 €. *Er ist hilfebedürftig.*

1. Es bestehen keine Leistungsausschlüsse (siehe insbesondere §7 SGB II).
2. Der Leistungsanspruch ist auch nicht aus sonstigen Gründen entfallen.

Anton erhält für sich und seinen Sohn einen monatlichen Betrag von 367 € vom Jobcenter (für die Aufteilung der Einzelansprüche siehe S. 185 f.).

6.1.13 Arbeitsmarktintegration

Aufgabe der Jobcenter ist neben der Sicherstellung des Lebensunterhalts die Eingliederung in den Arbeitsmarkt. Die generelle Zuständigkeit der Arbeitsagentur im Bereich der Bekämpfung von Arbeitslosigkeit wird für alle Empfänger von Alg-II-Leistungen auf die Jobcenter übertragen (§ 22 Abs. 4 SGB III). Bestimmte Leistungen sind von dieser Zuständigkeitsverteilung jedoch nicht erfasst und bleiben weiter ausschließliche Angelegenheit der Arbeitsagenturen (siehe S. 141).

Die Kosten der Arbeitsmarktintegration trägt der Bund mit Ausnahme der sozialpädagogischen Leistungen nach § 16a SGB II, die von den Kommunen zu finanzieren sind.

Der Umfang der Finanzmittel wird den einzelnen Jobcentern durch die jährliche Eingliederungsmittelverordnung (zuletzt für 2011, Bundesanzeiger 2010, S. 4331 ff.) zugewiesen. Für 2011 wurden die Bundesmittel insgesamt um 1,3 Mrd. gekürzt und für die Folgejahre weitere Kürzungen festgelegt.

Ein persönlicher Ansprechpartner soll jede Berechtigte, der grundsätzlich eine Erwerbstätigkeit zugemutet werden kann, *umfassend* bei der Arbeitsmarktintegration unterstützen (§ 14 SGB II).

In der Praxis werden meist unterschiedliche Abteilungen für Personen unter 25 Jahren (U 25) und über 25 Jahren (Ü 25) gebildet. Die jungen Leistungsbezieher erhalten eine intensivere Betreuung, weil der Entwicklung beruflicher Perspektiven eine besondere persönliche und volkswirtschaftliche Bedeutung zukommt.

Entsprechend enthält das Gesetz in § 3 Abs. 2 SGB II auch eine Verpflichtung, jungen Menschen nach Möglichkeit eine Ausbildung zu verschaffen. Soweit dies nicht unverzüglich möglich ist, soll ihnen eine Arbeit oder Arbeitsgelegenheit angeboten werden. Unverzüglich bedeutet dabei nicht sofort, sondern ohne vermeidbare Verzögerungen. Es würde keinen Sinn ergeben, junge Menschen ziellos zu beschäftigen; gerade für sie ist die sorgfältige Entwicklung einer Eingliederungsstrategie besonders wichtig.

Alg-II-Bezieher sollen nicht nur umfassend betreut werden, sondern es werden auch hohe Anforderungen an sie gestellt (Prinzip des Forderns und Förderns).

Als unmittelbare Reaktion auf den Leistungsantrag können die Jobcenter den Antragstellern ein *Sofortangebot nach § 15a SGB II* unterbreiten, für welches ausnahmsweise keine Potenzialanalyse erforderlich ist und welches folglich auch nicht auf die Arbeitsmarktintegration ausgerichtet sein kann. Es dient der Prüfung der Arbeitsbereitschaft und der Verfügbarkeit. Zu einer Sofortmaßnahme dürfen alle Erstantragsteller aufgefordert werden, die in den letzten zwei Jahren vor der Antragstellung kein Alg oder Alg II bezogen haben.

Ebenso wenig ist die Regelung für *Personen ab dem 58. Lebensjahr* (§ 3 Abs. 2a SGB II) auf Arbeitsmarktintegration gerichtet. Der Gesetzgeber verpflichtet hier zu einer unverzüglichen Vermittlung in Arbeit oder Arbeitsgelegenheit. Wo Arbeit nicht verfügbar ist, wird die Vermittlung in Ein-Euro-Jobs (Arbeitsgelegenheit) oft nur der Überprüfung der Verfügbarkeit dienen. Die Vorschrift korrespondiert auch mit der Regelung in § 53a SGB II, die es erlaubt, Personen ab

58 Jahren, denen ein Jahr lang keine sozialversicherungspflichtige Beschäftigung angeboten werden konnte, nicht mehr als Arbeitslose in der Statistik zu führen.

6.1.13.1 Die Zumutbarkeit von Arbeit

Die Erwerbsfähigkeit ist Grundvoraussetzung für die Aufnahme einer Arbeit und für alle Maßnahmen, die darauf gerichtet sind. Da sich die Erwerbsfähigkeit jedoch ausschließlich nach der psychophysischen Leistungsfähigkeit (Hänlein in Gagel 2010, SGB II, § 8 Rn. 15) bestimmt, muss zusätzlich geprüft werden, ob Leistungsbeziehern die Aufnahme einer Arbeit auch unter Berücksichtigung ihrer konkreten Lebensbedingungen zumutbar ist.

Unter folgenden Voraussetzungen kann eine Erwerbstätigkeit nicht verlangt werden:

- Die *Erziehung eines Kindes* würde durch die Arbeitsaufnahme gefährdet (§ 10 Abs. 1 Nr. 3 SGB II). Leben Kinder unter drei Jahren in der Bedarfsgemeinschaft, so kann eine Arbeit nur aufgenommen werden, wenn die Kinderversorgung sichergestellt ist. Leben zwei Elternteile mit dem Kind zusammen, so müssen sich beide um Arbeit bemühen, aber nur einer von beiden muss tatsächlich eine Arbeit aufnehmen. Auch von Alleinerziehenden kann die Arbeitsaufnahme verlangt werden, wenn eine angemessene Kinderbetreuung zur Verfügung steht. Eltern können aber nicht verpflichtet werden, das Kind einer ihnen unbekannten Tagesmutter zu überlassen. In der Praxis werden Mütter mit Kindern unter drei Jahren kaum bei der Aufnahme einer Berufstätigkeit oder einer Ausbildung unterstützt. Gerade für sehr junge Mütter, die noch keine Ausbildung abgeschlossen haben, ist eine solche Unterstützung sinnvoll und oft auch von den Betroffenen erwünscht. Wird die Aufnahme in eine Maßnahme oder die Förderung der Ausbildung aktiv eingefordert, kann die Unterstützung kaum abgelehnt werden (Ermessensreduzierung auf Null, siehe S. 29).
  Ab dem dritten Geburtstag des Kindes geht das Gesetz davon aus, dass eine Arbeitsaufnahme oder Teilnahme an einer Maßnahme möglich ist, weil die Eltern den Rechtsanspruch des Kindes auf einen Platz in einer Tageseinrichtung (§ 24 Abs. 1 SGB VIII) gegenüber dem Jugendamt einfordern können. Ausnahmen können z. B. bestehen, wenn das Kind krank oder behindert ist.
- Die *Pflegeverantwortung* gegenüber einem nahen Familienangehörigen würde durch die Arbeitsaufnahme gefährdet (§ 10 Abs. 1 Nr. 4 SGB II). Wird eine pflegebedürftige Person, die der Pflegestufe III zugeordnet ist (siehe S. 119), im Haushalt betreut, so ist eine Erwerbstätigkeit ausgeschlossen. Neben der Pflege von Angehörigen, die den Pflegestufen I und II zugeordnet sind, soll eine teilweise Erwerbstätigkeit zumutbar sein (BA, DA 10.14). Hier muss jedoch in jedem Einzelfall geprüft werden, ob und wie lange eine Abwesenheit der Pflegeperson zu verantworten ist.
- Eine Erwerbstätigkeit ist aus einem *sonstigen wichtigen Grund* nicht zumutbar (§ 10 Abs. 1 Nr. 4 SGB II). Der Gesetzgeber hat für weitere, relativ große Gruppen von Leistungsbeziehern, die an einer Arbeit gehindert sind, nur eine

allgemeine Auffangklausel geschaffen. Hierunter fallen die Schüler allgemeinbildender Schulen, Auszubildende im Haushalt der Eltern und Teilnehmerinnen an Sprachkursen und sonstigen Qualifikationen, die nicht nach BAföG oder BAB gefördert werden können.

Auch von Leistungsbeziehern, denen grundsätzlich eine Erwerbstätigkeit zugemutet werden kann, darf die Arbeitsaufnahme unter bestimmten Umständen nicht verlangt werden.

Eine Arbeitstätigkeit mit *unzumutbaren Arbeitsbedingungen* kann entgegen der Formulierung „Erwerbsfähigen ist jede Arbeit zumutbar ...“ (§ 10 Abs. 1 SGB II) nicht verlangt werden. Es muss zwar auch eine Arbeit angenommen werden, die deutlich schlechter entlohnt wird als die bisherige Arbeit, die Arbeitsbedingungen und die Bezahlung dürfen jedoch nicht gegen ein gesetzliches Verbot verstoßen. Soweit eine Tarifbindung des Unternehmens besteht, muss der Lohn dem gültigen Tarifvertrag entsprechen, da das Tarifvertragsgesetz keinen individuellen Ausstieg aus der Tarifbindung erlaubt. Ein gesetzlich festgelegter Mindestlohn (siehe: Hans-Böckler-Stiftung, www.boeckler.de, WSI-Tarifarchiv; BA v. 22.1.2010 „Leitfaden Mindestlöhne/Zwingende Arbeitsbedingungen“, auch unter www.tacheles-sozialhilfe.de) darf nicht unterschritten werden. Teil des „Hartz-IV-Kompromisses“ vom Februar 2011 ist auch die Festlegung eines absoluten Mindestlohns für die Leiharbeit, nicht aber eines Anspruchs auf gleiche Bezahlung wie die Stammbelegschaft.

Besteht kein Tarifvertrag und kein gesetzlicher Mindestlohn, so ist der Lohn sittenwidrig, wenn er die branchen- und ortsübliche Entlohnung um mindestens ein Drittel unterschreitet (BAG v. 22.04.2009 – 5 AZR 436/08). Leistungsbezieher dürfen derartige Arbeitsangebote ablehnen (mehr Details hierzu: Spindler, info also 2009, S. 122 ff.). Das SG Dortmund (v. 2.2.2009 – S 31 AS 317/07) führt zur Weigerung einer Arbeitsuchenden, als Verkäuferin bei KiK (Textildiscounter) zu einem Stundenlohn von 4,50 € zu arbeiten, aus:

> *„Solche Vergütung ist unzumutbar. Niemand sollte in Deutschland für solch einen Stundenlohn arbeiten müssen. Arbeitslosen solche Stellen mit Hilfe von Sanktionen aufzuzwingen, hieße, Lohndumping zu unterstützen und das Lohngefüge in Deutschland weiter nach unten zu schrauben.“*

Das Jobcenter selbst hat nach § 115 SGB X das Recht, den Arbeitgeber auf den ausstehenden Lohn zu verklagen, weil wegen des rechtswidrigen Dumpinglohns Leistungen nach SGB II erbracht werden mussten, die bei angemessener Bezahlung nicht erforderlich gewesen wären (ArbG Stralsund v. 26.1.2010 – 4 Ca 166/09). Der Anspruch der Arbeitnehmerin geht kraft Gesetzes auf das Jobcenter über und muss nicht vom Arbeitnehmer abgetreten werden. In der Praxis wird von dieser Möglichkeit kaum Gebrauch gemacht, so dass Arbeitgeber weiter ermutigt werden, Alg-II-Beziehern Arbeit zu Hungerlöhnen anzubieten.

Auch sonstige Verstöße gegen *Arbeitsschutzgesetze,* wie Überschreitung der Höchstarbeitszeiten, Missachtung von Pausenregelungen und Emissionsschutzvorschriften am Arbeitsplatz, berechtigen zur Ablehnung oder Beendigung der Arbeit.

Die Arbeit darf die Leistungsbezieher nicht in körperlicher, geistiger oder seelischer Hinsicht überfordern. Sehr viele Leistungsbezieherinnen leben mit *gesundheitlichen Einschränkungen*, die oft erst zur Langzeitarbeitslosigkeit geführt haben. In jedem Einzelfall muss geprüft werden, ob eine Arbeit dem konkreten Gesundheitszustand entspricht. Auch darf nicht zu einer Arbeit verpflichtet werden, für die nicht vorhandene Fähigkeiten oder Kenntnisse benötigt werden. In seelischer Hinsicht sind insbesondere unüberwindbare Abneigungen und eine eingeschränkte Stressresistenz zu berücksichtigen, so kann von einer Vegetarierin nicht die Tätigkeit in einer Schlachterei verlangt werden und von einem Mensch mit Depressionen keine Akkordarbeit.

Die Arbeit darf die bisherigen besonderen *körperlichen Fähigkeiten nicht beschädigen* (§ 10 Abs. 1 Nr. 2 SGB II). Von dieser Einschränkung werden nur sehr wenige Leistungsbezieher betroffen, insbesondere Berufsmusiker, die keine Tätigkeiten ausüben brauchen, bei denen die Virtuosität der Hände beeinträchtigt wird.

Weitere Einschränkungen können sich aus der *religiösen und geschlechtlichen Identität* ergeben, so kann ein Muslim es ablehnen, in einer Wurstfabrik zu arbeiten, und eine Frau sich weigern, die Stelle in einer erotischen Sauna anzunehmen.

6.1.13.2 Die Eingliederungsvereinbarung

Zentrales Instrument der Arbeitsmarktintegration ist die Eingliederungsvereinbarung nach § 15 SGB II. Der Gesetzgeber verlangt, dass mit „den erwerbsfähigen Leistungsberechtigten jeweils die für die Eingliederung erforderlichen Leistungen" vereinbart werden sollen. Vereinbarungen sind Verträge, die auf dem Prinzip der Willensfreiheit beider Seiten beruhen und daher nicht erzwungen werden können. Eine Verpflichtung zur Einigung wird von vielen Juristen als in sich widersprüchlich oder auch als „sozialpädagogische Showveranstaltung" bewertet (Spellbrink, NZS 2010, S. 649, 653). Das bedeutet nicht, dass Leistungsbeziehern nicht bestimmte Pflichten auferlegt werden können. Dies kann jedoch auch durch einen Verwaltungsakt geschehen, der eine Verpflichtung ausspricht (§ 15 Abs. 1 Satz 6 SGB II), gegen den aber auch ein Widerspruch eingelegt werden kann.

Zentraler Inhalt der Eingliederungsvereinbarung sollen die *gegenseitigen Verpflichtungen* sein, auf der einen Seite die Leistungen, die das Jobcenter erbringt, und auf der anderen Seite die Aktivitäten des Leistungsbeziehers zur Überwindung der Arbeitslosigkeit (§ 15 Abs. 1 Satz 2 Nr. 1 und Nr. 2 SGB II). Voraussetzung für den Abschluss einer Eingliederungsvereinbarung ist die Erstellung einer *Potenzialanalyse* (auch Profiling genannt). Die Zielsetzung für die Arbeitsmarktintegration kann nur auf Grundlage der Fähigkeiten und Leistungspotenziale, aber auch der Hindernisse, die einer Erwerbstätigkeit entgegenstehen, bestimmt werden.

Damit die Eingliederungsvereinbarung der Arbeitsmarktintegration dienen kann, müssen in ihr ein *Eingliederungsziel* und eine *Eingliederungsstrategie* bestimmt werden. Hier ist zunächst vorab zu entscheiden, ob eine Ausbildung oder eine Arbeitsaufnahme anzustreben ist, ob eine bestehende Berufstätigkeit ausgeweitet werden oder ein bestimmtes Hindernis beseitigt werden soll. Neben langfristigen Zielen müssen die Etappenziele bis zum Ablauf der Gültigkeit der Vereinbarung (in der Regel nach sechs Monaten) aufgenommen werden. Die einzelnen Leistungen und Verpflichtungen, die in die Eingliederungsvereinbarung festgelegt werden, müssen dieser Strategie zuzuordnen sein.

Die Pflichten sind nach Art und Umfang genau zu bezeichnen ($\S$ 15 Abs. 1 Satz 1 und Satz 2 SGB II). Sind die Pflichten mit *finanziellen Aufwendungen* verbunden, so sind Regelungen zur Kostenerstattung aufzunehmen ($\S$ 16 Abs. 1 SGB II, verweist auf $\S$ 45 SGB III). Aufgenommen werden kann auch die Verpflichtung, Leistungen bei *vorrangig zuständigen Leistungsträgern* (Rentenversicherung, Unterhaltsvorschusskasse, Familienkasse) zu beantragen ($\S$ 15 Abs. 1 Satz 2 Nr. 3 SGB II). Werden Bildungsmaßnahmen in der Vereinbarung festgelegt, so wird auch eine Verpflichtung zum Schadensersatz durch die Leistungsempfängerin bei Abbruch der Maßnahme ohne wichtigen Grund aufgenommen ($\S$ 15 Abs. 3 SGB II).

Eine Eingliederungsvereinbarung muss *nicht sofort unterzeichnet* werden, die Betroffenen können den Entwurf mit nach Hause nehmen, sich beraten lassen und eventuelle Änderungswünsche geltend machen (LSG Berlin-Brandenburg v. 28.11.2005 – L 10 B 1293/05 AS ER). Sozialarbeiter sollten hierauf in der Beratung hinweisen, um Arbeitssuchende in ihrer aktiven Rolle zu stärken und der Vorstellung entgegenzuwirken, der Leistungsbezug verpflichte zu einer passiven Unterwerfung unter die Anforderungen der Jobcenter.

Minderjährige können – trotz sozialrechtlicher Handlungsfähigkeit (siehe S. 50) – keinen wirksamen öffentlich-rechtlichen Vertrag abschließen, daher ist die Zustimmung der Sorgeberechtigten zur Eingliederungsvereinbarung erforderlich.

Die niedergelegten Verpflichtungen sind nur verbindlich, wenn sie von den Beteiligten auch verstanden wurden. Beherrschen Arbeitssuchende die deutsche Sprache nicht, kann die Vereinbarung nur wirksam werden, wenn ein zuverlässiger Dolmetscher eingeschaltet wird (LSG Hessen v. 11.12.07 – L 6 AL 19/05).

Bei Bedarf ist die Eingliederungsvereinbarung auch vor Ablauf *anzupassen* oder neu aufzustellen. Den Hilfebedürftigen ist die Möglichkeit einzuräumen, Änderungswünsche vorzutragen und diese zu verhandeln.

6.1.13.3 Eingliederungsleistungen

Das SGB II bietet eine Fülle von möglichen Eingliederungsleistungen, die ganz überwiegend nur nach Ermessen gewährt werden. Für die Leistungsbezieher ist es gerade deshalb wichtig, genau über die möglichen Hilfen informiert zu sein, nur so können sie eine eigene Strategie der Arbeitsmarktintegration entwickeln. Auf Grund der hohen Fallzahlbelastung sind die Mitarbeiter der Jobcenter oftmals mit der individuellen Betreuung und der gemeinsamen Entwicklung einer passgenauen Strategie überfordert. Teilweise werden die Arbeitssuchenden an Beschäftigungsträger weiterverwiesen, die ihrerseits nur eine eng begrenzte Auswahl von Maßnahmen anbieten können. Die Jobcenter sind verpflichtet, von den Arbeitssuchenden vorgeschlagene Maßnahmen oder Förderungen genau zu prüfen und eine Ablehnung unter Abwägung der unterschiedlichen Interessen (Ermessen) zu begründen.

Die Eingliederungsleistungen nach dem SGB III (§ 16 SGB II)

Die wichtigsten Maßnahmen und Förderleistungen zur Eingliederung in den Arbeitsmarkt sind nicht im SGB II selbst enthalten, sondern werden durch die Verweisung in § 16 Abs. 1 SGB II aus dem SGB III entnommen. Hierbei können nahezu alle Leistungen, die von der BA erbracht werden, wenn kein Anspruch auf Versicherungsleistungen (Alg) besteht (siehe hierfür S. 143 ff.), auch vom Jobcenter erbracht werden. Es handelt sich stets um eine Ermessensentscheidung (siehe S. 28) auf der Grundlage der Voraussetzungen, wie sie im SGB III vorgegeben sind (Rechtsgrundverweisung).

Einige wichtige Ausnahmen von diesem Grundsatz sind zu beachten:

Die Aufgabe der *Berufsberatung* bleibt bei der BA. Die Jobcenter müssen also keine umfassenden Informationsangebote über alle Berufe und Ausbildungsgänge bereithalten, sondern dürfen hierfür auf die Beratungsangebote (BIZ) der Arbeitsagenturen verweisen. Auch die Zusammenarbeit mit den Schulen ist allein der BA zugewiesen. Das entbindet die persönlichen Ansprechpartner im Jobcenter aber nicht von ihrer Beratungs- und Betreuungspflicht gegenüber den einzelnen Leistungsbeziehern.

Die Aufgabe der *Vermittlung* wird von den Jobcentern wahrgenommen, kann aber auf die BA gegen Erstattung der Aufwendungen übertragen werden, für die Ausbildungsvermittlung ist dies ausdrücklich gesetzlich geregelt (§ 16 Abs. 4 SGB II).

Die *Durchführung der BvB und die finanzielle Leistung der BAB* (siehe S. 148) bleiben ausschließlich in der Hand der BA, in § 16 Abs. 1 SGB II findet sich kein Verweis auf den fünften Abschnitt des vierten Kapitels (§§ 59 ff. SGB III). Das hängt auch damit zusammen, dass der Bezug von BAB in der Regel einen Bezug von Alg II ausschließt. Um hier die Übergänge reibungslos zu gestalten, soll bei jungen Menschen, die eine BvB beginnen wollen, ein entsprechender Vorschlag in die Eingliederungsvereinbarung aufgenommen werden. Anschließend wird dieser Vorschlag an die BA zur Entscheidung weitergeleitet. Sobald die BvB bewilligt ist, besteht ein Anspruch auf BAB. Die Leistungen des Jobcenters müssen aber als Darlehen noch so lange weitergezahlt werden, bis die BAB auch tatsächlich ausgezahlt wird (§ 27 Abs. 4 Satz 2 SGB II).

Die *Leistungen für behinderte Menschen* nach SGB III und SGB IX werden als Pflichtleistungen vom Jobcenter erbracht, ausgenommen sind jedoch die Leistungen zum Lebensunterhalt. Wird eine allgemeine Leistung durch BAB oder eine besondere Leistung durch das Ausbildungsgeld finanziert, so erfolgt der Wechsel in die Zuständigkeit der BA (siehe auch S. 282).

Sozialpädagogische Leistungen nach § 16a SGB II

§ 16a SGB II regelt abschließend vier verschiedene Leistungen:

Die sozialpädagogischen Leistungen, die flankierend zur Überwindung von persönlichen Hindernissen bei der Arbeitsmarktintegration erbracht werden sollen, liegen in der Zuständigkeit der Kommunen. Wenn die Kommunen die Leistungen nicht selbst erbringen, können Berechtigungsscheine ausgegeben werden, die bei den Einrichtungen (meist freie Träger) der sozialen Dienstleistungen eingelöst und von den Kommunen erstattet werden, oder die freien Träger können durch Zuwendungen finanziert werden und sich auf dieser Grundlage freiwillig bereit erklären, die „Kunden" der Jobcenter vorrangig zu bedienen.

1. Betreuung minderjähriger oder behinderter Kinder oder die häusliche Pflege von Angehörigen
In der Praxis spielen diese Leistungen nur eine geringe Rolle. Für die Kinderbetreuung als Leistung der Bildung und Erziehung ist die Jugendhilfe verantwortlich; dazu gehört auch die Gewährleistung der Vereinbarkeit von Familie und Beruf. Sehr problematisch wäre der Aufbau einer Parallelstruktur zur Entlastung der arbeitsuchenden Eltern. Eine Betreuung auf einem niedrigeren fachlichen Niveau und mit herabgesetzten Standards ist aus Gründen des Kindeswohls abzulehnen und mit der Bildungsverantwortung der Länder nicht vereinbar.

Im Bereich der Pflege könnte in § 16a SGB II ein geeignetes Instrument zur Beseitigung des Pflegenotstands gesehen werden. Die Leistungen der Pflegeversicherung sind hier zwar vorrangig, durch sie wird der Bedarf jedoch nicht abgedeckt (siehe S. 125). Gegenüber der Hilfe zur Pflege nach §§ 63 ff. SGB XII lässt sich ein eindeutiger Vorrang nicht feststellen, weil sich die die Leistungen nach SGB XII an die Pflegebedürftigen selbst richten, die Leistungen nach § 16a SGB II aber an die pflegenden Angehörigen. Da die Hilfe zur Pflege nach SGB XII überwiegend vom überörtlichen Träger der Sozialhilfe erbracht wird, zeigen die Kommunen schon aus Kostengründen eine deutliche Zurückhaltung und schaffen keine eigenen Hilfen zur Entlastung von Arbeitslosen mit pflegebedürftigen Angehörigen.

2. Schuldnerberatung
Nach eigenen Angaben hat mindestens jeder vierte Alg-II-Bezieher ein Überschuldungsproblem (Musati/Falk, ArchivSozArb 2008, S. 82, 84). Solange keine klare Bewältigungsstrategie für die Überschuldung entwickelt wurde, hindert sie die Arbeitsaufnahme, weil die Arbeitgeber den zusätzlichen Aufwand bei Lohnpfändungen scheuen. Gleichzeitig beeinträchtigen Schulden die Motivation zur Arbeitsaufnahme, weil die persönliche Lebenssituation hoffnungslos erscheint. Häufig werden auch Depressionen durch Überschuldung ausgelöst. Sowohl die Literatur als auch die BA gehen davon aus, dass eine Schuldnerberatung nur auf freiwilliger Basis erfolgreich sein kann und sie daher nicht als Verpflichtung mit Sanktionsdrohung in die Eingliederungsvereinbarung aufgenommen werden sollte (Bertsch/Just, NDV 2005, S. 411).

3. Psychosoziale Betreuung
Der mögliche Einsatz dieser Leistung ist recht vielfältig. Anerkannt wird z.B. die Übernahme der Kosten für die Betreuung durch Sozialarbeiterinnen in den Frauenhäusern (SG Karlsruhe v. 16.7.2008 – S 8 AS 4000/07), weil nach zum Teil langjährigen Gewalterfahrungen eine Arbeitsaufnahme nicht ohne einen vorangehenden oder begleitenden Stabilisierungsprozess möglich ist. Ebenso

kann die psychosoziale Betreuung von erwerbsfähigen Menschen in einer Einrichtung für Wohnungslose als Leistung der Eingliederung in den Arbeitsmarkt bewertet werden.

4. Suchtberatung

Abhängigkeitserkrankungen spielen bei Arbeitslosen möglicherweise eine größere Rolle als in der Gesamtbevölkerung (Musati/Falk, ArchivSozArb 2008, 82, 85), in jedem Fall beeinträchtigen sie die Möglichkeit der Aufnahme einer Arbeit. In der Zuständigkeit des Jobcenters kann aber nur die Beratung als Türöffner für weitere therapeutische Maßnahmen erfolgen. Für die eigentliche Behandlung besteht eine Zuständigkeit der Rehabilitationsträger für die medizinische Rehabilitation (GRV, GKV, siehe auch S. 277) und die Teilhabe am Leben in der Gemeinschaft (Eingliederungshilfe nach §§ 53 ff. SGB XII).

Der bedarfsgerechte Einsatz dieser Leistungen gelingt bisher nicht zufrieden stellend, insbesondere weil aus Zeitmangel die psychosozialen Probleme der „Kunden" nicht wahrgenommen werden (Adamy, Soziale Sicherheit 2010, S. 5 ff.).

Einstiegsgeld nach § 16b SGB II

Das Einstiegsgeld kann als Zuschuss zu einem niedrigen Arbeitseinkommen oder zur Unterstützung bei Aufnahme einer selbständigen Tätigkeit geleistet werden. In der Praxis wird fast ausschließlich der Einstieg in die Selbständigkeit gefördert, weil der Anteil der niedrig entlohnten Leistungsempfänger so hoch liegt, dass eine gleichheitsgerechte Förderung hunderttausende Beschäftigte einbeziehen müsste.

Für die Förderung der selbständigen Tätigkeit muss ein tragfähiges Konzept vorgelegt und die Stellungnahme einer fachkundigen Stelle (z.B. Industrie- und Handelskammer, Handwerkskammer) eingeholt werden.

Nach der Einstiegsgeld-VO v. 29.7.2009 (erlassen auf der Grundlage der Ermächtigung in § 16b Abs. 3 SGB II) wird als Einstiegsgeld (zusätzlich zum Alg II) ein Betrag von höchstens 50 % des maßgeblichen Regelbedarfs, bei einer Alleinstehenden also 182 €, monatlich gezahlt. Der Betrag kann bei besonderen Vermittlungshindernissen um bis zu 20 % aufgestockt werden. Für weitere Mitglieder der Bedarfsgemeinschaft werden je 10 % gezahlt, insgesamt höchstens ein Betrag, der dem Regelbedarf entspricht.

Dieser Betrag wird zusätzlich zum Alg II bezahlt, Einkommen wird auf das Alg II angerechnet, nicht aber auf das Einstiegsgeld.

Die Dauer des Einstiegsgeldes ist auf höchstens 24 Monate begrenzt.

Eingliederung von Selbständigen nach § 16c SGB II

Zusätzlich zu den Geldleistungen können Leistungen für notwendige und angemessene einmalige Anschaffungen erbracht werden. Vor allem sollen hierfür zinslose Darlehen gewährt werden, im Einzelfall sind auch Zuschüsse bis zu einem Maximalbetrag von 5000 € möglich.

Arbeitsgelegenheiten nach §16d SGB II

Arbeitsgelegenheiten können als sozialversicherte Beschäftigung (ohne Arbeitslosenversicherung, § 27 Abs. 3 Nr. 5b SGB III) eingerichtet werden. Überwiegend werden sie jedoch nicht als Arbeitsverhältnis, sonder mit einer Mehraufwandsentschädigung angeboten. Sie sind allgemein unter dem Begriff „Ein-Euro-Job" bekannt und haben in den vergangenen Jahren die Rolle des quantitativ bedeutendsten Integrationsinstrumentes gespielt. Mehrere Untersuchungen zeigen allerdings, dass die Betroffenen mit diesem Instrument keine Verbesserung ihrer Chancen am Arbeitsmarkt erreichen konnten, die Teilnahme wirkte sich im Ergebnis sogar negativ aus (Untersuchung des Bundesrechnungshofes, 2008, BT-Drs. 16/11488, S. 192; Hohmeyer/Wolff, IAB-Kurzbericht 04/2010). Aus diesen Gründen werden eine Reduzierung dieser Maßnahmen und eine stärkere Ausrichtung auf Personen angestrebt, denen grundlegende Kompetenzen für den Arbeitsmarkt fehlen (Schlüsselkompetenzen). Arbeitsgelegenheiten dürfen nicht als Element eines „Workfare-Konzepts" („Wer Geld bekommt, soll auch arbeiten") eingesetzt werden, sondern nur, wenn sie als Instrument der Arbeitsmarktintegration geeignet sind (BSG v. 16. 12. 2008 – B 4 AS 60/07 R).

Arbeitsgelegenheiten mit Mehraufwandsentschädigung müssen

- im öffentlichen Interesse liegen, d. h. das Arbeitsergebnis muss der Allgemeinheit dienen und nicht nur einer Privatperson oder Firma zu Gute kommen (§ 261 Abs. 3 Satz 1 SGB III) und
- zusätzlich erbracht werden, d. h. die Arbeit würde ohne die Förderung nicht, nicht in diesem Umfang oder erst zu einem späteren Zeitpunkt durchgeführt (§ 261 Abs. 2 SGB III).

Wird entgegen dieser Vorschrift eine „normale" Arbeitsleistung erbracht, bestehen Ansprüche auf Lohnnachzahlung (BSG v. 13. 4. 2011 – B 14 AS 98/10 R).

Das Jobcenter muss selbst die Art und die Bedingungen für den angebotenen Ein-Euro-Job festlegen und darf dies nicht dem Maßnahmeträger überlassen. Nur so können sowohl das Jobcenter als auch die Betroffenen überprüfen, ob die Tätigkeit den gesetzlichen Anforderungen entspricht (BSG v. 16. 12. 2008 – B 4 AS 60/07 R) und sich in die festgelegte Eingliederungsstrategie einfügt.

Die Kosten für die Fahrten zu einer Arbeitsgelegenheit mit Mehraufwandsentschädigung werden nicht gesondert erstattet. Können sie nicht aus der Mehraufwandsentschädigung gedeckt werden, so muss diese erhöht werden (BSG v. 13. 11. 2008 – B 14 AS 66/07 R).

Leistungen zur Beschäftigungsförderung nach §16e SGB II

Die Beschäftigungszuschüsse nach § 16e SGB II dienen der unmittelbaren Platzierung auf dem ersten Arbeitsmarkt, sie werden an die Arbeitgeber ausgezahlt, um Anreize zur Einstellung zu bieten und die Arbeitskosten zu senken. Die Bundesmittel für diese Leistungen an Arbeitgeber werden in der Eingliederungsmittel-Verordnung (Bundesanzeiger 2010, S. 4331 ff.) gesondert für jedes Jobcenter ausgewiesen. Damit stellt das BMAS sicher, dass diesem Instrument ein besonderer Schwerpunkt bei der Arbeitsmarktintegration zugewiesen wird.

Die Voraussetzungen für die Gewährung von Zuschüssen sind:

- Der erwerbsfähige Hilfebedürftige ist mindestens 18 Jahre alt;
- es liegen in seiner Person mindestens zwei weitere Vermittlungshemmnisse (fehlender Schulabschluss, gesundheitliche Probleme, mangelnde Deutschkenntnisse, Schuldenproblematik, soziale Schwierigkeiten, sonstige Gründe für eine besondere Arbeitsmarktferne) vor;
- es besteht auf der Grundlage einer Eingliederungsvereinbarung eine mindestens sechsmonatige Betreuung mit Eingliederungsleistungen;
- eine Prognose ergibt, dass ohne einen Beschäftigungszuschuss in den kommenden zwei Jahren voraussichtlich keine Erwerbstätigkeit auf dem ersten Arbeitsmarkt möglich ist;
- es wurde ein Arbeitsvertrag über eine Vollzeittätigkeit mit tarifvertraglicher oder üblicher Entlohnung geschlossen.

Je nach dem Umfang der Leistungsbeeinträchtigung werden den Arbeitgebern bis zu 70 % des Arbeitseinkommens und der Sozialversicherungsbeiträge erstattet. Die Beschäftigten werden von der Arbeitslosenversicherung ausgenommen (§ 27 Abs. 3 Nr. 5c SGB III).

Der Zuschuss wird bis zu 24 Monate gezahlt und danach unbefristet, wenn weiterhin keine ungeförderte Erwerbstätigkeit am allgemeinen Arbeitsmarkt möglich ist. Er verringert sich um 10 % ab dem 25. Monat, wenn die Leistungsbeeinträchtigung verringert werden konnte.

Seit Mitte 2010 verfolgt die BA mit dem Modellprojekt „Bürgerarbeit“ (EU-Förderung 600 Mio. €), an dem 197 Jobcenter teilnehmen, das Ziel, Menschen, die auf dem ersten Arbeitsmarkt nicht zu vermitteln sind, zu „aktivieren“ und ihnen langfristig Tätigkeiten im sozialen und kommunalen Bereich zuzuweisen, für die das Arbeitsentgelt und die Sozialversicherungsbeiträge (ohne Arbeitslosenversicherung, § 421u SGB III) vollständig als Eingliederungszuschuss vom Jobcenter übernommen wird. Bürgerarbeit darf erst zugewiesen werden, wenn alle Vermittlungsbemühungen gescheitert sind (Aktivierungsphase von sechs Monaten). Sie soll Gemeinwohlinteressen dienen und keine regulären Tätigkeiten ersetzen. Die Arbeitsverträge können für eine Dauer von bis zu drei Jahren bei einem Umfang von maximal 30 Wochenstunden abgeschlossen werden. Der Zuschuss an die Arbeitgeber beträgt bundeseinheitlich 1080 € (bei 30 Stunden), das entspricht nach Abzug der Arbeitgeberbeiträge einem Bruttolohn von 900 € und einem Nettolohn für Alleinstehende von ca. 710 € netto. Das Gehalt wurde so festgelegt, dass unter Berücksichtigung der Freibeträge bei der Einkommensanrechnung ein Ausscheiden aus dem Alg-II-Bezug ganz knapp erreicht werden kann (nur bei Alleinstehenden), jedoch kein Einkommen oberhalb des Existenzminimums erzielt wird.

Probleme ergeben sich, weil die Arbeitsstellen oftmals im tarifgebundenen Bereich der kommunalen Arbeitgeber bereitgestellt werden. Sowohl die festgelegten Löhne als auch die zeitliche Befristung sind jedoch nach dem Tarifvertrag für den Öffentlichen Dienst unzulässig. Auch standen Anfang 2011 für die der Bürgerarbeit zugewiesenen Personen keine ausreichenden Stellen zur Verfügung.

Freie Förderung nach § 16f SGB II

Durch die freie Förderung im Bereich des SGB II werden Lücken im Leistungsspektrum geschlossen und besondere auf die individuelle Problemlage ausgerichtete Hilfen möglich. Auf die freie Förderung darf nur zurückgegriffen werden, wenn eine Förderung mit den übrigen Instrumenten, insbesondere mit den besonders weit gefassten Maßnahmen zur Aktivierung und beruflichen Eingliederung nach § 46 SGB III (siehe S. 144) nicht möglich ist.
In Betracht kommen folgende Leistungen:

a) individuelle Einzelleistungen, die nicht unter die ausdrücklich geregelten Leistungen nach SGB III (durch Verweisung in § 16 SGB II) oder §§ 16a bis 16e SGB II fallen. Es darf sich auch nicht um Leistungen handeln, die in die Zuständigkeit des Bundesamts für Migration und Flüchtlinge fallen (Sprachförderung bis zum Niveau B1 des Europäischen Referenzrahmens für Sprachen und fachbezogene Sprachförderung, soweit sie regional angeboten wird).
b) Projekte, die nicht den gesetzlich geregelten Maßnahmen entsprechen oder diese ergänzen. Bei Beauftragung eines freien Trägers ist das Vergaberecht anzuwenden.
c) Für Personen, die seit mindestens einem Jahr arbeitslos sind und die für mindestens sechs weitere Monate nicht die Voraussetzungen für eine gesetzlich geregelte Maßnahme erfüllen werden, dürfen auch Leistungen erbracht werden, ohne dass die Voraussetzungen erfüllt sind. Leistungen können auch aufgestockt werden, wenn die Maßnahme nur so zu realisieren ist. Hier könnte also auch eine vollständige Übernahme des Arbeitsentgeltes im Rahmen des Beschäftigungszuschusses erfolgen oder eine Weiterbildungsmaßnahme nach § 77 SGB III kann von zwei auf drei Jahre aufgestockt werden.

6.1.13.4 Verpflichtung zur Teilnahme an Integrationskursen

§ 3 Abs. 2b SGB II verpflichtet die Jobcenter, auf eine Teilnahme an den Integrationskursen hinzuwirken, wenn erwerbsfähige Leistungsbezieher – unabhängig von der Staatsangehörigkeit – das Sprachniveau B 1 des Gemeinsamen Europäischen Referenzrahmens für Sprachen (GER) nicht erreichen und eine Ausbildung oder Arbeit der Teilnahme nicht entgegensteht. Die Teilnahmeverpflichtung für Alg-II-Empfänger kann durch Aufnahme in die Eingliederungsvereinbarung (§ 15 SGB II) oder durch einen Verpflichtungsbescheid festgelegt werden (§ 44a Abs. 1 Nr. 2 AufenthG). Die Sprachförderung sollte aber nicht dazu führen, dass die Bemühungen um eine Arbeitsmarktintegration für die gesamte Dauer des Kurses eingestellt werden. So kann die Zeit etwa genutzt werden, um ausländische Berufsabschlüsse anerkennen zu lassen oder ein Teilzeitpraktikum in einem Bereich zu absolvieren, der die praktische Einübung der deutschen Sprache ermöglicht. Eine entsprechende Unterstützung durch das Jobcenter kann aktiv eingefordert werden.

6.1.13.5 Sanktionen (§§ 31a, 32 SGB II)

Das Prinzip des Forderns im SGB II findet seinen Ausdruck auch in einem Sanktionsmechanismus, nach dem die Leistungen bis auf Null gekürzt werden können.

Die Sanktionsregelungen wurden 2011 neu gefasst und strukturiert.

Die sog. „großen Sanktionen" (siehe Tabelle) werden nunmehr verhängt, wenn sich Leistungsempfänger weigern,

- einer Verpflichtung aus der Eingliederungsvereinbarung nachzukommen,
- zumutbare Arbeit anzunehmen, oder die Anbahnung durch ihr Verhalten verhindern,
- eine zumutbare Maßnahme durchzuführen.

Voraussetzung für eine rechtmäßige Leistungskürzung ist angesichts des „schwerwiegenden Eingriffs" stets eine auf den konkreten Einzelfall bezogene Belehrung über die Rechtsfolgen einer Ablehnung, einer Nicht-Teilnahme oder eines Nicht-Erscheinens (BSG v. 18.2.2010 – B 14 AS 53/08 R). Sie muss konkret, verständlich, richtig und vollständig sein. Eine mündliche Belehrung oder die nachgewiesene Kenntnis reicht aus (§ 31 Abs. 1 Satz 1 SGB II). Dagegen reicht ein allgemeines Merkblatt, aus dem sich die Adressaten die für sie gültigen Rechtsfolgen heraussuchen müssen, nicht (BSG v. 16.12.2008 – B 4 AS 60/07 R).

Die Sanktionen werden in folgenden Stufen verhängt, differenziert nach Personen unter 25 Jahren (U 25) und über 25 Jahren (Ü 25):

Ü 25		
1. Pflichtverletzung	Kürzung um 30 % des Regelbedarfes für 3 Monate	
2. Pflichtverletzung (innerhalb eines Jahres)	Kürzung um 60 % des Regelbedarfes für 3 Monate	Sachleistungen *können* erbracht werden, in Bedarfsgemeinschaften mit Kindern müssen sie erbracht werden.
3. Pflichtverletzung (innerhalb eines Jahres seit dem 2. Verstoß)	Kürzung des Alg II um 100 % für 3 Monate	Im Einzelfall kann die Dauer auf 6 Wochen begrenzt werden.
U 25		
1. Pflichtverletzung	Kürzung des Regel- u. Mehrbedarfs um 100 % für 3 Monate.	Sachleistungen *können* erbracht werden.
2. Pflichtverletzung	Kürzung des gesamten Alg II um 100 % für 3 Monate. Unterkunftskosten *können* bezahlt werden, wenn nachträglich die Pflichten erfüllt werden.	Im Einzelfall *kann* die Dauer auf 6 Wochen begrenzt werden.

Diese Sanktionen gelten auch ohne Rechtsfolgenbelehrung

- bei absichtlicher Herbeiführung der Hilfebedürftigkeit,
- bei Fortsetzung unwirtschaftlichen Verhaltens trotz Belehrung,
- bei Eintritt einer Sperrzeit nach SGB III oder bei Vorliegen der Voraussetzungen einer Sperrzeit.

Die sog. „kleine Sanktion" (§ 32 SGB II) wird verhängt, wenn *ohne wichtigen Grund*

- einer Aufforderung, beim Jobcenter zu erscheinen oder sich zu melden, nicht gefolgt wird oder
- ein Termin zur ärztlichen oder psychologischen Untersuchung nicht eingehalten wird.

Die Regelleistung wird für jeden versäumten Termin für die Dauer von drei Monaten um 10 % gemindert, mehrere Versäumnisse können sich zu einer entsprechend höheren Kürzung addieren.

„Große" und „kleine" Sanktionen können auch gleichzeitig oder überlappend verhängt werden.

Sanktionen dürfen immer nur die Person treffen, die sich sozialwidrig verhalten hat. Tatsächlich lässt sich dieser Grundsatz kaum realisieren, weil der „Topf", aus dem der Haushalt gemeinsam wirtschaftet, für alle kleiner wird (siehe ausführlich: Geiger, info also 2010, 3 ff.).

Die Differenzierung nach Alter begründet sich aus der besonderen Bedeutung einer Integration von jungen Menschen in den Arbeitsmarkt, wird aber von Wohlfahrtsverbänden und Sozialrechtlerinnen als diskriminierend und kontraproduktiv kritisiert (Berlit, Soziale Sicherheit 2010, 124; Rixen, Sozialrecht aktuell 2010, 87 ff.; Spindler, info also 2010, 229 f.).

Bei allen Sanktionen, die den Regelbedarf um mehr als 30 % kürzen, muss auf Antrag geprüft werden, ob zur Sicherung des physischen Existenzminimums Lebensmittelgutscheine oder andere Sachleistungen ausgegeben werden. Auch während einer Sanktion muss jedem Menschen mindestens ein Leistungsniveau verbleiben, welches die physische Existenz gewährleistet (BSG v. 9.11.2010 – B 4 AS 27/10 R; LSG NRW v. 22.12.2009 – L 7 B 409/09 AS ER).

6.2 Sozialhilfe (SGB XII)

6.2.1 Überblick

Der Begriff der Sozialhilfe kennzeichnet eine bedarfsorientierte steuerfinanzierte Fürsorgeleistung zur Überbrückung einer Notsituation und zum Ausgleich fehlender eigener Mittel.

Das wichtigste Ziel von Sozialhilfeleistungen ist immer die Verhinderung von Ausgrenzung aus der Gesellschaft und die Gewährleistung einer sozialen Teilhabe entsprechend den tatsächlich bestehenden Lebensverhältnissen.

In der Bevölkerung wird unter Sozialhilfe oft ausschließlich die finanzielle Hilfe verstanden, die Menschen ohne Einkommen und Vermögen benötigen, um ihren Lebensunterhalt bestreiten zu können. Der Gesetzgeber spricht aber in § 9 SGB XII nicht nur von „Lebensunterhalt", sondern auch von „besonderen Lebenslagen". Hilfen in besonderen Lebenslagen werden nicht zur Sicherung des unmittelbaren Lebensunterhalts benötigt, sondern zum Ausgleich, zur Linderung oder als Hilfe zur Überwindung einer besonderen persönlichen oder sozialen Situation, z. B. einer Behinderung, einer erlittenen Gewalterfahrung oder einer fehlenden Unterkunft.

Im Bereich der *Sicherung des Lebensunterhalts* ist die Sozialhilfe das Grundsicherungssystem für *nicht erwerbsfähige* Menschen – in Abgrenzung zum SGB II als Sicherungssystem für Erwerbsfähige (siehe auch S. 180).

Diese Abgrenzung der Leistungsberechtigten gilt aber nur für die Leistungen zum Lebensunterhalt (drittes und viertes Kapitel des SGB XII), die *Leistungen in besonderen Lebenslagen* (fünftes bis neuntes Kapitel) stehen jeder bedürftigen Person zur Verfügung, unabhängig von ihrer Stellung am Arbeitsmarkt.

Um einen ersten Überblick über das Leistungsspektrum der Sozialhilfe zu erhalten, siehe die tabellarische Übersicht auf S. 235.

Sozialhilfe wird von örtlichen und überörtlichen Trägern gewährt (§ 3 SGB XII).

Die örtlichen Träger sind die kreisfreien Städte und Landkreise, d. h. jede Stadt und jeder Kreis muss de facto ein Sozialamt betreiben. In der Namensgebung und in der Zusammenfassung mit anderen Ämtern sind die Kommunen frei, es finden sich Fachämter für Grundsicherung und Soziales (Hamburg), Sozialbürgerhäuser (München), Ämter für Soziales und Wohnen (Essen, Duisburg etc.) oder ein Amt für Soziales und Senioren (Köln). Auch können in vielen Bundesländern die Kreise als örtliche Träger der Sozialhilfe kreisangehörige Gemeinden zur Durchführung der Sozialhilfeaufgaben durch Satzung heranziehen (z. B. § 3 Abs. 1 AG-SGB XII NRW).

Die überörtlichen Träger werden von den Ländern bestimmt, in einigen Bundesländern sind dies Landessozialämter (Brandenburg, Bremen, Hamburg usw.), in anderen Landschaftsverbände (NRW), sonstige Kommunalverbände (Baden-Württemberg, Mecklenburg-Vorpommern, Sachsen) oder Bezirksregierungen (Bayern).

Für die Hilfe zum Lebensunterhalt und die Grundsicherung nach §§ 41 ff. SGB XII ist das *örtliche Sozialamt* sachlich zuständig (§ 97 Abs. 1 SGB XII).

Für die Leistungen in besonderen Lebenslagen können die Länder selbst bestimmen, in welchen Fällen der *überörtliche Sozialhilfeträger* zuständig sein soll (§ 97 Abs. 2 Satz 1 SGB XII). In vielen Bundesländern wurde aber keine Regelung getroffen, dann bleibt es bei den in § 97 Abs. 3 SGB XII geregelten Zuständigkeiten.

Die Leistungen der Sozialhilfe werden als Dienstleistung, Geldleistung oder Sachleistung erbracht (§ 10 Abs. 1 SGB XII).

Die Beratung und Unterstützung (Dienstleistung) ist auf die Stärkung der Selbsthilfepotenziale (Empowerment) gerichtet und zielt auf die Überwindung einer bestehenden Notlage (§§ 11, 12 SGB XII). Wenn die Betroffenen ihre Situation nicht anders überwinden können, sollen auch Kosten der Beratung durch freie Träger übernommen werden. Das geschieht, indem Beratungsstellen entweder pauschal durch Zuwendungen finanziert werden oder durch Abrechnung nach Fachleistungsstunden für den jeweiligen Beratungsfall (Entgeltfinanzierung).

Bezeichnung	Normen	Wesentlicher Inhalt
Leistungen zum Lebensunterhalt		
Hilfe zum Lebensunterhalt	3. Kapitel §§ 27–40 SGB XII	Geldleistungen für Erwerbsunfähige in Form von Pauschalen und den Kosten der Unterkunft
Grundsicherung bei dauerhafter Erwerbsunfähigkeit und im Alter	4. Kapitel §§ 41–46a SGB XII	Geldleistungen für Rentner und behinderte Menschen in Form von Pauschalen und den Kosten der Unterkunft
Leistungen in besonderen Lebenslagen		
Hilfe zur Gesundheit	5. Kapitel §§ 47–52 SGB XII	Hilfen bei Krankheit, Schwangerschaft und Mutterschaft
Eingliederungshilfe für behinderte Menschen	6. Kapitel §§ 53–60 SGB XII	Leistungen, insbesondere zur Teilhabe am Leben in der Gemeinschaft, u. a. in Wohneinrichtungen (diese Leistung wird in Kapitel 7 behandelt, siehe S. 276)
Hilfe zur Pflege	7. Kapitel §§ 61–66 SGB XII	Pflegeleistungen, die nicht von der Pflegeversicherung abgedeckt werden (wird in Kapitel 3.5 behandelt, siehe S. 125)
Hilfe zur Überwindung besonderer sozialer Schwierigkeiten	8. Kapitel §§ 67–69 SGB XII	Leistungen für Menschen in persönlichen oder sozialen Notlagen wie Wohnungslosigkeit, Gewalterfahrung, Migration
Hilfe in anderen Lebenslagen	9. Kapitel §§ 70–74 SGB XII	Leistungen zur Weiterführung des Haushalts, Altenhilfe, Blindenhilfe, Bestattungskosten

Leistungen sollen als Geld ausgezahlt werden, wenn nicht ausdrücklich Sachleistungen vorgesehen sind oder die Leistung besser oder wirtschaftlicher durch Gutscheine oder Sachleistungen erbracht werden kann. Als Sachleistungen werden alle Leistungen bezeichnet, die nicht als Geld oder als Dienstleistung der Mitarbeiterinnen des Sozialamts gewährt werden. Es muss sich dabei nicht um Gegenstände handeln; auch die Betreuung oder Pflege durch einen ambulanten Dienst gelten als Sachleistung.

Leistungen in stationären oder teilstationären Einrichtungen werden dabei grundsätzlich unmittelbar an die Einrichtung gezahlt (siehe §§ 75 ff. SGB XII). Sachleistungen können z. B. für Einrichtungsgegenstände gewährt werden, wenn das Sozialamt ein eigenes Möbellager betreibt. Statt Geldleistungen können auch Gutscheine oder Sachleistungen erbracht werden, wenn ein auf Tatsachen gegründeter Verdacht besteht, dass mit dem Geld nicht sachgerecht umgegangen wird (§ 10 Abs. 3 SGB XII).

Für alle Leistungsformen gilt der Grundsatz, dass sie in der Regel als Beihilfe (nicht rückzahlbar) erbracht werden. Darlehen sind vor allem vorgesehen, wenn es sich nur um eine kurzfristige Notlage handelt (§ 38 SGB XII) oder wenn eigentlich einzusetzendes Vermögen kurzfristig nicht in Geld umgewandelt werden kann (§ 91 SGB XII).

6.2.2 Leistungsprinzipien der Sozialhilfe

Für den gesamten Bereich der Sozialhilfe gelten Prinzipien, die sowohl dem Schutz der Menschenwürde und dem Recht auf eine selbst bestimmte Lebensführung als auch dem sparsamen Einsatz öffentlicher Mittel Rechnung tragen sollen.

6.2.2.1 Hilfe zur Selbsthilfe

„Die Leistung soll sie [die Leistungsberechtigten] so weit wie möglich befähigen, unabhängig von ihr zu leben ..." (§ 1 Satz 2 SGB XII). Auch Menschen in einer Notlage sollen sich ihrer eigenen Kräfte und Möglichkeiten bewusst werden. Dieser Grundsatz zielt nicht nur auf die Entlastung der Solidargemeinschaft, sondern auch auf die Stärkung der Handlungskompetenz und die eigenständige Lebensführung des Einzelnen.

6.2.2.2 Nachrang

Vor jeder Gewährung einer Sozialhilfe-Leistung wird detailliert geprüft, welche vorrangigen Möglichkeiten zur Beseitigung der Notlage bestehen (§ 2 Abs. 1 SGB XII). Hierzu müssen Auskünfte über alle Einkünfte und Vermögenswerte erteilt werden und die Belege dazu vorgelegt werden. Auch Lebensversicherungen, Steuererstattungen, Erbansprüche etc. gehören dazu. In der Regel wird in folgender Reihenfolge geprüft:

• *Bestehen Ansprüche auf vorrangige Sozialleistungen, insbesondere Versicherungsleistungen oder andere Förderleistungen?*
Wenn z. B. eine Arbeitnehmerin arbeitsunfähig erkrankt, hat sie zunächst einen Anspruch auf Lohnfortzahlung ($ 3 Entgeltfortzahlungsgesetz), dann auf Krankengeld der Krankenversicherung ($ 44 SGB V; nicht bei Minijobs, siehe S. 101). Der Anspruch auf Sozialhilfe entsteht, wenn diese Leistung nicht ausreicht, um den Lebensunterhalt zu sichern oder wenn die zeitliche Befristung des Anspruchs auf Krankengeld (ca. 1 ½ Jahre) abgelaufen ist.

Reicht die Rente nicht, um den Lebensunterhalt zu sichern, ist zunächst zu prüfen, ob die Finanzlücke durch das Wohngeld (siehe S. 173 gedeckt werden kann. Erst wenn dies nicht ausreicht, ist der Anspruch auf Sozialhilfe zu prüfen.

• *Bestehen verfügbare eigene finanzielle Mittel?*
Wer aus besseren Tagen noch ein Sparkonto, ein teures Auto oder eine Ferienwohnung besitzt (Einzelheiten siehe S. 251), muss die eigenen Möglichkeiten der Geldbeschaffung nutzen, statt Leistungen der öffentlichen Hand zu beanspruchen.

• *Bestehen Ansprüche gegen Dritte, insbesondere Unterhaltsansprüche?*
Z. B. bei Geburt eines nichtehelichen Kindes muss die Mutter den Vater des Kindes auf Unterhalt für sich ($ 1615l BGB) in Anspruch nehmen und darf nicht zu Lasten der Sozialhilfe hierauf verzichten.

Können pflegebedürftige Menschen die Kosten eines Altenpflegeheims weder aus den Leistungen der Pflegeversicherung (siehe im Einzelnen S. 117) noch aus eigenem Einkommen und Vermögen bezahlen, so sind auch die unterhaltpflichtigen Kinder heranzuziehen. Auch wenn es Eltern unangenehm ist, die eigenen Kinder in Anspruch zu nehmen, dürfen sie auf den Unterhaltsanspruch nicht zu Lasten der Sozialhilfe verzichten.

Leistungen der Sozialhilfe dürfen nur mit Verweis auf andere verfügbare Mittel abgelehnt werden, wenn auf diese sofort zurückgegriffen werden kann. Müssen Ansprüche erst geltend gemacht, muss Vermögen erst verwertet oder Arbeit erst gefunden werden, ist die Hilfe zunächst durch die Träger der Sozialhilfe zu erbringen. Anschließend können die Leistungsempfänger oder die zur Leistung verpflichteten Dritten auf Rückzahlung in Anspruch genommen werden (siehe im Einzelnen S. 260).

6.2.2.3 Rechtsanspruch

Leistungen der Sozialhilfe sind keine Almosen, sondern gesetzlich verbürgte Rechtsansprüche des Bürgers ($ 17 Abs. 1 SGB XII). Die Hilfe in Notlagen wird von der Verfassung (Art. 1 Abs. 1 und Art. 20 Abs. 1 GG) geschützt und kann auch durch Gesetzesänderungen nicht abgeschafft werden. Ganz überwiegend sind die Anspruchsgrundlagen im SGB XII mit gebundenen Rechtsfolgen (siehe S. 27) ausgestaltet, Ermessensregelungen finden sich nur ausnahmsweise ($$ 34 Abs. 1, 53 Abs. 1 Satz 2, 73 SGB XII).

6.2.2.4 Bedarfsdeckung

Der Umfang und die Ausgestaltung der Sozialhilfe haben sich an der aktuell bestehenden Bedarfssituation zu orientieren. Wie die Bedarfe zu decken sind, richtet sich vor allem nach den konkreten Leistungsansprüchen. Es gibt jedoch einige allgemeine Grundsätze, die aus dem Bedarfsdeckungsprinzip folgen:

1. Anders als bei sonstigen Sozialleistungen ist die Gewährung von Hilfen nicht von einem Antrag abhängig (Ausnahme: Grundsicherungsleistungen nach §§ 41 ff. SGB XII), der Anspruch besteht, sobald dem Sozialhilfeträger die Notlage bekannt wird (§ 18 Abs. 1 SGB XII).

Beispiel:
Die Sozialarbeiterin erfährt bei einem Hausbesuch von der Notlage der Nachbarin Wilma. Die 80-jährige Dame braucht dringend Unterstützung im Haushalt und bei einigen Verrichtungen der Körperpflege (Fußpflege, Haarwäsche). Wilma verfügt nur über eine Rente von 600 € und die Pflegeversicherung hat einen Antrag abgelehnt, da sie weniger Pflege benötigt, als die Pflegestufe 1 mindestens voraussetzt (siehe S. 117).

Mit Wilmas Zustimmung (Datenschutz!) informiert die Sozialarbeiterin die Mitarbeiter des Sozialamtes, die nun verpflichtet sind, den bestehenden Bedarf zu ermitteln, auch wenn kein Antrag der Dame vorliegt. Benötigt werden hier ambulante Leistungen als Hilfe zur Pflege (siehe S. 125).

In der Praxis ist Klienten aber zu raten, auch beim Sozialamt Anträge entweder schriftlich einzureichen oder sich bei persönlichen Vorsprachen zu vergewissern, dass die Anliegen in einer Akte aufgenommen werden. Nur so lässt sich später feststellen, ab wann die Leistung zu bewilligen ist.

2. Leistungen können nicht für die Vergangenheit erbracht werden. Insbesondere sind in der Regel keine Schulden zu übernehmen.
   Hätte Wilma im obigen Beispiel eine Haushaltshilfe eingestellt und diese darauf vertröstet, sie werde das Geld für ihren Lohn alsbald beschaffen, so darf der Sozialhilfeträger den rückständigen Lohn für die Haushaltshilfe nicht übernehmen. Es handelt sich um Schulden aus der Vergangenheit, die keinen Einfluss mehr auf die aktuell bestehende Notlage haben.
   Es zeigt sich also, dass hilfebedürftige Klienten stets zu einer sofortigen Vorsprache oder Antragstellung beim Sozialamt ermutigt werden sollten. Wer sich stattdessen zunächst Geld bei Verwandten oder Bekannten borgt, verschuldet sich und verzichtet auf Leistungen, die ihm zustehen. Ist der Antrag aber gestellt bzw. die Notlage mitgeteilt worden, darf die Leistung nicht abgelehnt werden, weil zwischenzeitlich Dritte durch ein Darlehen ausgeholfen haben (§ 25 SGB XII).
   Die Lohnansprüche der Haushaltshilfe, die nach Kenntnis des Sozialamts von der Notlage entstanden sind, müssen übernommen werden (§ 65 Abs. 1 Satz 2 SGB XII), auch wenn eine Entscheidung darüber erst nach mehreren Wochen ergeht.

3. Bei Beendigung der Notlage werden die Leistungen sofort eingestellt.

Beispiel:
Elenas Bezug von Hilfe zum Lebensunterhalt endete am 31.12.2010, weil ab dem 1.1.2011 Altersrente der Rentenversicherung gezahlt wird. Am 15.2.2011 erhält sie vom Vermieter die Nebenkostenabrechnung für 2010 mit einer Nachforderung von 200 €. Es handelt sich zwar um einen Verbrauch, der in der Zeit des Leistungsbezugs entstanden ist, da Elena zum Zeitpunkt der Nachforderung jedoch nicht mehr hilfebedürftig ist, besteht auch kein Anspruch gegenüber dem Sozialamt auf Übernahme dieser Kosten.

Stirbt ein Leistungsbezieher, so erlöschen alle Leistungsansprüche, die Erben können noch ausstehende Leistungen nicht einfordern. Hat allerdings eine Einrichtung die Leistung bereits erbracht oder eine Person den Verstorbenen gepflegt, so haben diese Leistungserbringer nach dem Tod des Berechtigten einen Anspruch auf die Leistungen für die Zeit vor dem Tod (§19 Abs. 6 SGB XII).

6.2.2.5 Individuelle Hilfe

Mit dem Satz „Hilfen richten sich nach der Besonderheit des Einzelfalls" wird in § 9 SGB XII das allgemeine Prinzip unterstrichen, nach dem Umfang und Art der Leistung sich an der *konkreten Bedarfslage und dem sozialen Umfeld* auszurichten haben. Wirklich konsequent wird dieses Prinzip allerdings nicht eingehalten, weil in vielen Bereichen die Pauschalierung von Leistungen im Gesetz und in Verordnungen vorgegeben ist (Regelsätze, Blindenhilfe). Bei den Regelsätzen muss jedoch geprüft werden, ob abweichende Bedarfslagen zu einer individuellen Anpassung der Leistung führen müssen (z.B. bei den Regelsätzen nach § 28 Abs. 1 Satz 2 SGB XII).

Wünschen der Leistungsberechtigten soll entsprochen werden, soweit sie angemessen sind (§ 9 Abs. 2 SGB XII). Bieten z.B. verschiedene freie Träger vergleichbare Leistungen an, so können Hilfebedürftige frei entscheiden, welche Einrichtung sie vorziehen. Von diesem Wunsch- und Wahlrecht kann aber nur Gebrauch machen, wer über die Alternativen auch ausreichend beraten wird. Wer z.B. wegen einer psychischen Behinderung eine ambulante Betreuung benötigt, der kann in größeren Städten meist zwischen mehreren Anbietern auswählen. Die Mitarbeiterin des Sozialamts würde ihrer Beratungspflicht (§ 14 SGB I) nicht gerecht, wenn sie dem Leistungsberechtigten einen bestimmten Anbieter zuweist.

Wünschen, die unangemessene Mehrkosten verursachen, muss in der Regel nicht entsprochen werden. Der unbestimmte Rechtsbegriff „unangemessen" lässt sich nicht mit einem für alle Fälle gültigen Maß benennen, Mehrkosten bis zu 20 % sind jedoch in der Regel hinzunehmen (Grube/Wahrendorf 2010, SGB XII, § 9 Rn. 36). Verglichen werden dürfen dabei nur Leistungen, die für die Betroffenen auch zumutbar sind. So stellt etwa die Betreuung eines Menschen mit psychischer Behinderung durch einen Zivildienstleistenden keine zumutbare Alternative zur Betreuung durch eine Fachkraft dar.

Einen Sonderfall stellt die Wahl zwischen ambulanten und stationären Hilfen dar. Im Regelfall sind ambulante Hilfen vorzuziehen, wenn sie ausreichen, um den Bedarf zu decken (§ 13 Abs. 1 Satz 2 SGB XII). Es gibt allerdings Bedarfslagen, bei denen die Kosten einer ambulanten Hilfe höher sind als bei stationärer Betreuung.

Beispiel:
Der Familienvater Max verunglückt im Alter von 35 Jahren bei einem Segelunfall und bleibt ab der Halswirbelsäule querschnittsgelähmt. Er benötigt eine sehr aufwändige Integrationshilfe und Pflege. Seine Frau Gül ist als Sozialarbeiterin berufstätig und kümmert sich um die beiden Kinder, acht und zehn Jahre alt. Der Einsatz eines ambulanten Pflegedienstes kostet monatlich ca. 5000 €, hinzu kommen verschiedene Leistungen der Integrationshilfe. Güls Einkommen reicht nur, um die Familie zu ernähren, eine Beteiligung an den Kosten der Pflege ist nicht möglich. Bei Unterbringung in einer Pflegeeinrichtung würden Gesamtkosten von 3000 € anfallen, die zum Teil von der Pflegeversicherung übernommen und damit die Kostenbelastung des Sozialamts erheblich mindern würden.

Soweit die ambulante Leistung mit erheblichen Mehrkosten verbunden ist, soll die Leistung stationär erbracht werden; allerdings nur, wenn den Betroffenen eine stationäre Unterbringung zugemutet werden kann (§ 13 Abs. Satz 3 bis 6 SGB XII).

Zumutbar ist eine Leistungsform nur dann, wenn dadurch nicht in wichtige Grundrechtspositionen eines Menschen eingegriffen wird. Insbesondere darf seine Würde nicht verletzt werden (Art. 1 Abs. 1 GG), seine Handlungsfreiheit nicht unzumutbar beschnitten werden (Art. 2 Abs. 1 GG), nicht in seine familiären Bindungen eingegriffen werden (Art. 6 GG) und seine Religionsfreiheit (Art. 4 GG) nicht beeinträchtigt werden.

Max würde seine Einbindung in das Familienleben verlieren, die Beziehung zu seiner Frau und zu seinen Kindern würde massiv eingeschränkt, er könnte seine sozialen Kontakte und seine Teilnahme am gesellschaftlichen und kulturellen Leben nicht mehr im gleichen Umfang fortführen, er würde als 35-Jähriger unter überwiegend alten Menschen in eine Isolation geraten. Die stationäre Leistung ist also aus mehreren Gründen unzumutbar. Es kommt deshalb nicht mehr darauf an, ob die Mehrkosten unverhältnismäßig sind.

6.2.3 Hilfe zum Lebensunterhalt

Die Hilfe zum Lebensunterhalt wird zur Sicherung des Lebensunterhalts erbracht, wenn keine andere Leistungsart vorrangig ist.

6.2.3.1 Zuständiger Leistungsträger

Das Sozialamt in der Stadt oder dem Kreis, in der oder dem sich die Leistungsberechtigten tatsächlich aufhalten, ist für die Gewährung der Hilfe zum Lebensunterhalt zuständig. Auf einen Wohnsitz kommt es nicht an ($\S$ 98 Abs. 1 Satz 1 SGB XII).

Beispiel:
Ein ersichtlich psychisch kranker Mann erscheint seit ein paar Tagen täglich in einem Café der Wohnungslosenhilfe eines freien Trägers. Der Mann ist offensichtlich wohnungslos und verfügt über keinerlei Geld. Seine genauen Personenstandsdaten lassen sich nicht klären.

Das örtliche Sozialamt ist zuständig und auch bei ungeklärter Identität zur sofortigen Hilfeleistung (z. B. Aufnahme in einer Wohneinrichtung, Berechtigungsscheine für Notunterkunft, Bargeld oder Lebensmittelgutscheine) verpflichtet. Die Möglichkeit, bei ungeklärter Zuständigkeit eines anderen Sozialleistungsträgers vorläufige Leistungen zu erbringen ($\S$ 43 SGB I), wird zu einer Verpflichtung, wenn die Notlage dies unabweisbar gebietet.

6.2.3.2 Leistungsadressaten

Die Hilfe zum Lebensunterhalt nach $\S\S$ 19 Abs. 1, 27 ff. SGB XII ist zu einer Restleistung geworden, der Personenkreis bestimmt sich aus der Abgrenzung zu anderen Leistungen. Ansprüche auf Hilfe zum Lebensunterhalt haben hilfebedürftige Personen, die von keinem anderen Leistungssystem erfasst werden.

Es handelt sich um Personen, die

1. nicht erwerbsfähig sind, sonst wäre das Jobcenter zuständig ($\S$ 21 SGB XII),
2. die auch nicht als Angehörige von Alg-II-Empfängern anspruchsberechtigt nach SGB II sind ($\S$ 28 SGB II),
3. die auch nicht dauerhaft erwerbsunfähig und über 18 Jahre alt sind oder die Altersgrenze erreicht haben, sonst wären sie anspruchsberechtigt nach $\S$ 41 ff. SGB XII, und
4. die auch nicht anspruchsberechtigt nach AsylbLG sind ($\S$ 23 Abs. 2 SGB XII).

Beispiele:
- Der allein lebende 40-jährige psychisch Kranke bei amtlich festgestellter Erwerbsunfähigkeit;
- die an einem schweren Krebsleiden erkrankte 63-jährige Ehefrau eines Rentners von 68 Jahren;
- der 17-jährige geistig behinderte (erwerbsunfähige) junge Mann, der mit seiner psychisch kranken Mutter zusammenlebt;
- das sechsjährige Kind, das nur mit seinen Großeltern zusammenlebt, die Alg II erhalten.

Das SGB XII spricht nicht von einer Bedarfsgemeinschaft wie das SGB II ($\S$ 7 Abs. 3), sondern von einer Einsatzgemeinschaft ($\S$ 19 Abs. 1 Satz 2). Unter einer Einsatzgemeinschaft versteht man Personen, die füreinander finanziell so aufkommen müssen wie für sich selbst. Ihr gehören neben den nicht getrennt lebenden Ehepartnern und Lebenspartnern ebenso wie im SGB II die Partner einer eheähnlichen oder lebenspartnerschaftsähnlichen Gemeinschaft ($\S$ 20 SGB XII) an. Die Kinder werden jedoch nur zur Einsatzgemeinschaft gerechnet, wenn sie minderjährig und unverheiratet sind.

Beispiel:
Die psychisch kranke Mutter und die 17-jährige krebskranke Tochter bilden eine Einsatzgemeinschaft im Bereich der Hilfe zum Lebensunterhalt (Achtung! Wäre die Tochter gesund, hätte sie einen Anspruch auf Alg II nach SGB II und in der Folge die Mutter auf Sozialgeld, siehe S. 185).
Sobald die Tochter 18 Jahre alt wird, endet die Einsatzgemeinschaft. Einkommen der Mutter (z. B. aus einer Rente) wird nicht mehr auf den Bedarf der Tochter angerechnet.

Einzelpersonen, die nicht durch eine Einsatzgemeinschaft miteinander verbunden sind, werden wie Alleinstehende behandelt (BSG v. 8.12.2009 – B 8 SO 17/09 R). Obwohl das SGB XII auch von einem Haushaltsvorstand und Haushaltsangehörigen spricht, darf ein reduzierter Regelbedarf nur gezahlt werden, wenn die Personen durch eine Einsatzgemeinschaft verbunden sind (BSG v. 19.5.2009 – B 8 SO 8/08 R).

Auch ohne eine Einsatzgemeinschaft schulden sich bestimmte Familienangehörige gegenseitig Unterhalt. So bleibt die Mutter im obigen Beispiel auch nach der Volljährigkeit der Tochter unterhaltspflichtig nach dem Bürgerlichen Gesetzbuch. Jetzt kann sie von der Rente eventuell mehr als das eigene Existenzminimum behalten, ihr bleibt statt des Bedarfs nach SGB XII der Selbstbehalt nach Bürgerlichem Recht gegenüber einem volljährigen Kind, die Richtwerte hierfür finden sich in der Düsseldorfer Tabelle (derzeit 770 €, solange die Tochter noch die Schule besucht, anschließend 1150 €).

Nach $\S$ 36 SGB XII wird für alle Personen, die „aus einem Topf" wirtschaften (Haushaltsgemeinschaft), vermutet, dass sie sich gegenseitig Hilfe gewähren, soweit dies nach ihrer finanziellen Lage erwartet werden kann. Auch hier wird mangels einer ausdrücklichen gesetzlichen Regelung von den Selbstbehalten nach der Düsseldorfer Tabelle ausgegangen. Die Vermutung der Unterhaltsleistung können von Personen, die sich keinen Unterhalt nach dem Bürgerlichen Gesetzbuch schulden (z. B. Geschwister, Stiefeltern oder -kinder), widerlegt werden. Hierfür reicht eine einfache Erklärung, z. B.: „Ich leiste Herrn XY keine finanzielle Unterstützung."

In zwei Fällen wird grundsätzlich nicht davon ausgegangen, dass eine bedürftige Person Unterstützung von anderen Haushaltsangehörigen erhalten kann:

• Schwangere und Mütter oder Väter, die ein Kind bis zum sechsten Geburtstag erziehen, können nicht auf die Unterstützung ihrer Eltern verwiesen werden, auch wenn sie mit ihnen in einem Haushalt leben ($\S$ 36 Satz 3 Nr. 1 SGB XII).
• Menschen, die Behinderte oder Pflegebedürftige in ihrem Haushalt betreuen, werden nicht zur Sicherung des Lebensunterhalts der betreuten Personen herangezogen, auch dann nicht, wenn sie nach bürgerlichem Recht unterhaltspflichtig sind ($\S$ 36 Satz 3 Nr. 2 SGB XII).

Beispiel:
Alice, 22 Jahre alt, leidet unter einer Psychose, die es ihr für längere Zeit (für mehr als sechs Monate) verunmöglicht, mindestens drei Stunden am Tag zu arbeiten. Sie besucht eine Tagesklinik und lebt im Haushalt ihrer Mutter, die sie auch betreut. Die Mutter verfügt über ein Nettoeinkommen von 1800 €. Alice hat einen Anspruch auf Hilfe zum Lebensunterhalt ohne Berücksichtigung des Einkommens der Mutter. Die Leistungen, die die Mutter erbringt (z. B. kostenloses Wohnen), werden jedoch angerechnet. Erbringt die Mutter keinerlei Leistungen und gibt sie auch das Kindergeld nicht an Alice weiter, wird Alice vom Sozialamt verpflichtet, die Auszahlung des Kindergeldes an sich selbst zu beantragen (§74 EStG). Dieses Einkommen wird ihr dann bedarfsmindernd angerechnet. Das Sozialamt kann den Anspruch auf Kindergeld auch unmittelbar auf sich überleiten (§74 Abs. 2 EStG, §104 Abs. 2 SGB X).

6.2.3.3 Leistungsausschlüsse oder -einschränkungen

Ausgeschlossen von der Hilfe zum Lebensunterhalt sind Anspruchsberechtigte nach SGB II (§21 SGB XII). Problematisch ist der Umgang mit Personen, die unter einen Leistungsausschluss nach §7 SGB II fallen.

Bei Menschen, die in einer Einrichtung untergebracht sind, führt der Leistungsausschluss (§7 Abs. 4 SGB II) unstreitig zu einem Rückgriff auf die Leistungen der Sozialhilfe.

Personen in einer förderungsfähigen Ausbildung sind sowohl nach §7 Abs. 5 SGB II als auch nach §22 SGB XII von Grundsicherungsleistungen ausgenommen (siehe zu den Einzelheiten S. 190).

Ausländer, die unter die Leistungsausschlüsse nach §7 Abs. 1 Satz 2 Nr. 1 und Nr. 2 SGB II fallen, haben grundsätzlich einen Anspruch auf Hilfe zum Lebensunterhalt (§23 Abs. 1 SGB XII), der jedoch in folgenden Fällen eingeschränkt wird:

- Ein Ausländer ist eingereist, um Sozialhilfe zu erlangen. Die Absicht, Sozialhilfe zu beziehen, muss den Einreiseentschluss entscheidend geprägt haben. Es reicht z. B. nicht, wenn eine Ausländerin eingereist ist, um Kontakt mit ihrem in Deutschland lebenden Kind aufzunehmen, dabei aber wusste, dass sie voraussichtlich nicht aus eigenen Mitteln oder von eigener Arbeit würde leben können.
- Das Aufenthaltsrecht ergibt sich allein aus der Arbeitssuche (§23 Abs. 3 SGB XII). Diese Regelung zielt vor allem auf Unionsbürger, die in Deutschland einen Arbeitsplatz suchen, die Vereinbarkeit mit dem Recht der EU ist umstritten (siehe dazu den Ausschluss im SGB II S. 189).

Obwohl kein Anspruch besteht, bleibt eine Verpflichtung, nach Ermessen Leistungen zu erbringen, wenn diese den Umständen nach unabweisbar sind. Dies erschließt sich aus dem Gesetzeswortlaut (§23 Abs. 3 SGB XII) nicht ohne weiteres, die Rechtsprechung hat diesen Grundsatz jedoch entwickelt, um sicherzustellen, dass Menschen entsprechend den Bedingungen des Einzelfalls die zum Überleben erforderlichen Mittel erhalten (Schutz der Menschenwürde nach

Art. 1 Abs. 1 GG). Ausländer können zwar darauf verwiesen werden, sich zurück in ihr Herkunftsland zu begeben; es muss aber zumindest geprüft werden, ob sie dazu in der Lage sind bzw. ob sie die Kosten der Rückreise bezahlen können.

Den Grundsatz, dass jeder Person, die sich in Deutschland aufhält, zumindest die existenznotwendigen Leistungen zu gewähren sind, hat der Gesetzgeber für Menschen konkretisiert, die zum Zweck der Krankenbehandlung eingereist sind, obwohl sie wissen, dass sie diese Behandlung nicht bezahlen können (§ 23 Abs. 3 Satz 2 SGB XII). Grundrechte (Art. 1 Abs. 1 und Art. 2 Abs. 2 GG) verbieten es, diese Menschen in Deutschland mangels Behandlung sterben zu lassen oder schweren Schmerzen auszusetzen. Akut notwendige Behandlungen lebensbedrohlicher, schwerer oder ansteckender Erkrankungen werden also vom Sozialamt bezahlt, aber keine sonstigen Behandlungen.

Beispiel:
Die 60-jährige iranische Mutter einer in Hamburg lebenden deutschen Staatsangehörigen reist mit einem Besuchsvisum nach Deutschland ein. Sie wusste bereits bei Einreise, dass sie an einer schweren, möglicherweise unheilbaren Krebserkrankung leidet. Ihre private Reisekrankenversicherung übernimmt keinerlei Behandlungskosten, weil es sich um eine Vorerkrankung handelt. Das Sozialamt muss in diesem Fall die Kosten für eine Schmerzbehandlung und, soweit unaufschiebbar erforderlich, auch die Kosten einer lebensrettenden Operation übernehmen. Es wird allerdings die Tochter als unterhaltspflichtige Angehörige auf Erstattung dieser Kosten in Anspruch nehmen (§ 94 Abs. 1 SGB XII).
Wäre die Mutter mit einem Hüftleiden eingereist, in der Hoffnung, sich hier eine künstliche Hüfte einsetzen lassen zu können, so wird das Sozialamt die Kostenübernahme verweigern, weil es nicht um eine unaufschiebbare lebenswichtige Behandlung geht.

Reduziert werden können die Leistungen auch, wenn Erwachsene ihr Einkommen oder Vermögen gezielt vermindert haben, um Sozialhilfe zu beziehen (§ 26 SGB XII).

6.2.3.4 Leistungsumfang

Die Leistungsansprüche sind ähnlich strukturiert wie die Ansprüche auf Alg II nach dem SGB II (siehe S. 190 ff.), weisen aber auch einige Besonderheiten auf.

Nach §§ 27 ff. umfasst die Hilfe zum Lebensunterhalt

1. den *Regelbedarf,*
   mit dem der Bedarf an Ernährung, Kleidung, Körperpflege, Hausrat und die persönlichen Bedürfnisse des täglichen Lebens einschließlich der Beziehungen zur Umwelt und die Teilnahme am kulturellen Leben abgedeckt wird (§ 27a Abs. 1 SGB XII). Das Verfahren zur Ermittlung und Anpassung der Regelsätze (§ 28 SGB XII) entspricht den Festlegungen, die für das SGB II gelten. Die Regelbedarfsstufen werden durch Rechtsverordnung (Regelsatzverordnung – RSV) bundeseinheitlich festgesetzt, die Beträge durch die Landesregierungen

auf der Grundlage einer bundeseinheitlichen Berechnung festgesetzt. Die Stufen der Regelsätze und die Beträge entsprechen den Leistungen nach SGB II (siehe S. 191 f.).

Von der Höhe der Regelsätze ist sowohl nach unten als auch nach oben abzuweichen, wenn entweder ein Teil des Bedarfs anderweitig gedeckt ist oder aber ein regelmäßiger Sonderbedarf vorliegt, der deutlich von dem Bedarf unter „normalen" Lebensumständen abweicht. So kann eine Absenkung erfolgen, wenn Leistungsempfängern täglich eine warme Mahlzeit von Dritten zur Verfügung gestellt wird. Eine Erhöhung ist andererseits vorzunehmen, wenn z. B. Menschen mit einer Gehbehinderung eine Haushaltshilfe benötigen (ohne pflegebedürftig zu sein). Weitere Gründe für eine Abweichung vom Regelbedarf entsprechen denen für den Mehrbedarf für wiederkehrende, unabweisbare Aufwendungen nach § 21 Abs. 6 SGB II (siehe S. 194).

2. den *Mehrbedarfszuschlag*

- Für Schwangere und Alleinerziehende werden die Zuschläge in gleicher Höhe wie nach § 21 SGB II gewährt (siehe S. 193).
- Behinderte Menschen ab 15 Jahren, die Eingliederungshilfen zum Zweck der schulischen oder beruflichen Integration in Anspruch nehmen, erhalten einen Zuschlag in Höhe von 35 % des jeweils geleisteten Regelbedarfs (siehe auch S. 193).
- Erwerbsunfähige Personen und Personen über 65 Jahren, die über einen Schwerbehindertenausweis mit dem Merkzeichen „G" für gehbehindert verfügen, erhalten 17 % des jeweils geleisteten Regelbedarfs.
- Für krankheitsbedingte kostenaufwändige Ernährung werden Zuschläge gewährt (siehe S. 194).
- Für die Kosten der Warmwassererzeugung, wenn dies nicht durch eine zentrale Heizungsanlage erfolgt, werden Pauschalen gezahlt (siehe S. 194).

Insgesamt dürfen die Mehrbedarfszuschläge den Betrag nicht überschreiten, der als Regelbedarf gezahlt wird.

Beispiel:
Eine erwerbsunfähige allein erziehende Hilfeempfängerin mit einem Kind von fünf Jahren (36 %), einem Schwerbehindertenausweis mit dem Merkzeichen „G" (17 %), die im Berufsförderungsbereich einer Werkstatt (siehe S. 285 f. gefördert wird (35 %), erhält einen Zuschlag von 88 %, errechnet aus dem vollen Regelbedarf. Sind zusätzlich Kosten für eine besonders aufwändige Ernährung zu berücksichtigen, dürfen höchstens noch 12 % vom Regelbedarf gezahlt werden, weil die Zusammenrechnung aller Zuschläge nicht mehr als 100 % ergeben darf.

3. Die *Kosten für Unterkunft, Heizung und Erzeugung von Warmwasser* (§ 35 SGB XII) sind weitgehend nach den gleichen Grundsätzen zu übernehmen, die für die Leistungen nach SGB II gelten (siehe S. 195 ff.). Besonders zu beachten ist bei erwerbsunfähigen Hilfeempfängern, dass für behindertengerechte Wohnungen oft nur ein begrenztes Segment des Wohnungsmarktes verfügbar ist. Wenn die (allgemein festgelegten) angemessenen Kosten nicht ausreichen,

um eine Wohnung zu finden, die den behinderungsbedingten Bedürfnissen entspricht, müssen auch höhere Kosten übernommen werden. Bei bestimmten Einschränkungen, etwa für Rollstuhlfahrer, wird auch eine größere Wohnung benötigt. Wenn behinderte Menschen auf bestehende soziale Bezüge zu Nachbarn oder Verwandten angewiesen sind, kann ein Umzug in eine billigere Wohnung auch deshalb unzumutbar sein.

Mietrückstände und Schulden bei den Energieversorgern können vom Sozialamt übernommen werden, wenn es zur Sicherung der Unterkunft gerechtfertigt und notwendig ist und ohne die Kostenübernahme Wohnungslosigkeit einzutreten droht.

Es gelten dieselben Grundsätze wie bei Übernahme durch das Jobcenter (siehe S. 202).

> Personen, die keine Leistungen zum Lebensunterhalt nach SGB II oder SGB XII erhalten, können sich ebenfalls ans Sozialamt wenden, wenn sie durch Mietrückstände von Wohnungslosigkeit bedroht sind. In diesem Fall kommt es nicht darauf an, ob sie erwerbsfähig sind, weil das Sozialamt für die Verhinderung von Wohnungslosigkeit in allen Fällen zuständig ist, die nicht dem Rechtskreis des SGB II zugeordnet sind.

4. *Einmalige Bedarfe* werden nach § 31 Abs. 1 SGB XII im gleichen Umfang erbracht wie die Leistungen nach § 24 Abs. 3 SGB II (siehe S. 205). Die Anträge müssen gestellt werden, bevor die Ausgaben getätigt werden.

5. Versicherungsbeiträge der Kranken- und Pflegeversicherung werden für Sozialhilfebezieher – anders als im SGB II – nicht generell übernommen. Sie erhalten zwar eine Krankenversicherungskarte einer Krankenkasse ihrer Wahl, dadurch wird jedoch nur eine Abrechnungsgrundlage für die Gesundheitsleistungen geschaffen, die Empfänger von Hilfe zum Lebensunterhalt in selbem Umfang erhalten wie Versicherte. Die Krankenversicherung tritt gegenüber Ärzten, Krankenhäusern und sonstigen Leistungserbringern zunächst in Vorleistung und rechnet die konkret entstandenen Kosten dann mit dem Sozialamt ab (§ 264 Abs. 2 SGB V).

Für Personen, die Pflichtmitglied in einer gesetzlichen Krankenversicherung sind, werden die Beiträge weitergezahlt (§ 32 Abs. 1 SGB XII). Für freiwillig oder privat Versicherte werden die Beiträge in der Regel nur übernommen, wenn voraussichtlich nur für kurze Zeit Hilfe zum Lebensunterhalt zu leisten ist (§§ 32 Abs. 2 und Abs. 5 SGB XII).

> Für erwerbsunfähige Pflichtversicherte, die keine Hilfe zum Lebensunterhalt erhalten, aber durch die Belastung mit den Krankenversicherungsbeiträgen hilfebedürftig werden würden, übernimmt das Sozialamt die Beiträge der GKV oder der Privatversicherung, soweit sie nicht aus dem Einkommen gezahlt werden können (§ 32 Abs. 1 Satz 3 SGB XII).

Die Übernahme der Krankenversicherungsbeiträge umfasst seit 2009 auch einen eventuellen Zusatzbeitrag ($\S$ 242 SGB V), den die Krankenversicherungen zusätzlich von den Versicherten erheben dürfen ($\S$ 32 Abs. 4 SGB XII).
6. Die *Leistungen für Bildung und Teilhabe* ($\S$ 34a SGB XII) werden in gleichem Umfang erbracht wie nach SGB II (siehe S. 204).

6.2.3.5 Aktivierung der Leistungsberechtigten

Da die Sozialhilfe auf erwerbsunfähige Hilfebedürftige ausgerichtet ist, bietet sie keine Leistungen der Integration in den ersten Arbeitsmarkt. Viele Menschen fühlen sich dadurch aus dem Arbeitsleben ausgegrenzt und ausschließlich auf eine Tätigkeit in Werkstätten für behinderte Menschen verwiesen. Der Deutsche Verein setzt sich dafür ein, Hilfebedürftigen niederschwellige Zuverdienstmöglichkeiten anzubieten und damit auch dem Wunsch- und Wahlrecht ($\S$ 9 Abs. 3 SGB X, $\S$ 9 SGB XI) und der Verpflichtung zur Aktivierung der Hilfeempfänger ($\S$ 11 Abs. 3 SGB XII) Rechnung zu tragen. Da $\S$ 11 Abs. 3 SGB XII zwar einen Beratungs- und Unterstützungsanspruch regelt, aber keine Anspruchsgrundlage für eine Leistung darstellt, sind Zuverdienstprojekte als Maßnahmen zur Teilhabe am Leben in der Gemeinschaft (bezeichnenderweise nicht als Teilhabe am Arbeitsleben) im Bereich der Eingliederungshilfe nach $\S\S$ 53 ff. SGB XII anzusiedeln (Deutscher Verein, NDV 2009, S. 308, 310). Die Zuverdienstprojekte werden in der Praxis vor allem für Menschen mit schweren psychischen Behinderungen angeboten.

6.2.4 Grundsicherungsleistung

Die Grundsicherung im Alter und bei Erwerbsminderung (viertes Kapitel, $\S\S$ 41 ff. SGB XII) ersetzt die Hilfe zum Lebensunterhalt, wenn aus Altersgründen oder wegen *dauerhafter* Erwerbsunfähigkeit endgültig nicht mehr erwartet werden kann, dass die Mittellosigkeit der Betroffenen durch Ausübung einer Erwerbstätigkeit überwunden wird. Sie dient vor allem auch der Aufstockung unzureichender Renten. Mit einem deutlichen Anwachsen der Gruppe von Menschen, die im Rentenalter nicht über ein ausreichendes Einkommen verfügen, wird vor allem in den östlichen Bundesländern gerechnet (DIW, Wochenbericht v. 17. März 2010).
Die Kosten für die Grundsicherung nach $\S\S$ 41 ff. SGB XII werden zukünftig vom Bund übernommen, der Übergang erfolgt in mehreren Schritten bis 2014.

6.2.4.1 Zuständigkeit und Antrag

Grundsicherung wird vom Sozialamt (örtlicher Träger der Sozialhilfe) am Ort des gewöhnlichen Aufenthalts ($\S$ 98 Abs. 1 Satz 2 SGB XII) erbracht (nicht wie die Hilfe zum Lebensunterhalt am Ort des tatsächlichen Aufenthalts).
Für die Grundsicherung ist ein Antrag erforderlich ($\S$ 41 Abs. 1 SGB XII). Die Leistung wird frühestens ab Beginn des Monats bewilligt, in dem der Antrag

gestellt wird, wenn zu diesem Zeitpunkt die Anspruchsvoraussetzungen schon vorlagen.

Die Grundsicherung ist als rentenähnliche Leistung ausgestaltet. Sie wird in der Regel für ein Jahr bewilligt ($ 44 Abs. 1 SGB XII). Nach der ersten Bewilligung sind für die folgenden Bewilligungen keine neuen Leistungsanträge erforderlich (BSG v. 29. 9. 2009 – B 8 SO 13/08 R).

Der Rentenversicherungsträger ist verpflichtet, Personen, die einen Rentenantrag stellen, über die Möglichkeiten der ergänzenden Grundsicherungsleistung zu informieren und zu beraten. Er versendet mit dem Rentenbescheid ein Antragsformular, es sei denn, die Höhe der Rente schließt ergänzende Leistungen offensichtlich aus. Die Rentner können den Antrag auf Grundsicherung auch beim Rentenversicherer einreichen, dieser leitet ihn dann zusammen mit einer Mitteilung über die monatliche Rente an das zuständige Sozialamt weiter ($ 46 SGB XII). Der Antrag auf Grundsicherung gilt zum Zeitpunkt der Einreichung bei der Rentenversicherung als gestellt ($ 16 SGB I, siehe S. 51).

Auch Personen, die keinen Rentenantrag gestellt haben, können sich von den Rentenversicherungen beraten lassen, müssen dazu aber selbst initiativ werden ($ 46 Satz 2 SGB XII).

6.2.4.2 Anspruchsberechtigte

Anspruch auf Grundsicherung haben

- hilfebedürftige Personen, die die Altersgrenze erreicht haben; Personen, die vor dem 1. Januar 1947 geboren sind, erreichen die Altersgrenze mit dem 65. Geburtstag, für die Jahrgänge 1947 bis 1964 steigt die Altersgrenze schrittweise bis auf den 67. Geburtstag (siehe die Tabelle in $ 41 SGB XII);
- hilfebedürftige Personen, die das 18. Lebensjahr vollendet haben und dauerhaft erwerbsunfähig (= voll erwerbsgemindert) sind. Die Definition der Erwerbsminderung wurde aus dem Recht der Rentenversicherung übernommen ($ 43 Abs. 2 Satz 2 SGB VI). Voll erwerbsgemindert sind Personen, die wegen Krankheit oder Behinderung auf nicht absehbare Zeit außerstande sind, unter den üblichen Bedingungen des allgemeinen Arbeitsmarkts mindestens drei Stunden täglich erwerbstätig zu sein. Die Dauerhaftigkeit setzt eine Prognose voraus, nach der es unwahrscheinlich ist, dass die Erwerbsunfähigkeit behoben werden kann. Die Feststellung kann nur durch den Rentenversicherungsträger erfolgen; sie erfolgt entweder im Zusammenhang mit der Entscheidung über eine Erwerbsunfähigkeitsrente oder auf Ersuchen des Sozialhilfeträgers. Beschäftigte in einer WfbM (nicht im Eingangsverfahren oder im Berufsbildungsbereich) gelten nach $ 43 Abs. 2 Satz 3 Nr. 1 SGB VI kraft Gesetzes als dauerhaft voll erwerbsgeminderte Personen.

Weitere Voraussetzungen für den Anspruch sind

- ein Wohnsitz in Deutschland und
- Einkommens- und Vermögensverhältnisse, die es nicht möglich machen, den notwendigen Lebensunterhalt selbst zu sichern.

Die Leistungen sind ausgeschlossen, wenn die Bedürftigkeit durch Handlungen in den letzten Jahren bewusst (vorsätzlich) oder sehr leichtsinnig (grob fahrlässig) herbeigeführt wurde (§ 41 Abs. 4 SGB XII). Typische Handlungen, die zum Leistungsausschluss führen, sind die Vermögensübertragung auf die Kinder oder das Verschenken sehr hoher Beträge. Nicht unter die Ausschlussklausel fallen ein dem Einkommen angemessenes Konsumverhalten und der Verzicht auf die Bildung von Rücklagen.

6.2.4.3 Leistungsumfang

Die Leistungen entsprechen den Leistungen der Hilfe zum Lebensunterhalt, sie werden in der gleichen Höhe gewährt.

Bei Menschen im Alter oder bei dauerhafter Erwerbsunfähigkeit liegen besonders häufig Bedarfe vor, die eine Abweichung vom allgemeinen Regelbedarf erforderlich machen (§ 28 Abs. 1 Satz 2 SGB XII). So werden z. B. Haushaltshilfen benötigt, die nur bei Pflegebedürftigkeit von der Pflegeversicherung und der Hilfe zur Pflege (siehe S. 125) abgedeckt werden, bei nicht pflegebedürftigen Menschen aber als Teil der Grundsicherungsleistung vom Sozialamt übernommen werden müssen. Auch können bei bestimmten Erkrankungen besonders hohe Kosten für Medikamente entstehen, die nicht über die Krankenversicherung abgerechnet werden können, weil sie nicht verschreibungspflichtig sind.

6.2.4.4 Rückgriff auf Angehörige

Bei der Prüfung des Anspruchs wird das Einkommen und Vermögen der Anspruchssteller und ihrer Ehegatten, ihrer Lebenspartner und der Partner einer eheähnlichen Gemeinschaft wie auch bei der Hilfe zum Lebensunterhalt berücksichtigt. Problematisch sind die Auswirkungen der Vermögensanrechnung beim Partner. Verfügt z. B. eine 62-jährige erwerbsfähige Frau über ein Vermögen von 55 800 €, von denen 46 500 € in einer Lebensversicherung festliegen und die restlichen 9300 € auf einem Sparbuch hinterlegt wurden, so braucht sie dieses Geld nicht einsetzen, wenn sie selbst hilfebedürftig wird und Alg II bezieht. Es ist nach § 12 SGB II geschützt (Freibetrag 62×150 € + 62×70 € gesicherte Lebensversicherung). Bezieht ihr 66-jähriger verrenteter Ehemann jedoch Grundsicherung, so müssen die Vermögenswerte von beiden bis auf den Freibetrag von 3214 € aufgebraucht werden.

Ein weiterer Rückgriff auf Angehörige findet in der Regel nicht statt. Die Einführung der Grundsicherung diente vor allem dem Ziel, der verdeckten Altersarmut entgegenzuwirken. Viele Rentnerinnen scheuten den Weg zum Sozialamt, weil sie fürchteten, ihre Kinder würden dann vom Sozialamt auf Rückzahlung der Leistung in Anspruch genommen. Grundsicherungsleistungen werden jetzt unabhängig vom Einkommen der Kinder und Eltern geleistet, es sei denn, sie verfügen über ein Bruttojahreseinkommen von mehr als 100 000 € (§ 43 Abs. 2 SGB XII). Besonders wichtig ist dabei, dass die Angehörigen ihre Einkommensverhältnisse nicht mehr offen legen müssen. Nur wenn besondere Anhaltspunkte vorliegen, die auf ein sehr hohes Einkommen schließen lassen, kann das Sozialamt Auskünfte von den Angehörigen verlangen. So kann die Rentnerin bei Antragstellung etwa nach dem Beruf der Kinder gefragt werden. Nur wenn es sich um Unternehmer, Spitzenmanager, internationale Filmstars o. Ä. handelt, können die Kinder vom Sozialamt verpflichtet werden, Auskünfte über ihr Einkommen zu erteilen. Wenn sie über mehr als 100 000 € Jahreseinkommen verfügen, besteht kein Anspruch auf Grundsicherung. Zahlen die Kinder oder Eltern nicht freiwillig, kann Hilfe zum Lebensunterhalt in Anspruch genommen werden. Das Sozialamt leitet dann den Unterhaltsanspruch der Leistungsempfänger gegen ihre Angehörigen auf sich über und verpflichtet sie zur Rückzahlung der geleisteten Sozialhilfe (siehe auch S. 266 f.).

Eltern und Kinder werden auch nicht in Anspruch genommen, wenn sie mit den Leistungsempfängern in einem Haushalt leben (§ 43 Abs. 1, letzter Halbsatz SGB XII).

Beispiel:
Vater Karl und Mutter Karoline leben zusammen mit ihrem geistig behinderten Sohn Michael. Beide arbeiten als Studienräte, Karoline nur mit halber Stelle. Bis zum 18. Geburtstag haben sie ihren Sohn selbstverständlich finanziell allein versorgt. Ab dem 18. Geburtstag kann Michael, vertreten durch sein gesetzlichen Betreuer (eventuell einer der Eltern), Grundsicherung beantragen. Nach den Berufen der Eltern ist nicht anzunehmen, dass sie *jeweils* mehr als 100 000 € jährlich verdienen. Da Michael kein eigenes Einkommen hat, in Deutschland lebt und dauerhaft erwerbsunfähig ist, stehen ihm Leistungen der Grundsicherung zu.

6.2.4.5 Prüfungsschema

I. Anspruchsgrundlage: §§ 19 Abs. 2, 41 SGB XII

II. Zuständigkeit:
   1. örtlich: nach dem Wohnsitz, § 98 Abs. 1 Satz 2 SGB XII
   2. instanziell: örtlicher Träger = Sozialamt. § 97 Abs. 1 SGB XII

III. Voraussetzungen:
   3. Antrag
   4. berechtigt: entweder dauerhaft erwerbsgemindert oder im Rentenalter
   5. Wohnsitz in Deutschland
   6. hilfebedürftig = Bedarf liegt über dem Einkommen und Vermögen
     a) des Antragstellers oder
     b) seines Partners.

IV. Leistungsausschluss:
   7. mutwillige Herbeiführung der Hilfebedürftigkeit,
   8. Einkommen der Kinder oder Eltern über 100 000 € im Jahr oder
   9. anspruchsberechtigt nach AsylbLG.

6.2.5 Anrechnung von Einkommen und Vermögen bei Leistungen zum Lebensunterhalt

Die Regelungen über die Anrechnung von Einkommen und Vermögen finden sich nicht in den jeweiligen Leistungskapiteln, sondern für alle Leistungen gemeinsam im elften Kapitel (§§ 82 ff. SGB XII).

Zur Abgrenzung von Einkommen und Vermögen gilt ebenso wie im SGB II die „Zuflusstheorie" (siehe S. 211). Es bleiben auch dieselben Einnahmen unberücksichtigt wie im SGB II (z. B. Grundrente, Pflegegeld etc., siehe S. 212).

6.2.5.1 Anrechnung von Einkommen

Der Einkommensbegriff (§ 82 SGB XII) entspricht weitgehend der Regelung im SGB II (siehe S. 212), für die Anrechnung wird das Bruttoeinkommen zugrunde gelegt und um die Sozialversicherungsabgaben, die Steuern, Beiträge zur „Riester-Rente", die mit der Erzielung des Einkommens verbundenen Aufwendungen und die Kosten für angemessene Versicherungen bereinigt.

Von einem Einkommen aus Erwerbstätigkeit werden die tatsächlichen Ausgaben abgesetzt (§ 3 Abs. 4 VO zu § 82).

Von dem Einkommen aus Erwerbstätigkeit bleibt zusätzlich ein Anteil von 30 % – höchstens aber in Höhe der Hälfte des vollen Regelbedarfs (182 €) – anrechnungsfrei (§ 82 Abs. 3 SGB XII).

Beispiel:
Tommy ist wegen einer psychischen Erkrankung auf derzeit nicht absehbare Zeit erwerbsunfähig. Er arbeitet ca. zehn Stunden wöchentlich in einer Integrationseinrichtung und erzielt ein Einkommen von 240 € im Monat. Um die Arbeitsstelle zu erreichen, benötigt er ein Monatsticket zum Preis von 40 €. Er verfügt über eine Haftpflichtversicherung zum Preis von 90 € jährlich.

Tommy erhält Hilfe zum Lebensunterhalt. Das anzurechnende Einkommen errechnet sich wie folgt:

Die 240 € werden als geringfügiges Einkommen ohne Abzug von Sozialversicherungsbeiträgen oder Steuern netto ausbezahlt.

Abzusetzen sind die Fahrtkosten (40 €) und die Kosten angemessener Versicherungen (90 € verteilt auf zwölf Monate = 15 €). Es bleiben 185 €.

Hiervon sind als Freibetrag 30 % (= 55,50 €) abzusetzen.

Zur Kontrolle muss geprüft werden, ob dieser Betrag die absolute Grenze von 50 % des Regelbedarfs (100 %) = 182 € nicht übersteigt.

Die Grenze wird nicht erreicht, daher wird von dem bereinigten Einkommen von 185 € ein Freibetrag von 55,50 € abgesetzt und 129,50 € von Tommys Einkommen auf die Hilfe zum Lebensunterhalt angerechnet (also von seinem Bedarf abgezogen).

6.2.5.2 Anrechnung von Vermögen

Das Vermögen ist bis auf geringe Freibeträge voll für den Lebensunterhalt einzusetzen.

Nicht verwertet werden brauchen ein selbst bewohntes angemessenes Wohngrundstück (siehe auch S. 218), Hausrat und sonstige auch im SGB II genannte Werte (siehe S. 218).

Autos gelten nur dann als Schonvermögen, wenn sie zur Erzielung eines Einkommens oder aus sonstigen medizinischen oder sozialen Gründen zwingend benötigt werden.

Ein kleiner Barbetrag braucht nicht verbraucht werden, die Höhe ist in der Barbetragsverordnung (Verordnung zur Durchführung des § 90 Abs. 2 Nr. 9 SGB XII) geregelt:

	Allgemeiner Freibetrag	Freibetrag ab dem 60. Geburtstag und bei Erwerbsunfähigkeit (ab dem 15. Geburtstag)	Freibetrag für Blinde und bei Pflegestufe III
Allein stehende Erwachsene	1600 €	2600 €	2600 €
Paare	2214 €	3214 €	4134 € (beide müssen die Voraussetzungen erfüllen)
Zusätzlich für unterhaltsberechtigte Personen im Haushalt (Kinder)	256 €	256 €	256 €

Aus Blindengeld angespartes Vermögen braucht auch dann nicht eingesetzt werden, wenn dadurch die Freibeträge überschritten werden (BSG v. 11. 12. 2007 – B 8/9b 20/06 R).

6.2.6 Hilfen zur Gesundheit

Die Hilfen zur Gesundheit nach dem fünften Kapitel des SGB XII (§§ 47–52) umfassen denselben Umfang wie die Leistungen der GKV. Im Regelfall werden die Gesundheitsleistungen über die gesetzlichen Krankenversicherungen abgerechnet (§ 264 SGB V). Die Kosten für die Praxisgebühr und die Zuzahlungen für Medikamente, Heilmittel und Krankenhausaufenthalte werden auf 2 % bzw. bei chronisch Kranken auf 1 % der Bruttoeinnahmen begrenzt (§ 62 Abs. 1 SGB V). Für Empfänger von Hilfe zum Lebensunterhalt oder Grundsicherung wird dabei der Regelbedarf des Haushaltsvorstandes (100 %) als Bruttoeinnahme zugrunde gelegt (§ 62 Abs. 2 Satz 5 SGB V). Eine Familie wird also von weiteren Zuzahlungen freigestellt, wenn sie für das Kalenderjahr bereits Aufwendungen von 87,36 € nachweisen (2 % aus 12 × 364 €) bzw. 43,68 € bei einer chronischen Erkrankung (1 %). Die Kosten für nicht verschreibungspflichtige Medikamente, Brillen, empfängnisverhütende Mittel ab dem 20. Geburtstag (§ 24a SGB V) usw. müssen aus dem Regelbedarf gezahlt werden (§ 52 Abs. 1 Satz 1 SGB XII).

Die Kosten für einen Schwangerschaftsabbruch werden nach dem Schwangerschaftskonfliktgesetz über die GKV abgewickelt (§ 19 Abs. 3 Nr. 1 SchKG) und von den Ländern erstattet. Wenn keine Mitgliedschaft in der GKV besteht, kann eine beliebige GKV mit Sitz am Wohnort gewählt werden, die eine Bescheinigung über die Kostenübernahme ausstellt (§ 21 SchKG). Über diese Leistungen sowie über Stiftungsgelder anlässlich der Geburt eines Kindes beraten die anerkannten Beratungsstellen nach dem Schwangerschaftskonfliktgesetz (www.familienplanung.de).

6.2.7 Eingliederungshilfe für behinderte Menschen

Die Eingliederungshilfe des SGB XII (§§ 53–60) ist Teil der sozialrechtlichen Hilfen für behinderte Menschen und der Träger der Sozialhilfe ein Rehabilitationsträger nach § 6 SGB IX. Aus diesem Grund wird die Eingliederungshilfe im Kapitel 7 dieses Buches behandelt.

6.2.8 Hilfe zur Pflege

Die Hilfe zur Pflege im SGB XII (§§ 61–66) bildet in der Mehrzahl der Fälle eine Ergänzungsleistung zu den Leistungen der Pflegeversicherung, immer aber eine Leistung, die gegenüber den Leistungen der Pflegeversicherung nachrangig ist. In der Praxis müssen deshalb die Leistungen nach SGB XI und nach §§ 61 ff. SGB XII immer zusammen betrachtet und geprüft werden. Deshalb wird die Hilfe zur Pflege im Kapitel 3.4 „Pflegeversicherung" dieses Buches mit behandelt.

6.2.9 Hilfen zur Überwindung besonderer sozialer Schwierigkeiten

Die Hilfe zur Überwindung besonderer sozialer Schwierigkeiten im achten Kapitel des SGB XII (§§ 67–69 SGB XII) soll vor allem der gesellschaftlichen Ausgrenzung von Menschen entgegenwirken. Diese Hilfeform spielt in der Sozialen Arbeit eine besondere Rolle, weil sich viele Einrichtungsformen finden, die sich mit Menschen beschäftigen, die in besonderem Maße von gesellschaftlicher Ausgrenzung bedroht sind.

6.2.9.1 Zuständiger Leistungsträger

Die sachliche Zuständigkeit hängt von den Regelungen in den einzelnen Bundesländern ab. Hat der Landesgesetzgeber keine eigene Regelung getroffen, so ist der überörtliche Träger der Sozialhilfe (siehe S. 234) für die Leistungen nach §§ 67–69 SGB XII zuständig (§ 97 Abs. 3 Nr. 3 SGB XII).

Werden die Leistungen in Form von Beratung, Begleitung und Unterstützung erbracht, kann der zuständige Sozialleistungsträger die Hilfe gewährleisten, indem er frei gemeinnützige Träger durch Zuwendungen finanziert. Wird die Hilfe in stationären Einrichtungen erbracht, müssen mit den freien Trägern (auch gewerblichen) Vereinbarungen über Leistung, Vergütung und Qualitätsprüfung (§ 75 SGB XII) abgeschlossen werden (siehe auch S. 39 f.).

6.2.9.2 Anspruchsberechtigte

Hilfen nach §§ 67–69 SGB XII werden bewilligt, wenn

1. Personen in besonders belastenden Lebensverhältnissen leben,
2. diese Lebensverhältnisse mit sozialen Schwierigkeiten verbunden sind,
3. die Personen diese Schwierigkeiten nicht selbst überwinden können und
4. der Bedarf nicht durch andere Leistungen gedeckt ist.

Diese Voraussetzungen des § 67 SGB XII enthalten unbestimmte Rechtsbegriffe, deren Konturen besonders weit gezogen sind und die bewusst nach einer sorgfältigen Prüfung des Einzelfalls verlangen.

1. *Besondere Lebensverhältnisse* können auftreten bei

- Arbeitslosigkeit,
- Wohnungslosigkeit,
- fehlender sozialer Absicherung im Alter oder bei Krankheit,
- Analphabetismus,
- Gewalterfahrung,
- den Unsicherheiten beim Aufenthalt in einem fremden Land.

Die Hilfe ist aber nicht ausgerichtet auf die Absicherung typischer Lebensrisiken, dazu stehen die Sozialversicherungen, z. B. die Arbeitslosenversicherung, und andere Unterstützungssysteme, wie die Hilfen für behinderte Menschen, zur Verfügung.

Diese Hilfeform greift nur, wenn hinzu kommen

2. *soziale Schwierigkeiten*; darunter werden Schwierigkeiten bei der Interaktion mit der sozialen Umwelt oder sonstige Schwierigkeiten bei der Teilnahme am Leben in der Gemeinschaft gefasst. Die Schwierigkeiten können auf persönlichen Verhaltensweisen beruhen, ebenso aber auch durch ausgrenzendes Verhalten Dritter verursacht sein.

Bestimmte soziale Gruppen tragen ein erhöhtes Risiko, diesen Schwierigkeiten zu begegnen:

- Wohnungslose,
- Suchtkranke,
- Haftentlassene,
- junge Menschen, die von ihrer Familie getrennt leben müssen,
- Gewaltopfer und von Gewalt bedrohte Menschen,
- Flüchtlinge.

Stets müssen die sozialen Schwierigkeiten mit der besonderen Lebenslage verbunden sein, es muss also ein Ursachenzusammenhang bestehen. Die Schwierigkeiten müssen zumindest unter anderem auf die Lebensverhältnisse zurückzuführen sein.

Beispiel:
Ein Haftentlassener hat Schwierigkeiten, eine Arbeitsstelle und eine Wohnung zu finden. Die Schwierigkeiten stehen im Zusammenhang mit seiner besonderen Lebenslage nach einer langjährigen Haft. Es können durchaus weitere Probleme hinzutreten, wie schlechte Arbeitsmarktlage, unzureichender Bestand preiswerter Wohnungen. Der bestehende Ursachenzusammenhang reicht für den Anspruch auf Hilfe.

3. Die Leistung ist davon abhängig, dass *nicht* die Kraft oder Möglichkeit besteht, die Schwierigkeiten *selbst zu überwinden*.

   Es geht bei dieser Voraussetzung nicht darum, den Betroffenen ihr Selbsthilfepotenzial abzusprechen. Es soll nur geprüft werden, ob aktuell ein Bedarf für Hilfe von außen besteht. Der Grundsatz der Hilfe zur Selbsthilfe (§ 1 SGB XII) bekommt sogar besondere Bedeutung, weil es Aufgabe der Fachkräfte der Sozialen Arbeit ist, im Rahmen der Hilfe zur Überwindung besonderer sozialer Schwierigkeiten die internen und externen Ressourcen zu mobilisieren und den Menschen Wege aufzuzeigen, wie sie ihre Handlungskompetenzen zurückgewinnen können.

4. Die Hilfe muss *geeignet* sein, die Schwierigkeiten zu überwinden.

   Es handelt sich um eine Prognoseentscheidung, bei der die Fachkompetenz der Sozialarbeiter (oder Psychologen) gefragt ist und die deshalb vom Gericht nur auf Fehler bei der Erstellung, nicht aber auf die Richtigkeit der Vorhersage überprüft wird (Luthe in Hauck/Noftz 2010, SGB XII, § 67 Rn. 22).

5. Der bestehende Bedarf muss *vorrangig durch andere Sozialleistungen* abgedeckt werden. Es gilt zunächst das allgemeine Vorrangprinzip, nach dem Versicherungsleistungen, Entschädigungsleistungen und Förderleistungen den Fürsorgeleistungen nach SGB XII vorgehen. Besonders zu beachten ist der Vorrang der Jugendhilfe für alle Minderjährigen und eventuell auch jungen Volljährigen bis zum 21. Lebensjahr, wenn es sich um einen entwicklungsspezifischen Bedarf handelt. Menschen im Leistungsbezug nach SGB II können Hilfen nach §§ 67 ff. SGB XII nur dann in Anspruch nehmen, wenn der Schwerpunkt der Schwierigkeiten nicht in der Arbeitsmarktintegration liegt oder neben dieser Problematik weitere Problemlagen bestehen. Einrichtungen der Wohnungslosenhilfe sind daher auf eine enge Kooperation mit den Job-

centern angewiesen. Die Leistungen zum Lebensunterhalt und die Unterstützung bei der Arbeitsmarktintegration werden von den Jobcentern übernommen, die persönliche Beratung und Begleitung bei der Wohnungssuche und bei der Organisation und Gestaltung des Alltagslebens wird als Maßnahme nach §§ 67 ff. SGB XII vom Sozialamt finanziert (in der Regel vom überörtlichen Träger).

Zusätzlich ist auch der sog. *interne Vorrang* innerhalb des SGB XII zu beachten. Können Leistungen etwa als Eingliederungsleistungen nach §§ 53 ff. SGB XII erbracht werden – z. B. für Suchterkrankte – so haben diese Leistungen Vorrang.

6.2.9.3 Art und Umfang der Leistung

Hilfen zur Überwindung sozialer Schwierigkeiten sollen vorrangig ambulant erbracht werden. Die Sozialhilfeträger müssen gewährleisten, dass für wohnungslose Menschen, für Alleinerziehende ohne die notwendigen sozialen Netzwerke, für Frauen nach Gewalterfahrungen oder für Migrantinnen mit besonderen Schwierigkeiten, die sich aus der fehlenden Kenntnis der deutschen Rechts- und Sozialstrukturen ergeben, niederschwellige Angebote vorgehalten werden. Überwiegend wird es sich um Beratungsstellen und offene Treffpunkte handeln, die von freien Trägern angeboten und entweder über Zuwendungen oder über die Abrechnung von Fachleistungsstunden finanziert werden.

Soweit erforderlich, müssen auch Unterkünfte bereitgehalten werden, um ein Leben auf der Straße zu verhindern und den erforderlichen Schutz sowie die psychosoziale Betreuung zu gewährleisten. Diese Einrichtungen für Wohnungslose und sonstige schutzbedürftige Erwachsene werden heute überwiegend nicht als stationäre „Wohnheime", sondern als Unterkünfte mit ambulanten Betreuungsangeboten betrieben. Den Klienten wird die Verpflegung nicht von der Einrichtung zur Verfügung gestellt, sondern sie erhalten den Regelbedarf (soweit sie nicht über die zum Leben erforderlichen Einnahmen verfügen) vom Jobcenter oder vom Sozialamt und können so ihr Leben zu einem erheblichen Teil selbst gestalten. Auf diese Weise werden sie auch nicht von den Leistungen der aktiven Arbeitsmarktintegration (§§ 16 ff. SGB II) ausgeschlossen, wenn sie erwerbsfähig sind (siehe S. 221 ff.).

Sonderfall Frauenhaus

Frauenhäuser bieten einen Schutzraum für Frauen und ihre Kinder, die von häuslicher Gewalt betroffen oder bedroht sind. Diese Einrichtungen sind ebenfalls als Unterkünfte mit ambulanter Betreuung, nicht aber als stationäre Einrichtungen konzipiert. Obwohl sie viele Ähnlichkeiten mit den Leistungen zur Überwindung besonderer sozialer Schwierigkeiten aufweisen, können die Lebenslagen nicht in allen Fällen auf soziale Umstände zurückgeführt werden. Es gibt keine bundeseinheitliche Finanzierungsregelung oder Zuordnung zu einer Anspruchsgrundlage eines Sozialgesetzes. Einige Bundesländer finanzieren die Kosten nach Tagessätzen auf der Grundlage von Leistungs-, Vergütungs- und Prüfungsverträgen für erwerbsfähige Frauen nach §§17, 16a SGB II und für nicht erwerbsfähige nach §§75, 11 Abs. 2 SGB XII (so etwa Bremen, Baden-Württemberg, Bayern). In Schleswig-Holstein wird sie im Finanzausgleichsgesetz als Zweckzuweisung geregelt und in den meisten Bundesländern besteht eine Mischfinanzierung aus Landesmitteln und kommunalen Mitteln.

Diese Situation wird von den Trägern der Frauenhäuser und auch vom Deutschen Verein als unbefriedigend kritisiert, weil

- ein bedarfsdeckendes Angebot nicht sichergestellt ist, wenn die Finanzierung von der Haushaltslage der Länder und Kommunen abhängt,
- bestimmte ausländische Frauen und Studentinnen keinen Zugang erhalten, wenn auch hier die Regelungen zum Leistungsausschluss nach §7 Abs. 1 Satz 2 SGB II und nach §§21, 23 SGB XII gelten,
- die wichtigen Kosten für die Bereitstellung von Plätzen, Nottelefonen, Vernetzung, Prävention und Nachsorge nicht abgedeckt werden.

Der Deutsche Verein fordert daher Regelungen, die bundesweit oder auf Landesebene eine eigenständige gesetzliche Grundlage für die Finanzierung von Frauenhäusern schafft (Deutscher Verein, NDV 2010, S. 369, 373ff.).

6.2.10 Hilfe in anderen Lebenslagen

Im siebten Kapitel (§§ 70–74 SGB XII) werden verschiedenartige besondere Lebenslagen zusammengefasst:

- **Hilfe zur Weiterführung des Haushalts** (§ 70 SGB XII),
- **Altenhilfe** (§ 71 SGB XII),
- **Blindenhilfe** (§ 72 SGB XII),
- **Hilfe in sonstigen Lebenslagen** (§ 73 SGB XII),
- **Bestattungskosten** (§ 74 SGBG XII).

6.2.11 Anrechnung von Einkommen und Vermögen bei den Leistungen in besonderen Lebenslagen

Für die Leistungen nach dem 5. bis 9. Kapitel muss eigenes Einkommen nur im *zumutbaren* Umfang eingesetzt werden (§ 19 Abs. 3 SGB XII).

Ausgegangen wird von dem Einkommensbegriff nach § 82 SGB XII (siehe auch S. 251), jedoch wird das Erwerbseinkommen nicht um Freibeträge vermindert.

Ob der Einsatz von Einkommen zumutbar ist, bestimmt sich nach den Regelungen der §§ 85 bis 89 SGB XII. Da es sich bei den Aufwendungen für Leistungen in besonderen Lebenslagen um besondere Belastungen handelt, muss sichergestellt werden, dass den Betroffenen ein ausreichender Betrag für die Sicherung ihres eigenen Lebensunterhalts verbleibt, der oberhalb des reinen Existenzminimums liegt.

Hierzu werden in § 85 SGB XII zwei verschiedene *Einkommensgrenzen* festgelegt.

1. *Erwachsene* oder verheiratete Leistungsempfänger (§ 85 Abs. 1 SGB XII) und ihre nicht getrennt lebenden Partner (entgegen dem Wortlaut über § 20 SGB XII auch unverheiratete oder nicht verpartnerte):

- Grundbetrag für den Leistungsempfänger: zweifacher Regelbedarf = 728 €,
- Kosten der Unterkunft (soweit angemessen, siehe S. 196) ohne Heizkosten,
- Familienzuschlag für Partner und sonstige unterhaltsberechtigte Personen: jeweils 70 % des vollen Regelbedarfs = 255 €.

2. Unverheiratete *minderjährige* Leistungsempfängerinnen und ihre Eltern (§ 85 Abs. 2 SGB XII):

- Grundbetrag für einen Elternteil: zweifacher Regelbedarf = 728 €,
- Kosten der Unterkunft,
- Familienzuschlag für den zweiten Elternteil, die Leistungsempfängerin und sonstige Personen, denen die Eltern oder die Leistungsempfängerin Unterhalt schuldet, jeweils 70 % des vollen Regelbedarfs = 255 €.

Leben Minderjährige nicht bei ihren Eltern oder einem Elternteil, so wird das Elterneinkommen nicht unmittelbar angerechnet; die Unterhaltsansprüche der Minderjährigen gehen jedoch auf das Sozialamt über (siehe S. 260 f.).

Der Familienzuschlag wird auch für Personen berücksichtigt, für deren Lebensunterhalt ohne eine gesetzliche Unterhaltspflicht überwiegend aufgekommen wurde.

Das *Einkommen oberhalb der Einkommensgrenze* ist in *angemessenem Umfang* einzusetzen. Hierbei sind der Grad der Behinderung, die konkreten Lebensumstände und die besonderen Belastungen zu berücksichtigen. Die Sozialämter können nicht nach Ermessen entscheiden, haben jedoch einen gewissen Beurteilungsspielraum bei der Bewertung der Angemessenheit.

Bei schwerstpflegebedürftigen Menschen (Pflegestufe III) oder Blinden dürfen höchstens 60 % des Einkommens oberhalb der Grenze angerechnet werden. Aus dieser Regelung ergibt sich im Umkehrschluss, dass der Einsatz von mindestens 60 % des Einkommens oberhalb der Grenze in aller Regel angemessen ist. In der Mehrzahl der Fälle werden die Betroffenen mit 70 bis 90 % des relevanten Einkommens herangezogen.

> *Beispiel:*
> Lucia, 14 Jahre alt, lebt mit ihrer Mutter Franca zusammen. Franca erzielt ein Nettoeinkommen von 2000 € monatlich. Für die Wohnung müssen monatlich 400 € ohne Heizkosten aufgewendet werden. Lucia benötigt wegen einer Körperbehinderung eine Assistenz, die nach § 54 Abs. 1 SGB XII, § 55 SGB IX finanziert wird. Die monatlichen Kosten belaufen sich auf 1000 €. Muss Franca sich an diesen Kosten beteiligen?

Grundfreibetrag für Franca: 728 €
Kosten der Unterkunft: 400 €
Familienzuschlag für Lucia: 255 €
Einkommensgrenze: *1383 €*
Von dem verbleibenden Einkommen von 617 € muss Franca einen angemessenen Teil einsetzen. Hierbei sind die persönlichen Lebensumstände und die sonstigen Belastungen der Familie, z. B. Ausgaben für außerschulische Bildung, sonstige Betreuungskosten etc., zu bewerten. Sind keine Besonderheiten zu berücksichtigen, können 80 % des Einkommens über der Einkommensgrenze, also 494 €, als angemessene Beteiligung an den Gesamtkosten gewertet werden.

Für Gegenstände, die einmalig angeschafft werden und mindestens ein Jahr genutzt werden können, darf auch das Einkommen von weiteren drei Monaten in die Anrechnung einbezogen werden (§ 87 Abs. 3 SGB XII).

Aus einem Einkommen oberhalb der Einkommensgrenze kann auch eine Beteiligung an den Kosten von *Unterkunft und Verpflegung* in einer teilstationären oder stationären Einrichtung verlangt werden, soweit durch diese Leistungen häusliche Ausgaben eingespart werden (§ 92a Abs. 1 SGB XII).

Für *behinderte Menschen* wird der Einsatz des Einkommens weiter eingeschränkt (§ 92 SGB XII, siehe auch S. 277). Auch werden Dienstleistungen zur Überwindung *besonderer sozialer Schwierigkeiten* ohne Rücksicht auf Einkommen und Vermögen erbracht (§ 68 Abs. 2 SGB XII).

Das *Einkommen unterhalb der Einkommensgrenze* ist nicht absolut geschützt; es muss insbesondere dann eingesetzt werden, wenn es für die Lebenshaltungskosten nicht benötigt wird (§ 88 SGB XII).

Für die Praxis besonders bedeutsam sind die Fälle einer längeren stationären Unterbringung (mindestens sechs Monate) in Pflege- oder Behinderteneinrichtungen. Entfällt bei Alleinstehenden eine eigene Haushaltsführung, so muss das Einkommen (z. B. die Rente) bis auf einen Betrag für persönliche Bedürfnisse (Kleidung, Toiletten-Artikel, Teilnahme an Veranstaltungen, Gaststättenbesuche, Geschenke für Angehörige) eingesetzt werden. Mindestens muss der Einkommensanteil belassen werden, der dem Betrag nach § 27b Abs. 2 SGB XII (27 % des vollen Regelbedarfs = 98 €) entspricht. Wird der Haushalt von einem Partner oder Eltern weitergeführt, darf ein Betrag nicht angerechnet werden, der den Angehörigen eine angemessene Lebensführung ermöglicht.

Leben behinderte Menschen in einer Wohneinrichtung und verfügen über Einkommen aus der Beschäftigung in einer Werkstatt, so bleiben folgende Freibeträge unangetastet:

1. Sockelbetrag = 1/8 des vollen Regelsatzes = 46 €,
2. 25 % von dem Entgelt oberhalb des Sockelbetrags (§ 88 Abs. 2 SGB XII).

Von einem Einkommen von 200 € werden also 46 € + 39 € (25 % aus 154 €) = 85 € nicht angerechnet. Zusätzlich wird der Betrag für die persönlichen Bedürfnisse (98 €) zur eigenen Verfügung belassen, so dass von einem Einkommen von 200 € lediglich 17 € für die Kosten der Wohneinrichtung angerechnet werden dürfen.

Die Beteiligung an Verpflegungskosten in einer teilstationären Einrichtung darf aus einem Einkommen unterhalb der Einkommensgrenze nach § 85 SGB XII nicht verlangt werden (LSG Berlin-Brandenburg v. 10.3.2011 – L 15 SO 83/09).

Der Einsatz des *Vermögens* richtet sich nach denselben Grundsätzen wie bei den Leistungen zum Lebensunterhalt (siehe Tabelle S. 252).

6.2.12 Rückgriff auf unterhaltsverpflichtete Angehörige

Das SGB XII regelt zum einen die Anrechnung von Einkommen innerhalb einer Einstandsgemeinschaft und die Vermutung von Unterhaltsleistungen in einer Haushaltsgemeinschaft, zum anderen können die Sozialämter auf unterhaltspflichtige Angehörige außerhalb des Haushalts der Leistungsempfänger zurückgreifen, wenn sie Leistungen erbracht haben (§ 94 SGB XII). Diese Möglichkeit der Überleitung von Unterhaltsansprüchen setzt stets voraus, dass die Leistungsempfänger selbst einen Unterhaltsanspruch nach BGB haben.

Unterhaltspflichtige Angehörige sind dem Sozialamt gegenüber zur Auskunft über ihr Einkommen und Vermögen (Übergang des unterhaltsrechtlichen Auskünfteanspruchs nach § 94 Abs. 1 SBG XII) verpflichtet. In die Auskunftspflicht einbezogen werden auch die Ehegatten (§ 117 Abs. 1 SGB XII); sie sind zwar nicht selbst unterhaltspflichtig, z. B. gegenüber den Schwiegereltern, schulden aber ihren Ehepartnern Unterhalt, und dieser ist wiederum als Einkommen zu berücksichtigen (LSG NRW v. 14.9.2009 – L 20 SO 96/08).

Die Leistungsverpflichtungen von Angehörigen unterscheiden sich auch nach der Art der Hilfe.

Die Möglichkeiten, Angehörige von Leistungsempfängern in Anspruch zu nehmen, werden daher in der folgenden Übersicht zusammengefasst:

Zahlungspflicht besteht …	Einzusetzendes Einkommen bei …		
	Hilfe zum Lebensunterhalt	Grundsicherung im Alter	Hilfen in besonderen Lebenslagen
1. für Partner im gemeinsamen Haushalt (auch wenn stationär untergebracht)	Alles bis auf den eigenen Bedarf	Alles bis auf den eigenen Bedarf	50–70 % des Einkommens oberhalb der Einkommensgrenze nach § 85 Abs. 1 SGB XII; für Schwerstpflegebedürftige und Blinde höchstens 40 %
2. für minderjährige Kinder im gemeinsamen Haushalt	Alles bis auf den eigenen Bedarf Ausnahme: Kind ist schwanger oder erzieht ein eigenes Kind bis 5 Jahre	Leistung wird nicht für Minderjährige erbracht	Bei Leistungen wegen einer Behinderung überwiegend nur entsprechend den Einsparungen beim häuslichen Lebens–

Zahlungspflicht besteht ...	Einzusetzendes Einkommen bei ...		
	Hilfe zum Lebensunterhalt	Grundsicherung im Alter	Hilfen in besonderen Lebenslagen
			unterhalt (siehe §92 SGB XII); sonst wie vor.
3. für volljährige Kinder im gemeinsamen Haushalt	Unterhaltspflicht nach BGB, Selbstbehalt 1100 €; Ausnahme: Kind ist schwanger oder erzieht ein eigenes Kind bis 5 Jahre; Ausnahme: Bei Behinderung oder Pflegebedürftigkeit nur 24 €	Unterhaltspflicht erst ab 100 000 € Jahreseinkommen	Für Eingliederungshilfe und Pflege nur in Höhe von 31 € (§94 Abs. 2 SGB XII); sonst wie unter 1.
4. für Eltern im gemeinsamen Haushalt (nur wenn Zahlungspflichtiger volljährig ist)	50 % des Einkommens oberhalb von 1500 € (Düsseldorfer Tabelle)	Unterhaltspflicht erst ab 100 000 € Jahreseinkommen	50 % des Einkommens oberhalb von 1500 €
5. für sonstige Personen im gemeinsamen Haushalt	Unterhaltsleistung wird nach §39 SGB XII vermutet, kann aber durch Erklärung widerlegt werden	Keine Einstandspflicht	Keine Einstandspflicht
6. für minderjährige Kinder, mit denen keine Haushaltsgemeinschaft besteht	Unterhaltspflicht nach BGB, Unterhaltssätze der Düsseldorfer Tabelle	Leistung wird nicht für Minderjährige erbracht	Unterhaltspflicht nach BGB, Unterhaltssätze der Düsseldorfer Tabelle
7. für volljährige Kinder, mit denen keine Haushaltsgemeinschaft besteht	Unterhaltspflicht nach BGB, Selbstbehalt 1100 € (Düsseldorfer Tabelle); bei Behinderten oder Pflegebedürftigen nur in Höhe von 24 €	Unterhaltspflicht erst ab 100 000 € Jahreseinkommen	Unterhaltspflicht nach BGB, Selbstbehalt 1100 €; für Leistungen der Eingliederungshilfe oder Pflege nur in Höhe von 31 €

Zahlungspflicht besteht ...	Einzusetzendes Einkommen bei ...		
	Hilfe zum Lebensunterhalt	Grundsicherung im Alter	Hilfen in besonderen Lebenslagen
9. für Eltern, mit denen keine Haushaltsgemeinschaft besteht (nur wenn Zahlungspflichtiger volljährig ist)	50% des Einkommens oberhalb von 1500 €	Unterhaltspflicht erst ab 100 000 € Jahreseinkommen	50% des Einkommens oberhalb von 1500 €
10. für Enkel und Großeltern; Geschwister und sonstige Familienangehörige, mit denen keine Haushaltsgemeinschaft besteht	Keine Einstandspflicht	Keine Einstandspflicht	Keine Einstandspflicht

Vom Vermögen werden Freibeträge für die eigene Vorsorge der Unterhaltspflichtigen in Höhe von 5% des gesamten Lebensbruttoeinkommens zuzüglich üblicher Zinsen nicht angerechnet (BGH v. 30.8.2006 – XII ZR 98/04). So können leicht 100 000 € und mehr unberücksichtig bleiben.

Nach dem Tod einer Leistungsbezieherin kann das Sozialamt auf ein Erbe zurückgreifen, welches aus einem Vermögen besteht, das zu Lebzeiten nicht verwertet werden konnte, z.B. ein selbst bewohntes Eigenheim. Die Erben müssen bis zum Verbrauch des gesamten Erbes die Leistungen für bis zu zehn Jahre rückwirkend erstatten (§ 102 SGB XII).

6.3 Asylbewerberleistungsgesetz

Die Darstellung erfolgt hier nur stark verkürzt, weil zwischenzeitlich nicht nur die Sozialrechtler und die Sozialgerichte, sondern auch die Bundesregierung davon ausgeht, dass zumindest die Festlegung der Leistungsbeträge nicht den verfassungsrechtlichen Anforderungen entspricht und in absehbarer Zeit mit einer umfassenden Neuregelung zu rechnen ist.

Das LSG NRW (Beschluss v. 20.7.2010 – L 20 AY 13/09) hält die derzeitigen Regelsätze für evident unzureichend und hat dem BVerfG (1 BvL 10/10) deshalb die Frage vorgelegt, ob die Regelungen zur Leistungshöhe in § 3 AsylbLG gegen die staatliche Verpflichtung zum Schutz der Menschenwürde (Art. 1 Abs. 1 GG) und die vom Sozialstaatsprinzip vorgegebene Gewährleistungspflicht (Art. 20 Abs. 1 GG) verstößt. Mit einer Entscheidung wird im Laufe des Jahres 2011 gerechnet.

Leistungen zur Sicherung des Lebensunterhalts nach AsylbLG erhalten:

- Ausländer, die sich zur Durchführung eines Asylverfahrens hier aufhalten (§ 1 Abs. 1 Nr. 1, Nr. 2, Nr. 7 AsylbLG),
- nur über eine Duldung verfügen (§ 1 Abs. 1 Nr. 4 AsylbLG),
- in sonstiger Weise vollziehbar ausreisepflichtig sind (§ 1 Abs. 1 Abs. 1 Nr. 5 AsylbLG),
- über eine Aufenthaltserlaubnis verfügen, die nach § 23 Abs. 1 AufenthG wegen eines Kriegs im Herkunftsland oder nach § 25 Abs. 4 Satz 1, Abs. 4a oder Abs. 5 AufenthG (§ 1 Abs. 1 Nr. 3 AsylbLG) ausgestellt wurde,
- die Familienangehörigen, soweit sie keine Ansprüche auf Leistungen nach dem SGB II oder SGB XII haben, und
- Personen mit den genannten Aufenthaltstiteln, die einen anderen Aufenthaltstitel für bis zu sechs Monate erhalten.

Für die Ausführung des AsylbLG sind die Sozialämter der Kommunen zuständig.

Dieses Sondersystem wurde 1993 im Zusammenhang mit der Änderung des Asylrechts im Grundgesetz (Art. 16a GG) mit dem erklärten Ziel eingeführt, Flüchtlinge von der Einreise nach Deutschland abzuhalten.

Die Leistungen nach dem AsylbLG sind gegenüber den Leistungen zum Lebensunterhalt nach SGB II oder SGB XII um ca. 36 % reduziert und sollen vorrangig als Sachleistungen erbracht werden.

Der Wert beträgt

- 360 DM (184,07 €) für den Haushaltsvorstand,
- 310 DM (158,50 €) für Haushaltsangehörige ab dem siebten Geburtstag und
- 220 DM (112,48 €) für Kinder bis zum siebten Geburtstag.

Zusätzlich wird ein Taschengeld in Höhe von 40 DM (20,45 €) bis zum 14. Geburtstag und von 80 DM (40,90 €) ab dem 14. Geburtstag gewährt.

Die Beträge sind im Gesetzestext tatsächlich bis heute nicht auf Eurobeträge umgestellt worden.

Grundsätzlich kommt in der Zeit des Leistungsbezugs nach § 3 AsylbLG ein Anspruch auf Übernahme der Kosten einer eigenen Wohnung nur in ganz besonderen Ausnahmefällen in Betracht, auch haben die Leistungsempfänger keinen Anspruch auf eine vergleichbar große Wohnfläche wie Hilfebedürftige nach SGB II oder SGB XII.

Leistungsberechtigte nach dem AsylbLG sind nicht gesetzlich krankenversichert, sie erhalten nach § 4 Abs. 1 AsylbLG Krankenbehandlung nur bei akuten Erkrankungen und Schmerzzuständen. Bei Schwangerschaft und Geburt besteht nach § 4 Abs. 2 AsylbLG ein uneingeschränkter Anspruch auf Vorsorgeuntersuchungen, Entbindungskosten, Hebammenhilfe etc. Es bestehen nach § 4 Abs. 3 AsylbLG auch Ansprüche auf die von den Krankenkassen empfohlenen Vorsorgeuntersuchungen, wie die U 1 bis U 10 für Kinder, die Krebsvorsorge für Frauen ab 20 Jahre und für Männer ab 45 Jahre. Ebenso sind die amtlich empfohlenen Schutzimpfungen sowohl für Kinder als auch für Erwachsene zu übernehmen.

Nach § 6 AsylbLG können weitere Kosten übernommen werden, die zur Sicherung des Lebensunterhalts oder der Gesundheit unerlässlich sind oder die zur Deckung besonderer Bedarfe von Kindern geboten sind. Für Kinder sind insbesondere Kosten im Zusammenhang mit dem Schulbesuch und zur Teilhabe im gleichen Umfang wie die Leistungen nach § 28 SGB (siehe S. 204) zu übernehmen.

Nach § 2 AsylbLG wird das SGB XII auf diejenigen Leistungsberechtigten nach § 1 AsylbLG entsprechend angewendet, die seit vier Jahren Leistungen nach dem AsylbLG bezogen haben und die Dauer des Aufenthalts nicht rechtsmissbräuchlich selbst beeinflusst haben.

Für die Fristberechnung kommt es nicht auf die Dauer des Aufenthalts an, maßgeblich ist allein der Leistungsbezug. Minderjährigen Kindern werden Leistungen entsprechend SGB XII erst dann gezahlt, wenn sie selbst vier Jahre lang Leistungen nach § 3 AsylbLG bezogen haben, für in Deutschland geborene Kinder also frühestens ab dem vierten Geburtstag.

📖 *Zum Weiterlesen*

Geiger, Udo (2009): Leitfaden zum Arbeitslosengeld II. Frankfurt a. M.: Fachhochschulverlag.

Luthe, Ernst-Wilhelm/Dittmar, Christa (2007): Fürsorgerecht. 2. Aufl. Berlin: Erich Schmidt Verlag.

Gastinger, Sigmund/Winkler, Jürgen (Hrsg.) (2009): Recht der Sozialen Sicherung, Studienbuch für die Soziale Arbeit. Freiburg: Lambertus Verlag.

🖫 *Gut zu wissen – gut zu merken*

Zu den wichtigsten Errungenschaften eines Sozialstaates gehört ein System von steuerfinanzierten Leistungen, die jedem ein menschenwürdiges Existenzminimum garantieren, wenn andere Ressourcen nicht vorhanden sind (Grundsicherung).

Die Grundsicherungsleistungen werden *erwerbsfähigen* Personen von den Jobcentern nach SGB II gewährt (*Arbeitslosengeld II*). Einbezogen werden auch nicht erwerbsfähige Familienangehörige, die mit Alg-II-Beziehern in Bedarfsgemeinschaft leben (*Sozialgeld*).

Die Grundsicherungsleistungen werden *nicht erwerbsfähigen* Personen vom Sozialamt nach SGB XII gewährt, entweder als *Hilfe zum Lebensunterhalt* oder als *Grundsicherung im Alter und bei dauerhafter Erwerbsunfähigkeit*.

Zusätzlich besteht mit dem *AsylbLG* ein Sondersystem für Ausländerinnen mit (noch) nicht längerfristig gesichertem Aufenthalt.

Die Grundsicherung für Arbeitsuchende (SGB II) gewährt Erwerbsfähigen und ihren Familienangehörigen Leistungen zum Lebensunterhalt und zur gesellschaftlichen Teilhabe sowie Leistungen zur Arbeitsmarktintegration für diejenigen, denen eine Arbeit zumutbar ist.

Die *Leistungen zum Lebensunterhalt* umfassen pauschale Regelbedarfe, Mehrbedarfe, Kosten für Unterkunft und Heizung sowie die Übernahme der Beiträge zur GKV oder privaten Krankenversicherung.

Zusätzlich werden für Kinder und junge Menschen *Leistungen zur Bildung und zur gesellschaftlichen Teilhabe* erbracht, in wenigen Fällen *Einmalleistungen* und *Darlehen*, wenn dies für notwendige Ausgaben erforderlich ist.

In bestimmten Fällen können auch Menschen, die nicht im Leistungsbezug stehen, diese zusätzlichen Leistungen erhalten, wenn das Einkommen für besondere Belastungen nicht reicht.

Für die Leistungsansprüche wird nicht auf das Einkommen jeder einzelnen Person abgestellt, sondern auf das der gesamten *Bedarfsgemeinschaft.* Auch unverheiratete Paare (gleich- oder gegengeschlechtlich) müssen füreinander und für den Lebensunterhalt der Stiefkinder aufkommen. Kinder brauchen allerdings nicht für den Unterhalt ihrer Eltern einzustehen.

Einkommen und Vermögen werden auf die Leistungsansprüche angerechnet, zu beachten sind jedoch bestimmte Freibeträge.

Erwerbsfähige, denen eine Arbeit zumutbar ist, sollen umfassend bei der *Integration in den Arbeitsmarkt* gefördert werden. Zentrales Steuerungsinstrument ist hierfür die *Eingliederungsvereinbarung.* Es steht eine Vielzahl von Eingliederungsinstrumenten zur Verfügung, hierzu gehören auch zahlreiche Leistungen aus dem SGB III. Die Leistung ist verbunden mit umfangreichen Mitwirkungspflichten (*Fordern und Fördern*), Verstöße werden mit Leistungskürzungen oder Leistungsentzug sanktioniert. Für Personen unter 25 Jahren gelten verschärfte Sanktionen.

Die *Leistungen der Sozialhilfe* umfassen nicht nur die Grundsicherungsleistungen, sondern auch Leistungen in besonderen Lebenslagen.

Für alle Leistungen des SGB XII gelten besondere Unterstützungs- und Betreuungspflichten, weil es sich bei den Adressaten um Personen handelt, die verstärkt von gesellschaftlicher Ausgrenzung bedroht sind.

Die *Hilfe zum Lebensunterhalt* ist heute nur noch eine „Restleistung" für diejenigen, die von den anderen Grundsicherungsleistungen nicht erfasst werden. Der Umfang der Leistungen entspricht im Wesentlichen den Leistungen nach SGB II.

Die *Grundsicherung im Alter und bei dauerhafter voller Erwerbsminderung* bildet eine Sonderleistung für Rentner und Menschen, die wegen einer bleibenden Behinderung nicht am Arbeitsmarkt teilnehmen können. Der Leistungsumfang entspricht den übrigen Grundsicherungsleistungen, die Form jedoch eher einer Rente; nach einer erstmaligen Bewilligung werden den Leistungsbeziehern kaum noch Pflichten auferlegt. Auch wird bei dieser Leistung ganz überwiegend nicht auf die Kinder und Eltern zurückgegriffen.

Beide Grundsicherungsleistungen nach SGB XII werden nur erbracht, wenn das eigene *Einkommen und Vermögen* sowie das von Personen, mit denen eine Einsatzgemeinschaft gebildet wird (Partner, Eltern), nicht ausreichen. Vom Einkommen und Vermögen werden Freibeträge abgesetzt, die jedoch sehr viel geringer sind als im SGB II.

Die *Leistungen in besonderen Lebenslagen* werden erbracht, wenn besondere Lebensumstände Hilfen erforderlich machen, für die kein sonstiger Leistungsträger, insbesondere keine Sozialversicherung, zuständig ist. Die Eingliederungshilfe für behinderte Menschen wird im siebten Kapitel behandelt und die Hilfe zur Pflege in Kapitel 3.4 zusammen mit der Pflegeversicherung.

Die *Hilfe zur Überwindung besonderer sozialer Schwierigkeiten* wird ganz überwiegend von Sozialarbeiterinnen in Beratungs- und Betreuungseinrichtungen erbracht. Sie richtet sich an Menschen, die soziale Schwierigkeiten im Zusammenhang mit besonders belastenden Lebensverhältnissen (Wohnungslosigkeit, Gewalt, Haftentlassung etc.) zu bewältigen haben.

Bei allen Leistungen der Sozialhilfe besteht grundsätzlich die Möglichkeit, Angehörigen die Kosten in Rechnung zu stellen. Dieser Grundsatz ist jedoch in vielen Fällen eingeschränkt, auch bestehen sehr unterschiedliche Freibeträge.

Das *Asylbewerberleistungsgesetz* bietet keine Grundlage für die Gewährleistung eines menschenwürdigen Lebensunterhalts. Es soll daher grundlegend reformiert werden.

7 LEISTUNGEN FÜR BEHINDERTE MENSCHEN

Was Sie in diesem Kapitel lernen können

In diesem Kapitel sollen die Hilfen für behinderte Menschen, die zuständigen Leistungsträger und die Kriterien, auf die es für den Zugang zu den Leistungen ankommt, zusammenhängend dargestellt werden. Angesichts der Fülle von Einzelleistungen, Richtlinien und Vereinbarungen in diesem Bereich kann nur eine grobe Übersicht vermittelt werden.

Ziel ist es, Ihnen einen Wegweiser zu den verschiedenen Ansprechpartnern an die Hand zu geben und einen Überblick über das Leistungsspektrum zu vermitteln. Besondere Aufmerksamkeit wird dabei auf weiterführende Informationsquellen gelegt, die für eine Unterstützung von behinderten Menschen in der Praxis unverzichtbar sind.

7.1 Was ist eine Behinderung?

Der Begriff der Behinderung ist sehr umstritten. Nach der Behindertenkonvention der UN (vom 13. Dezember 2006, in Deutschland in Kraft seit dem 1. Januar 2009, BGBl. II S. 1419) ist das entscheidende Kriterium, inwiefern Menschen auf Grund ihrer körperlichen, geistigen oder seelischen Besonderheiten durch die Lebensumstände behindert werden.

Länder- und professionsübergreifend wird vor allem mit der Definition der Weltgesundheitsorganisation (WHO) gearbeitet. Die detaillierten Kriterien für eine Behinderung finden sich in der International Classification of Functioning, Disability and Health (ICF); in deutscher Übersetzung verfügbar auf der Homepage des Deutschen Instituts für Medizinische Dokumentation und Information (www.dimdi.de).

Für das Sozialrecht wird Behinderung in § 2 Abs. 1 SGB IX grundlegend definiert.

Angeknüpft wird zunächst an individuellen, medizinisch fassbaren Gesundheitsmerkmalen: „körperliche Funktion, geistige Fähigkeit oder seelische Gesundheit", und dann wird auf einer zweiten Stufe der Aspekt der Teilhabe einbezogen.

Bezogen auf die Merkmale müssen drei Kriterien erfüllt sein:

- eine Abweichung von dem für das Lebensalter typischen Zustand,
- durch die die Teilhabe am Leben in der Gesellschaft beeinträchtigt wird
- und die voraussichtlich für mehr als sechs Monate bestehen wird.

Die konsequente Ausrichtung der Hilfen für behinderte Menschen an den Grundsätzen der Selbständigkeit und Selbstbestimmung ist in Deutschland erst mit der

Einführung des SGB IX und in der Folge vor allem durch die Dezentralisierung großer Behinderteneinrichtungen, den Ausbau ambulanter Betreuungsformen und die Einführung des persönlichen Budgets (siehe S. 287) auf den Weg gebracht worden (siehe auch: Deutscher Verein, NDV 2007, S. 245).

Auch durch das „Übereinkommen über die Rechte von Menschen mit Behinderungen" der Vereinten Nationen wurde die Diskussion um die Verbesserung der gesellschaftlichen Teilhabe von behinderten Menschen befördert. Ob und in welchem Umfang gesetzliche Neuregelungen durch das Übereinkommen erforderlich werden, wird derzeit in Politik und Rechtswissenschaft diskutiert (siehe z. B. Fuchs, Soziale Sicherheit 2010, S. 341 ff.)

7.2 Das Gesetz über die Rehabilitation und Teilhabe behinderter Menschen (SGB IX)

Mit dem SGB IX wurde 2001 ein eigenes Sozialgesetz zur Vereinheitlichung der Hilfen für behinderte Menschen geschaffen.

Dem Gesetz liegt ein umfassendes Verständnis von Teilhabe und ganzheitlicher Förderung zugrunde (§ 4 SGB IX). Dies Verständnis kommt besonders in folgenden Regelungen zum Ausdruck:

- Vorrang der Prävention (§ 3 SGB IX),
- Wunsch- und Wahlrecht der Leistungsberechtigten (§ 9 SGB IX),
- die Verpflichtung zur zügigen, wirksamen und wirtschaftlichen Erbringung und Koordination der Leistungen zur Teilhabe (§ 10 SGB IX),
- die Verpflichtung zur Zusammenarbeit der Rehabilitationsträger (§§ 11 und 12 SGB IX).

Das SGB IX bietet aber keine Anspruchsgrundlagen für die einzelnen Leistungen zur Teilhabe für behinderte Menschen (wohl aber Ansprüche von Schwerbehinderten auf berufliche Eingliederung, siehe zweiter Teil des SGB IX). Die Rechtsgrundlagen für die Leistungsansprüche finden sich in den verschiedenen Sozialgesetzen, die den jeweiligen Sozialleistungsträgern für die Teilhabe zugewiesen sind.

Das SGB IX regelt dagegen Art, Umfang sowie Ausführung der Leistungen für alle Rehabilitationsträger (weitgehend) einheitlich.

Weil die Hilfen für behinderte Menschen von verschiedenen Leistungsträgern erbracht werden und die Zuständigkeiten oft schwer durchschaubar sind, besteht die Gefahr, dass behinderte Menschen auf eine Odyssee geschickt werden. Das SGB IX regelt deshalb Verfahrensabläufe, die ein zügiges Einsetzen der Hilfen auch bei unklaren Zuständigkeiten gewährleisten sollen. Die allgemeinen Beratungs-, Auskunfts- und Weiterleitungspflichten nach §§ 14, 15, 16 SGB I (siehe S. 56 ff.) werden ergänzt durch die Verpflichtung der Rehabilitationsträger, die Zuständigkeit zeitnah zu klären oder die Leistung selbst zu erbringen. § 14 SGB

IX begrenzt die Möglichkeiten eines Rehabilitationsträgers, sich für unzuständig zu erklären, auf eine einmalige Weiterleitung. Der zweit angegangene Träger hat die Ansprüche stets selbst zu prüfen und bleibt auch für Leistungen zuständig, die in den Bereich eines anderen Leistungsträgers fallen (BSG v. 26.6.2007 – B 1 KR 34/06 R). Die Kosten kann er sich nachträglich von dem zuständigen Leistungsträger erstatten lassen.

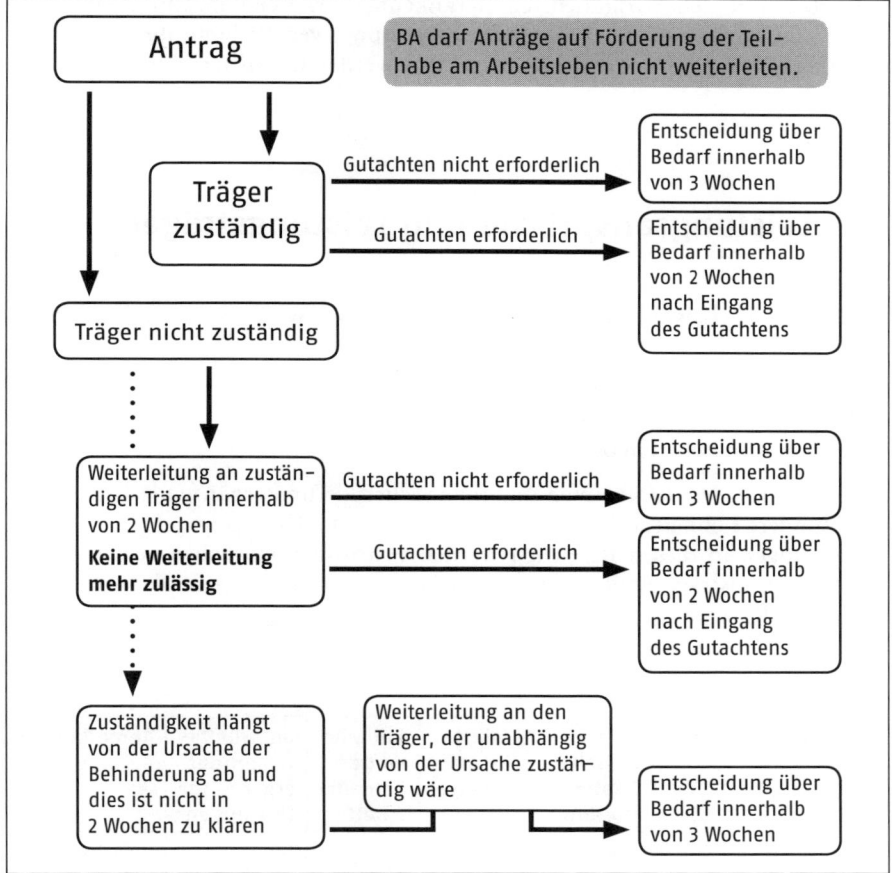

Abb. 6: Verfahrensablauf nach § 14 SBG IX

Die Einzelheiten regelt die gemeinsame „Zuständigkeitsklärung" (verfügbar auf der Homepage der BAR, www.bar-frankfurt.de).

Als Anlaufstellen für alle Anspruchsteller sind von den Rehabilitationsträgern gemeinsame Servicestellen einzurichten (§ 6 SGB IX). Obwohl diese Servicestellen flächendeckend vorhanden sind, gelingt es ihnen in der Praxis bislang nicht, die gewünschte Koordination der Leistungen zu übernehmen, weil das Angebot die Betroffenen kaum erreicht (Deutscher Verein, NDV 2009, S. 253, 255). Umso wichtiger wird die Verpflichtung der Sozialämter als Träger der Eingliederungshilfe, nicht nur auf Antrag, sondern bereits dann tätig zu werden, wenn ihnen ein Bedarf bekannt wird. Sie müssen unabhängig von der Zuständigkeit einen Gesamtplan erstellen (§ 58 Abs. 1 SGB XII), einvernehmlich mit den Betroffenen (§ 9 Abs. 4 SGB IX).

Für die Soziale Arbeit ist auch die Gemeinsame Empfehlung „Sozialdienste" bedeutsam, weil sich die Rehabilitationsträger hier zur vertrauensvollen Zusammenarbeit mit den Sozialdiensten (Krankenhäuser, Rehabilitationseinrichtungen, Sucht-, Senioren- oder Gesundheitsberatung) verpflichten, die sehr häufig von anerkannten Sozialarbeitern ausgeführt werden (abrufbar: www.bar-frankfurt.de).

7.3 Leistungsansprüche und Leistungsträger

Im Bereich der Leistungen für behinderte Menschen wird zwischen den drei Bereichen

- medizinische Rehabilitation,
- Teilhabe am Arbeitsleben,
- Teilhabe am Leben in der Gemeinschaft

unterschieden. Hinzu kommen unterhaltssichernde und ergänzende Leistungen, insbesondere Lohnersatzleistungen wie Krankengeld, Übergangsgeld und Renten.

Leistungen in diesen Bereichen werden von insgesamt sieben verschiedenen Rehabilitationsträgern (öffentliche Leistungsträger) auf der Grundlage der jeweiligen Sozialgesetze für ihren Bereich erbracht.

Überblick

Leistungsträger	Gesetz	Medizinische Rehabilitation	Teilhabe am Arbeitsleben	Teilhabe an der Gemeinschaft	Unterhaltssichernde/ ergänzende Leistungen	Anmerkungen
Unfallversicherung, z. B. Berufsgenossenschaften	SGB VII	Ja	Ja	Ja	Ja	Ursache der Behinderung: Arbeitsunfall o. Berufskrankheit
Versorgungsämter	BVG, OEG; IfSG; SVG; ZDG; BVFG	Ja	Ja	Ja	Ja	Ursache der Behinderung: Kriegsopfer o. Ä.

Leistungs-träger	Gesetz	Medizinische Rehabilitation	Teilhabe am Arbeitsleben	Teilhabe an der Gemeinschaft	Unterhaltssichernde/ ergänzende Leistungen	Anmerkungen
Rentenversicherung	SGB VI	Ja	Ja	Nein	Ja	Für Versicherte: Verschiedene Anforderungen an Versicherungszeiten
Krankenversicherung	SGB V	Ja	Nein	Nein	Ja	Für Versicherte
Bundesagentur für Arbeit (auch für Leistungen der Jobcenter)	SGB III/ SGB II	Nein	Ja	Nein	Ja	
Jugendämter	SGB VIII	Ja	Ja	Ja	Nein (aber Leistungen zum Lebensunterhalt in stationären Einrichtungen)	Nur für junge Menschen mit seelischer Behinderung
Sozialämter/ Landessozialämter bzw. Landschaftsverbände	SGB XII	Ja	Ja	Ja	Nein (aber Leistungen zum Lebensunterhalt)	Abhängig vom Einkommen

Die Tabelle bildet gleichzeitig grob eine Hierarchie ab; es besteht (mit einigen Abweichungen) ein Vorrang-Nachrang-Verhältnis von oben nach unten (zwischen der Unfallversicherung und der Versorgung besteht ein gleichrangiges Verhältnis).

Der verschiedenen Rehabilitationsträger sind aber verpflichtet, sich um Zusammenarbeit zu bemühen und Abgrenzungsfragen durch gemeinsame Empfehlungen einvernehmlich zu klären (§ 13 SGB IX). Die Interessenverbände der behinderten Menschen sind an der Vorbereitung der Vereinbarungen zu beteiligen (§ 13 Abs. 6 SGB IX). Die Bundesarbeitsgemeinschaft Rehabilitation (BAR) bildet den organisatorischen Rahmen für diese Vereinbarungen.

Beispiel für die Rangfolge der Leistungsträger:
Leila hat 20 Jahre lang als Fitnesstrainerin gearbeitet. Bei einem privaten Segelunfall erleidet sie eine Querschnittslähmung. In ihrem Beruf kann sie nicht mehr arbeiten, sie möchte aber wenigstens in ihrer Freizeit Sport treiben. Dafür benötigt sie einen Sport-Rollstuhl.

Ein Sport-Rollstuhl ist keine Leistung der medizinischen Rehabilitation, weil er nicht der Behandlung dient und für die reine Fortbewegung ein „normaler" Rollstuhl ausreicht. Er fällt daher unter die Leistungen zur Teilhabe am Leben in der Gemeinschaft.

Um den zuständigen Leistungsträger aufzufinden, kann die Tabelle der Leistungsträger von oben nach unten abgearbeitet werden:

Beruht die Behinderung auf einem Arbeitsunfall?	SGB VII	*Nein*
Beruht sie auf einer spezifischen Schädigung?	Versorgung	*Nein*
Übernehmen Renten- und Krankenversicherung sowie die BA Leistungen zur Teilhabe am Leben in der Gemeinschaft?	SGB VI, SGB V, SGB III, SGB II	*Nein*
Ist Leila ein Kind oder eine Jugendliche (nur bei seelischer Behinderung)?	SGB VIII	*Nein*
Übernimmt die Sozialhilfe Leistungen zur Teilhabe am Leben in der Gemeinschaft?	SGB XII	*Ja*

Die Sozialhilfe ist der zuständige Leistungsträger, vorausgesetzt, Leila ist die Bezahlung des Rollstuhls aus eigenen Mitteln nicht zumutbar (siehe S. 257 f.).

7.4 Die einzelnen Rehabilitationsträger

7.4.1 Unfallversicherung (SGB VII)

Voraussetzung für die Leistung der Unfallversicherung an Versicherte (siehe S. 153 f.) ist

- ein Arbeitsunfall oder
- eine Berufskrankheit.

Als Arbeitsunfälle werden Unfälle im Zusammenhang mit der Ausübung der Beschäftigung oder der Tätigkeit als Schüler, Student, Rehabilitand, Pflegeperson, Ehrenamtlerin etc. definiert (§ 8 Abs. 1 SGB VII). Auch Unfälle auf dem Weg zur Arbeits- oder Ausbildungsstätte oder einem sonstigen Ort der Tätigkeit werden als Arbeitsunfälle erfasst. Abzustellen ist allein auf den Weg, der erforderlich ist, um den Ort, an dem die Tätigkeit ausgeübt werden soll, zu erreichen oder von dort nach Hause zurückzukehren. Umwege sind ebenfalls versichert, wenn sie einen Zweck verfolgen, der in unmittelbarem Zusammenhang zur Tätigkeit steht. Ausdrücklich mitversichert sind Wege, die der außerhäuslichen Kinderbetreuung während der Arbeits- oder sonstigen Tätigkeitszeit oder der Bildung von Fahrgemeinschaften dienen (§ 8 Abs. 2 SGB VII).

Berufskrankheiten sind ausschließlich Krankheiten, die als Schädigung durch eine bestimmte Tätigkeit förmlich anerkannt sind. Erfasst werden auch drohende Erkrankungen, wenn von der Tätigkeit ein besonders hohes Risiko ausgeht. Die

Berufskrankheiten-Verordnung (BKV) definiert die anerkannten Berufskrankheiten. Zugleich verpflichtet sie die Unfallversicherungsträger zu präventiven Maßnahmen, um Berufskrankheiten zu verhindern.

Für die Leistungen der Unfallversicherung ist kein Antrag erforderlich. Unternehmer sind gegenüber der Unfallversicherung meldepflichtig (§ 193 SGB VII). Auch Ärzte sollen eine Meldung erstatten, wenn der Verdacht auf eine Berufskrankheit besteht (§ 202 SGB VII).

Die Leistungen der Unfallversicherung werden für alle drei Teilhabebereiche erbracht und durch Lohnersatzleistungen (Übergangsgeld, Verletztengeld) und Renten (auch an Hinterbliebene) und Pflegeleistungen ergänzt.

Die Bewertung des *„Grads der Schädigungsfolgen"* (GdS) erfolgt nach den *Versorgungsmedizinischen Grundsätzen der Versorgungsmedizin-Verordnung* (http://www.bmas.de/portal/33270/property=pdf/k710_2009_05_13_versorgungsmed_verordnung.pdf).

7.4.2 Versorgung von Kriegsopfern u. Ä.

Versorgungsleistungen werden nicht auf der Grundlage einer bestehenden Sozialversicherung erbracht; es handelt sich um steuerfinanzierte Leistungen, die Schädigungen ausgleichen sollen, die als „Sonderopfer" mit einem Bezug zu den Interessen der Allgemeinheit eingeordnet werden. Besonders wichtig sind in der Sozialen Arbeit die Leistungen für Opfer von Gewalttaten (OEG, siehe auch S. 158 ff.).

Opfer eines Krieges erhalten alle Rehabilitationsleistungen nach dem Bundesversorgungsgesetz (BVG). Die verschiedenen weiteren Gesetze der sozialen Entschädigung (Wehrdienstbeschädigung SVG, Zivildienstbeschädigung ZDG, politische Häftlinge in den Ostgebieten BVFG, Impfbeschädigungen IfSG, Opfer von Gewalttaten OEG) verweisen für den Leistungsumfang auf das BVG. Leistungsträger sind die Versorgungsämter. Die Hilfen für behinderte Menschen entsprechen weitgehend dem Umfang der Unfallversicherung.

7.4.3 Rentenversicherung (SGB VI)

Die Rentenversicherung (GRV) ist für die *medizinische Rehabilitation* vorrangig (vor der Krankenversicherung) nach §§ 10, 11 SGB VI zuständig, wenn

1. die Maßnahme der Wiederherstellung oder dem Erhalt der Erwerbsfähigkeit dient *und*
2. Versicherte
   - entweder nach einer anerkannten Ausbildung (auch Studium) innerhalb von zwei Jahren eine versicherte Tätigkeit aufgenommen haben und diese bis zum Antrag fortgeführt haben (das gilt auch, wenn zwischen der Tätigkeit und dem Antrag ausschließlich Zeiten der Arbeitslosigkeit oder der Erwerbsunfähigkeit lagen) oder

- in den letzten zwei Jahren vor Antragstellung mindestens sechs Monate versichert waren oder
- fünf Jahre versichert waren (allgemeine Wartezeit) und vermindert erwerbsfähig sind oder voraussichtlich in absehbarer Zeit werden oder
- 15 Jahre versichert waren oder
- eine Erwerbsunfähigkeitsrente beziehen.

Im Bereich der medizinischen Rehabilitation werden alle Leistungen nach dem SGB IX mit Ausnahme der Früherkennung und Frühförderung von Kindern übernommen ($\S$ 15 SGB VI).

Unter bestimmten Voraussetzungen ($\S$ 11 Abs. 2a SGB VI) ist die GRV auch für die Teilhabe am Arbeitsleben zuständig:

1. Die Leistung muss Auswirkungen der Behinderung auf die Erwerbsfähigkeit entgegenwirken oder sie überwinden und dadurch ein Ausscheiden aus dem Erwerbsleben verhindern oder die Betroffenen möglichst dauerhaft wiedereingliedern ($\S$ 9 SGB VI), und
2. die Versicherten
   - müssen bereits 15 Jahre lang Rentenversicherungsbeiträge eingezahlt haben oder
   - eine Rente wegen Erwerbsminderung beziehen oder
   - müssten ohne die Leistungen eine Rente wegen Erwerbsminderung beziehen oder
   - benötigen die Leistung unmittelbar im Anschluss an eine von der GRV geleistete medizinische Rehabilitation.

Die Leistungen der Teilhabe am Arbeitsleben beziehen sich ohne Einschränkungen auf die Maßnahmen nach $\S\S$ 33 ff. SGB IX ($\S$ 16 SGB VI) einschließlich des Übergangsgeldes (siehe S. 281).

7.4.4 Krankenversicherung (SGB V)

In der GKV sind alle Einwohner Deutschlands versichert, die nicht privat versichert sind, Leistungen der Krankenhilfe nach dem SGB XII oder dem AsylbLG beziehen oder als Ausländerinnen nach $\S$ 5 Abs. 10 SGB V aus der Pflichtversicherung ausgeschlossen sind.

Die Gesetzliche Krankenversicherung (GKV) erbringt Leistungen der *medizinischen Rehabilitation*, soweit die Akutbehandlung nicht ausreicht ($\S$ 40 SGB V) und kein vorrangiger Leistungsträger verpflichtet ist. Während einer stationären Rehabilitationsmaßnahme und in Zeiten von Arbeitsunfähigkeit wird Krankengeld gezahlt ($\S$ 44 SGB V, siehe auch S. 113 f.).

7.4.5 Bundesagentur für Arbeit (SGB III, SGB II)

Die Bundesagentur für Arbeit (BA) erbringt für behinderte Menschen Leistungen der Teilhabe am Arbeitsleben, wenn kein vorrangiger Leistungsträger zuständig ist. Der Anspruch hängt nicht davon ab, ob Beiträge in die Arbeitslosenversicherung eingezahlt wurden.

Auch die BA geht von dem Begriff der Behinderung nach § 2 SGB IX aus; die Leistungsansprüche setzen zusätzlich voraus, dass die Teilhabe am Arbeitsleben *durch eine wesentliche Behinderung wesentlich* erschwert wird. Der Personenkreis der behinderten Menschen wird für die Leistungen der BA und der Jobcenter auf sog. *lernbehinderte Personen* erweitert (§ 19 Abs. 1 SGB III, § 16 Abs. 1 Satz 3, Abs. 1a SGB II). Die BA bezeichnet als lernbehindert

„Personen, die in ihrem Lernen umfänglich und lang andauernd beeinträchtigt sind und die deutlich von der Altersnorm abweichende Leistungs- und Verhaltensformen aufweisen, wodurch ihre berufliche Integration wesentlich und auf Dauer erschwert wird" (DA 19.0.3. zum SGB III).

Die praktische Relevanz der Einordnung für das Leistungsspektrum der Arbeitsmarktintegration ist sehr hoch; 70 % aller von der BA geförderten Rehabilitanden unter 25 Jahren gelten als lernbehindert (BA 2008, S. 10), darunter nahezu alle Abgänger von Förderschulen. Die Feststellung der Behinderung erfolgt immer durch die BA auf der Grundlage von schulischen und medizinischen Berichten und – soweit erforderlich – eigenen Begutachtungen.

Welche Besonderheiten gelten für lernbehinderte junge Menschen?

Da es sich um eine spezifische Definition des SGB III handelt, kommen für diese Menschen keine vorrangigen Leistungsträger in Betracht, zuständig ist immer die BA.

Die im SGB III (und durch Verweisung auf das SGB IX) geregelten Hilfen für behinderte Menschen stehen uneingeschränkt zur Verfügung, soweit sie sich nicht ausschließlich an Schwerbehinderte (GdB 50 %) richten. Auf der Ebene von Weisungen und Empfehlungen, durch die das gesetzliche Ermessen gestaltet wird, bestehen jedoch für einige Bereiche deutliche Unterschiede.

So sollen die Berufsbildungswerke mit Internatsunterbringung, eigener Freizeitgestaltung und intensiver sozialpädagogischer Begleitung zunehmend jungen behinderten Menschen im Sinne des § 2 SGB IX vorgehalten werden, für lernbehinderte Jugendliche wird der Schwerpunkt auf eine wohnort- und betriebsnahe Heranführung an den Ausbildungs- und Arbeitsmarkt gelegt (siehe BAR 2007).

Jede örtliche Arbeitsagentur verfügt über ein Rehabilitationsteam, welches auf die Diagnose und Betreuung spezialisiert ist. Die Rehabilitationsteams arbeiten auf der Grundlage verbindlicher Vorgaben der BA (BA, Stand 1/2010).

Für Personen im *Leistungsbezug nach SGB II* übernimmt die BA die Prozessverantwortung, die Leistungs- und Integrationsverantwortung für das Leistungsspektrum nach SGB II verbleibt dagegen beim Jobcenter (BA, Stand 1/2010, S. 10). Behinderte Menschen mit einem Bedarf im Bereich Teilhabe am Arbeitsleben werden vom Jobcenter zunächst zum Rehabilitationsteam der BA geschickt (die BA kann auch eigene Teams bei den Jobcentern bilden). Hier wird

1. festgestellt, ob eine Behinderung vorliegt,
2. geprüft, ob ein anderer Rehabilitationsträger (z.B. die GRV) vorrangig zuständig ist, der über die erforderlichen Maßnahmen vorab zu entscheiden hat,
3. andernfalls ein Eingliederungsvorschlag entwickelt.

Das Jobcenter prüft dann die Übernahme des Eingliederungsvorschlags und nimmt alle Leistungen nach SGB III, auf die § 16 SGB II verweist, in eine Eingliederungsvereinbarung auf.

Als Maßnahmen kommen auch Ausbildungen in Frage, die nicht den üblichen Anforderungen des Berufsbildungsgesetzes oder der Handwerkerordnung entsprechen (§ 102 SGB III).

Auf die Teilhabeleistungen besteht nach dem Wortlaut des § 97 SGB III nur ein Ermessensanspruch. Dieses Ermessen bezieht sich jedoch nur auf die Auswahl der Fördermaßnahme, hinsichtlich der Entscheidung über das „ob" einer Teilhabeleistung ist das Ermessen auf Null reduziert (BSG v. 27.2.1991 – 5 RJ 51/90; Lauterbach in Gagel 2010, § 97 Rn. 50).

Neben den Teilnahmekosten für eine besondere Maßnahme (§§ 103, 109 SGB III) wird Übergangsgeld nach §§ 160 bis 162 SGB III (für Personen, die ausreichend Beiträge in die Arbeitslosenversicherung eingezahlt haben) oder Ausbildungsgeld gezahlt, wenn ein Übergangsgeld nicht erbracht werden kann. Die Geldleistungen werden ausschließlich von der BA erbracht.

7.4.6 Kinder- und Jugendhilfe (SGB VIII)

Der öffentliche Träger der Jugendhilfe ist Rehabilitationsträger nur für *seelisch behinderte* Kinder und Jugendliche (§ 35a SGB VIII) sowie für junge Volljährige (§ 41 Abs. 2 SGB VIII). Besondere Bedeutung bekommt diese Zuständigkeit durch die Zunahme psychischer Erkrankungen im Kindes- und Jugendalter, wie ADS/ADHS, Psychosen, Schizophrenie, Borderline-Syndrom etc.

Die Jugendhilfe übernimmt die Leistungen aus allen drei Bereichen der Teilhabe. Ambulante Leistungen werden dabei ohne Kostenbeteiligung der Unterhaltspflichtigen (Eltern) erbracht, zu den Kosten von teilstationären oder stationären Leistungen werden sie herangezogen (§ 91 Abs. 1 Nr. 5 SGB VIII), jedoch nur in Höhe der ersparten Aufwendungen (§ 94 Abs. 2 SGB VIII).

Zu beachten ist aber, dass für die medizinische Rehabilitation in aller Regel die Krankenkassen vorrangig zuständig sind und für die Teilhabe am Arbeitsleben die BA bzw. die Jobcenter.

Für den Bereich der *Frühförderung* wird die integrierte Leistung ohne Rücksicht auf die Art der Behinderung zu Lasten der Sozialhilfe erbracht.

7.4.7 Sozialhilfe (SGB XII)

Die Sozialhilfe (örtliche und überörtliche Träger, siehe auch S. 234) erbringt Eingliederungshilfe nach §§ 53 ff. SGB XII.

Die Eingliederungshilfe umfasst alle Bereiche der Hilfen für behinderte Menschen außer den Leistungen zur Sicherung des Lebensunterhalts. Da in den meisten Fällen die GRV oder GKV für die medizinischen Rehabilitationsleistungen zuständig ist und die GRV oder die BA für die Leistungen zur Teilhabe am Arbeitsleben, bleiben für die Träger der Sozialhilfe vor allem die Leistungen zur Teilhabe am Leben in der Gemeinschaft.

Zusätzlich zu den Leistungen nach SGB IX zur Teilhabe am Leben in der Gemeinschaft werden von den Sozialhilfeträgern u. a. erbracht:

- Hilfen zu einer angemessenen Schulbildung, auch zum Besuch weiterführender Schulen, soweit nicht die Schulträger zu diesen Leistungen verpflichtet sind (§ 54 Abs. 1 Nr. 1 SGB XII).
- Hilfe zur schulischen Ausbildung für einen angemessenen Beruf einschließlich des Besuchs einer Hochschule (§ 54 Abs. 1 Nr. 2 SGB XII).

Die Einzelheiten der Leistungserbringung sind in der Eingliederungshilfeverordnung geregelt.

Grundsätzlich werden die Leistungen der Eingliederungshilfe nur erbracht, wenn die Aufbringung der Mittel aus eigenem Einkommen und Vermögen den Betroffenen und ihren Partnern (bei Minderjährigen auch Eltern) nicht zuzumuten ist (§ 19 Abs. 3 SGB XII).

Der allgemeine Maßstab für die Zumutbarkeit sind die Regelungen in §§ 85–89 SGB XII für das Einkommen und § 90 SGB XII für das Vermögen. In den folgenden Fällen darf eine Kostenbeteiligung aber nur in Höhe der ersparten häuslichen Aufwendungen erfolgen (§ 92 Abs. 2 SGB XII):

1. bei heilpädagogischen Maßnahmen für Kinder, die noch nicht eingeschult sind,
2. bei der Hilfe zu einer angemessenen Schulbildung einschließlich der Vorbereitung hierzu,
3. bei der Hilfe, die behinderten, noch nicht eingeschulten Kindern die für sie erreichbare Teilnahme am Leben in der Gemeinschaft ermöglichen soll,
4. bei der Hilfe zur schulischen Ausbildung für einen angemessenen Beruf oder zur Ausbildung für eine sonstige angemessene Tätigkeit, wenn die hierzu erforderlichen Leistungen in besonderen Einrichtungen für behinderte Menschen erbracht werden,
5. bei Leistungen zur medizinischen Rehabilitation (§ 26 SGB IX),
6. bei Leistungen zur Teilhabe am Arbeitsleben (§ 33 SGB IX),
7. bei Leistungen, die für eine begrenzte Zeit in einer stationären oder teilstationären Einrichtung erbracht werden (§ 92a Abs. 1 SGB XII).

7.5 Leistungen der medizinischen Rehabilitation

In den meisten Fällen ist entweder die GRV oder die GKV für eine medizinische Rehabilitation zuständig. Die Rehabilitationsträger verwenden für die Anschlussheilbehandlung (AHB) einen gemeinsamen AHB-Indikationskatalog, dem sich entnehmen lässt, bei welchen Erkrankungen und unter welchen Voraussetzungen eine AHB bewilligt wird (http://www.deutsche-rentenversicherung.de/nn_86048/ SharedDocs/de/Inhalt/Zielgruppen/01_sozialmedizin_forschung/01_sozial-medizin/dateianhaenge/ahb_indikationskatalog,templateId=raw,property= publicationFile.pdf/ahb_indikationskatalog).

Was unterscheidet die medizinische Rehabilitation von der Krankenbehandlung?

Die Krankenbehandlung setzt in der akuten Phase der Gesundheitsbeeinträchtigung ein und erbringt einzelne medizinische Leistungen zur Erkennung, Heilung, Linderung oder Vermeidung von Verschlimmerungen des Gesundheitszustandes.

Bei der medizinischen Rehabilitation handelt es sich hingegen um eine Komplexleistung, die bei Chronifizierung einer Erkrankung oder einem dauerhaft abweichenden Körperzustand im Rahmen eines Gesamtkonzepts eine nachhaltige Besserung oder Vermeidung von Verschlimmerung anstrebt und Erwerbsunfähigkeit und Pflegebedürftigkeit vermeiden will.

Der Unterschied liegt nicht im Leistungskatalog, der für die medizinische Rehabilitation kein anderer ist als für die akute Krankenbehandlung, sondern vielmehr in der Ausrichtung der Behandlung und der Einbindung der einzelnen medizinischen Leistungen in ein Gesamtkonzept. Zum Beispiel ist die „Erweiterte Ambulante Physiotherapie" – eine Kombination von Elementen der Krankengymnastik, der physikalischen Therapie und der medizinischen Trainingstherapie zur Beseitigung besonders schwerer Funktions- und Leistungsbeeinträchtigungen im Bereich des Stütz- und Bewegungsapparates – eine medizinische Rehabilitationsleistung und keine Akutbehandlung (BSG v. 17. 2. 2010 – B 1 KR 23/09 R).

Beispielhaft werden drei Leistungen der medizinischen Rehabilitation herausgegriffen, in die Sozialarbeiterinnen besonders häufig eingebunden werden:

• *Früherkennung und Frühförderung*
Die medizinische Rehabilitation ist Teil der Komplexleistung der Früherkennung und Frühförderung für Kinder im Vorschulalter, die zusammen mit heilpädagogischen Leistungen (Leistungen zur Teilhabe am Leben in der Gemeinschaft) in interdisziplinären Frühförderstellen (Früherkennung, Behandlung und Förderung) oder sozialpädiatrischen Zentren (bei besonders schweren Erkrankungen) erbracht werden. Das Zusammenwirken der verschiedenen Rehabilitationsträger ist in der Verordnung zur Früherkennung und Frühförderung behinderter und von Behinderung bedrohter Kinder (Frühförderungsverordnung – FrühV) geregelt.

Beispiel:
Die Eltern des sechs Monate alten Fabians werden von ihrem Kinderarzt bei der Vorsorgeuntersuchung darauf aufmerksam gemacht, dass das Kind möglicherweise keine Geräusche wahrnehmen kann. Sie besuchen daraufhin die nächstgelegene Frühförderstelle. Nach einer intensiven Diagnostik und Beratung der Eltern wird zusammen mit diesen ein Förder- und Behandlungsplan (§ 7 FrühV) erstellt, der sowohl therapeutische Maßnahmen in der Frühförderstelle als auch Anleitung und Hilfe bei der Gestaltung des Alltags im häuslichen Umfeld umfasst.

Für behinderte Kinder werden sowohl Leistungen der sozialmedizinischen Nachsorge (§ 43 Abs. 2 SGB V) als auch nicht ärztliche sozialpädiatrische Leistungen (insbesondere psychologische, heilpädagogische und psychosoziale) erbracht, die erforderlich sind, um die Behinderung zu ermitteln und einen ganzheitlichen Behandlungsplan aufzustellen (§ 43a SGB V).

• *Entwöhnungsbehandlung für Menschen mit Suchterkrankung*
Menschen mit Suchterkrankungen benötigen spezifische Behandlungsformen. So werden auch längerfristige stationäre oder ambulante Behandlungen wegen Alkohol-, Medikamenten- oder Drogenabhängigkeit bewilligt, wenn dadurch eine dauerhafte Wiedereingliederung ins Berufsleben möglich wird. Die eigentliche Entgiftung gilt dabei als eine Akutbehandlung, die immer in die Zuständigkeit der GKV fällt. Für die Entwöhnungsbehandlung ist die GRV vorrangig zuständig, wenn die versicherungsrechtlichen Voraussetzungen bestehen. Die Bundesarbeitsgemeinschaft für Rehabilitation hat eine „Arbeitshilfe für die Rehabilitation und Teilhabe von Menschen mit Abhängigkeitserkrankungen" erstellt (http://www.bar-frankfurt.de/upload/Arbeitshilfe_Abhängigkeit_172.pdf).

• *Soziotherapie*
Als ergänzende Leistung zu einer medizinischen Behandlung haben schwer psychisch kranke Menschen einen Anspruch auf Soziotherapie (§ 37a SGB V). Es handelt sich dabei nicht im eigentlichen Sinne um eine therapeutische Maßnahme, sondern um eine nicht medizinische (typischer Weise sozialarbeiterische) flankierende Maßnahme, die Menschen mit einer psychischen Behinderung durch Koordinierung der Krankenbehandlung, Anleitung und Motivation in die Lage versetzen soll, die Leistungen der ambulanten medizinischen Rehabilitation selbständig in Anspruch zu nehmen (SG Dresden v. 30.4.2009 – S 18 KR 662/06).

7.6 Leistungen der Teilhabe am Arbeitsleben

Leistungen zur Teilhabe am Arbeitsleben verfolgen das Ziel,

• Beeinträchtigungen der Erwerbsfähigkeit durch eine Behinderung auszugleichen,
• darauf hinzuwirken, dass ein Ausbildungs- oder Arbeitsplatz erlangt oder erhalten wird, und
• ein vorzeitiges Ausscheiden aus dem Berufsleben zu verhindern.

Art und Umfang der Leistungen ist für alle Leistungsträger gemeinsam in §§ 33 ff. SGB IX geregelt, die einzelnen Leistungsgesetze können aber weitere Leistungen enthalten.

Der wichtigste Leistungsträger ist die BA; sie kann auch von den anderen Rehabilitationsträgern mit der Einschätzung der Notwendigkeit und Zweckmäßigkeit einer Maßnahme beauftragt werden (§ 38 SGB IX). In der Praxis ist die örtliche Arbeitsagentur der richtige Ansprechpartner für Leistungen zur Teilhabe. Hier wird eine eventuell vorrangige Zuständigkeit eines anderen Rehabilitationsträgers nach § 14 SGB IX geklärt. Die Aufgaben der Vermittlung bleiben in jedem Fall bei der BA (§ 22 Abs. 2 SGB III; BA 2010, S. 4).

Leistungen der Teilhabe am Arbeitsleben

Leistungen an Betroffene	
Sicherung des Arbeitsplatzes	Technische Arbeitshilfen und Hilfsmittel (§ 33 Abs. 8 Nr. 4 SGB IX); Integrationsfachdienste (§ 109 ff. SGB IX; § 102, 103 SGB III); Arbeitsassistenz (§ 33 Abs. 8 Nr. 3 SGB IX).
Berufsvorbereitung	Allgemeine BvB (§§ 59 ff. SGB III); BvB in Berufsbildungs- und Berufsförderungswerken (§ 35 SGB IX, § 102 SGB III); Eingangs- und Berufsbildungsbereich der WfbM (§§ 136–144 SGB IX; § 102 Abs. 2 SGB III).
Ausbildung/ Weiterbildung/Umschulung	Berufsausbildung (§ 33 Abs. 2 Nr. 4 SGB IX; §§ 100 Nr. 3, 101 Abs. 2, 242 SGB III); Ausbildungsbegleitende Hilfen (§§ 241, 243 SGB III); Außerbetriebliche Ausbildung in Berufsbildungs- und Berufsförderungswerken (§ 35 SGB IX, § 102 SGB III); Bildungsgutschein (§§ 100 Nr. 4, 101 Abs. 5, 77 Abs. 4 SGB III).
Arbeitsaufnahme	Integrationsfachdienste (§ 53 Abs. 6, § 109 SGB IX; § 102, 103 SGB III); Beratung, Vermittlung, Training und Mobilitätshilfen (§ 33 Abs. 3 Nr. 1 SGB IX; § 100 Nr. 1 SGB III); Kraftfahrzeughilfen (§ 33 Abs. 8 Nr. 1 SGB IX); Integrationsprojekte (§§ 132 ff. SGB IX).
Selbständige Erwerbstätigkeit	Gründungszuschuss (§ 33 Abs. 3 Nr. 5 SGB IX; §§ 100 Nr. 2, 57 SGB III).
Ergänzende Rehabilitationsleistungen	Medizinische, psychologische und pädagogische Leistungen (§ 33 Abs. 6 SGB IX); Reisekosten (§ 53 SGB IX); Haushaltshilfe und Kinderbetreuungskosten (§ 54 SGB IX); Kraftfahrzeughilfe (§ 33 Abs. 8 Nr. 1 SGB IX); Wohnungshilfe (§ 33 Abs. 8 Nr. 6 SGB IX).
Leistungen an Arbeitgeber	
Leistungen zur Ausstattung des Betriebs	Investitionskosten für Integrationsfirmen oder -abteilungen (§§ 132–135 SGB IX); Zuschüsse für Arbeitshilfen (§ 34 Abs. 1 Nr. 3 SGB IX; § 237 SGB III).
Leistungen bezogen auf die beschäftigte Person	Ausbildungszuschüsse (§ 34 Abs. 1 Nr. 1 SGB IX; §§ 235a, 236 SGB III); Eingliederungszuschüsse (§ 34 Abs. 1 Nr. 2 SGB IX; §§ 217, 218 Abs. 2, 219 SGB III); Kostenerstattung für Probebeschäftigung (§ 34 Abs. 1 Nr. 4 SGB IX; § 238 SGB III).

Für *schwerbehinderte* Menschen können im Zusammenhang mit Beschäftigungen am ersten Arbeitsmarkt auch die Integrationsämter tätig werden. Sie sind als Behörden für Aufgaben nach dem Schwerbehindertenrecht (SGB IX, Teil 2) zuständig und kümmern sich um alle Belange von Schwerbehinderten und ihnen Gleichgestellten im Bereich der Beschäftigung am regulären Arbeitsmarkt (siehe Schwerbehindertenrecht, S. 288 f.). Integrationsämter sind keine Rehabilitationsträger, sie arbeiten aber mit ihnen zusammen und ergänzen ihre Leistungen.

Die Vielzahl der Leistungsangebote zur Teilhabe am Arbeitsleben kann im Rahmen dieses Bandes nicht umfassend dargestellt werden, die vorangehende Tabelle verschafft lediglich einen ersten Überblick.

7.7 Ergänzende Leistungen zur Sicherung des Lebensunterhalts

Zur Sicherung des Lebensunterhalts stehen behinderten Menschen besondere Leistungen zur Verfügung.

Zu unterscheiden ist zwischen Leistungen, die während einer Maßnahme der medizinischen Rehabilitation oder der Teilhabe am Arbeitsleben erbracht werden, Leistungen, die wegen des Einkommensausfalls im Zusammenhang mit der Behinderung erbracht werden, und Leistungen, die dem langfristigen Ausgleich der Beeinträchtigung durch die Behinderung dienen.

Reichen all diese Leistungen nicht aus, um den Lebensunterhalt zu sichern, so können ergänzend allgemeine Leistungen zum Lebensunterhalt bezogen werden, die allerdings nicht als Leistungen für behinderte Menschen einzuordnen sind (siehe Tabelle auf Seite 282).

Übergangsgeld

Die Voraussetzungen für die Zahlung des Übergangsgeldes sind in den Sozialgesetzen für die verschiedenen Rehabilitationsträger unterschiedlich geregelt; die Berechnungsweise richtet sich für alle Rehabilitationsträger einheitlich nach §§ 46 SGB IX.

Das Übergangsgeld beträgt 68 % (Versorgungsamt 70 %) des letzten Nettoeinkommens und erhöht sich auf 75 % (Versorgungsamt 80 %), wenn Leistungsempfänger mindestens ein Kind haben, mit einem Stiefkind zusammenleben oder der Ehegatte, mit dem sie zusammenleben, eine Erwerbstätigkeit nicht ausüben kann, weil er den Leistungsempfänger pflegt oder selbst pflegebedürftig ist und keinen Anspruch auf Leistungen aus der Pflegeversicherung hat (§ 46 Abs. 1 Nr. 1 und Nr. 2 SGB IX). Die GRV und die BA berücksichtigen für die Berechnung nur das Einkommen bis zur Beitragsbemessungsgrenze (5500 €/West, 4800 €/Ost). Während des Bezugs von Übergangsgeld besteht Sozialversicherungspflicht, die Beiträge werden vom Rehabilitationsträger übernommen (§ 44 Abs. 1 Nr. 2 SGB IX).

Überblick

Leistungs-träger	Leistungen während einer Maß-nahme	Leistungen während der Arbeitsunfähig-keit	Leistungen zum Ausgleich der Beein-trächtigung	Ergänzende Leistungen zum Lebens-unterhalt
Unfallversi-cherung	Übergangs-geld § 49 SGB VII	Verletztengeld §§ 45 ff. SGB VII	Verletztenrente nach dem Grad der Beschädigung § 56 SGB VII; Hinterblie-benenrente §§ 67 ff. SGB VII	SGB II/SGB XII
Versor-gungsamt (z. B. OEG)	Übergangs-geld § 26a BVG	Versorgungs-krankengeld §§ 16 ff. BVG	Beschädigtenrente: Grundrente § 31 BVG, Ausgleichsrente § 32 BVG, Berufsschadens-ausgleich § 30 BVG, Hinterbliebenenren-te §§ 38 ff. BVG	Fürsorgeleis-tungen nach § 27a BVG
GRV	Übergangs-geld § 20 SGB VI		Erwerbsminderungs-rente § 43 SGB VI	SGB II/SGB XII
GKV		Krankengeld § 44 SGB V		SGB II/SGB XII
BA	Übergangs-geld für Versicherte (§§ 160 ff. SGB III), sonst: BAB oder Ausbil-dungsgeld	Krankenarbeits-losengeld für Versicherte		SGB II/SGB III
Jobcenter				SGB II
Jugendamt				Lebensunter-halt nach § 39 SGB VIII, SGB II/SGB XII
Sozialamt				SGB II/SGB XII

Ausbildungsgeld

Wenn die Voraussetzungen für das Übergangsgeld nicht erfüllt sind (insbeson-dere bei jungen Menschen, die noch nicht gearbeitet haben), können nachrangig Ansprüche auf Ausbildungsgeld nach §§ 104 ff. SGB III bestehen. Diese Leistung wird erbracht während einer

- einer Berufsausbildung als besondere Leistung für behinderte Menschen,
- einer Berufsvorbereitung als besondere Leistung für behinderte Menschen,
- einer betrieblichen Qualifizierung im Rahmen Unterstützter Beschäftigung oder
- im Eingangsverfahren oder Berufsbildungsbereich einer Werkstatt für behinderte Menschen.

Während einer beruflichen Weiterbildung wird kein Ausbildungsgeld gezahlt. Während einer Berufsausbildung oder einer allgemeinen BvB bestehen Ansprüche auf BAB (siehe S. 147 ff.).

Ergänzende Leistungen

Ergänzend zu einer Maßnahme der Teilhabe am Arbeitsleben werden erforderlichenfalls Fahrtkosten (§ 53 SGB IX), Kosten einer Haushaltshilfe (§ 54 Abs. 1 SGB IX) und Kinderbetreuungskosten (§ 54 SGB IX) übernommen.

7.8 Hilfen zur Teilhabe am gemeinschaftlichen und kulturellen Leben

Hilfen zur Teilhabe am Leben in der Gemeinschaft werden – außer von der Unfallversicherung und den Versorgungsämtern (Kriegsopfer etc.) – nur von den öffentlichen Trägern der Jugend- und Sozialhilfe erbracht.

Die Leistungen der Jugendhilfe nach § 35a SGB VIII sind dabei begrenzt auf junge Menschen mit seelischen Behinderungen (entspricht der psychischen Behinderung), für körperlich und geistig behinderte junge Menschen bleibt der Sozialhilfeträger unabhängig vom Alter zuständig.

Beratung und Unterstützung

Die Sozialämter haben eine besondere Verpflichtung zur Beratung und Unterstützung von Leistungsberechtigten (§ 11 SGB XII), die über die allgemeine Beratungspflicht nach § 14 SGB I hinausgeht und insbesondere auf die aktive Teilnahme am Leben in der Gemeinschaft gerichtet ist (§ 11 Abs. 2 SGB XII). Behinderte Menschen können aus dieser Regelung das Recht ableiten, bei der Gestaltung ihrer sozialen Kontakte und ihrer persönlichen Lebensverhältnisse aktiv unterstützt zu werden. Für seelisch behinderte Kinder und Jugendliche trifft die gleiche Verantwortung das Jugendamt.

Hilfsmittel

Hierzu gehören Hilfsmittel für hör-, seh- und sprachbehinderte Menschen, die nicht zur Befriedigung der unmittelbaren Grundbedürfnisse (siehe medizinische Rehabilitation) gehören oder der Ausübung einer Berufstätigkeit dienen, aber die

Kommunikation und die soziale Gemeinschaft mit anderen Menschen erleichtern (z.B. Handy für Blinde). Auch Gebrauchsgegenstände des täglichen Lebens können finanziert werden, z.B. ein Faxgerät für Taubstumme.

Fahrdienste

Für gehbehinderte Menschen, die weder öffentliche Verkehrsmittel noch ein eigenes Auto benutzen können, werden von kommunalen Einrichtungen, Hilfsorganisationen und Wohlfahrtsverbänden Sonderfahrdienste angeboten. Die Städte und Kreise als Träger der Sozialhilfe erlassen hierzu Benutzungsordnungen.

Kraftfahrzeughilfe

Hilfe zur Beschaffung eines Kraftfahrzeuges, zur Erlangung der Fahrerlaubnis und zum Betrieb und zur Unterhaltung des Fahrzeuges können als Förderung der Teilhabe am Leben in der Gemeinschaft erbracht werden (§ 8 der Eingliederungshilfe-Verordnung), wenn sie nicht als Leistung zur Teilhabe am Arbeitsleben erbracht werden können. Auf solche Hilfen können z.B. ältere, aber noch aktive Menschen angewiesen sein, die nicht mehr am Arbeitsleben teilnehmen.

Die Kraftfahrzeughilfe der Unfallversicherung gewährt Leistungen zur Beschaffung und zum behindertengerechten Umbau eines Fahrtzeugs (§ 40 SGB VII) nach der *Verordnung zur Kraftfahrtzeughilfe* (Spitzenverband Deutsche Gesetzliche Unfallversicherung, www.dguv.de → Rehabilitation → Richtlinien der UV-Träger).

Erholung

Auch die Gestaltung von Freizeit und Urlaub hat für behinderte Menschen einen besonderen Stellenwert, weil dadurch der Verlust von sozialen Kontakten in anderen Lebensbereichen teilweise kompensiert wird. So werden der Bau und die Unterhaltung von behindertengerechten Familienferienstätten mit Bundes- und Landesmitteln gefördert. Im Einzelfall können auch die behindertenspezifischen Kosten von Urlaubsreisen und Freizeitaktivitäten übernommen werden (§ 58 SGB IX). Hierbei werden die tatsächlichen Kosten den Kosten gegenübergestellt, die auch einem Menschen ohne Behinderung entstanden wären, nur die Differenz kann gezahlt werden.

Sport

Im Bereich des Sports muss unterschieden werden zwischen physiotherapeutisch ausgerichteten Angeboten, die der Verbesserung des Gesundheitszustands dienen und deshalb im Rahmen der medizinischen Rehabilitation gefördert werden, und dem Behindertensport als Freizeit-, Breiten- oder Leistungssport. Auch dieser Sport trägt zur körperlichen Fitness und Gesundheit bei, er hat jedoch auch eine besondere Bedeutung für eine stabile soziale Einbindung und ist daher als Teilhabe am Leben in der Gemeinschaft zu fördern.

Wohnungshilfen (Beschaffung, Umbau, Ausstattung, Erhaltung)

Die Rehabilitationsträger gewähren Hilfen zur Beschaffung und Einrichtung einer behindertengerechten Wohnung, wenn dies erforderlich ist, um die Selbständigkeit der behinderten Menschen zu erhalten oder sie unabhängig von Pflege zu machen (55 Abs. 2 Nr. 5 SGB IX). Nach dem Zweiten Wohnungsbaugesetz werden Wohnungen für *schwerbehinderte* Menschen besonders gefördert sowie die Nutzung von Mietobjekten durch behinderte Menschen und die hierfür notwendigen baulichen Veränderungen erleichtert. Nach § 17 WoGG werden besondere Freibeträge für Schwerbehinderte vom Einkommen abgesetzt, wodurch sich der Anspruch auf Wohngeld erhöht.

Elternassistenz

Weder im SGB IX noch im SGB XII findet sich eine ausdrückliche Regelung, die behinderten Eltern ein Recht auf Assistenz und Unterstützung bei der Erziehung und Betreuung ihrer Kinder gewährt. Allerdings ist der Anspruch auf Leistungen zur Teilhabe am Leben in der Gemeinschaft in § 55 SGB IX so weit angelegt, dass auch die Unterstützung bei der Wahrnehmung der Elternverantwortung erfasst ist. Eltern mit einer Behinderung muss – genauso wie nicht behinderten Eltern – die persönliche Betreuung ihres Kindes ermöglicht werden (VG Minden v. 31.7.2009 – 6 L 382/09).

Schul- und Hochschulausbildung

Die Zuständigkeit für das Bildungswesen und damit auch für die Förderung von behinderten Kindern (möglichst in Regelschulen) liegt bei den Ländern.

Ergänzende individuelle Hilfen zum Besuch einer Schule sind Leistungen der Eingliederungshilfe und von wenigen Ausnahmen abgesehen vom Sozialhilfeträger zu übernehmen (§ 54 Abs. 1 Nr. 1 SGB XII).

Auch eine Hochschulausbildung kann oft nicht ohne unterstützende Leistungen realisiert werden. § 2 Abs. 4 Satz 2 des Hochschulrahmengesetzes verpflichtet die Hochschulen, die besonderen Bedürfnisse behinderter Studenten zu berücksichtigen. Beim Deutschen Studentenwerk besteht eine zentrale Beratungsstelle für behinderte Studierende, die Studienbedingungen für behinderte Menschen bundesweit dokumentiert und individuelle Beratungen anbietet (http://www. studentenwerke.de, Studium und Behinderung).

Werkstatt für behinderte Menschen

Die Förderung im Arbeitsbereich gehört zwar nach § 41 SGB IX zur Teilhabe am Arbeitsleben, wird jedoch ausschließlich von den Trägern erbracht, die auch für die Leistungen zur Teilhabe am Leben in der Gemeinschaft zuständig sind. Im Unterschied zu den Leistungen im Eingangs- und Berufsbildungsbereich geht es hier nicht mehr vorrangig um einen Zugang zum Arbeitsmarkt, sondern um die Teilhabe am Leben in der Gemeinschaft durch eine Arbeitstätigkeit.

Das Arbeitsentgelt für die in den Werkstätten tätigen behinderten Menschen beträgt im Durchschnitt monatlich 160 €. Wer unter 299 € monatliches Arbeitsentgelt in der Werkstatt erhält, hat Anspruch auf Arbeitsförderungsgeld in Höhe von monatlich 26 € (§ 43 SGB IX).

Den Beschäftigten in Werkstätten für behinderte Menschen wird ein Mitspracherecht ähnlich wie bei einem Betriebsrat eingeräumt. Die Einzelheiten sind in der Werkstätten-Mitwirkungsverordnung geregelt.

Die Tätigkeit gilt nicht als Arbeitsverhältnis, soll aber als arbeitnehmerähnliches Rechtsverhältnis ausgestaltet sein (§ 138 SGB IX). Die Beschäftigten sind in der Kranken-, Pflege-, Renten- und Unfallversicherung pflichtversichert.

Werkstätten sind verpflichtet, ihre Mitarbeiter bei einem möglichen Wechsel auf den allgemeinen Arbeitsmarkt, z.B. auch in ein Integrationsprojekt oder eine Unterstützte Beschäftigung, zu fördern und zu unterstützen (§ 41 Abs. 2 Nr. 3 SGB IX).

Hilfen zu selbst bestimmtem Leben in betreuten Wohnmöglichkeiten

Für behinderte Menschen, die auch in einer den Bedarfen angepassten Wohnung nicht allein leben können, gibt es drei mögliche Wohnformen:

- das betreute Wohnen in einer Einzelwohnung oder zusammen mit Familie und Angehörigen,
- die betreute Wohngemeinschaft oder
- das Wohnheim.

Das *ambulant betreute Wohnen* ist in den letzten Jahren stark ausgebaut worden und sollte allen Menschen zur Verfügung stehen, die erhebliche Anteile ihres Alltags selbst gestalten können und denen in dieser Wohnform keine Vereinsamung droht. Die Betreuung wird von frei gemeinnützigen oder gewerblichen Trägern übernommen, die die Kosten nach dem zuvor in einem Hilfeplan aufgestellten Umfang mit dem zuständigen Leistungsträger (überwiegend Sozialhilfeträger) abrechnen.

Die *betreute Wohngemeinschaft* findet sich sowohl als Lebensform in weitgehender Selbstgestaltung der Wohngemeinschaftsmitglieder als auch mit einer Rund-um-die-Uhr-Betreuung. Angestrebt wird, möglichst auch stark betreuungsbedürftige Menschen in kleinen Wohneinheiten und in einem „normalen" Wohnumfeld unterzubringen. So kann ein selbst bestimmtes Leben mitten in der Gesellschaft am besten umgesetzt werden.

Dennoch finden sich bis heute noch *Behindertenwohnheime,* in der eine größere Zahl von Menschen mit meist schweren Behinderungen zusammenleben. Auch wenn versucht wird, möglichst familienähnliche Einheiten zu gestalten, bleibt es doch eine Gemeinschaft auf einem von der übrigen Kommune abgeschotteten Gelände. Allerdings besteht bei vielen älteren Menschen, die über Jahrzehnte in derselben Einrichtung gelebt haben, auch kein Wunsch mehr nach einer räumlichen Veränderung.

Das Wohn- und Betreuungsvertragsgesetz regelt die Vertragsbedingungen mit allen Anbietern – unabhängig von der Wohnform –, die Betreuungsleistungen im Zusammenhang mit einem Wohnangebot zur Verfügung stellen. Die Mitwirkung von Heimbewohnern und die Mindestausstattung werden dagegen in den Heimgesetzen der einzelnen Bundesländer geregelt.

Derzeit wird bei den Leistungen zum Lebensunterhalt noch nach ambulanter und stationärer Unterbringung unterschieden (§ 27b SGB XII), die Aufhebung dieser Differenzierung wird jedoch bereits seit längerem gefordert (Deutscher Verein, NDV 2007, S. 245, 248 f.).

7.9 Persönliches Budget

Das Persönliche Budget für behinderte Menschen wurde mit dem SGB IX zum 1. Juli 2001 eingeführt, um den Leistungsempfängern die Möglichkeit einer weitgehenden Selbstbestimmung über die Form und Organisation der benötigten Hilfen zu gewähren. Gleichzeitig verbinden die Leistungsträger mit der Einführung auch die Hoffnung auf Kosteneinsparungen. Statt Dienst- oder Sachleistungen zur Teilhabe können die Leistungsberechtigten die Auszahlung als Budget wählen. Hiervon kaufen sie selbst die Leistungen, die zur Deckung ihres persönlichen Hilfebedarfs erforderlich sind. Damit werden behinderte Menschen zu Käufern, Kunden oder Arbeitgebern. Als Experten in eigener Sache entscheiden sie, welche Hilfen für sie am besten sind und welcher Dienst und welche Person zu dem von ihnen gewünschten Zeitpunkt eine Leistung erbringen soll.

Das Persönliche Budget löst das Dreiecksverhältnis zwischen Leistungsträgern, Leistungsempfängern und Leistungserbringern auf; Sachleistungen werden durch Geldleistungen oder Gutscheine ersetzt. Damit verliert der Rehabilitationsträger aber auch die Qualitätskontrolle über die Leistungsangebote. Die Betroffenen (bzw. ihre Angehörigen und rechtlichen Betreuer) müssen nun selbst prüfen, ob die Leistungen den Qualitätsstandards entsprechen.

Das Budget kann mit einem Leistungsträger, aber auch als trägerübergreifendes Persönliches Budget als Komplexleistungen vereinbart werden. Hiervon spricht man, wenn mehrere Leistungsträger unterschiedliche Teilhabe- und Rehabilitationsleistungen in einem Budget erbringen. Neben Leistungen zur Teilhabe können auch andere Leistungen der gesetzlichen Krankenkassen, Leistungen der sozialen Pflegeversicherung, Leistungen der Unfallversicherung bei Pflegebedürftigkeit sowie Pflegeleistungen der Sozialhilfe in trägerübergreifende Persönliche Budgets einbezogen werden.

Auf die Budgetierung von Leistungsansprüchen besteht ein Rechtsanspruch. Anträge können bei den Leistungsträgern gestellt werden, aber auch über die in jedem Kreis oder jeder kreisfreien Stadt eingerichtete „Gemeinsame Servicestelle" der Rehabilitationsträger nach §§ 22 ff. SGB IX (Anschriften unter www.reha-servicestellen.de).

Das persönliche Budget ist grundsätzlich ein weiterer Schritt zur eigenständigen Lebensführung von behinderten Menschen. Es darf aber nicht übersehen werden, dass mit der Einführung auch das Ziel der Senkung der öffentlichen

Kosten im Bereich der Behindertenhilfe verbunden ist. Europaweit wird die sog. Deinstitutionalisierung sozialer Hilfen angestrebt, um die Kosten einer Betreuung in öffentlichen Institutionen abzubauen und wieder stärker in die Verantwortung des Einzelnen zu geben. Risiken in dieser Entwicklung sind vor allem eine unzureichende oder unqualifizierte Versorgung, aber auch eine Überlastung von Familien und ehrenamtlichen Unterstützungssystemen.

Weitere Informationen finden sich auch unter http://www.budget.paritaet.org.

7.10 Schwerbehindertenrecht (Teil 2 SGB IX, §§ 68 ff.)

Im zweiten Teil des SGB IX finden sich die besonderen Regelungen für schwerbehinderte Menschen. Schwerbehinderte sind Menschen mit einem Grad der Behinderung (GdB) von mehr als 50 %.

Der GdB wird durch das zuständige Versorgungsamt auf der Grundlage der Gutachten der behandelnden Ärzte festgestellt (§ 69 SGB IX). Voraussetzung ist entweder ein gewöhnlicher Aufenthalt oder ein Arbeitsplatz in Deutschland. Für dieses Verfahren gelten auch Ausländerinnen mit einer Duldung als Personen mit einem gewöhnlichen Aufenthalt (BSG v. 29. 4. 2010 – B 9 SB 2/09 R).

Grundlage für das Verfahren sind die aus den 1970er Jahren stammenden „Anhaltspunkte für die ärztliche Gutachtertätigkeit im sozialen Entschädigungsrecht und nach dem SchwbG" (2001 ersetzt durch den zweiten Teil des SGB IX). Das BSG spricht ihnen allerdings eine Bedeutung zu, die einem Gesetz sehr nahe kommt (BSG v. 11. 10. 1994 – 9 RVs 1/93). In der Praxis ist es kaum unmöglich, ohne ein langjähriges Gerichtsverfahren die Anerkennung eines GdB zu erhalten, der nicht mit den „Anhaltspunkten" übereinstimmt.

Menschen, bei denen ein GdB zwischen 30 % und 50 % festgestellt wurde, können auf Antrag bei der BA eine sog. Gleichstellung erhalten, mit der sie in die betrieblichen Schutzregelungen weitgehend einbezogen werden (ausgenommen der Zusatzurlaub). Die Gleichstellung wird aber nur ausgesprochen, wenn ein Arbeitsplatz ansonsten nicht erlangt oder nicht erhalten werden kann (§ 2 Abs. 3 SGB IX). Für Beschäftigte bedeutet das, dass ihr Arbeitsplatz bereits gefährdet sein muss, z. B. wegen langer Krankheitszeiten, reduzierter Arbeitsleistung oder wenn betriebsbedingte Entlassungen anstehen.

Für schwerbehinderte Menschen gelten besondere Regelungen, die der Ausgrenzung aus dem Arbeitsleben entgegenwirken und ihre Teilhabe verbessern sollen. Diese Maßnahmen ergänzen die Leistungen der Teilhabe am Arbeitsleben und regeln vor allem auch Schutzpflichten und Benachteiligungsverbote für die Arbeitgeber (§§ 71–100 SGB IX).

Den staatlichen Integrationsämtern kommt die Aufgabe zu, die Pflichten der Unternehmen zu überwachen und den schwerbehinderten Beschäftigten in Zusammenarbeit mit der BA begleitende Hilfen zur Verfügung zu stellen (§ 102 SGB IX).

Der Verbesserung der Mobilität von schwerbehinderten Menschen mit Gehbehinderungen dienen die Regelungen über die unentgeltliche Beförderung im öffentlichen Personenverkehr (§§ 145 ff. SGB IX). Der Behindertenausweis muss das Merkzeichen „G", „aG", „H", „Gl" oder „Bl" tragen.

Im Personennahverkehr besteht das Angebot der kostenlosen Beförderung gegen eine Eigenbeteiligung von jährlich 60 € (Jahreswertmarke). Blinde, Hilflose sowie finanziell besonders bedürftige schwerbehinderte Menschen erhalten die Wertmarke kostenlos. Ist eine ständige Begleitung notwendig, fährt die Begleitperson immer kostenlos, auch im Fernverkehr der Bahn.

📖 Zum Weiterlesen

Eissing, Thomas (2007): Behindertenrecht. Schnell erfasst. Berlin/Heidelberg: Springer Verlag.
BAG-Rehabilitation: Wegweiser – Rehabilitation und Teilhabe behinderter Menschen, http://www.bar-frankfurt.de/upload/BARWegweiser2010web_1221.pdf.
BAG Selbsthilfe (2007): Die Rechte behinderter Menschen und Ihrer Angehörigen. Düsseldorf.

💾 Gut zu wissen – gut zu merken

Der sozialrechtliche Begriff der Behinderung geht von einer körperlichen Funktionsbeeinträchtigung aus, stellt aber maßgeblich darauf ab, ob durch diese auch eine Einschränkung der Teilhabe in der Gesellschaft hervorgerufen wird.

Das *Gesetz über die Rehabilitation und Teilhabe behinderter Menschen* (SGB IX) bezweckt eine Stärkung der Rechtsstellung der Betroffenen gegenüber den Leistungsträgern, will Hürden beim Zugang zu den Leistungen abbauen und das Zusammenwirken der verschiedenen zuständigen Leistungsträger verbessern.

Das SGB IX regelt Art, Umfang sowie Ausführung der Leistungen einheitlich, schafft aber keine einheitliche Zuständigkeit. Die gesetzlichen Grundlagen für die Leistungen finden sich in den verschiedenen Sozialgesetzen, die von den Rehabilitationsträgern ausgeführt werden.

Die Hilfen für behinderte Menschen erstrecken sich auf drei Leistungsbereiche:

- die medizinische Rehabilitation,
- die Teilhabe am Arbeitsleben,
- die Teilhabe am Leben in der Gemeinschaft.

In Ergänzung dieser Leistungen werden Leistungen zum Lebensunterhalt, Fahrtkosten etc. erbracht.

Manche Rehabilitationsträger können für alle Bereiche zuständig sein, andere nur für einen Teil. Es gibt sieben Rehabilitationsträger:

- die Unfallversicherung (für alle drei Bereiche),
- das Versorgungsamt (für alle drei Bereiche),
- die Rentenversicherung (für medizinische Rehabilitation und Teilhabe am Arbeitsleben),

- die Krankenversicherung (für medizinische Rehabilitation),
- die Bundesagentur für Arbeit (für Teilhabe am Arbeitsleben),
- das Jugendamt (bei seelischen Behinderungen für alle drei Bereiche) und
- das Sozialamt (für alle drei Bereiche).

Die *medizinische Rehabilitation* ist eine Komplexleistung, die bei Chronifizierung einer Erkrankung oder einem dauerhaft abweichenden Körperzustand im Rahmen eines Gesamtkonzepts eine nachhaltige Besserung oder Vermeidung von Verschlimmerung anstrebt und Erwerbsunfähigkeit und Pflegebedürftigkeit vermeiden will.

Die *Teilhabe am Arbeitsleben* soll vorrangig durch die allgemeinen Leistungen der Arbeitsmarktintegration gefördert werden. Reichen diese Leistungen nicht aus, so können behinderte Menschen besondere Förderungen erhalten. Die wichtigsten sind:

- technische Hilfen und Arbeitsassistenz am Arbeitsplatz,
- die Unterstützung durch Integrationsfachdienste,
- die Berufsvorbereitung und Berufsausbildung in Berufsbildungs- und Berufsförderungswerken,
- die Integrationsprojekte,
- die Werkstätten für behinderte Menschen,
- der Gründungszuschuss für eine selbständige Tätigkeit,
- Zuschüsse an Arbeitgeber zur Ausstattung des Betriebs und als Lohnzuschüsse zum Ausgleich der Minderleistung.

Die *ergänzenden Leistungen zur Sicherung des Lebensunterhalts* werden während einer Maßnahme der medizinischen Rehabilitation oder der Teilhabe am Arbeitsleben (z.B. Übergangsgeld) erbracht. Unabhängig von einer Maßnahme werden Leistungen zum Ausgleich des Einkommensausfalls erbracht (z.B. Krankengeld) oder zum langfristigen Ausgleich der Beeinträchtigung durch die Behinderung (Renten).

Die Leistungen zur *Teilhabe am gesellschaftlichen und kulturellen Leben* werden überwiegend von den Trägern der Sozialhilfe erbracht. Den kostenintensivsten Bereich bilden die Hilfen zu einer angemessenen Wohnform. Daneben werden Leistungen im Bereich der Beratung, der Freizeitgestaltung, des Sports, der Elternassistenz etc. erbracht. Auch der Arbeitsbereich der Werkstätten wird nicht von den klassischen Trägern der Teilhabe am Arbeitsmarkt (GRV und BA), sondern von der Sozialhilfe finanziert.

Die Leistungen aller Träger können auf Wunsch auch durch die Auszahlung oder Bereitstellung eines Persönlichen Budgets erbracht werden, über dessen Verwendung die Berechtigten eigenständig entscheiden können.

Das Schwerbehindertenrecht in Teil 2 des SGB IX bietet Menschen mit einem Grad der Behinderung von mindestens 50 % sowie ihnen gleichgestellten Personen einen besonderen Schutz vor gesundheitlichen Beeinträchtigungen, Diskriminierungen und Kündigungen im Arbeitsverhältnis.

Literaturverzeichnis

Adamy, Wilhelm: Kommunale Eingliederungsleistungen nach § 16a SGB II. In: Soziale Sicherheit 2010, S. 5 ff.

Armborst, Christian (2008). In Münder, Johannes (Hrsg.): Sozialgesetzbuch XII. Lehr- und Praxiskommentar, Baden-Baden: Nomos.

Bachof, Otto: Begriff und Wesen des sozialen Rechtsstaates. In: VVDStRL 12 (1954), S. 39 ff.

Berendes, Dirk: Zum Anspruch auf Übernahme von Energieschulden – nach § 34 Abs. 1 SGB XII und § 22 Abs. 5 SGB II. In: info also 2008, S. 151 ff.

Berlit, Uwe: Diskriminierung von Jugendlichen bei Hartz-IV-Sanktionen beseitigen. In: Soziale Sicherheit 2010, S. 124.

Bernhard, Sarah/Kruppe, Thomas (2010): Oft ausgegeben und selten eingelöst. IAB-Kurzbericht 21/2010.

Bernhard, Sarah/Wolff, Joachim/Jozwiak, Eva: Selektivität bei der Zuweisung erwerbsfähiger Hilfebedürftiger in Trainingsmaßnahmen oder zu privaten Vermittlungsdienstleistern. In: Zeitschrift für Arbeitsmarktforschung (ZAF) 2006, S. 533 ff.

Brandmayer, Simone: Aktuelle Entscheidungen des Bundessozialgerichts zu den Kosten der Unterkunft nach § 22 SGB II. In: NDV 2009, S. 85 ff.

Bundesagentur für Arbeit (2008): Handlungsprogramme im Bereich Reha/SB. URL: http://www.arbeitsagentur.de/zentraler-Content/HEGA-Internet/A03-Berufsberatung/Publikation/HEGA-12-2008-Flaecheneinfuehrung-HP-Anlage-3.pdf, Aufruf 10.9.2010.

Bundesagentur für Arbeit: Leitfaden Teilhabe am Arbeitsleben (2010): URL: http://www.arbeitsagentur.de, Veröffentlichungen, Weisungen, Aufruf 10.9.2010.

Bundesarbeitsgemeinschaft Rehabilitation (2007): REGIonale NEtzwerke zur beruflichen Rehabilitation (lern-)behinderter Jugendlicher. Frankfurt.

Bundesarbeitsgemeinschaft Rehabilitation (2010): Wegweiser Rehabilitation und Teilhabe behinderter Menschen, 13. Aufl., Frankfurt.

Bundesministerium für Arbeit und Soziales (2010): Weiterführung der Begleitforschung zur Einstiegsqualifizierung. Berlin.

Davy, Ulrike: Anmerkung zu dem Urteil des BSG vom 26.3.2003 – B 3 KR 23/02 R. In: SGb 2004, S. 315 ff.

Degener, Theresia: Welche legislativen Herausforderungen bestehen in Bezug auf die nationale Implementierung der UN-Behindertenkonvention in Bund und Ländern? In: Behindertenrecht 2009, S. 34 ff.

Deutscher Gewerkschaftsbund (DGB), Bundesvorstand (2008): Stellungnahme zum Entwurf eines Gesetzes zur Neuausrichtung der arbeitsmarktpolitischen Instrumente vom 19.11.2008. Berlin.

Deutscher Verein für öffentliche und private Fürsorge e.V.: Verwirklichung selbstbestimmter Teilhabe behinderter Menschen! Empfehlungen des Deutschen Vereins zur Weiterentwicklung zentraler Strukturen in der Eingliederungshilfe. In: NDV 2007, S. 245 ff.

Deutscher Verein für öffentliche und private Fürsorge e.V.: Erste Empfehlungen zu den Leistungen für Unterkunft und Heizung im SGB II. In: NDV 2008, 319 ff., 358 ff.

Deutscher Verein für öffentliche und private Fürsorge e.V. (2008): Empfehlungen des Deutschen Vereins zur Gewährung von Krankenkostzulagen in der Sozialhilfe. 3. Aufl., URL: http://www.deutscher-verein.de/05-empfehlungen/empfehlungen_archiv/empfehlungen2008/pdf/DV%2025-08.pdf. Aufruf 12.12.2010.

Deutscher Verein für öffentliche und private Fürsorge e.V.: Empfehlungen des Deutschen Vereins zur Bedarfsermittlung und Hilfeplanung in der Eingliederungshilfe für Menschen mit Behinderungen. In: NDV 2009, S. 253 ff.

Deutscher Verein für öffentliche und private Fürsorge e.V.: Arbeitshilfe zu Zuverdienstmöglichkeiten im Bereich des SGB XII. In: NDV 2009, S. 308 ff.

Deutscher Verein für öffentliche und private Fürsorge e.V.: Diskussionspapier des Deutschen Vereins zur Finanzierung von Frauenhäusern. In: NDV 2010, S. 369 ff.

Deutscher Verein für öffentliche und private Fürsorge e.V.: Selbstbestimmung und soziale Teilhabe vor Ort sichern. In: NDV 2011, S. 14 ff.

Deutsches Institut für Wirtschaftsforschung (DIW): Künftige Altersrenten in Deutschland: Relative Stabilität im Westen, starker Rückgang im Osten. In: Wochenbericht v. 17.3.2010, S. 2 ff.

Dietz, Martin/Müller, Gerrit/Trappmann, Mark: Warum Aufstocker trotz Arbeit bedürftig bleiben? In: IAB-Kurzbericht 2/2009, URL: http://doku.iab.de/kurzber/2009/kb0209.pdf. Aufgerufen 3.12.2010.

Dürig, Günter (1958). In Maunz, Theodor/Dürig, Günter (Hrsg.): Grundgesetz. Kommentar. Loseblattsammlung seit 1958, München: Beck.

Eichenhofer, Eberhard (2010): Sozialrecht. 9. Aufl., Tübingen: Mohr-Siebeck.

Eicher, Wolfgang/Spellbrink, Wolfgang (Hrsg.) (2008): Sozialgesetzbuch II – Grundsicherung für Arbeitssuchende. Kommentar. 2. Aufl., München: Beck.

Fahlbusch, Johannes: Soziale Sicherungssysteme in der Bundesrepublik Deutschland – quo vadis? In: NDV 2010, S. 505 ff.

Feldes, Werner/Kamm, Rüdiger/Peiseler, Manfred/von Seggern, Burkhard/Unterhinninghofen, Hermann/Westermann, Bern/Witt, Harald (2007): Schwerbehindertenrecht. Basiskommentar zum SGB IX mit Wahlordnung, 9. Aufl., Frankfurt a.M.: Bund-Verlag.

Frommann, Matthias (2008): Sozialhilferecht – SGB XII. Frankfurt a.M.: Fachhochschulverlag.

Fuchs, Harry: Vorschläge zur Weiterentwicklung des SGB IX. In: Soziale Sicherheit 2010, S. 341 ff.

Gagel, Alexander (2010): SGB II/SGB III Kommentar. Loseblattsammlung, München: Beck.

Geiger, Udo (2010): Leitfaden zum Arbeitslosengeld II. Frankfurt a.M.: Fachhochschulverlag.

Geiger, Udo: Wie sind personenübergreifende Sanktionsfolgen auf der Grundlage der geltenden Fassung von § 31 SGB II zu verhindern? In: info also 2010, S. 3 ff.

Grube, Christian/Wahrendorf, Volker (Hrsg.) (2010): Sozialgesetzbuch XII. Sozialhilfe und Asylbewerberleistungsgesetz. Kommentar. 3. Aufl., München: Beck.

Hänlein, Andreas (2010). In Gagel, Alexander: SGB II/SGB III Kommentar. Loseblattsammlung, München: Beck.

Hegel, Georg Wilhelm Friedrich (1821): Grundlinien der Philosophie des Rechts, Volltext URL: http://www.zeno.org/Philosophie/M/Hegel,+Georg+Wilhelm+Friedrich/Grundlinien+der+Philosophie+des+Rechts. Aufgerufen 19.2.2011.

Heinig, Hans Michael (2008): Der Sozialstaat im Dienst der Freiheit. Tübingen: Mohr-Siebeck.

Herbe, Daniel: Subsidiarität der Beratungshilfe im Sozialrecht? In: info also, 2008, S. 204 ff.

Hohmeyer, Katrin/Wolff, Joachim: Wirkungen von Ein-€-Jobs für ALG-II-Bezieher: Macht die Dosierung einen Unterschied? In: IAB-Kurzbericht 04/2010.

Karasch, Jürgen: Die Bürokratie in den Arbeitsagenturen ist deutlich gestiegen. In: SuP, S. 20 ff.

Krahmer, Utz (2008): Sozialgesetzbuch I. Allgemeiner Teil. Lehr- und Praxiskommentar. 2. Aufl., Baden-Baden: Nomos.

Kramer, Utz: Zumutbarkeit einer Arbeitsgelegenheit (§§ 16, 31 SGB II). In: SGb 2009, S. 744 ff.

Lauterbach, Klaus (2010). In Gagel, Alexander: Sozialgesetzbuch III. Arbeitsförderung. Kommentar. Loseblattsammlung, München: Beck.

Luthe, Ernst Wilhelm (Hrsg.) (2010). In Hauck, Karl/Noftz, Wolfgang: Sozialgesetzbuch XII. Kommentar. Loseblattsammlung, Berlin: Erich Schmidt-Verlag.

Meyer, Hubert: Behördliche Betreuungspflichten im Sozialverwaltungsrecht. In: SGb 1985, S. 57 ff.

Münder, Johannes/Geiger, Udo: Die generelle Einstandspflicht für Partnerinkinder in der Bedarfsgemeinschaft nach § 9 Abs. 2 Satz 2 SGB II. In: NZS 2009, S. 593 ff.

Münder, Johannes: Die Kosten des Umgangsrechts im SGB II und SGB XII. In: NZS 2008, S. 617 ff.

Musati, Martina/Falk, Wilhelm. Alles für 'nen Euro? „Arbeitsgelegenheiten mit Mehraufwandsentschädigung" im sozialen Bereich. In: ArchivSozArb 2008, S. 82 ff.

Naake, Beate: Rechtsberatung im Feld der sozialen Arbeit. In: NDV 2008, S. 450 ff.

Niehaus, Mathilde/Schmal, Andreas (2005): Betriebliche Kontrakte – Integrationsvereinbarungen in der Praxis. In: Bieker, Rudolf: Teilhabe am Arbeitsleben. Wege der beruflichen Integration von Menschen mit Behinderung. Stuttgart: Kohlhammer, S. 246 ff.

Nussbaum, Martha C. (2007): Frontiers of Justice – Disability, Nationality, Species Membership, London: Harvard University Press.

Ockenga, Edzard: SGB II und Arbeitsverhältnis. In: Soziale Sicherheit 2009, S. 217 ff.

Papenheim, Heinz-Gert/Baltes, Joachim (2010): Verwaltungsrecht für die Soziale Praxis. Frechen: Recht für die Soziale Praxis.

Riedel, Eibe (2010): Gutachten zur Wirkung der internationalen Konvention über die Rechte von Menschen mit Behinderung und ihres Fakultativprotokolls auf das deutsche Schulsystem. URL: http://gemeinsam-leben-nrw.de. Aufgerufen 19. 2. 2011.

Rixen, Stefan: Verfassungsrecht ersetzt Sozialpolitik. In: Sozialrecht aktuell 2010, S. 87 ff.

Schellhorn, Walter/Schellhorn, Helmut/Hohm, Karl-Heinz (2010): SGB XII – Sozialhilfe. Ein Kommentar für Ausbildung, Praxis und Wissenschaft. 18. Aufl., Köln: Luchterhand.

Späth; Karl (2004): Rechtliche Grundlagen für Kooperation zwischen Jugendhilfe und Kinder- und Jugendpsychiatrie im SGB IX. In: Fegert, Jörg M./Schrapper, Christian (Hrsg.): Handbuch Jugendhilfe – Jugendpsychiatrie, Weinheim und München: Juventa, S. 499 ff.

Spellbrink, Wolfgang: Sozialrecht durch Verträge. In: NZS 2010, S. 649 ff.

Spindler, Helga: Anmerkung zum Urteil des LSG Niedersachsen-Bremen vom 21. April 2010. In: info also 2010, S. 229 f.

Spindler, Helga: Anmerkung zum Urteil des Sozialgerichts Dortmund vom 2. 2. 2009. In: info also 2009, S. 122 ff.

Staiger, Martin: Sozialleistungsfallstricke – Kinderzuschlag und Wohngeld als sinnvolle Alternative zu Hartz IV? In: info also 2010, S. 152 ff.

Wahrendorf, Volker: Zur Angemessenheit von Wohnraum und Unterkunftskosten. In: Soziale Sicherheit 2006, S. 134 ff.

Wenzel, Ulrich (2008): Fördern und Fordern aus Sicht der Betroffenen: Verstehen und Aneignung sozial- und arbeitsmarktpolitischer Maßnahmen des SGB II. In: Zeitschrift für Sozialreform, 54. Jg., Heft 1, S. 57 ff.

Winkler, Ute: Die eheähnliche Gemeinschaft oder Die Kuhle im Doppelbett. In: info also 2005, S. 251 ff.

Wolff, Joachim/Popp, Sandra/Zabel, Cordula: Ein-Euro-Jobs für hilfebedürftige Jugendliche: Hohe Verbreitung, geringe Integrationswirkung. In: WSI-Mitteilungen 1/2010, S. 11 ff.

Wulffen, Matthias von (Hrsg.) (2008): SGB X – Sozialverwaltungsverfahren und Sozialdatenschutz. München: Beck.

Zamponi, Irene/Kruse, Jürgen (2008). In Kruse, Jürgen (Hrsg.): Sozialgesetzbuch III, Lehr- und Praxiskommentar, Baden-Baden: Nomos.

Abkürzungsverzeichnis

AA	Arbeitsagentur
AEUV	Vertrag über die Arbeitsweise der Europäischen Union
AGG	Allgemeines Gleichbehandlungsgesetz
AHB	Anschlussheilbehandlung
Alg II	Arbeitslosengeld II
Alg II–V	Verordnung zur Berechnung von Einkommen sowie zur Nichtberücksichtigung von Einkommen und Vermögen beim Arbeitslosengeld II/Sozialgeld
Alg	Arbeitslosengeld
ARB	Beschluss des Assoziationsrats EWG-Türkei (Assoziationsratsbeschluss)
ArchivSozArb	Archiv für Wissenschaft und Praxis der sozialen Arbeit (Zeitschrift)
ArGe	Arbeitsgemeinschaft zwischen Arbeitsagentur und Kommune als Leistungsträger nach SGB II (jetzt Jobcenter)
AsylbLG	Asylbewerberleistungsgesetz
AsylVfG	Asylverfahrensgesetz
AufenthG	Gesetz über den Aufenthalt, die Erwerbstätigkeit und die Integration von Ausländern im Bundesgebiet (Aufenthaltsgesetz)
BA	Bundesagentur für Arbeit
BAB	Berufsausbildungsbeihilfe nach § 59 SGB III
BAföG	Bundesgesetz über individuelle Förderung der Ausbildung (Bundesausbildungsförderungsgesetz)
BAG	Bundesarbeitsgericht
BAMF	Bundesamt für Migration und Flüchtlinge
BAR	Bundesarbeitsgemeinschaft Rehabilitation
BEEG	Gesetz zum Elterngeld und zur Elternzeit
BerHG	Gesetz über Rechtsberatung und Vertretung für Bürger mit geringem Einkommen (Beratungshilfegesetz)
BErzGG	Gesetz zum Erziehungsgeld und zur Elternzeit (Bundeserziehungsgeldgesetz)
BFH	Bundesfinanzhof
BGB	Bürgerliches Gesetzbuch
BGBl.	Bundesgesetzblatt
BIZ	Berufsinformationszentrum
BKGG	Bundeskindergeldgesetz
BKV	Berufskrankheiten-Verordnung
BMAS	Bundesministerium für Arbeit und Soziales
BMFSFJ	Bundesministerium für Familie, Senioren, Frauen und Jugend
BR-Drs.	Bundesratsdrucksache
BSG	Bundessozialgericht
BSHG	Bundessozialhilfegesetz
BT-Drs.	Bundestagsdrucksache
BvB	Berufsvorbereitende Bildungsmaßnahme nach § 61 SGB III
BVerfG	Bundesverfassungsgericht
BVerwG	Bundesverwaltungsgericht
BVerwGE	Entscheidungen des Bundesverwaltungsgerichts
BVG	Bundesversorgungsgesetz
DA	Durchführungsanweisungen
DGB	Deutscher Gewerkschaftsbund
DV	Deutscher Verein für öffentliche und private Fürsorge
DVBl.	Deutsches Verwaltungsblatt

EFA	Europäisches Fürsorgeabkommen
EGMR	Europäischer Gerichtshof für Menschenrechte
EGV	Vertrag zur Gründung der Europäischen Gemeinschaft (EG-Vertrag)
EMRK	Konvention zum Schutz der Menschenrechte und Grundfreiheiten (Europäische Menschenrechtskonvention)
EStG	Einkommensteuergesetz
EU	Europäische Union
EU-Alt	Länder der Europäischen Union bis zum 31.4.2004: Frankreich, Belgien, Luxemburg, Niederlande, Großbritannien, Irland, Dänemark, Schweden, Finnland, Deutschland, Österreich, Griechenland, Italien, Spanien, Portugal
EU-Neu	Neue Mitgliedsstaaten der Europäischen Union, sog. Beitrittsstaaten; seit 1.5.2004: Estland, Lettland, Litauen, Polen, Tschechische Republik, Slowakei, Ungarn, Slowenien, Malta, Zypern; seit 1.1.2007: Rumänien, Bulgarien
EuGH	Europäischer Gerichtshof
FamRZ	Zeitschrift für das gesamte Familienrecht
FEVS	Fürsorgerechtliche Entscheidungen der Verwaltungs- und Sozialgerichte (Zeitschrift)
FG	Finanzgericht
Fn.	Fußnote
FreizügG/EU	Gesetz über die allgemeine Freizügigkeit von Unionsbürgern (Freizügigkeitsgesetz/EU)
FrühV	Frühförderungsverordnung
GdB	Grad der Behinderung
GdS	Grad der Schädigungsfolgen
GFK	Abkommen über die Rechtsstellung der Flüchtlinge (Genfer Flüchtlingskonvention)
GG	Grundgesetz
GK	Gemeinschaftskommentar
GKV	Gesetzliche Krankenversicherung
GPfV	Gesetzliche Pflegeversicherung
GRC	Grundrechte-Charta der Europäischen Union
GRV	Gesetzliche Rentenversicherung
GVG	Gerichtsverfassungsgesetz
HHG	Häftlingshilfegesetz
i.V.m.	In Verbindung mit
ICF	International Classification of Functioning, Disability and Health
IFG	Informationsfreiheitsgesetz
IFSG	Infektionsschutzgesetz
ILO	International Labour Organisation
info also	Informationen zum Arbeitslosenrecht und zum Sozialhilferecht
KDO	Anordnung über den kirchlichen Datenschutz
KSVG	Künstlersozialversicherungsgesetz
LSG	Landessozialgericht
n.F.	neue Fassung
NDV	Nachrichten des Deutschen Vereins für öffentliche und private Fürsorge
NDV-RD	Rechtsprechungsdienst des Deutschen Vereins für öffentliche und private Fürsorge e.V. (Zeitschrift)
NJW	Neue Juristische Wochenschrift (Zeitschrift)
NRW	Nordrhein-Westfalen
NVwZ	Neue Zeitschrift für Verwaltungsrecht
NWVBl.	Nordrhein-Westfälische Verwaltungsblätter (Zeitschrift)
NZS	Neue Zeitschrift für Sozialrecht

OEG	Opferentschädigungsgesetz
OVG	Oberverwaltungsgericht
PKH	Prozesskostenhilfe
RBEG	Gesetz zur Ermittlung von Regelbedarfen
RDG	Rechtsdienstleistungsgesetz
Reha	Rehabilitation
RL	Richtlinie des Rats der Europäischen Union
Rn	Randnummer, Randziffer
Rs	Rechtssache
RSV	Verordnung zur Durchführung des § 28 des Zwölften Buches Sozialgesetzbuch
Schufa	Schutzgemeinschaft für allgemeine Kreditsicherung, private Holding AG
SchwbG	Schwerbehindertengesetz (ersetzt durch den zweiten Teil des SGB IX)
SchwKG	Schwangerschaftskonfliktgesetz
SG	Sozialgericht
SGB	Sozialgesetzbuch
SGB I	Sozialgesetzbuch – Allgemeiner Teil
SGB II	Sozialgesetzbuch II – Grundsicherung für Arbeitssuchende
SGB III	Sozialgesetzbuch III – Arbeitsförderung
SGB IV	Sozialgesetzbuch IV – Gemeinsame Vorschriften für die Sozialversicherungen
SGB V	Sozialgesetzbuch V – Krankenversicherung
SGB VI	Sozialgesetzbuch VI – Rentenversicherung
SGB VII	Sozialgesetzbuch VII – Unfallversicherung
SGB VIII	Sozialgesetzbuch VIII – Kinder- und Jugendhilferecht
SGB IX	Sozialgesetzbuch IX – Rehabilitation/Teilhabe
SGB X	Sozialgesetzbuch X – Verwaltungsverfahren
SGB XI	Sozialgesetzbuch XI – Pflegeversicherung
SGB XII	Sozialgesetzbuch XII – Sozialhilfe
SGb	Die Sozialgerichtsbarkeit (Zeitschrift)
SGG	Sozialgerichtsgesetz
SozR	Sozialrecht (Entscheidungssammlung)
SozSich	Soziale Sicherheit (Zeitschrift)
StGB	Strafgesetzbuch
StPO	Strafprozessordnung
StrRehaG	Strafrechtlichen Rehabilitationsgesetz
SVG	Soldatenversorgungsgesetz
UhVorschG	Gesetz zur Sicherung des Unterhalts von Kindern allein stehender Mütter und Väter durch Unterhaltsvorschüsse oder -ausfallleistungen (Unterhaltsvorschussgesetz)
UN	United Nations – Vereinte Nationen
UV	Unfallversicherung
VA	Verwaltungsakt
VG	Verwaltungsgericht
VGH	Verwaltungsgerichtshof
VO	Verordnung
VVDStRL	Veröffentlichungen der Vereinigung der Deutschen Staatsrechtslehrer
VVG	Versicherungsvertragsgesetz
VwGO	Verwaltungsgerichtsordnung
VwRehaG	Verwaltungsrechtlichen Rehabilitationsgesetz
VWV	Verwaltungsvorschriften
VwVfG	Verwaltungsverfahrensgesetz
WfbM	Werkstatt für behinderte Menschen

WHO	Weltgesundheitsorganisation
WoGG	Wohngeldgesetz
WSI	Wirtschafts- und Sozialwissenschaftliche Institut der Hans-Böckler-Stiftung
ZAF	Zeitschrift für Arbeitsmarktforschung
ZDG	Zivildienstgesetz
ZFSH/SGB	Zeitschrift für Sozialhilfe und Sozialgesetzbuch
ZPO	Zivilprozessordnung

Stichwortverzeichnis

Abzweigungsantrag 164
Akteneinsicht 62
Aktivierung 144, 247
Alleinerziehende 176, 193
Alten- und Pflegeheim 122
Altersgrenze 248
Altersrente 106, 184
Altersversorgung 217
Amtsermittlungsgrundsatz 58
Amtssprache 52
Änderung der rechtlichen Verhältnisse 89
Änderung der tatsächlichen Verhältnisse 87
Angebote, niederschwellige 256
Angehöriger, unterhaltsverpflichteter 260
Anhörungspflicht 63
Anordnung der aufschiebenden Wirkung 72
Anordnungsanspruch 80
Anordnungsgrund 80
Anschaffung 218
Anschlussheilbehandlung 277
Anspruchsgrundlage 24
Anteilsfinanzierung 39
Antrag 187
Anwartschaft 135
Arbeitsassistenz 280
Arbeitsbedingung 223
Arbeitsförderung 141
Arbeitsgelegenheit 229
arbeitslos 130
Arbeitslosengeld 130, 135
Arbeitslosenstatistik 182
Arbeitslosenversicherung 129
Arbeitslosmeldung 134
Arbeitsmarktintegration 129, 141, 221, 255
Arbeitsmarktrente 105
Arbeitsschutzgesetz 223
Arbeitssuche 134
Arbeitssuchendmeldung 134
Arbeitssuchende 143
Arbeitsunfall 153, 272
Arbeitszeit, reduzierte 171
Asylbewerberleistungsgesetz 189
Asylverfahren 263
Aufenthalt 183

Aufenthalt, gewöhnlicher 187, 247
Aufhebung 87
Aufklärung 55
Aufrechnung 68
Aufstiegsqualifizierung 177
Aufwandsentschädigung 214
Aufwendung 215
Ausbildung 243
Ausbildung, außerbetriebliche 148, 152
Ausbildungsbeihilfe 174
Ausbildungsbonus 152
Ausbildungsförderung 48, 208, 212
Ausbildungsgeld 276, 282
Ausbildungsvergütung 101
Ausbildungsvorbereitung 148
Ausbildungszuschuss 280
Ausgleichsrente 158, 282
Auskunft 55
Auskunftspflicht 260
Ausländer 163, 167, 172, 176, 178, 243, 263
Aussagegenehmigung 96
Ausschlussklausel 25
Auszubildender 190, 207

Barbetrag 252
Basistarif 111, 204
Beauftragte für Chancengleichheit 181
Bedarf, einmaliger 246
Bedarfsdeckung 238
Bedarfsgemeinschaft 183, 186, 209
Bedarfsgemeinschaft, temporäre 187
Behandlung 61
Behandlung, kieferorthopädische 116
Behandlung, psychotherapeutische 112
Behindertenkonvention 267
Behindertenwohnheim 286
Behinderter 242
Behinderter, seelisch 276
Behinderung 267
Beihilfe 236
Beistände 52
Beitragsbemessungsgrenze 103
Beitragserhebung 100
Beratung 55, 142
Beratungsanspruch 77
Beratungshilfe 77